Textverständlichkeit und ihre Messung

AF211278

Waxmann Verlag GmbH
Steinfurter Straße 555, 48159 Münster
info@waxmann.com

Pädagogische Psychologie und Entwicklungspsychologie

herausgegeben von Detlef H. Rost

Wissenschaftlicher Beirat

Jürgen Baumert (Berlin)
Oliver Dickhäuser (Mannheim)
Marcus Hasselhorn (Frankfurt)
Andreas Knapp (Santa Rosa, CA)
Olaf Köller (Kiel)
Detlev Leutner (Essen)
Sabina Pauen (Heidelberg)
Ulrich Schiefele (Potsdam)
Christiane Spiel (Wien)
Sabine Weinert (Bamberg)

Editorial

Pädagogische Psychologie und Entwicklungspsychologie sind seit jeher zwei miteinander eng verzahnte Teildisziplinen der Psychologie. Beide haben einen festen Platz im Rahmen der Psychologenausbildung: Pädagogische Psychologie als wichtiges Anwendungsfach im zweiten Studienabschnitt, Entwicklungspsychologie als bedeutsames Grundlagenfach in der ersten und als Forschungsvertiefung in der zweiten Studienphase. Neue Zielsetzungen, neue thematische Schwerpunkte und Fragestellungen sowie umfassendere Forschungsansätze und ein erweitertes Methodenspektrum haben zu einer weiteren Annäherung beider Fächer geführt und sie nicht nur für Studierende, sondern auch für die wissenschaftliche Forschung zunehmend attraktiver werden lassen. „Pädagogische Psychologie und Entwicklungspsychologie" nimmt dies auf, fördert die Rezeption einschlägiger guter und interessanter Forschungsarbeiten, stimuliert die theoretische, empirische und methodische Entfaltung beider Fächer und gibt fruchtbare Impulse zu ihrer Weiterentwicklung einerseits und zu ihrer gegenseitigen Annäherung andererseits.

Der Beirat der Reihe „Pädagogische Psychologie und Entwicklungspsychologie" repräsentiert ein breites Spektrum entwicklungspsychologischen und pädagogisch-psychologischen Denkens und setzt Akzente, indem er auf Forschungsarbeiten aufmerksam macht, die den wissenschaftlichen Diskussionsprozess beleben können. Es ist selbstverständlich, dass zur Sicherung des Qualitätsstandards dieser Reihe jedes Manuskript – wie bei Begutachtungsverfahren in anerkannten wissenschaftlichen Zeitschriften – einem Auswahlverfahren unterzogen wird („peer review"). Nur qualitätsvolle Arbeiten werden der zunehmenden Bedeutung der Pädagogischen Psychologie und Entwicklungspsychologie für die Sozialisation und Lebensbewältigung von Individuen und Gruppen in einer immer komplexer werdenden Umwelt gerecht.

Marcus Friedrich

Textverständlichkeit und ihre Messung
Entwicklung und Erprobung eines Fragebogens zur Textverständlichkeit

Waxmann 2017
Münster • New York

Bei dieser Arbeit handelt es sich um eine von der Fakultät für Geistes- und Erziehungswissenschaften der Technischen Universität Carolo-Wilhelmina zu Braunschweig zur Verleihung des akademischen Grades Doktor der Philosophie (Dr. phil.) genehmigte Dissertation. Der Originaltitel der Arbeit lautete: „Textverständlichkeit und ihre Messung – Entwicklung und Erprobung eines Fragebogens zur Textverständlichkeit".

Bibliografische Informationen der Deutschen Nationalbibliothek
Die Deutsche Nationalbibliothek verzeichnet diese Publikation in der Deutschen Nationalbibliografie; detaillierte bibliografische Daten sind im Internet über http://dnb.d-nb.de abrufbar.

Pädagogische Psychologie und Entwicklungspsychologie; Bd. 97
herausgegeben von Prof. Dr. Detlef H. Rost
Philipps-Universität Marburg
Fon: 0 64 21 / 2 82 17 27
Fax: 0 64 21 / 2 82 39 10
E-Mail: rost@mailer.uni-marburg.de

ISSN 1430-2977
Print-ISBN   978-3-8309-3675-6
E-Book-ISBN   978-3-8309-8675-1

© Waxmann Verlag GmbH, 2017

www.waxmann.com
info@waxmann.com

Umschlaggestaltung: Pleßmann Design, Ascheberg
Gedruckt auf alterungsbeständigem Papier, DIN 9706

Printed in Germany

Meinen Freunden

Danksagung

Diese Arbeit konnte nur durch die Unterstützung vieler entstehen. Ihnen möchte ich an dieser Stelle danken. Mein größter Dank gilt meiner Doktormutter, Frau Prof. Dr. Elke Heise, dafür, dass sie so überaus günstige Rahmenbedingungen für das Erstellen der Arbeit geschaffen hat, dass ich das Thema frei wählen durfte, dass sie mich zu jeder Zeit so engagiert und stets konstruktiv unterstützt hat und dass sie ein so wunderbares Arbeitsumfeld geschaffen hat. Mein Dank gilt insbesondere auch meiner Zweitgutachterin, Frau Prof. Dr. Barbara Thies, vor allem für die schnellen und ausführlichen Rückmeldungen und das Erschaffen eines hervorragenden Arbeitsumfelds.

Ich möchte meinen Doktorgeschwistern, Frau Dr. Kim Prüß, Herrn Tobias Rahm und Frau Selina Ebersold, für ihre Rückmeldungen, Hinweise, praktischen Hilfestellungen und das so schöne Miteinander danken. In diesem Zusammenhang möchte ich auch den aktuellen und ehemaligen Mitgliedern der Schreibgruppe des Instituts für Pädagogische Psychologie danken für die inhaltliche und emotionale Unterstützung, Frau Sarah Sophie Aurin, Herrn Marcel Hackbart, Frau Lena Hannemann, Herrn Dr. Florian Henk, Frau Dr. Silvia Kaps und Frau Dr. Gesa Uhde. Frau Dr. Gabriele Krause, Frau Melanie Misamer und Frau Yvonne Burgdorf möchte ich ebenfalls für ihre Unterstützung und das angenehme kollegiale Verhältnis danken. Es ist wirklich herrlich, jeden Tag gerne zur Arbeit zu gehen. Vielen Dank! Ich möchte meinen ehemaligen studentischen Hilfskräften, Frau Juliane Weidner und Frau Claudia Päthe sowie meinen Praktikantinnen und Praktikanten, Herrn Cai Bennet Satorius von Bach, Herrn Felix Burgdorf, Frau Olya Eissmann, Herrn Charly Gaevert und Frau Veronika Drößler herzlich dafür danken, dass sie mich bei der Planung, Umsetzung und Auswertung der Studien so unermüdlich und gut gelaunt unterstützt haben.

Frau Dr. Anna-Katharina Praetorius, Frau Dr. Hannah Perst und Herrn Prof. Dr. Günther Zimmermann danke ich für ihre kurzfristigen und wertvollen Rückmeldungen zur Verschriftlichung der Arbeit! Frau Diplom-Geologin Gisela Stilke danke ich für die inhaltliche Prüfung des Tests zu Geofaktoren. Ich danke dem Westermann-Verlag für die Erlaubnis, einen seiner Texte in den Studien nutzen zu dürfen. Meiner Schwester Nicole Friedrich danke ich für das Korrekturlesen der Arbeit.

Ich möchte schließlich all den Personen, die den Aufruf zur Teilnahme an den Untersuchungen weitergeleitet haben, und allen Versuchsteilnehmerinnen und -teilnehmern danken. Ohne ihre Unterstützung wäre diese Arbeit nicht möglich gewesen.

Sofern sie noch nicht bereits genannt wurden, möchte ich meiner Familie und meinen Freunden danken, ohne deren Unterstützung, Hilfe und Ablenkung ich nicht so weit gekommen wäre. Ich möchte vor allem meinen Eltern Annette und Eckhardt Friedrich, meiner Schwester Sonja Löfflath, meiner Großmutter Wilhelmine Honnen, meinem Onkel Günther Friedrich und meiner Tante Anne Salzwedel danken sowie meinen Freunden Alexander, Daniel und Ingo, Susanne und Nina, Anamaria, Andreas, Björn, Christine, Darius und Marion, Frank, Gwendo, Kristin, Linda, Michael, Stefan und Thomas. Vielen Dank!

Inhalt

Zusammenfassung 13

1   Einleitung 15

2   Grundlagen 17
2.1 Rahmenmodell zur Funktion von Texten zur Informationsvermittlung .. 17
2.2 Textverständlichkeit 21

3   Wirkungen der Verarbeitung von Texten 23
3.1 Verstehen, Scheinverstehen, Nicht-Verstehen und Behalten 23
3.2 Emotionen beim Lesen von Texten 25

4   Kognitive Repräsentation und Verarbeitung von Texten 28
4.1 Das integrierte Modell des Text- und Bildverstehens von Schnotz 28
4.2 Das zyklische Modell der Textverarbeitung von Kintsch und van
     Dijk 36
4.3 Das Konstruktions-Integrations-Modell von Kintsch 45
4.4 Die modifizierte Cognitive Load Theory nach Schnotz und
     Kürschner 55

5   Prädiktoren des Textverstehens 63
5.1 Personenbezogene Prädiktoren des Textverstehens 63
5.2 Textbezogene Prädiktoren des Textverstehens 66

6   Konzepte zur Textverständlichkeit 70
6.1 Die Reading-Ease-Formel von Flesch 70
6.2 Das Hamburger Verständlichkeitskonzept 74
6.3 Das Verständlichkeitskonzept von Groeben 79
6.4 Das Verständlichkeitskonzept von Kintsch und Vipond 83
6.5 Das Verständlichkeitskonzept von Gagné und Bell 88
6.6 Das Verständlichkeitskonzept der Gruppe um Graesser und
     McNamara 94

7   Instrumente zur Messung der Textverständlichkeit 101
7.1 Leistungsmaße 101
7.2 Lesbarkeitsformeln 102
7.3 Groebens subjektives Informationsmaß 103
7.4 Experten-Urteile mit dem Verfahren von Langer, Schulz von Thun
     und Tausch 104
7.5 Simulationsverfahren nach Kintsch und Vipond 106

7.6 Checkliste nach Gagné und Bell 108
7.7 Fragebogen von Jucks 109
7.8 Die Software DeLite von vor der Brück und Hartrumpf 114
7.9 Die Software Coh-Metrix der Gruppe um Graesser und McNamara 116

8 Validitätsbelege zu den Instrumenten zur Messung der
   Textverständlichkeit 120
8.1 Klassische und aktuelle Validitätstheorien 120
8.2 Quellen für die Belege von Validität 123

9 Das Verständlichkeitskonzept der vorliegenden Studie 128
9.1 Wortschwierigkeit 130
9.2 Satzschwierigkeit 130
9.3 Argumentdichte 131
9.4 Propositionsdichte 132
9.5 Aufwand zur Inferenzbildung 132
9.6 Aufwand für Reinstatements 133
9.7 Aufwand für Reorganisationen 134
9.8 Hervorhebungen 134
9.9 Anschaulichkeit 135
9.10 Variation der Sprache 136
9.11 Überblick 136

10 Entwicklung eines Fragebogens zur Messung der
   Textverständlichkeit 138
10.1 Vorstudie zur ersten Erprobung des Fragebogens 140
10.2 Die Skalen und Items des Fragebogens nach der Vorstudie 146

11 Studie 1 152
11.1 Fragestellung zur Faktorenstruktur des Fragebogens 152
11.2 Methode 153
11.3 Ergebnisse zur Faktorenstruktur des Fragebogens 157
11.4 Diskussion der Hauptkomponentenanalyse 165
11.5 Hypothesen zu den einzelnen Skalen des Fragebogens 166
11.6 Methode 172
11.7 Ergebnisse zu den einzelnen Skalen 175
11.8 Diskussion 182
11.9 Überarbeitete Version des Fragebogens 187

12 Studie 2 190

12.1 Hypothesen 190

12.2 Methode 196

12.3 Ergebnisse 202

12.4 Diskussion 215

13 Studie 3 220

13.1 Hypothesen 220

13.2 Methode 222

13.3 Ergebnisse 228

13.4 Diskussion 239

14 Studien 4 und 5 243

14.1 Hypothesen 244

14.2 Methode 251

14.3 Ergebnisse 255

14.4 Diskussion 274

15 Meta-Analysen 279

16 Gesamtdiskussion 287

16.1 Diskussion der einzelnen Skalen 287

16.2 Einordnung der Befunde in den aktuellen Forschungsstand ... 296

16.3 Diskussion der angewandten Methoden 298

16.4 Grenzen 303

16.5 Ausblick 304

16.6 Fazit 311

Literatur 314

Tabellenverzeichnis 321

Abbildungsverzeichnis 327

Anhang 329

Zusammenfassung

Textverständlichkeit ist ein wesentlicher Prädiktor des Textverstehens und der Emotionen beim Lesen von Texten. Die vorliegende Arbeit gibt einen Überblick über die gängigsten Konzepte und Messinstrumente zur Textverständlichkeit und diskutiert sie vor dem Hintergrund psychologischer Theorien zum Textverstehen. Textverständlichkeit wird dabei als Merkmal der Interaktion der Texte und der Lesenden aufgefasst. Aufbauend auf den bestehenden Konzepten und dabei vor allem dem Verständlichkeitskonzept von Kintsch und Vipond (1979) sowie dem Konstruktions-Integrations-Modell von Kintsch (1988, 1998) wird ein eigenes Konzept der Textverständlichkeit vorgestellt. Das Konzepte umfasst zehn Merkmale der Textverständlichkeit: *Wortschwierigkeit, Satzschwierigkeit, Argumentdichte, Propositionsdichte, Aufwand zur Inferenzbildung, Aufwand für Reinstatements, Aufwand für Reorganisationen, Anschaulichkeit, Hervorhebungen* und *Variation der Sprache*. Um diese Variablen messbar zu machen, wurde ein Fragebogen entwickelt. In einer Hauptkomponentenanalyse zeigte sich, dass der Fragebogen sieben Komponenten reliabel erfassen kann, die interpretiert werden als die Komponenten *Wortschwierigkeit, Satzschwierigkeit, Argumentdichte, Propositionsdichte, Aufwand für Reorganisationen, Variation der Sprache* und eine Komponente, die als *Klarheit der Vorstellung* interpretiert wird und sich aus Items zusammensetzt, die für die Skalen *Anschaulichkeit* und *Hervorhebungen* konstruiert wurden. Zudem wurde eine Skala zum *Verständlichkeitsempfinden* konstruiert, in der ein globales Urteil der Textverständlichkeit erfragt wird. Im Hinblick auf diese Skalen wurden in fünf experimentellen Studien verschiedene Validitäts-hypothesen getestet. Dabei zeigten vor allem die Validitätstests zu den Skalen *Wortschwierigkeit, Satzschwierigkeit, Aufwand für Reorganisationen, Klarheit der Vorstellung, Variation der Sprache* und *Verständlichkeitsempfinden* deutlich positive Belege. Die Validitätsprüfungen zur Skala *Argumentdichte* fielen ebenfalls eher positiv aus, zeigten aber, dass andere Verfahren vermutlich angemessenere Daten liefern. Die Validitätstests zur Skala *Propositionsdichte* fielen schließlich überwiegend negativ aus. Die Skalen *Wortschwierigkeit, Satzschwierigkeit, Aufwand für Reorganisationen, Klarheit der Vorstellung, Variation der Sprache* und *Verständlichkeitsempfinden* wiesen schwache bis mittlere Zusammenhänge zum tatsächlichen Textverstehen und schwache bis starke Zusammenhänge zu den Emotionen beim Lesen auf. Einige wichtige abhängige Variablen für die Textverständlichkeit wie Lesezeit oder der Cognitive Load wurden allerdings nicht erhoben. Auf welche Text-, Personen-, Aufgaben- und Zweck-Populationen die Ergebnisse generalisiert werden können, muss in weiteren

Studien geprüft werden. Die Studien belegen aber noch einmal, dass dieser Aufwand lohnend scheint, insbesondere aufgrund der regelmäßig hohen Zusammenhänge zwischen den verschiedenen Merkmalen der Textverständlichkeit und den Emotionen beim Lesen.

1 Einleitung

Große Teile des menschlichen Wissens sind in Texten hinterlegt und werden mit Hilfe von Texten weitergegeben – z.b. in Lehrbüchern, Lexikon-Artikeln, Bedienungsanleitungen, Zeitungsartikeln, wissenschaftlichen Artikeln, Informationsmaterialien, usw. Die ständige Weitergabe und Aufnahme von Wissen, das in Texten gespeichert ist, stellt einen zentralen Vorgang innerhalb moderner Wissensgesellschaften dar. Um die in Texten hinterlegten Informationen nutzen zu können, müssen die Texte gelesen und verstanden werden (Schnotz, 1994).

Um die Wissensvermittlung mit Texten leichter bzw. schneller und effizienter zu gestalten, gibt es grundsätzlich zwei Möglichkeiten: Auf der einen Seite kann man die Voraussetzungen der Lesenden verbessern, indem man z.b. ihre Lesekompetenz oder ihre Fähigkeiten zum selbstregulierten Lernen fördert, auf der anderen Seite kann man aber auch die Texte so gestalten, dass sie leichter verstanden werden (vgl. Rost, 1985). Die vorliegende Arbeit beschäftigt sich mit dem zweiten Ansatz. Sie geht der Frage nach, was Texte verständlich macht und wie sich dies messen lässt.

Spätestens seit den 1920er Jahren hat man sich in der Psychologie und der Pädagogik damit beschäftigt, was Texte verständlich bzw. unverständlich macht. In den 1960er und 1970er Jahren hatte die pädagogische und psychologische Forschung zur Textverständlichkeit einen Höhepunkt. Seit Mitte der 1970er Jahre hat die pädagogische und psychologische Forschung zur Textverständlichkeit stark abgenommen (Kintsch & Vipond, 1979). Die Überblicksarbeiten von Klare (1984), DuBay (2004) und Benjamin (2012) zeigen aber, dass die Forschung zur Textverständlichkeit seitdem in anderen Fachgebieten wie der Informatik stark zugenommen hat. Insgesamt hat sich so in den letzten 100 Jahren eine kaum überschaubare Fülle an Konzepten, Instrumenten und Studien zur Textverständlichkeit ergeben.

Kapitel 2 bis 8 geben einen Überblick über die Forschung zum Textverstehen und zur Textverständlichkeit. In Kapitel 2.1 wird dazu zunächst ein Rahmenmodell zur Funktion von Texten zur Informationsvermittlung vorgestellt, bevor der Begriff „Textverständlichkeit" in Kapitel 2.2 definiert und in das Rahmenmodell eingeordnet wird. In Kapitel 3 werden dann Wirkungen der Verarbeitung von Texten vorgestellt, bevor in Kapitel 4.1 dargestellt wird, wie Texte und Textverstehen dem integrierten Modell des Text- und Bildverstehens von Schnotz (2005) zufolge mental repräsentiert werden. Darauf aufbauend werden in den Kapiteln 4.2 und 4.3 zwei Theorien zu den mentalen Prozessen des Textverstehens vorgestellt: das zyklische Modell der Textverarbeitung von Kintsch und van Dijk (1978) und das Konstruktions-Integrations-Modell von

Kintsch (1988, 1998). Diese Theorien werden durch die Vorstellung der modifizierten Cognitive Load Theory von Schnotz und Kürschner (2007) in Kapitel 4.4 ergänzt. Vor dem Hintergrund der Theorien zum Textverstehen werden dann Prädiktoren des Textverstehens (Kapitel 5), Konzepte der Textverständlichkeit (Kapitel 6) und Instrumente zur Messung der Textverständlichkeit sowie die zugehörigen empirischen Befunde vorgestellt und kritisch diskutiert (Kapitel 7 und 8).

In Kapitel 9 wird ein eigenes Konzept der Textverständlichkeit und in Kapitel 10 die Entwicklung eines Fragebogens zur Messung der Textverständlichkeit vorgestellt. Kapitel 11 bis 14 stellen fünf Studien zur empirischen Fundierung dieses Fragebogens vor. Die Ergebnisse der Studien werden in Kapitel 15 im Rahmen einer Meta-Analyse zusammengefasst, ehe die Ergebnisse in Kapitel 16 schließlich diskutiert werden.

2 Grundlagen

2.1 Rahmenmodell zur Funktion von Texten zur Informationsvermittlung

Texte dienen vielen verschiedenen Zwecken. Um die Funktion von Texten zur Informationsübermittlung zu veranschaulichen, kann das Angebots-Nutzungs-Modell unterrichtlicher Wirkung von Helmke (2006, 2014) für Texte adaptiert werden. Diesem Modell zufolge machen Lehrkräfte durch die Gestaltung des Unterrichts ein Angebot, das von den Lernenden wahrgenommen und interpretiert wird. Diese Wahrnehmung und Interpretation kann zu Lernaktivitäten führen. Ob und welche Lernaktivitäten stattfinden, hängt wesentlich von Merkmalen der Lernenden und des Kontexts ab. Die Lernaktivitäten stellen im Modell die Nutzung dar, die zu verschiedenen Wirkungen bzw. Erträgen führen kann, z.b. fachlicher Kompetenz, erzieherischen Wirkungen usw. Das Modell von Helmke stellt außerdem dar, wie die Lehrperson, der Unterricht, die Wirkungsweise von Unterricht, Ziele des Unterrichts, die Lernenden, der familiäre Hintergrund der Lernenden und Kontextvariablen wie die Zusammensetzung der Klasse oder die kulturellen Rahmenbedingungen die Wirkungen des Unterrichts beeinflussen. Da es sowohl beim Unterricht als auch bei Texten wesentlich um das Bereitstellen und Nutzen von Informationen und die kognitiven und motivationalen Veränderungen bei Zielpersonen geht, bietet es sich an, das Angebots-Nutzungs-Modell unterrichtlicher Wirkung für Texte zu adaptieren. Abbildung 1 zeigt das adaptierte Angebots-Nutzungs-Modell zur Wirkungsweise von Texten zur Informationsvermittlung.

Das Modell wird im Folgenden erläutert. Die Zahlen in den eckigen Klammern beziehen sich dabei auf die entsprechend nummerierten Blöcke in Abbildung 1: Texte [3] werden von Autorinnen und Autoren [2] erstellt. Der Autor bzw. die Autorin macht mit Hilfe von gesprochenen oder geschriebenen Texten Aussagen über Gegenstände [1] (Bühler, 1934, zitiert nach Schnotz, 1994). Die Texte [3] stellen dabei das Angebot dar, das von (möglichen) Lesenden genutzt wird bzw. genutzt werden kann. Ob und wie die Texte verarbeitet, also genutzt werden [6], hängt zum einen von Merkmalen der Texte, Merkmalen der Lesenden [4] und Merkmalen der Situation [5] ab. Die Nutzung verursacht schließlich verschiedene Wirkungen [7].

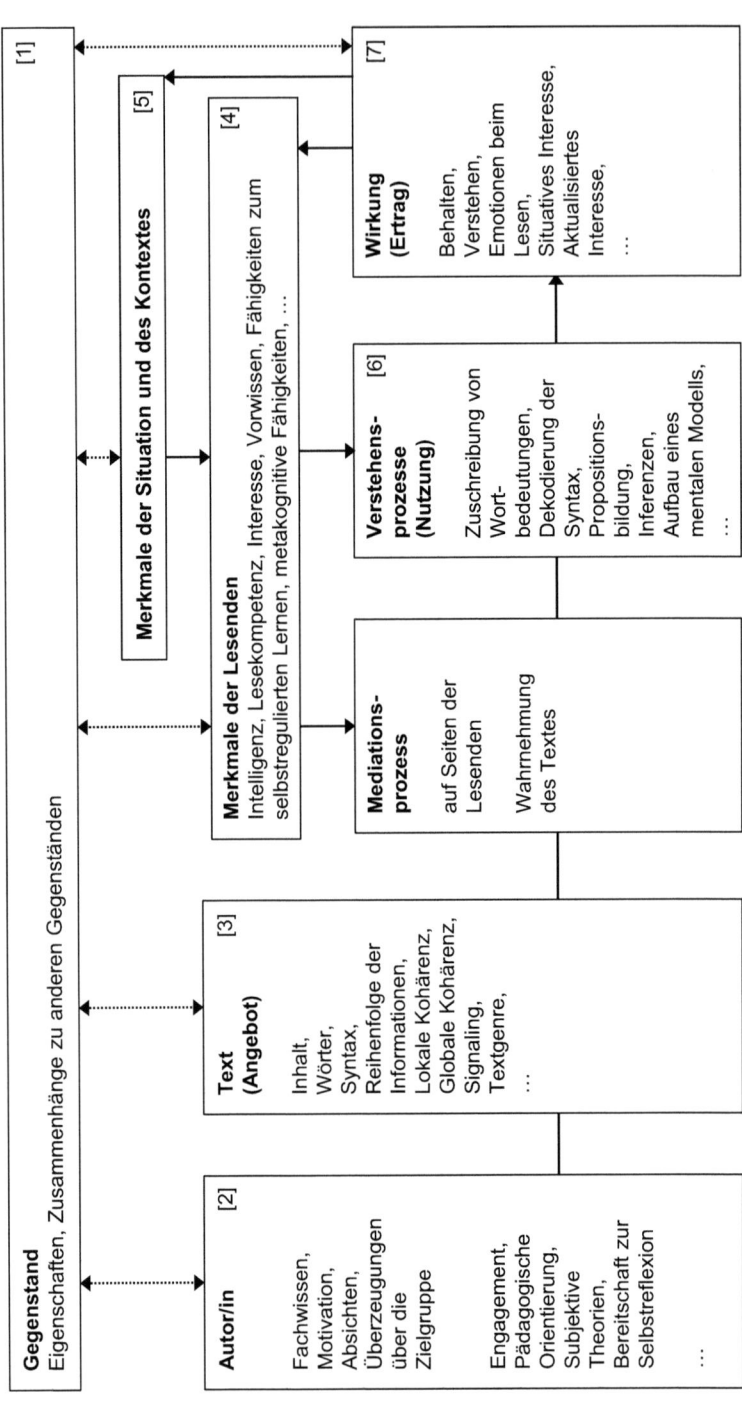

Abbildung 1: Das für die Informationsvermittlung mit Texten adaptierte Angebots-Nutzungs-Modell zur Wirkungsweise von Texten (modifiziert nach Helmke, 2006, 2014).

18

Im Folgenden werden die einzelnen Teile des Modells näher betrachtet: Autorinnen und Autoren [2] externalisieren in Texten mentale Repräsentationen von Gegenständen (Schnotz, 1994). Mit der Produktion ihrer Texte verfolgen Autorinnen und Autoren in der Regel bestimmte Ziele (Schnotz, Ballstaedt & Mandl, 1981): Zuweilen schreiben Menschen Texte, um ihre eigenen Gedanken zu strukturieren. Richtet sich der Text aber an eine andere Zielperson, beabsichtigen die Schreibenden in der Regel, bestimmte Wirkungen bei den Lesenden hervorzurufen, sie z.b. von bestimmten Sachverhalten zu überzeugen, zu bestimmten Handlungen zu motivieren oder für bestimmte Themen zu begeistern (Grabowski, 1995). Die Ziele der Autorinnen bzw. Autoren, ihr Fachwissen sowie ihr Wissen über die Struktur und Gestaltung von Texten wirken sich ebenso auf die Inhalte und die Gestaltung der Texte aus wie ihre Vorstellungen über das Wissen und die Ziele der Zielgruppe und die Fähigkeit der Autorinnen und Autoren zur Perspektivübernahme (Jucks, 2001; Bereiter & Scardamalia, 1987).

Texte [3] bestehen aus nicht-natürlichen Symbolen, typischerweise Wörtern, die nach syntaktischen Regeln miteinander kombiniert sind (Text, 1992; s. a. Rickheit & Strohner, 1999). Texte sind sprachliche Einheiten der Kommunikation (Ballstaedt, Mandl, Schnotz & Tergan, 1981). Wie lang eine solche sprachliche Einheit sein muss, damit sie als Text gelten kann, ist umstritten. Dem Alltagsverständnis zufolge muss ein Text aber aus mindestens zwei Sätzen bestehen (Meyers Taschenlexikon in 24 Bänden [Band 22], 1992; s. a. Rickheit & Strohner, 1999). Texte können sowohl gesprochen wie auch geschrieben sein; die psychischen Prozesse bei der Verarbeitung sind in beiden Fällen sehr ähnlich (Kintsch & van Dijk, 1978; Mayer, 2005; Schnotz, 2005). Texte lassen sich hinsichtlich ihres Inhalts, der Wortwahl, dem Satzbau, der Reihenfolge der Informationen, dem Textgenre usw. beschreiben (McNamara, Graesser, McCarthy & Cai, 2012; s. a. Kapitel 5). Je nach Kommunikationszweck gibt es viele Textsorten, also Konventionen für den Inhalt und die Form der Texte, bspw. für Zeitungsartikel, Forschungsberichte, Bedienungsanleitungen, Parabeln, Märchen, usw. (Kintsch & van Dijk, 1978; McNamara et al., 2012). Texte lassen sich zudem danach unterscheiden, ob sie Bilder, Grafiken usw. enthalten oder nicht (s. a. Kapitel 4.1). Die vorliegende Arbeit konzentriert sich auf schriftliche Texte, mit denen vorrangig Wissen vermittelt werden soll, also Texte, die aus einer Ansammlung von Sätzen bestehen und über Sachverhalte informieren sollen (kontinuierliche, schriftlich fixierte, expositorische Texte). Typische Beispiele für solche Texte sind Lehrbücher, Bedienungsanleitungen, Lexikonartikel, Nachrichten und Informationsschreiben (s. McNamara et al., 2012). Die vorliegende Arbeit beschränkt sich dabei zudem auf Texte ohne Bilder, Grafiken u. ä.

Durch die Externalisierung der mentalen Repräsentationen können die Autorinnen bzw. Autoren selbst oder andere Personen das Wissen (erneut) internalisieren. Um die Inhalte der Texte zu internalisieren, müssen die Texte verarbeitet werden [6] (s. Kapitel 4). Die Lesenden verarbeiten Texte vor dem Hintergrund ihres Vorwissens und mit bestimmten Zielen [4] (Mandl, 1981; Schnotz, Ballstaedt & Mandl, 1981; s. a. Graesser, Singer & Trabasso, 1994, zitiert nach Schnotz & Dutke, 2004; s. Kapitel 4.3, 4.4 sowie 5). Das Vorwissen, die Leseziele, die Lesemotivation und andere Merkmale der Lesenden beeinflussen bzw. steuern, welche Informationen verarbeitet werden, wie diese Informationen verarbeitet werden und welche Informationen ins Langzeitgedächtnis gelangen (Schiefele, 1996; Schnotz & Dutke, 2004). Schnotz und Dutke (2004) geben an, dass es dem Alltagsverständnis zufolge das vorrangige Ziel der Verarbeitung eines Textes ist, seine Bedeutung zu erfassen, also den Text zu verstehen. Die Verarbeitung stellt im Modell die Nutzung der Texte dar (s. Kapitel 4.2, 4.3 und 4.4).

Die Nutzung wird allerdings nicht nur von den Merkmalen des Textes und den Merkmalen der Lesenden beeinflusst, sondern zumindest indirekt auch durch die Situation, in der der Text gelesen wird [5]. Die äußeren Umstände, in denen der Text gelesen wird, können z.b. bestimmtes Vorwissen oder bestimmte Ziele bei den Lesenden aktivieren und so Einfluss auf die Verarbeitung der Texte nehmen. So ist es z.b. bekannt, dass Lesende Texte anders verarbeiten, je nachdem, ob ihnen die Texte als literarische oder als expositorische Texte angekündigt werden (Zwaan, 1994) und je nachdem, ob die Lesenden z.B. im Unterricht später einen Behaltens- oder einen Verstehenstest zu dem Text erwarten (vgl. Schiefele, 1996; Schnotz & Dutke, 2004; s. Kapitel 5).

Die Verarbeitung der Texte hat schließlich verschiedene Wirkungen bzw. Erträge [7]. Für die pädagogische und psychologische Forschung sind insbesondere kognitive, affektive und motivationale Wirkungen der Verarbeitung von Texten interessant. So beeinflusst das Verarbeiten von Texten beispielsweise das Verstehen, das Behalten, die Emotionen beim Lesen und die Motivation, einen Text weiterzulesen oder sich weiter mit dem Thema des Textes auseinanderzusetzen (s. Kapitel 3.1 und 3.2).

Damit die Wissensvermittlung durch Texte die gewünschte Wirkung erzielt, müssen beide Seiten kooperieren, also sowohl die Autorin bzw. der Autor als auch die Leserin bzw. der Leser: „Der Autor muß versuchen, den Text [Anm.: also das Angebot] so zu gestalten, daß dieser möglichst gut zu verstehen ist. Dabei macht er bestimmte Annahmen über das Vorwissen, die kognitiven Fähigkeiten, die Interessen, Erwartungen und Ziele des Lesers" (Schnotz, 1994). Der Leser bzw. die Leserin auf der anderen Seite muss unterstellen, dass der Text nur Informationen enthält, die wahr, relevant und informativ sind und dass diese Informationen in einer strukturierten, verständlichen und allgemein üblichen Form dargeboten werden (Schnotz, 1994; Grice, 1979). Wenn sich eine der beiden Seiten nicht an diese Kommunikationsmaximen hält, ist das Verstehen gefährdet.

Das adaptierte Angebots-Nutzungs-Modell zur Wirkungsweise von Texten zur Informationsverarbeitung stellt also die Funktion und die Vermittlung von Wissen mit Texten dar. Wo aber ist in diesem Modell die Textverständlichkeit zu verorten?

2.2 Textverständlichkeit

Der Duden (2003) definiert „Verständlichkeit" als Verständlichsein bzw. den „Grad, in dem etwas verständlich ist" und „verständlich" wiederum als „sich [gut] verstehen, erfassen, begreifen lassend; leicht fassbar". Die Textverständlichkeit gibt demnach an, wie leicht ein Text sich verstehen lässt. Wie leicht ein Text verstanden werden kann, hängt aber nicht allein vom Text, sondern immer auch von den Merkmalen der Lesenden ab, insbesondere von ihrem Vorwissen (Biere, 1991; Groeben, 1972; Rost & Schilling, 2006; Rickheit & Strohner, 1999; Schiefele, 1996; Tergan, 1983). So kann z.B. ein Statistik-Lehrbuch (Bortz, 1999) für Studierende im ersten Semester unverständlich, im sechsten Semester dann aber verständlich sein. Dass sich die Verständlichkeit verändern kann, obwohl der Text gleich bleibt, weist darauf hin, dass Texte nicht an sich verständlich sind, sondern dass sie immer zu einem bestimmten Zeitpunkt für bestimmte Personen mehr oder weniger verständlich sind. Ein Text ist dann für eine bestimmte Person in einem bestimmten Kontext und einer bestimmten Situation verständlich, wenn ihm bzw. ihr das Verstehen leicht fällt, wenn also die Prozesse des Textverstehens reibungslos ablaufen können. Textverständlichkeit ist somit ein Merkmal der Interaktion von Text und Leser bzw. Leserin. In dem hier vorgestellten Rahmenmodell ist die Textverständlichkeit also nicht bei den Texten, sondern bei der Nutzung der Texte durch bestimmte Lesende zu verorten.

Um zu klären, was Texte verständlich macht, ist es daher notwendig, einzelne Teile des adaptierten Angebots-Nutzungs-Modells zur Wirkungsweise von Texten genauer zu betrachten: In Kapitel 3.1 wird daher zunächst geklärt, was Verstehen bedeutet und welche weiteren Wirkungen (Block [7] in Abbildung 1) der Textverarbeitung wünschenswert sind. In Kapitel 4 wird dann geklärt, wie Texte und ihre Inhalte repräsentiert werden und welche psychischen Prozesse beim Textverstehen ablaufen. In Kapitel 5 werden text-, personen- und situationenbezogene Prädiktoren des Textverstehens behandelt. Darauf aufbauend werden die verfügbaren Konzepte der Textverständlichkeit in Kapitel 6 vorgestellt und vor dem theoretischen Hintergrund kritisch diskutiert.

3   Wirkungen der Verarbeitung von Texten

3.1   Verstehen, Scheinverstehen, Nicht-Verstehen und Behalten

Kapitel 2.2 hat gezeigt, dass ein Text verständlich ist, wenn er leicht zu verstehen ist. Das wirft die Frage auf, was Verstehen ist und wie es gegen die verwendeten Begriffe „Scheinverstehen", „Nicht-Verstehen" und „Behalten" abgegrenzt werden kann.

Verstehen

„Verstehen" bezeichnet sowohl einen Prozess, als auch dessen Produkt. An dieser Stelle wird das Produkt behandelt, der Prozess des Textverstehens in den Kapiteln 4.2 und 4.3. Schnotz (1994) zufolge liegt bei einer Person allgemein dann Verstehen vor, wenn die Person eine angemessene, kohärente mentale Repräsentation der Umwelt aufgebaut hat, mit deren Hilfe sie das Umweltverhalten mental vorwegnehmen und Handlungspläne entwerfen, erproben und revidieren kann. Eine solche mentale Repräsentation eines Gegenstandes ist angemessen, wenn es den Gegenstand ausreichend korrekt abbildet. Wenn jemand z.b. eine mentale Repräsentation des Jollensegelns aufgebaut hat, kann diese Person an dieser Repräsentation ablesen, wie sich die Jolle in einer bestimmten Situation verhalten wird. Er oder sie kann mit Hilfe der Repräsentation mögliche Handlungen planen und die Handlung und ihre Folgen im Geiste vorwegnehmen. Jemand, der nicht über eine solche mentale Repräsentation des Jollensegelns verfügt, müsste die Folgen seiner Handlung durch Ausprobieren erfahren. Verstehen kann aber auch bedeuten, dass man Vorhersagen darüber machen kann, wie sich eine mathematische Formel bei der Veränderung der Variablen verhalten wird. Die Funktion der Formel stellt in diesem Beispiel das Umweltverhalten dar. Langfristig ist Verstehen der ökonomischste Weg, mit der Umwelt zu interagieren, eben weil Ereignisse und Handlungen statt durch Versuch und Irrtum in der Umwelt anhand der mentalen Repräsentation der Umwelt durchgespielt und erprobt werden können und weil durch Verstehen aus einer begrenzten Anzahl von Vorstellungen unendlich viele Situationen durchgespielt werden können (Schnotz, 1994). Verstehen bezieht sich also auf das Vorhandensein und die Beschaffenheit einer mentalen Repräsentation und der Beziehung dieser mentalen Repräsentation zum Repräsentierten. Verstehen ist daher immer eine latente Variable, die zudem als richtig bzw. angemessen oder als falsch bzw. unangemessen bewertet werden kann. Textverstehen im Besonderen liegt dieser Definition zufolge dann vor, wenn die Person eine angemessene, kohärente mentale Repräsentation des Inhalts des Textes aufgebaut hat.

Wie aber kann eine so komplexe und zudem latente Variable wie Verstehen operationalisiert werden? Ballstaedt und Mandl (1988) zufolge misst ein psychologischer Test Verstehen, wenn der bzw. die Befragte zur Beantwortung der Fragen Informationen generieren muss, die nicht direkt im Text stehen, aber aus dem Text abgeleitet werden können; zur Beantwortung der Frage müssen dann entweder Informationen aus dem Text geschlussfolgert werden, mitunter müssen diese Schlüsse mit Hilfe von Vorwissen vollzogen werden. Darüber hinaus ist es aber auch denkbar, dass in den Fragen des Tests weitere Informationen gegeben werden, mit deren Hilfe dann aus dem Text weitere Informationen geschlussfolgert werden müssen. In all diesen Fällen wird das Verstehen dadurch gemessen, dass durch elaborative oder reduktive Inferenzen Informationen generiert werden müssen, die über die dargebotenen Informationen hinausgehen (Ballstaedt & Mandl, 1988; vgl. Kapitel 4.3). Verstehen ist allerdings ein so umfangreicher wie komplexer Vorgang und ein so umfangreiches wie komplexes Produkt, dass es sich niemals vollständig erfassen lässt, sondern dass lediglich Teile davon gemessen werden können (Ballstaedt & Mandl, 1988). Wann aber liegt nicht Verstehen vor, sondern Schein-Verstehen oder Nicht-Verstehen?

Schein-Verstehen

Schein-Verstehen (oder auch Missverstehen) liegt vor, wenn Lesende eine kohärente, mentale Repräsentation bilden, die den betreffenden Sachverhalt aber nicht angemessen abbildet (Schnotz, 1994). Schein-Verstehen besteht z.B., wenn jemand glaubt, dass die Erde sich im Zentrum des Sonnensystems befindet. Diese Vorstellung ist in der Regel kohärent, also in sich stimmig und widerspruchsfrei; diese Vorstellung ist dem Gegenstand – aus heutiger wissenschaftlicher Sicht – aber nicht angemessen und würde daher Schein-Verstehen darstellen. Schnotz (1994) geht noch weiter, wenn er schreibt, ein Text werde missverstanden, wenn der Leser bzw. die Leserin den Textinhalt in anderer Weise versteht als vom Autor oder der Autorin intendiert. Diese Sichtweise scheint u. U. allerdings zu stark, weil es z.B. auch möglich ist, dass eine Autorin bzw. ein Autor einen inhaltlich falschen Text schreibt; und es ist vorstellbar, dass eine Leserin bzw. ein Leser erkennt, dass der Text fehlerhaft ist und dass die Leserin bzw. der Leser dennoch zu einer angemessenen Vorstellung des Inhalts des Textes gelangt, auch wenn dies der ursprünglichen Intention des

Autors widerspricht (Eco, 1990, zitiert nach Frederking, Roick & Steinhauer, 2011). Die Grenze zwischen Verstehen und Schein-Verstehen ist jedoch fließend, da die vom Text intendierte Interpretation nicht vollständig angegeben werden kann (Schnotz, 1994).

Nicht-Verstehen

Wenn eine Leserin bzw. ein Leser nicht zu einer kohärenten mentalen Repräsentation des Textinhalts kommt, hat die Leserin bzw. der Leser den Text nicht verstanden (Schnotz, 1994). So setzt der Satz „Die Verteilung ist bimodal" z.b. bestimmte Statistik-Kenntnisse voraus. Jemand, der nicht weiß, was mit „Verteilung" oder „bimodal" gemeint ist, könnte daher allein aufgrund dieses Satzes keine kohärente mentale Repräsentation bilden. Der Satz wurde dann nicht verstanden. Doch auch die Grenze zwischen Verstehen und Nicht-Verstehen ist fließend, da nicht genau festgelegt ist oder vielleicht auch nicht genau festgelegt werden kann, wann eine globale und ausreichend kohärente Repräsentation des Textgegenstandes aufgebaut wurde.

Behalten

Behalten schließlich liegt vor, wenn eine Person Inhalte aus einem Text reproduzieren kann. Behalten liegt z.b. dann vor, wenn man einen Text nachsprechen kann oder ihn mit einer anderen Syntax und ggf. auch mit anderen Wörtern wiedergeben kann. Behalten kann allerdings vorliegen, ohne dass ein Text verstanden wurde (Ballstaedt & Mandl, 1988). Ein fremdsprachiges Lied kann man z.b. oft auch dann mitsingen, wenn man die Sprache nicht versteht und einen Text kann man in der Regel auch dann umformulieren, wenn man die inhaltlichen Zusammenhänge nicht versteht.

Verstehen, Schein-Verstehen, Nicht-Verstehen und Behalten unterscheiden sich also im Hinblick auf die Kohärenz einer mentalen Repräsentation, der Angemessenheit dieser mentalen Repräsentation und der Schlüsse, die aufgrund der mentalen Repräsentation gezogen werden können. Es stellt sich daher die Frage, wie Texte und die Inhalte von Texten mental repräsentiert werden (s. Kapitel 4.1) und welche kognitiven Prozesse auf diese Repräsentationen angewandt werden können (s. Kapitel 4.2, 4.3 und 4.4).

3.2 Emotionen beim Lesen von Texten

Gerade in pädagogischen Kontexten sind neben bestimmten kognitiven Wirkungen auch bestimmte emotionale Wirkungen wünschenswert: Zum einen, weil es an sich wünschenswert ist, dass sich Lernende bzw. Lesende bei der Auseinandersetzung mit einem Thema subjektiv wohlfühlen. Zum anderen sind Emotionen in der Regel das Ergebnis der Erfahrungen mit einem Gegenstand (Standop, 2002) und stellen sehr schnell verfügbare, wertende Stellungnahmen eines Organismus zu entsprechenden Umweltreizen dar (Sokolowski, 2002; Standop, 2001). Damit beeinflussen Emotionen, wie lange und intensiv sich jemand mit einem Inhalt beschäftigt, ob und ggf. wann er oder sie die Beschäftigung mit dem Gegenstand abbricht (Götz, Frenzel & Pekrun, 2007; Rummer & Engelkamp, 2000; Standop, 2001). Emotionen spielen auch bei der Auseinandersetzung mit Texten eine Rolle (vgl. Standop, 2001). In diesem Kapitel wird daher auf die Arten und Komponenten von Emotionen und ihren Zusammenhang zur Textverständlichkeit eingegangen (s. a. Friedrich, 2008).

Arten von Emotionen
Die grundlegendste Unterscheidung zwischen verschiedenen Emotionen stellt die Unterscheidung von positiver und negativer Valenz dar: Positive Emotionen sind angenehme Zustände, bei denen der Gegenstand der Emotion positiv bewertet wird und welche die Annäherung an den Gegenstand motivieren. Negative Emotionen sind unangenehme Zustände, bei denen der Gegenstand der Emotion negativ bewertet wird und dessen Vermeidung motiviert wird. Damit helfen Emotionen, unangenehme Erfahrungen zu vermeiden und angenehme Erfahrungen aufzusuchen (Sokolowski, 2002; Standop, 2001).

Komponenten von Emotionen
In der Literatur werden in der Regel fünf Komponenten von Emotionen unterschieden: eine subjektive, eine kognitive, eine motivationale, eine physiologische und eine expressive Komponente (Standop, 2001; Sokolowski, 2002; Titz, 2004). Die subjektive Komponente stellt jenen Teil der Emotion dar, der als Gefühl bewusst erlebt werden kann. Die subjektive Komponente wird auch als „affektive Komponente", „Gefühl" oder „Gefühlserleben" bezeichnet (vgl. Titz, 2004). Das Vorliegen der subjektiven Komponente gilt in der Regel als notwendige und hinreichende Bedingung für das Vorliegen von Emotionen; alle anderen Komponenten können teilweise oder auch ganz fehlen (Sokolowski, 2002). Die kognitive Komponente bezeichnet die (bewussten oder unbewussten) Gedanken, die mit der Emotion einhergehen. Sie drückt sich in Aussagen aus wie „Ich bewerte diesen Sieg positiv" oder „Ich bewerte diesen Hund als Bedrohung". Die motivationale Komponente betrifft die Bereitschaft, ein bestimmtes Verhalten auszuführen. Sie drückt sich z.B. darin aus, auf einen Sieg hinzuarbeiten oder vor einem Hund wegzulaufen. Die physiolo-

gische Komponente bezieht sich auf den körperlichen Zustand, der möglicherweise mit einer Emotion einhergeht, wie z.b. die Erhöhung der Herzfrequenz, der Anstieg des Blutdrucks, die Veränderung des Hautleitwerts usw. Die expressive Komponente schließlich stellt die Veränderung der Gestik oder Mimik dar, die typischerweise mit einer Emotion einhergeht, z.b. ein überraschter Gesichtsausdruck oder eine geduckte Körperhaltung (Standop, 2001; Sokolowski, 2002; Titz, 2004).

Emotionen beim Lesen
Im Rahmen des für Texte adaptierten Angebots-Nutzungs-Modells in Kapitel 2 wurde gezeigt, dass die Produktion und die Rezeption von Texten jeweils in einen größeren Handlungsrahmen integriert sind: Das Lesen von Texten dient den Lesenden in der Regel zu bestimmten Zielen (Schnotz, Ballstaedt & Mandl, 1981). Dem Alltagsverständnis zufolge ist es das typische und vorrangige Ziel der Verarbeitung eines Textes, den Text zu verstehen (Schnotz und Dutke, 2004). Inwiefern eine Person ihre Ziele erreicht oder nicht erreicht, wirkt sich auf ihre Emotionen aus. Wenn Verstehen das Ziel des Textlesens darstellt, sollte das Erreichen oder Nicht-Erreichen dieses Ziels bzw. die Leichtigkeit oder eben Schwierigkeit, mit der dieses Ziel erreicht wird, die Emotionen der Leserin bzw. des Lesers beeinflussen. Wenn man möchte, dass Leserinnen und Leser sich dauerhaft mit einem Thema auseinandersetzen und das erworbene Wissen anwenden, scheint es daher wünschenswert, dass sie beim Lesen von Lehrtexten eher positive Emotionen empfinden und die Texte mit möglichst wenig Aufwand verstehen (vgl. Hänze, 2000; Standop, 2001; s. a. Renkl, 1996). Im folgenden Kapitel wird geklärt, wie Texte mental repräsentiert und verarbeitet werden, bevor darauf aufbauend in Kapitel 6 Konzepte zur Textverständlichkeit vorgestellt werden.

4 Kognitive Repräsentation und Verarbeitung von Texten

4.1 Das integrierte Modell des Text- und Bildverstehens von Schnotz

Das integrierte Modell des Text- und Bildverstehens von Schnotz (2003, 2005), Schnotz und Bannert (2003) sowie Schnotz und Dutke (2004) stellt dar, wie Texte und Bilder mental repräsentiert werden. Das Modell nimmt an, dass Texte und ihre Inhalte auf verschiedenen Ebenen repräsentiert werden. Auf diesen Ebenen werden die Texte bzw. ihre Inhalte entweder in analoger oder digitaler Form repräsentiert. Im Folgenden wird zunächst der Unterschied zwischen analogen und digitalen Repräsentationen erklärt, bevor darauf aufbauend die Ebenen des Textverstehens des Modells vorgestellt werden. Jene Teile des Modells, die nur für das Bildverstehen von Bedeutung sind, werden in der vorliegenden Arbeit nicht behandelt. Diese Teile sind in der Darstellung des Modells in Abbildung 2 daher auch grau dargestellt.

Analoge Repräsentationen

Analoge Repräsentationen haben jeweils Ähnlichkeit mit dem Abgebildeten. Bei dieser Form der Repräsentation, z.B. bei Bildern, Grafiken oder Modellen, entspricht die Struktur der Abbildung in einer oder mehrerer Hinsicht/en der Struktur des Abgebildeten. Ein Portrait ähnelt z.B. der äußeren Erscheinung der abgebildeten Person und kann diese daher repräsentieren (Schnotz, 2005).

Digitale Repräsentationen

Bei einer digitalen Repräsentation erhält die Repräsentation ihre Bedeutung nicht aufgrund von Ähnlichkeit, sondern aufgrund von Konventionen. Sprache ist eine solche digitale Repräsentation. Das Wort „Baum" z.B. hat typischerweise keinerlei Ähnlichkeit mit einem Baum, dennoch weiß jeder kompetente Sprecher und jede kompetente Sprecherin der deutschen Sprache, worauf sich das Wort „Baum" bezieht. Die Repräsentation besteht hier also nicht, weil die Wörter dem Bezeichneten ähnlich sind, sondern aufgrund der Konventionen der Sprachgemeinschaft. Diese Konventionen geben an, was die Repräsentation repräsentiert (Schnotz, 2005).

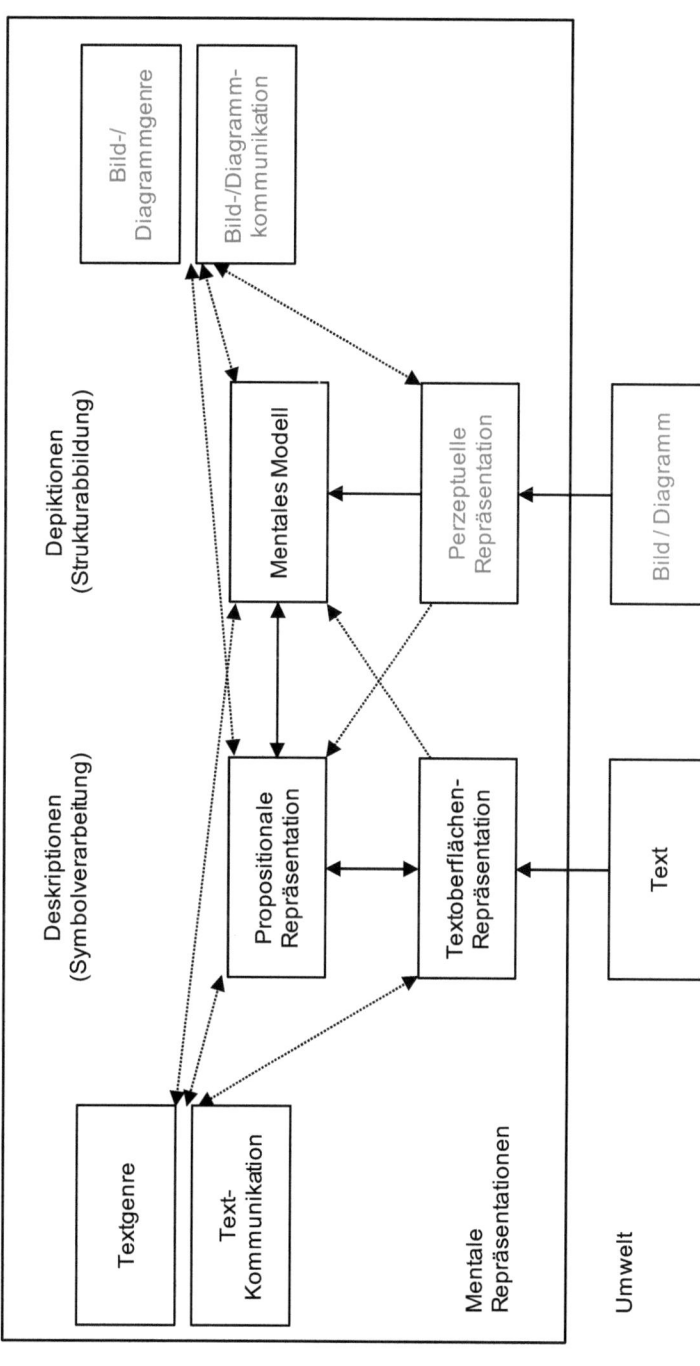

Abbildung 2: Das integrierte Modell des Text- und Bildverstehens von Schnotz (2003, 2005) bzw. Schnotz und Bannert (2003) sowie Schnotz und Dutke (2004)

29

Ebenen des Textverstehens im integrierten Modell des Text- und Bildverstehens

Das intergrierte Modell des Text- und Bildverstehens wird in Abbildung 2 dargestellt. Es unterscheidet fünf Ebenen des Textverstehens: die Ebene der Textoberfläche, die Ebene der propositionalen Repräsentation, die Ebenen des Textgenres, die Ebene der Textkommunikation und die Ebene des mentalen Modells. Auf den Ebenen der Textoberfläche, der propositionalen Repräsentation, des Textgenres und der Textkommunikation werden Texte in digitaler Form repräsentiert. Auf der Ebene des mentalen Modells werden die Inhalte des Textes in analoger Form repräsentiert. Die fünf Ebenen des Textverstehens werden im Folgenden vorgestellt (s. a. Friedrich, 2008).

Ebene der Textoberfläche

Auf der Ebene der Textoberfläche werden die gesamten Oberflächenmerkmale des Textes repräsentiert: Bei schriftlichen Texten sind dies die Grapheme, die Phoneme, die Wörter und die Syntax des Textes. Mit Hilfe dieser Repräsentation kann der Text wiederholt werden. Diese Repräsentation liegt z.B. vor, wenn man ein Lied mitsingen kann, auch wenn das Lied in einer fremden Sprache gesungen wird, die man nicht spricht. Wird ein Text nur auf dieser Ebene repräsentiert, hat aber noch kein Verstehen stattgefunden (Schnotz, 2003; Schnotz & Dutke, 2004).

Propositionale Repräsentation

Auf Basis der Repräsentation der Textoberfläche wird Schnotz (2003) sowie Schnotz und Dutke (2004) zufolge die propositionale Repräsentation gebildet, auf der der Text in Form von Propositionen repräsentiert wird. In Propositionen werden Aussagen repräsentiert, unabhängig von der sprachlichen Formulierung der Aussagen.

Propositionen bestehen jeweils aus einem Prädikat und einem oder mehreren Argumenten. Einstellige Prädikate schreiben Argumenten Eigenschaften zu. Mehrstellige Prädikate stellen verschiedene Argumente zueinander in Beziehung (Turner & Greene, 1977). „Schön sein (a)" ist z.B. ein einstelliges Prädikat, das einem Argument a die Eigenschaft zuschreibt, schön zu sein. „Lieben (a, b)" wiederum ist z.B. ein zweistelliges Prädikat, das zwei Argumente a und b zueinander in Beziehung setzt, den Liebenden a und den, die oder das geliebte b. Als Argumente kommen konkrete Dinge wie z.B. die Himmelsscheibe von Nebra oder konkrete Personen wie Ludwig Wittgenstein in Frage, aber auch abstrakte Dinge wie Psychologie, Liebe oder Musik; als Argumente kommen auch sprachliche Äußerungen, Propositionen oder Relationen selbst wie z.B. „schenken", „verstehen", „glauben", usw. in Frage. (Schnotz, 1994; Ballstaedt et al., 1981; Kintsch, 1974; Kintsch & van Dijk, 1978; Turner & Greene, 1977). Sowohl die Argumente als auch die Prädikate werden mental jeweils als Schemata repräsentiert.

Die Aussage „Anna ist schön" z.b. kann so in die Proposition „SCHÖN SEIN (Anna)" übersetzt werden, und die Aussage „Anna spielt Klavier" z.b. kann in die Proposition „SPIELEN (Anna, Klavier)" übersetzt werden, wobei Anna hier die Agentin und das Klavier das Objekt ist (Kintsch, 1974; Turner & Greene, 1977). Für die formale Darstellung von Propositionen gibt es viele verschiedene Notationssysteme. Für welches Notationssystem eine Forscherin oder ein Forscher sich entscheidet, hängt meistens von pragmatischen Überlegungen ab (Kintsch & van Dijk, 1978). Wesentlich ist, dass sich jede sprachliche Aussage in Form von Propositionen ausdrücken lässt (mit Ausnahme vielleicht von Aussagen wie „es regnet", „es blitzt", „es schneit" usw., die keine Argumente enthalten, sofern man nicht raumzeitliche Koordinaten als Argumente einsetzt; Strawson, 1986). Daher kann jeder Text auch als eine lange Liste von Propositionen oder als ein Netzwerk von Propositionen dargestellt werden (Kintsch & van Dijk, 1978). Eine solche Übersetzung eines Textes in eine Propositionsliste findet man z.b. bei Ballstaedt et al. (1981, S. 35). Der Text lautet wie folgt (s. a. Kintsch & Vipond, 1979):

> Eine große schwarzgelbe, 14 Meter lange V-2 Rakete stand in der Wüste von Neu-Mexiko. Leer wog sie fünf Tonnen. Als Treibstoff enthielt sie acht Tonnen Alkohol und flüssigen Sauerstoff. Alles war bereit. Die Wissenschaftler und Generäle zogen sich auf eine gewisse Distanz zurück und kauerten hinter Erdhügeln. Zwei rote Signale leuchteten als Zeichen auf, die Rakete abzufeuern (S. 339).

Die entsprechende Propositionsliste zu den ersten zwei Sätzen dieses Textes lautet:

01 Groß sein (Rakete)
02 Schwarz sein (Rakete)
03 Gelb sein (Rakete)
04 V-2 sein (Rakete)
05 Lang sein (Rakete)
06 Länge haben (14 Meter, 05)
07 Stehen (Rakete)
08 An Ort sein (07, Wüste)
09 Gehören zu (Neu Mexiko, Wüste)

10 Leer sein (Rakete)
11 Gewicht haben (10)
12 wiegen (fünf Tonnen, 11)
(Ballstaedt et al., 1981, S. 35f; s. a. Kintsch & Vipond, 1979, S. 342).

Manche dieser Propositionen wie z.b. die Proposition 08 enthalten Zahlen an der Stelle für die Argumente. Die Zahl gibt in dieser Notation jeweils an, dass eine Proposition als Argument einer anderen Proposition dient. So ist Proposition 07 z.b. ein Argument der Proposition 08. Proposition 07 gibt an, dass die Rakete steht. Proposition 08 gibt an, dass Proposition 07 in einer Wüste zu verorten ist. Die beiden Propositionen 07 und 08 sagen aus, dass eine Rakete in einer Wüste steht.

Statt in eine Liste von Propositionen kann man Texte auch in propositionale Netzwerke übersetzen. Dabei stellen die Knoten des Netzwerkes entweder die Argumente oder Propositionen selbst dar. Für welche Art der Darstellung eine Forscherin oder ein Forscher sich entscheidet, hat vor allem pragmatische Gründe (Kintsch, 1988). Im Folgenden werden die Knoten als Konzepte dargestellt. Die Kanten, also die Verbindungslinien innerhalb dieses Netzwerks, stellen dann die Prädikate dar, also die Verbindungen, die zwischen den Argumenten hergestellt werden. Die Übersetzung des Textes in ein propositionales Netzwerk kann z.b. wie in Abbildung 3 dargestellt werden.

Ein wesentliches Merkmal zur Beschreibung propositionaler Repräsentationen ist ihre Kohärenz. Eine Propositionsliste bzw. ein propositionales Netzwerk ist kohärent, wenn es widerspruchsfrei ist und alle Teile miteinander verbunden sind (wenn also nicht mehrere unzusammenhängende Teilnetze nebeneinander bestehen; Kintsch & van Dijk, 1978). Kohärenz wird in diesem Modell durch Argumentüberlappung und Einbettung hergestellt. Eine Argumentüberlappung besteht, wenn ein und dasselbe Argument Teil verschiedener Propositionen ist (Kintsch & van Dijk, 1978). Eine Einbettung besteht, wenn eine Proposition als Argument für eine andere Proposition dient (Kintsch & van Dijk, 1978).

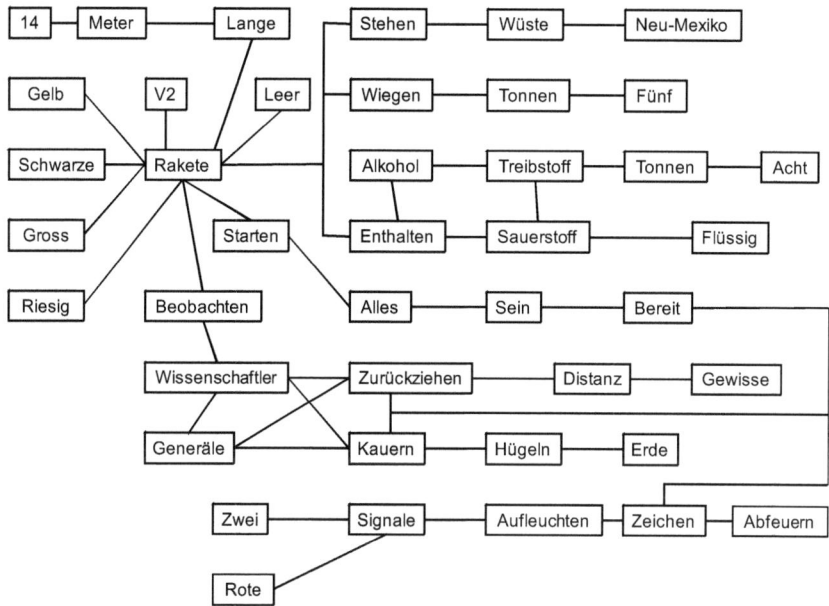

Abbildung 3: Übersetzung des „Raketen-Textes" von Ballstaedt et al. (1981, S. 26)
bzw. Kintsch und Vipond (1979) in ein propositionales Netzwerk

Auf der Ebene der propositionalen Repräsentation kann man außerdem eine
Mikrostruktur und eine Makrostruktur unterscheiden: Die Mikrostruktur wird
auch „Textbasis" genannt und weiter in eine explizite und eine implizite Textbasis unterschieden:

> Given the general pragmatic postulate that we do not normally
> assert what we assume to be known by the listener, a speaker
> may leave all propositions implicit that can be provided by the
> listener. An actual discourse, therefore, normally expresses what
> may be called an implicit text base. An explicit text base, then, is
> a theoretical construct featuring also those propositions necessary
> to establish formal coherence. This means that only those propo-
> sitions are interpolated that are interpretation conditions for
> example, presuppositions of other propositions expressed by the
> discourse (Kintsch & van Dijk, 1978, S. 365).

Die implizite Textbasis umfasst die im Text enthaltenen Propositionen. Die
explizite Textbasis umfasst außerdem noch die Propositionen, von denen man
annehmen kann, dass die Lesenden sie automatisch erschließen, um zu einer

33

kohärenten Repräsentation zu gelangen (s. a. Kapitel 4.2). Die Makrostruktur hingegen stellt die Repräsentation der zentralen Gedanken, sogenannter „Makropropositionen" eines Textes aus Sicht des jeweiligen Lesers bzw. der jeweiligen Leserin dar (Kintsch & van Dijk, 1978).

Personen, die den Inhalt eines Textes auf der Ebene der propositionalen Repräsentation repräsentieren, können den Text sprachlich umformulieren, d. h. sie können die Wörter eines Textes durch Wörter ersetzen, die ihrem Wissen nach das gleiche Konzept bezeichnen, und sie können den Text in Sätzen mit einer anderen Syntax ausdrücken und die Reihenfolge ändern, in der die Informationen gegeben werden. Sie können auch weitere Informationen generieren, wenn sie die Gesetze der Prädikatenlogik auf die Aussagen anwenden, die auf dieser Ebene als Propositionen repräsentiert werden. In der Regel erlaubt diese Repräsentation alleine aber noch keine Vorwegnahme des Umweltverhaltens (vgl. Kapitel 3.1). Das ist in der Regel erst auf der Ebene des mentalen Modells möglich. In der Regel spricht man daher erst dann von Verstehen, wenn ein angemessenes, mentales Modell des Textinhalts aufgebaut wurde.

Mentales Modell

Auf der Ebene des mentalen Modells wird der Inhalt des Textes als eine analoge Vorstellung repräsentiert (Schnotz, 2003; Schnotz & Dutke, 2004). Aufgrund von Texten, also digitalen Repräsentationen, kann mit Hilfe der Inhalte des Langzeitgedächtnisses eine analoge Repräsentation der Textinhalte aufgebaut werden, eben die mentalen Modelle. In vielen Fällen entspricht das mentale Modell einer bildlichen Vorstellung. Sie kann aber auch einer auditiven, haptischen, gustatorischen oder olfaktorischen Vorstellung entsprechen (Schnotz & Dutke, 2004).

Jeder Text lässt eine Vielzahl mentaler Modelle zu (Schnotz, 2003). Das mentale Modell variiert von Leser zu Leser bzw. von Leserin zu Leserin. Wie das mentale Modell genau aussieht, hängt neben dem Text auch von dem Vorwissen der Leserin bzw. des Lesers ab. In der Regel wird ein mentales Modell konstruiert, das ein typisches Szenario beschreibt und nicht ein Szenario, das der Leser bzw. die Leserin als untypisch einschätzen würde (Schnotz, 2003). Das mentale Modell erlaubt es, Umweltverhalten mental zu simulieren und Handlungspläne zu entwerfen, zu erproben und zu revidieren. Daher gilt der Aufbau eines mentalen Modells i.d.R. als Voraussetzung für Verstehen (vgl. Kapitel 3.1). Um von Textverstehen sprechen zu können, bedarf es in der Regel außerdem einer angemessenen Repräsentation des Textgenres und einer angemessenen Repräsentation der Kommunikationsabsicht des Autors bzw. der Autorin.

Repräsentation des Textgenres

Während auf der Ebene der propositionalen Repräsentation und der Ebene des mentalen Modells die Inhalte des Textes repräsentiert werden, wird auf der Ebene des Textgenres repräsentiert, welcher Textsorte der jeweilige Text zuzuordnen ist. Mit der Zuordnung eines Textes zu einer bestimmten Textsorte gehen Erwartungen über die kommunikative Funktion des Textes und den Aufbau eines Textes einher. So macht es z.B. einen wesentlichen Unterschied für den Umgang mit den Informationen eines Textes, ob der Text durch den Leser oder die Leserin als fiktive Geschichte, als Werbung oder als Tatsachenbericht kategorisiert wird (Schnotz & Dutke, 2004; Zwaan, 1994).

Repräsentation der Kommunikationsabsicht des Autors bzw. der Autorin

Auf der Ebene der Kommunikationsabsicht des Autors bzw. der Autorin repräsentieren die Lesenden ihre Annahmen über den Verfasser, die Verfasserin bzw. den Autor, die Autorin des Textes und die Absichten, die er oder sie mit dem Text verfolgt(e) (Schnotz & Dutke, 2004). Auch auf dieser Ebene wird kein Inhalt des Textes repräsentiert. Es handelt sich um eine Metaebene der Repräsentation auf der Informationen repräsentiert werden, welche die Deutung der Informationen aus dem Text betreffen. So macht es z.B. einen Unterschied für den Umgang mit den Inhalten eines Textes, ob man glaubt, der Autor bzw. die Autorin wolle informieren oder überreden.

Kritik des Modells

Schnotz (2003) selbst betont, dass das Modell eine Vereinfachung darstellt und dass noch eine Reihe von Fragen offen sind, z.B. danach, ob es nur eine oder mehrere Ebenen der propositionalen Repräsentation gibt und ob es nur eine oder mehrere Ebenen des mentalen Modells gibt. Zudem lässt sich fragen, inwiefern die Inhalte von Texten wirklich in Form von propositionalen Netzwerken repräsentiert werden und inwiefern man wirklich sowohl eine propositionale Repräsentation als auch ein mentales Modell des Textinhalts annehmen muss. Hierbei handelt es sich um ein typisches Problem der Kognitionspsychologie. Die Repräsentation und die mentale Verarbeitung der Inhalte können selbst nicht beobachtet, sondern nur aus dem Verhalten erschlossen werden, z.B. aus dem Beantworten von Verständnisfragen, Behaltensfragen, Blickbewegungen, Rekationszeiten usw. Dabei sind die Annahmen über die Form der Repräsentation und die Annahmen über die Verarbeitungsprozesse voneinander abhängig. Jede Annahme über eine bestimmte Repräsentationsform setzt bestimmte Verarbeitungsprozesse voraus und umgekehrt (Schiefele, 1996; Schnotz, 1994). Schnotz (1994, 2005) sowie Schnotz und Bannert (2003) zeigen allerdings, dass das Modell gut mit den bestehenden empirischen Daten übereinstimmt und dass analoge und digitale Repräsentationsformen einander ergänzen, indem sie verschiedenen Zwecken dienen. Die propositionale Repräsentation kann mit relativ geringem Aufwand konstruiert werden und zwar auch dann, wenn der Text noch nicht verstanden wurde und später weiter verarbeitet werden soll. Die propositionale Repräsentation erleichtert zudem das Lösen von z.b. logischen oder algebraischen Problemen. Der Aufbau eines mentalen Modells hingegen erfordert mehr Aufwand, kann dafür aber effizienter dauerhaft gespeichert werden und erlaubt die mentale Simulation von Umweltverhalten (s. a. Kintsch, 1998; Schnotz & Bannert, 2003).

Wenn man also annimmt, dass Texte in diesen Formen mental repräsentiert werden, stellt sich die Frage, welche Prozesse beim Aufbau dieser Repräsentationen ablaufen. Um dies zu beantworten, werden im Folgenden zwei Theorien zu den psychischen Prozessen der Textverarbeitung vorgestellt: Das zyklische Modell der Textverarbeitung von Kintsch und van Dijk (1978) und das Konstruktions-Integrations-Modell von Kintsch (1988, 1998). Beide Modelle sind mit dem integrierten Modell des Text- und Bildverstehens von Schnotz (2005) bzw. Schnotz und Dutke (2004) vereinbar; das zyklische Modell des Textverstehens von Kintsch und van Dijk (1978) behandelt allerdings nur Prozesse, die auf der Ebene der propositionalen Repräsentation ablaufen. Alle Prozesse, die unterhalb dieser Ebene stattfinden, werden für die weitere Verarbeitung als gegeben vorausgesetzt (Kintsch & van Dijk, 1978). Die höheren Ebenen und ihre Prozesse werden nicht behandelt (Schiefele, 1996). Dieses Modell diente jedoch als Basis für die Konzepte der Textverständlichkeit von Kintsch und Vipond (1979; s. Kapitel 6.4) sowie von Gagné und Bell (1981; s. Kapitel 6.5). Das Konstruktions-Integrations-Modell ist eine Weiterentwicklung des zyklischen Modells der Textverarbeitung, das alle Ebenen des Textverstehens behandelt, die auch im integrierten Modell des Text- und Bildverstehens thematisiert werden.

4.2 Das zyklische Modell der Textverarbeitung von Kintsch und van Dijk

Kintsch und van Dijk veröffentlichten 1978 ihr zyklisches Modell der Textverarbeitung. Dabei gingen sie von der Erkenntnis aus, dass sich sowohl der Inhalt des Langzeitgedächtnisses als auch der Inhalt von Texten als lange Listen von Propositionen bzw. als propositionale Netzwerke darstellen lassen (vgl. Kapitel 4.1).

Die Inhalte des Langzeitgedächtnisses sind den gängigen Theorien zufolge in semantischen bzw. propositionalen Netzwerken gespeichert. In Texten sind Informationen allerdings nicht netzwerkartig gespeichert, sondern seriell, also als eine Reihe von Informationen. Die Frage ist nun, wie die in Texten seriell dargebotenen Informationen verarbeitet und in die netzwerkartige Repräsentation integriert werden. Kintsch und van Dijk (1978) beantworten diese Frage unter Zuhilfenahme der Theorie des Arbeitsgedächtnismodells: Texte werden eben nicht als Ganzes, sondern Stück für Stück, in Zyklen, verarbeitet.

Zyklische Textverarbeitung
Kintsch und van Dijk nehmen an, dass Leserinnen und Leser aus den Sätzen beim Lesen Propositionen extrahieren (Kintsch & van Dijk, 1978). Die dafür nötigen Prozesse werden vorausgesetzt und im Modell nicht weiter thematisiert. Die Autoren nehmen an, dass bei der Verarbeitung von Texten in jedem Zyklus jeweils eine Gruppe von Propositionen ins Arbeitsgedächtnis geladen wird. Dort werden sie dann zu einem propositionalen Netzwerk angeordnet (Kintsch und van Dijk, 1978), wie es beispielhaft in Abbildung 4 dargestellt wird. In jedem Zyklus werden neue Propositionen ins Arbeitsgedächtnis aufgenommen, die in das propositionale Netzwerk integriert werden müssen. Die Speicherkapazität des Arbeitsgedächtnisses ist jedoch begrenzt. Daher können während der Verarbeitung eines längeren Textes nicht alle im Text enthaltenen Propositionen im Arbeitsgedächtnis gespeichert werden. Dieser Umstand wird weiter unten in der Veränderung von Abbildung 4 zu Abbildung 5 veranschaulicht (s. a. Kintsch, 1979). Nachdem die neu aufgenommenen Propositionen im Arbeitsgedächtnis in das propositionale Netzwerk integriert wurden, müssen daher jedes Mal Propositionen ausgewählt werden, die während des nächsten Verarbeitungszyklus im Arbeitsgedächtnis behalten werden. Es sind wiederum verschiedene Strategien bzw. Kriterien dafür vorstellbar, nach denen Informationen für die weitere Verarbeitung ausgewählt werden können. Typischerweise werden die Propositionen in den nächsten Zyklus mitgenommen, die dem Leseinteresse der Lesenden entsprechen, dem Ziel der Textverarbeitung oder zur Beantwortung einer zuvor gestellten Aufgabe relevant erscheinen (vgl. Kapitel 5). Wollen die Lesenden einfach eine kohärente und angemessene Repräsentation des Textes und seines Inhalts aufbauen, so besteht die einfachste Strategie zur Auswahl von Propositionen für die weitere Verarbeitung den Autoren zufolge darin, jene Propositionen im Arbeitsgedächtnis zu halten, die als besonders wichtig bewertet werden, die mit besonders vielen anderen Propositionen verbunden sind oder die einfach zuletzt in die Repräsentation aufgenommen wurden (Kintsch und van Dijk, 1978). Propositionen, die nicht in den nächsten Verarbeitungszyklus mitgenommen werden, werden entweder ins Langzeitge-

dächtnis überführt oder vergessen. Wie gut sich Leserinnen und Leser später an eine bestimmte Proposition erinnern, hängt Kintsch und van Dijk (1978) zufolge davon ab, in wie vielen Zyklen die Proposition im Arbeitsgedächtnis repräsentiert wurde: Je größer die Zahl der Verarbeitungszyklen, in denen eine Proposition im Arbeitsgedächtnis gehalten wurde, umso schneller und eher kann diese Proposition später aus dem Langzeitgedächtnis abgerufen werden (Kintsch & van Dijk, 1978).

Solange die neu aufgenommen Propositionen in jedem Zyklus in das propositionale Netzwerk integriert werden können, verläuft die Textverarbeitung reibungslos und in der Regel automatisch ab (Kintsch & van Dijk, 1978). Schwierig wird es, wenn zwischen den aktuell im Arbeitsgedächtnis befindlichen Propositionen keine Kohärenz, also kein Zusammenhang hergestellt werden kann. In diesen Momenten stockt die Verarbeitung und es muss zusätzlicher kognitiver Aufwand betrieben werden, um den Text doch noch zu verstehen. Durch solche Probleme bei der Kohärenzbildung wird das Verstehen Kintsch und van Dijk (1978) zufolge erschwert. Kintsch und van Dijk (1978) sowie Kintsch und Vipond (1979) nennen drei kognitive Tätigkeiten, die vollzogen werden können, um die neuen Informationen dennoch mit dem propositionalen Netzwerk im Arbeitsgedächtnis zu verknüpfen: Reorganisationen, Reinstatements und Inferenzen.

Reorganisationen
In manchen Fällen wurde in einem früheren Verarbeitungszyklus entschieden, dass eine bestimmte Proposition von geringer Bedeutung ist. Diese Propositionen wurden im Anschluss nur wenig zu anderen Propositionen in Beziehung gesetzt. Bei der weiteren Verarbeitung kann sich dann aber zeigen, dass die Bedeutung der verschiedenen Propositionen anders bewertet werden muss. Die unterbewertete Proposition muss dann stärker mit den anderen Propositionen verknüpft werden. Eine solche spätere Veränderung der Repräsentation nennen Kintsch und Vipond (1979) eine Reorganisation. In einem literarischen Text können Reorganisationen aus literaturästhetischen Gründen sehr wünschenswert sein, wenn Lesende z.B. eine der handelnden Personen einer Geschichte für nebensächlich halten und erst im weiteren Verlauf klar wird, dass diese Person eine zentrale Stellung im Text einnimmt. In expositorischen Texten, also Texten, die der Vermittlung von Informationen über einen bestimmten Gegenstand dienen sollen, sind Reorganisationen allerdings weniger wünschenswert, denn je häufiger Reorganisationen vorgenommen werden müssen, desto mehr Aufwand muss betrieben werden, um den Text zu verstehen (Kintsch & Vipond, 1979).

Reinstatements

In anderen Fällen können neu aufgenommene Propositionen nicht in das propositionale Netzwerk im Arbeitsgedächtnis integriert werden, obwohl in früheren Zyklen bereits Propositionen verarbeitet wurden, mit deren Hilfe die neu aufgenommenen Propositionen integriert werden könnten; die Propositionen waren in früheren Zyklen nicht als wichtig genug bewertet worden, um sie im Arbeitsgedächtnis zu halten. In solchen Fällen muss der Leser bzw. die Leserin im Text zurückspringen oder im Langzeitgedächtnis suchen, um die entsprechenden Informationen wiederzugewinnen. Kintsch und van Dijk (1978) sowie Kintsch und Vipond (1979) nennen diese Wiedergewinnung früher bereits verarbeiteter, aber nicht mehr präsenter Informationen „Reinstatement" (Wiedereinsetzung). Solche Reinstatements werden z.B. nötig, wenn am Anfang einer Geschichte eine Person vorgestellt wird, die im weiteren Verlauf erst einmal keine Rolle mehr spielt, sodass die Lesenden die Figur vergessen. Taucht diese Person dann aber wieder in der Geschichte auf, ohne noch einmal vorgestellt zu werden, müssen die Lesenden entweder im Text zurückspringen oder -blättern oder im Langzeitgedächtnis nach der Beschreibung der Person suchen. Ein Reinstatement liegt vor, wenn eine Information erneut ins Arbeitsgedächtnis geladen werden muss, die früher bereits im Arbeitsgedächtnis repräsentiert wurde, dann aber nicht mehr im Arbeitsgedächtnis gehalten wurde. Eine Reorganisation liegt hingegen vor, wenn die Verbindungen zwischen verschiedenen Propositionen neu gebildet oder aufgegeben werden müssen, um eine neue Information in die aktuelle propositionale Repräsentation integrieren zu können. Je mehr Reorganisationen oder Reinstatements durchgeführt werden müssen, desto mehr Aufwand muss betrieben werden, um den Text zu verstehen (Kintsch, 1979; Kintsch & Vipond, 1979). In einem literarischen Text können Reinstatements aus literarästhetischen Gründen wiederum wünschenswert sein. In expositorischen Texten, die informieren sollen, behindern Reinstatements in der Regel den reibungslosen Ablauf der Informationsübermittlung.

Inferenzen

Wenn die neu aufgenommenen Propositionen nicht in das propositionale Netzwerk integriert werden können, das im Arbeitsgedächtnis gespeichert ist, kann diese Kohärenzlücke in manchen Fällen durch Inferenzen geschlossen werden. Dabei generiert der Leser bzw. die Leserin eine oder mehrere weitere Propositionen, die die Kohärenzlücke schließen, z.B. mit Hilfe des Vorwissens. So besteht z.B. zwischen den beiden Sätzen „Der Fahrer bremste. Die Reifen quietschten." (vgl. Ballstaedt et al., 1981) dem Modell zufolge eine Kohärenzlücke, da die beiden Sätze weder durch eine Argumentüberlappung noch durch eine Einbettung miteinander verknüpft sind. Mit Hilfe ihres Vorwissens können Lesende aber erschließen, dass der Fahrer ein Fahrzeug fährt und dass Fahrzeuge Reifen haben, sodass sich schließlich ein kohärentes Netzwerk ergibt. Würde man nicht über das entsprechende Vorwissen verfügen, bliebe die Kohärenzlücke bestehen. Dann könnte man versuchen sie zu schließen, indem man Vermutungen generiert und mit den verfügbaren Informationen abgleicht. Wiederum kann es in einem literarischen Werk wünschenswert sein, dass solche Inferenzen vollzogen werden müssen, bspw. wenn die Leserinnen und Leser einen für das Werk zentralen Zusammenhang aus Andeutungen erschließen müssen. In einem Text, der informieren soll, ist es in der Regel nicht wünschenswert, wenn Informationen, die für das Verstehen wesentlich sind, von den Lesenden selbst erschlossen werden müssen. Je mehr solcher Inferenzen nötig sind und je mehr kognitive Kapazität in das Generieren solcher Inferenzen investiert werden muss, desto aufwendiger die Verarbeitung des Textes (Kintsch und Vipond, 1979).

In manchen Fällen werden die neu aufgenommenen Propositionen aber auch nicht in das bestehende propositionale Netzwerk integriert, sondern es wird ein zweites Netzwerk gebildet sodass beide Netzwerke unverbunden nebeneinander im Arbeitsgedächtnis bestehen. In diesem Fall ist auch das Verstehen lückenhaft und unvollständig. Solche Fälle zweier oder mehrerer unverbundener Netzwerke treten z.B. bei stark inkohärenten Texten auf, bei sehr geringem Vorwissen oder bei sehr geringem Interesse der Leserin bzw. des Lesers am Text bzw. dem Inhalt des Textes.

Beispielhafte Verarbeitung eines Textes nach dem zyklischen Modell der Textverarbeitung

Das folgende Beispiel (adaptiert aus Ballstaedt et al., 1981; sowie Kintsch & Vipond, 1979) soll veranschaulichen, wie ein Text dem zyklischen Modell der Textverarbeitung zufolge verarbeitet wird. Ein Leser bzw. eine Leserin liest den „Raketen"-Text, der bereits in Kapitel 4.1 als Beispiel für die Übersetzung eines Textes in eine Liste von Propositionen und in ein propositionales Netzwerk vorgestellt wurde. Es wird angenommen, dass er bzw. sie über ein durchschnittlich großes Arbeitsgedächtnis verfügt und den Text gewissenhaft verarbeitet mit dem Ziel, eine möglichst angemessene Repräsentation des Textinhalts aufzubauen (s. a. Kintsch & van Dijk, 1978). Der Text wird in mehreren Zyklen verarbeitet.

Erster Zyklus: Der erste Satz des „Raketen"-Textes lautete „Eine große schwarzgelbe, 14 Meter lange V-2 Rakete stand in der Wüste von Neu-Mexiko" (Ballstaedt et al., 1981, S. 35; Kintsch & Vipond, 1979, S. 339). Dieser Satz wurde von Ballstaedt et al. (1981, S. 35f) sowie von Kintsch und Vipond (1979, S. 342) in die folgenden Propositionen übersetzt: 01 Groß sein (Rakete), 02 Schwarz sein (Rakete), 03 Gelb sein (Rakete), 04 V-2 sein (Rakete), 05 Lang sein (Rakete), 06 Länge haben (14 Meter, 05), 07 Stehen (Rakete), 08 An Ort sein (07, Wüste) und 09 Gehören zu (Neu Mexiko, Wüste) (vgl. Kapitel 3.1). Dem zyklischen Modell der Textverarbeitung zufolge würde der Modell-Leser bzw. die Modell-Leserin diese Propositionen im Arbeitsgedächtnis in ein möglichst kohärentes, propositionales Netzwerk überführen, wie es in Abbildung 4 veranschaulicht wird. Sie zeigt beispielhaft eine mögliche propositionale Repräsentation am Ende des ersten Zyklus der Verarbeitung des Raketen-Textes.

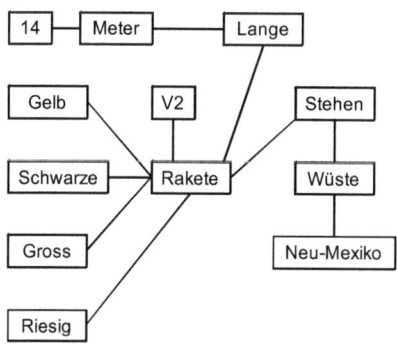

Abbildung 4: Beispiel für eine propositionale Repräsentation am Ende des ersten Zyklus der Verarbeitung des Raketen-Textes nach dem zyklischen Modell der Textverarbeitung von Kintsch und van Dijk (1978)

Ist das Arbeitsgedächtnis mit der Repräsentation dieses propositionalen Netzwerks ausgelastet, müssen einige Propositionen ausgewählt werden, die für die weitere Verarbeitung relevant scheinen. Die einfachste Strategie zur Auswahl von Propositionen für die weitere Verarbeitung besteht darin, Propositionen auszuwählen, die mit besonders vielen anderen Propositionen verknüpft sind, oder jene Propositionen für die weitere Verarbeitung auszuwählen, die als letzte in das propositionale Netzwerk integriert wurden (Ballstaedt et al., 1981; Kintsch & van Dijk, 1978). In diesem Beispiel sind das die Propositionen 05 Lang sein (Rakete), 07 Stehen (Rakete), 08 An Ort sein (07, Wüste) und 09 Gehören zu (Neu Mexiko, Wüste). Sowohl die Proposition 05 als auch die Proposition 07 enthält das Argument „Rakete". Beide Propositionen beinhalten also das gleiche Argument. Kintsch und van Dijk (1978) sprechen in diesem Fall von einer Argumentüberlappung. Die Propositionen 05 und 07 sind durch die Argumentüberlappung miteinander verknüpft. Die Proposition 07 ist selbst als Argument in Proposition 08 eingebettet, sodass diese Propositionen auf diese Art miteinander verknüpft sind. Von den im Arbeitsgedächtnis repräsentierten Propositionen sind die Propositionen 05, 07 und 08 also am stärksten mit anderen Propositionen verknüpft und werden daher als besonders wichtig bewertet und daher in den nächsten Zyklus überführt. Die Proposition 09 wird als wichtig bewertet, weil sie als letztes in das propositionale Netzwerk überführt wurde. Diese Propositionen bleiben im Arbeitsgedächtnis und bieten Anknüpfungspunkte für die im zweiten Zyklus aufgenommenen Propositionen.

Zweiter Zyklus: Der zweite Satz des Textes lautet „Leer wog sie fünf Tonnen". Da dieser Satz sehr kurz ist und das Arbeitsgedächtnis noch nicht auslastet, kann dem Modell zufolge angenommen werden, dass der nächste Satz mitverarbeitet wird (Ballstaedt et al., 1981; Kintsch & Vipond, 1979). Er lautet „Als Treibstoff enthielt sie acht Tonnen Alkohol und flüssigen Sauerstoff". Diese beiden Sätze lassen sich in die folgenden Propositionen übersetzen: 10 Leer sein (Rakete), 11 Gewicht haben (10), 12 wiegen (fünf Tonnen, 11), 13 REFERENZ: (17, Treibstoff), 14 enthalten (Rakete, 17), 15 wiegen (acht Tonnen, 16), 16 Gewicht haben (17), 17 KONJUNKTION: und (Alkohol, Sauerstoff), 18 flüssig sein (Sauerstoff). Abbildung 5 zeigt beispielhaft eine mögliche propositionale Repräsentation am Ende des zweiten Zyklus der Verarbeitung des Raketen-Textes.

Mit Hilfe von Argumentüberlappungen und Einbettungen konnte aus den aus dem ersten Zyklus übernommenen Propositionen und den neu aufgenommenen Propositionen ein kohärentes Netzwerk gebildet werden. Aus diesen Propositionen müssen nun wieder Propositionen für die weitere Verarbeitung ausgewählt werden. Wenn man der gleichen Strategie wie im ersten Zyklus folgt, werden die Propositionen 07, 14, 17 und 19 übernommen. Die anderen Propositionen werden aus dem Arbeitsgedächtnis gelöscht, um Platz für die Aufnahme neuer Propositionen im nächsten Zyklus zu machen (s. a. Ballstaedt et al., 1981).

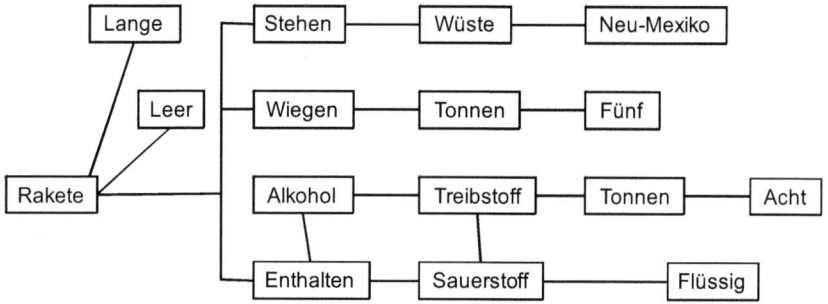

Abbildung 5: Propositionale Repräsentation am Ende des zweiten Zyklus der Verarbeitung des Raketen-Textes durch einen Beispiel-Leser bzw. eine Beispiel-Leserin

Dritter Zyklus: Die nächsten Sätze des Textes lauten „Alles war bereit. Die Wissenschaftler und Generäle zogen sich auf eine gewisse Distanz zurück und kauerten hinter Erdhügeln". Diese beiden Sätze lassen sich in die folgenden Propositionen übersetzen: 19 bereits sein (alles), 20 KONJUNKTION: und (Wissenschaftler, Generäle), 21 zurückziehen (20, Distanz), 22 gewisses haben (Distanz), 23 kauern (20), 24 Hinter sein (23, Hügel), 25 Bestehen aus (Hügel, Erde). Abbildung 6 zeigt beispielhaft eine mögliche propositionale Repräsentation am Ende des dritten Zyklus der Verarbeitung des Raketen-Textes.

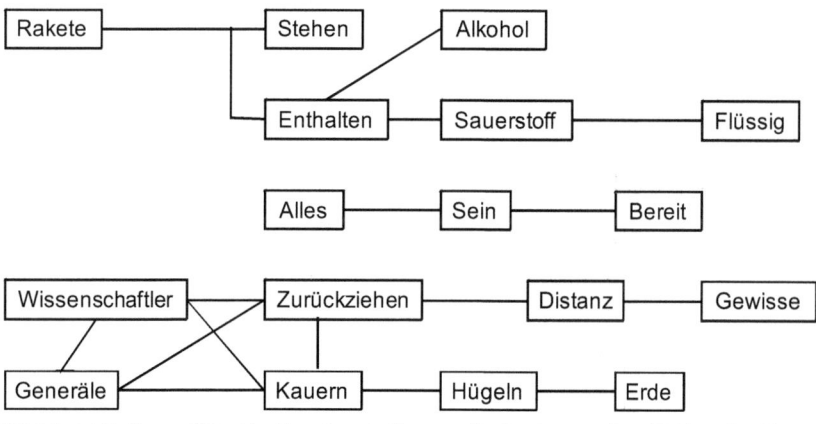

Abbildung 6: Propositionale Repräsentation am Ende des zweiten Zyklus der Verarbeitung des Raketen-Textes durch einen Beispiel-Leser bzw. eine Beispiel-Leserin

Die neu aufgenommenen Informationen können allerdings nicht mit den aus dem letzten Zyklus übernommenen Propositionen verknüpft werden. Zwischen den Propositionen, die die Rakete betreffen, und den Propositionen, die sich auf die Wissenschaftler und Generäle beziehen, kann weder durch eine Einbettung

43

noch durch eine Argumentüberlappung Kohärenz hergestellt werden. Auch die Propositionen, die in den vorherigen Zyklen verarbeitet worden sind, bieten keine Möglichkeit, diese Teilnetzwerke durch Argumentüberlappung oder Einbettung miteinander zu verbinden. Dem Modell zufolge bleiben daher nur noch zwei Möglichkeiten: Die Kohärenzlücke wird durch Inferenzen geschlossen oder die Propositionen werden in separaten propositionalen Netzwerken im Arbeitsgedächtnis gehalten (Ballstaedt et al., 1981, S. 55). In diesem Beispiel werden die Teilnetzwerke nicht miteinander verknüpft und separat im Arbeitsgedächtnis gehalten. Für die weitere Verarbeitung werden dann die Propositionen 20, 23, 24 und 25 ausgewählt, da sie als letztes in die propositionale Repräsentation aufgenommen worden sind (Ballsteadt et al., 1981, S. 55; s. o.). Die anderen Teilnetzwerke werden aus dem Arbeitsgedächtnis entfernt.

Vierter Zyklus: Der vierte Satz des Textes lautet „Zwei rote Signale leuchteten als Zeichen auf, die Rakete abzufeuern". Dieser Satz lässt sich in die folgenden Propositionen übersetzen: 26 zwei sein (Signale), 27 rot sein (Signale), 28 aufleuchten (Signale), 29 REFERENZ: (Zeichen, Signal), 30 INTENTION: (28, 31), 31 abfeuern (Ø, Rakete). Abbildung 7 zeigt beispielhaft, wie die propositionale Repräsentation des Textes am Ende des dritten Verarbeitungszyklus aussehen könnte.

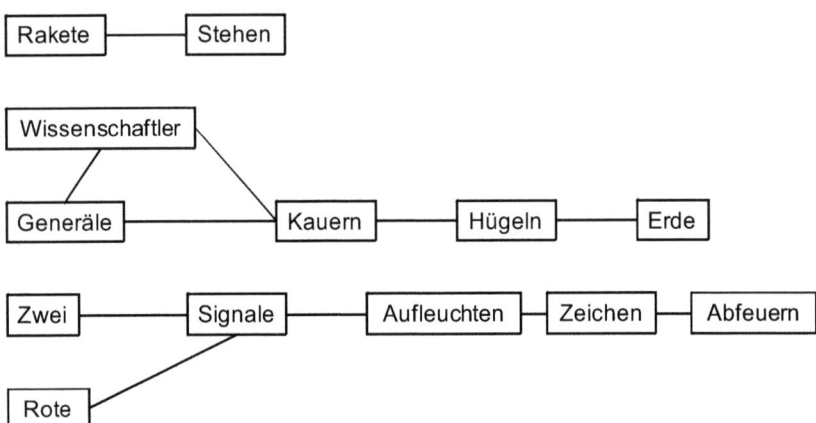

Abbildung 7: Propositionales Repräsentation am Ende des dritten Zyklus der Verarbeitung des Raketen-Textes durch einen Beispiel-Leser bzw. eine Beispiel-Leserin

Die neu aufgenommenen Propositionen lassen sich wieder nicht mit den noch im Arbeitsgedächtnis befindlichen Propositionen verknüpfen. Dem Modell zufolge wird daher im bisherigen Text bzw. im Langzeitgedächtnis nach Propositionen gesucht, an die sich die neu aufgenommenen Propositionen anknüpfen lassen. Dies trifft auf Proposition 07 zu. Mit Hilfe eines Reinstatements wird sie daher ins Arbeitsgedächtnis zurückgeholt, aus dem sie am Ende des dritten Zyklus entfernt worden war (Ballstaedt et al., 1981).

Würde die Verarbeitung des Textes an dieser Stelle abgebrochen, wäre Proposition 07 (stehen, Rakete) in vier von vier Zyklen im Arbeitsgedächtnis gehalten worden. Das Modell sagt vorher, dass diese Proposition daher am besten behalten wird (Kintsch & van Dijk, 1978).

Kritik des Modells

Das zyklische Modell der Textverarbeitung von Kintsch und van Dijk (1978) stellte einen Meilenstein in der Psychologie des Textverstehens dar und wurde bis heute weit über 1.400 Mal zitiert. Das Modell erlaubt klare empirische Vorhersagen zu einem sehr komplexen psychischen Geschehen, ist aber gleichzeitig so flexibel, dass Einflüsse der Situation, der Motivation und des Vorwissens integriert werden können. Die Autoren selbst kritisieren an ihrem Modell jedoch, dass es keine Aussagen dazu macht, wie die Propositionen gebildet werden, sondern voraussetzt, dass Propositionen gebildet werden. Das Modell wurde zudem dafür kritisiert, dass es insgesamt sehr mechanisch ist und zu stark auf Bottom-up-Prozesse fokussiert und dafür Top-down-Prozesse sowie den Einfluss des Vorwissens vernachlässigt (Schiefele, 1996). Kintsch selbst (1988) merkt an, dass das Modell keine analoge Repräsentation berücksichtigt, wie sie die Ebene des mentalen Modells im integrierten Modell des Text- und Bildverstehens von Schnotz (2003, 2005; s. a. Schnotz & Bannert, 2003 sowie Schnotz & Dutke, 2004) darstellt. Schnotz (1994) bemängelt zudem, dass Inferenzen dem Modell zufolge nur vollzogen werden, um Kohärenzlücken zu schließen, obwohl mit Hilfe von Inferenzen auch Verbindungen zwischen den Inhalten des Textes und dem Vorwissen hergestellt werden. Kintsch (1988) kritisiert zudem, dass stets unendlich viele mögliche Inferenzen gebildet werden können, dass Menschen aber typischerweise nur relevante Inferenzen ziehen und dass das zyklische Modell der Textverarbeitung keine Angaben ermöglicht, was jeweils für Inferenzen vollzogen werden. Kintsch selbst hat dieser Kritik mit dem Konstruktions-Integrations-Modell Rechnung getragen.

4.3   Das Konstruktions-Integrations-Modell von Kintsch

Seit der Veröffentlichung des zyklischen Modells der Textverarbeitung wurde das Modell ständig erweitert und modifiziert, sodass Kintsch schließlich ein neues Modell der psychischen Prozesse des Textverstehens vorgelegt hat – das

Konstruktions-Integrations-Modell (1988, 1998; s. a. Kintsch & Welsch, 1991, zitiert nach Schiefele, 1996).

Während das zyklische Modell der Textverarbeitung sich nur mit der propositionalen Repräsentation von Texten beschäftigt, behandelt das Konstruktions-Integrations-Modell drei Ebenen des Textverstehens: die wörtliche Repräsentation, die propositionale Repräsentation und die situative Repräsentation (Kintsch, 1988, 1998). Diese Ebenen entsprechen im Wesentlichen folgenden Ebenen des integrierten Modells des Text- und Bildverstehens von Schnotz (2005; s. a. Schnotz & Bannert, 2003; Schnotz & Dutke, 2004): der Repräsentation der Textoberfläche, der propositionalen Repräsentation und der Ebene des mentalen Modells. Der wesentliche Unterschied zwischen den beiden Modellen besteht darin, dass das mentale Modell bei Schnotz eine rein analoge Repräsentation ist, während van Dijk und Kintsch (1983, zitiert nach Schiefele, 1996) annehmen, dass die situative Repräsentation sowohl analoge Repräsentationen als auch Propositionen enthält (Kintsch, 1988; Schiefele, 1996). Für die Beschreibung der Prozesse des Textverstehens nach dem Konstruktions-Integrations-Modell bleibt diese Unterscheidung allerdings ohne wesentliche Folgen. Im Folgenden wird beschrieben, wie Texte dem Konstruktions-Integrations-Modell zufolge von Lesenden typischerweise verarbeitet werden.

Während das zyklische Modell der Textverarbeitung die Bottom-up-Verarbeitung betont und Top-Down-Prozesse nur bei der Auswahl von Propositionen aufgrund des Vorwissens bzw. der aktuellen Leseinteressen für die weitere Verarbeitung und der Bildung von Inferenzen berücksichtigt, werden im Konstruktions-Integrations-Modell weitere Top-down-Prozesse berücksichtigt, unter anderem Einflüsse des Vorwissens auf den Prozess des Textverstehens. Dazu muss u.a. angegeben werden, wie Vorwissen repräsentiert wird.

Repräsentation des Vorwissens im Konstruktions-Integrations-Modell

Im Modell von Kintsch (1988, 1998) wird das Langzeitgedächtnis, das das Vorwissen enthält, als propositionales Netzwerk repräsentiert, das bei ihm wie bei van Dijk und Kintsch (1983, zitiert nach Schiefele, 1996) sowohl digitale als auch analoge Repräsentationsformen umfasst (vgl. Kapitel 4.1). Wie in Kapitel 4.1 ausgeführt, besteht ein solches propositionales Netzwerk aus Knoten und Kanten. Dabei kann man sich die Knoten als Argumente und die Kanten, also die Verbindungen zwischen den Knoten, als Prädikate vorstellen. Im Modell von Kintsch (1988, 1998) werden den Kanten nun noch Gewichte zugewiesen, die Werte zwischen -1 und +1 annehmen können. Positive Gewichte geben an, dass die miteinander verbundenen Knoten (also Argumente oder auch Propositionen selbst, s. Kapitel 4.1) häufig zusammen aktiviert sind. Negative Gewichte geben an, dass die Knoten selten gleichzeitig aktiviert sind; ist der eine Knoten aktiv, ist der andere in der Regel inaktiv und umgekehrt. Je stärker die Gewichte von Null abweichen, desto stärker die positive bzw. negative Assoziation. Mit Hilfe der Gewichte lässt sich darstellen, wie die Aktivierung eines Knotens zur Aktivierung oder Hemmung anderer Knoten führt (s. z.B. Kintsch, 1988, 1998; Schnotz, 1994).

Wie aber nimmt nun das Vorwissen mit Hilfe dieser Modellierung des Vorwissens Einfluss auf die Verarbeitung der Texte? Das Modell unterscheidet dazu zwei Phasen der Textverarbeitung, die Konstruktionsphase, die wiederum aus vier Schritten besteht, und die anschließende Integrationsphase (Kintsch, 1988, 1998).

Erster Schritt der Konstruktionsphase

Der erste Schritt der Konstruktionsphase setzt an, nachdem ein Text oder Teile eines Textes bereits auf der Ebene der Textoberflächenrepräsentation repräsentiert werden. In diesem Schritt werden aus der Textoberfläche Propositionen gewonnen, indem die Syntax des dort repräsentierten Textes bzw. Textteils dekodiert wird (Kintsch, 1988, 1998). Abbildung 8 zeigt eine vereinfachte schematische Darstellung dieser Phase. Wenn im Text z.B. steht „Der Fahrer bremste", sollte am Ende des ersten Schrittes auf der Ebene der propositionalen Repräsentation die Proposition „bremsen (Fahrer)" repräsentiert werden.

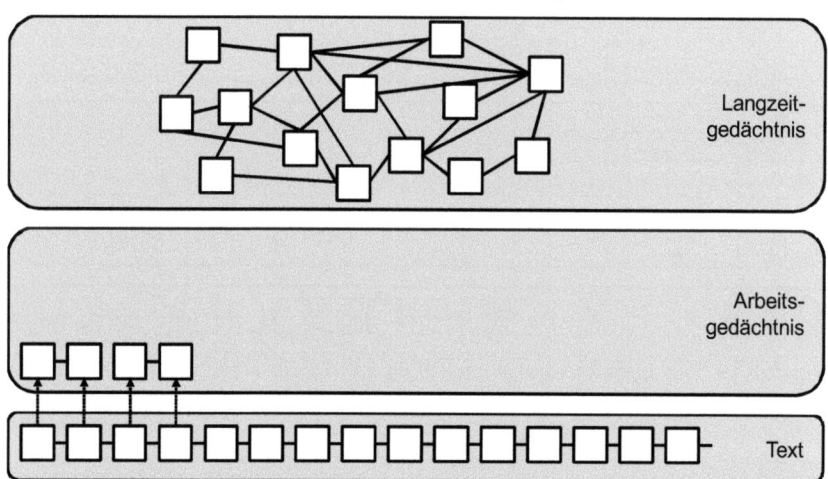

Abbildung 8: Beispielhafte Veranschaulichung von Schritt 1 der Konstruktionsphase des Konstruktions-Integrations-Modells von Kintsch (1988, 1998), in der auf Basis des Textes Propositionen extrahiert und ins Arbeitsgedächtnis geladen werden.

Zweiter Schritt der Konstruktionsphase

Im zweiten Schritt werden die Propositionen elaboriert, indem im Langzeitgedächtnis jene Informationen aktiviert werden, die am stärksten mit den im ersten Schritt gebildeten Propositionen in Beziehung stehen (Kintsch, 1988, 1998). Auf diesem Weg werden dem Modell zufolge viele Inferenzen automatisch vollzogen. Abbildung 9 zeigt eine vereinfachte schematische Darstellung dieser Phase. Wenn im Text z.B. steht „Der Fahrer bremste", könnte im zweiten Schritt der Konstruktionsphase die Proposition „fahren (Fahrer, Auto)" aktiviert werden, wenn der Leser oder die Leserin gelernt hat, Fahrer und Bremsen stark mit Autofahren zu assoziieren. Zugleich können auch noch weitere Propositionen aktiviert werden wie z.B. „fahren (Fahrer, Motorrad)". Die Aktivierung dieser Propositionen kann wiederum weitere Propositionen aktivieren wie z.B. „tragen (Fahrer, Helm)" o. ä. Welche Inhalte des Langzeitgedächtnisses aktiviert werden, hängt jeweils von den Interessen und Erwartungen der Lesenden ab, da Interessen und Erwartungen sich ja ebenfalls in aktivierten Gedächtnisinhalten ausdrücken.

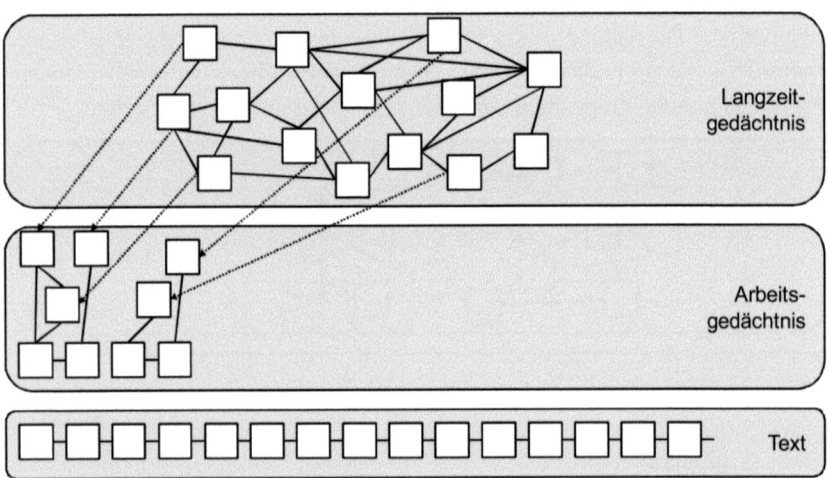

Abbildung 9: Beispielhafte Veranschaulichung von Schritt 2 der Konstruktionsphase des Konstruktions-Integrations-Modells von Kintsch (1988, 1998), in der Inhalte des Langzeitgedächtnisses aktiviert werden, die mit den in der ersten Phase aus dem Text extrahierten Propositionen assoziiert sind.

Die in diesem Schritt aktivierten Inhalte stellen Interpretationen für die Informationen bereit, die aus dem Text extrahiert wurden (Kintsch, 1988, 1998); an diesem Punkt der Verarbeitung ist aber noch nicht klar, welche dieser möglichen Interpretationen nützlich und brauchbar sind: „At this point, the construction process lacks guidance and intelligence; it simply produces inferences, in the hope that some of them might turn out to be useful" (Kintsch, 1988, S. 167). Das in den ersten beiden Schritten der Konstruktionsphase gebildete propositionale Netzwerk kann daher immer noch inkohärent, also lückenhaft oder widersprüchlich, sein.

Dritter Schritt der Konstruktionsphase

Im dritten Schritt der Konstruktionsphase werden mit Hilfe von Inferenzen weitere Propositionen gebildet, und zwar Propositionen, um Kohärenzlücken oder Widersprüche in der Repräsentation zu klären und Makropropositionen, um die zentralen Inhalte des Textes zu repräsentieren (Kintsch, 1988, 1998). Während Abbildung 9 zwei getrennte propositionale Netzwerke im Arbeitsgedächtnis am Ende des zweiten Schrittes der Konstruktionsphase zeigt, stellt Abbildung 10 in einer vereinfachten, schematische Darstellung beispielhaft dar, wie diese Lücke im dritten Schritt der Konstruktionsphase durch Inferenzen geschlossen wurde. Kintsch (1988, 1998) macht allerdings keine Angaben dazu, was genau bei der Bildung von Propositionen in dieser Phase passiert.

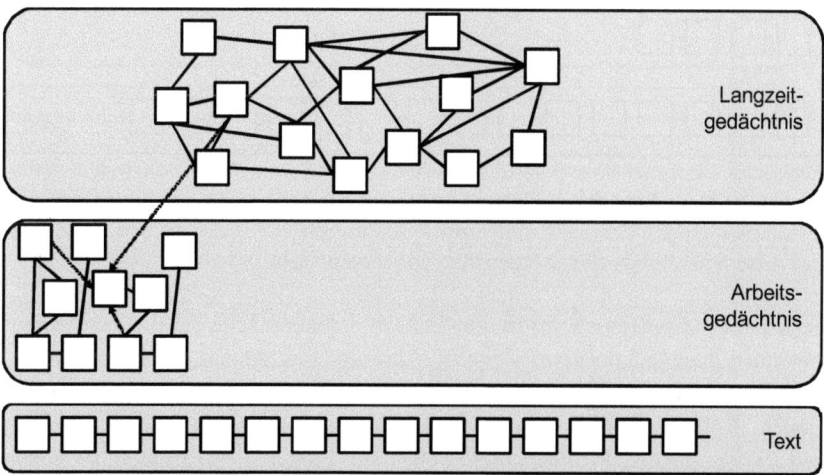

Abbildung 10: Beispielhafte Veranschaulichung von Schritt 3 der Konstruktionsphase des Konstruktions-Integrations-Modells von Kintsch (1988, 1998), in der Kohärenzlücken und Widersprüche in der propositionalen Repräsentation im Arbeitsgedächtnis durch Inferenzen geschlossen bzw. geklärt werden, wobei die Pfeile veranschaulichen, aus welchen Propositionen die Proposition erschlossen wurde, die die Kohärenzlücke füllt.

Vierter Schritt der Konstruktionsphase

Am Ende des dritten Schritts besteht ein propositionales Netzwerk. Im vierten Schritt werden den zwischen den Propositionen des Netzwerks bestehenden Zusammenhängen Gewichte zugeordnet. Diese Gewichte geben jeweils an, ob zwei Propositionen sich gegenseitig stützen oder im Widerspruch zueinander stehen (Kintsch, 1988, 1998).

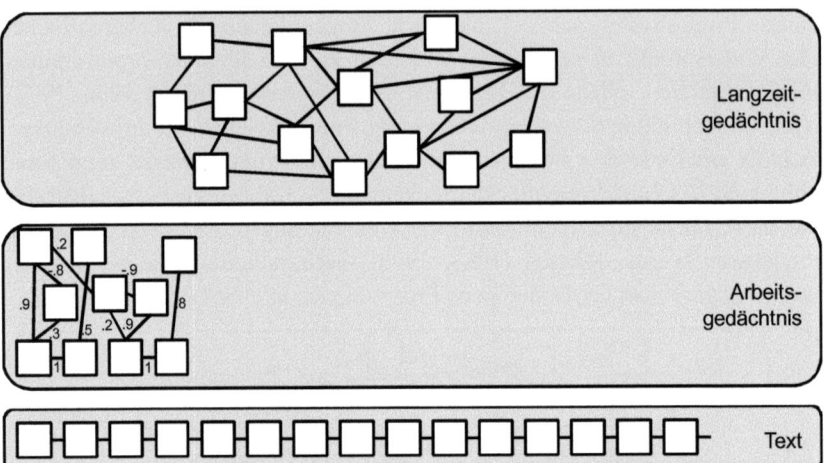

Abbildung 11: Beispielhafte Veranschaulichung von Schritt 4 der Konstruktionsphase des Konstruktions-Integrations-Modells von Kintsch (1988, 1998), in der den Zusammenhängen Gewichte zugeordnet werden, die die Richtung und die Stärke des Zusammenhangs dieser Propositionen widerspiegeln.

Sind zwei Propositionen positiv miteinander assoziiert sind, hat die Verbindung zwischen ihnen ein positives Gewicht. Aufgrund des Satzes „Der Fahrer bremste" könnten im zweiten Schritt der Konstruktionsphase z.B. die beiden Propositionen „Rollen auf (Ball, Straße)" und „Sehen (Fahrer, Ball)" aktiviert worden sein. Diese beiden Propositionen stehen im Einklang zueinander, sind also positiv miteinander assoziiert und die Verbindung zwischen diesen beiden Propositionen bekäme daher ein positives Gewicht. Wenn zwei Propositionen allerdings negativ miteinander assoziiert sind, erhielte die Verbindung zwischen ihnen ein negatives Gewicht. Aufgrund des Satzes „Der Fahrer bremste" könnten im zweiten Schritt der Konstruktionsphase z.B. auch die beiden Propositionen „Fahren (Fahrer, Auto)" und „Fahren (Fahrer, Motorrad)" aktiviert worden sein. Beide Propositionen können aber nicht gleichzeitig wahr sein. Diese beiden Propositionen sind also negativ miteinander assoziiert und die Verbindung zwischen diesen beiden Propositionen hat ein negatives Gewicht.

Propositionen, die aus dem Text entnommen wurden, bekommen dem Modell zufolge stets sehr hohe, positive Gewichte, um sicherzustellen, dass die Repräsentation später auch den Text wiedergibt und nicht nur das bereits vorhandene Wissen. Die Gewichtung des Zusammenhangs von zwei Propositionen hängt auch davon ab, wie die Zusammenhänge dieser Propositionen zu anderen Propositionen gewichtet wurden (Kintsch, 1988, 1999). Abbildung 11 zeigt eine beispielhafte, schematische Darstellung des vierten Schritts der Konstruktionsphase.

Integrationsphase
Das in der Konstruktionsphase aufgrund der Informationen des Textes und des Vorwissens der Leserin bzw. des Lesers gebildete propositionale Netzwerk kann noch immer inkohärent und widersprüchlich sein (Kintsch, 1988, 1998). Für den Satz „Der Fahrer bremste" könnte am Ende der Konstruktionsphase z.B. ein Netzwerk bestehen, in dem der Fahrer ein Auto, einen Bus, einen Lastwagen, ein Motorrad und ein Trike fährt. Da der Fahrer aber nur ein einziges Fahrzeug fahren kann, wäre das Netzwerk widersprüchlich. Die Beseitigung solcher möglichen Widersprüche ist das Ergebnis der zweiten Phase des Modells, der Integrationsphase: In der Integrationsphase werden die positiven und negativen Gewichte der Verbindungen zwischen den Propositionen umverteilt, um zu einem propositionalen Netzwerk mit einer stabilen und insgesamt stimmigen Verteilung der Gewicht zu gelangen, bei dem dann einige Zusammenhänge starke Gewichte innehaben und unpassende Zusammenhänge unterdrückt werden. Die Integrationsphase entscheidet damit, welche Teile des aktuell im Arbeitsgedächtnis aktivierten Netzwerks für die weitere Verarbeitung beibehalten werden und welche nicht: Propositionen, die insgesamt positiv gewichtet sind, bleiben im Arbeitsgedächtnis; Propositionen, die insgesamt ein Gewicht von Null oder ein negatives Gewicht haben, werden unterdrückt (Kintsch, 1988, 1998). Abbildung 12 stellt das Ergebnis dieses Schritts beispielhaft und schematisch vereinfacht dar.

Wie das zyklische Modell der Textverarbeitung nimmt auch das Konstruktions-Integrations-Modell an, dass es bei der Verarbeitung von Texten zu Schwierigkeiten kommen kann. Diese können wiederum durch Reorganisationen, Reinstatements oder Inferenzen gelöst werden.

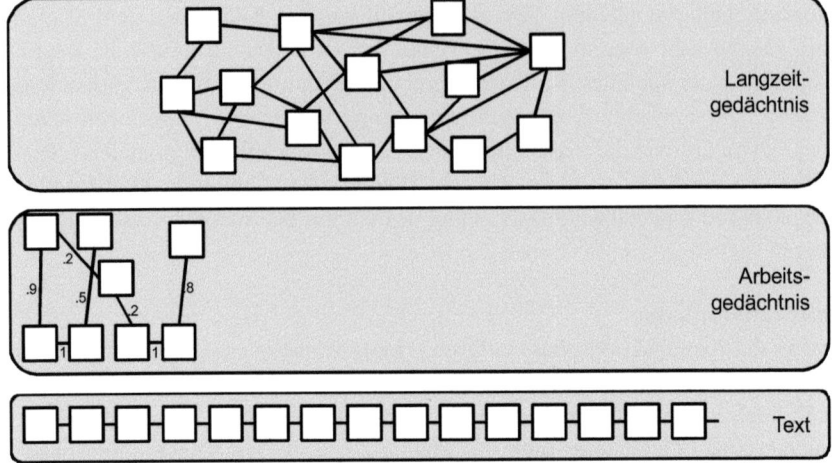

Abbildung 12: Beispielhafte Veranschaulichung der Integrationsphase des Konstruktions-Integrations-Modells von Kintsch (1988, 1998), in der die Gewichte der Zusammenhänge der Propositionen solange umverteilt werden, bis die gefundene Lösung stabil ist, sodass nicht passende Propositionen gehemmt und passende Propositionen gestärkt werden.

Reorganisationen

In manchen Fällen fällt beim Lesen auf, dass bei der bisherigen Verarbeitung des Textes falsche Informationen aktiviert oder eine falsche Vorstellung vom Inhalt des Textes aufgebaut wurden. Sobald der Leser bzw. die Leserin bemerkt, dass er bzw. sie eine falsche Vorstellung vom Inhalt des Textes aufgebaut hat, muss er oder sie diese Vorstellung korrigieren. Das kann mitunter sehr aufwendig sein. Sanford und Garrod (1981, 1982, zitiert nach Schnotz, 1994) geben ein Beispiel für eine solche Reorganisation. Sie legten Versuchspersonen den folgenden Text vor:

„Hans war auf dem Weg zur Schule. Er machte sich Sorgen wegen der Mathematikstunde. Er hatte Angst, er würde die Klasse nicht unter Kontrolle halten können" (Sanford & Garrod, 1981, 1982, zitiert nach Schnotz, 1994, S. 173).

Der erste Satz macht keine Angaben zu den Eigenschaften von Hans. Die Leserin bzw. der Leser muss die Eigenschaften von Hans selbst erschließen. Da Hans auf dem Weg zur Schule ist, ist es aufgrund des Vorwissens plausibel, anzunehmen, dass Hans Schüler ist. Diese Interpretationen liefert zunächst eine kohärente Repräsentation des Textes, die dann aber nur schwer mit den Informationen des letzten Satzes vereinbar ist: Im letzten Satz heißt es, dass Hans

Angst hat, die Klasse nicht unter Kontrolle zu bekommen. Es ist aber sehr untypisch, dass ein Schüler eine Klasse unter Kontrolle halten soll und nicht ein Lehrer oder eine Lehrerin. Zwischen den neu aus dem Text aufgenommenen Informationen und den zuvor inferierten Informationen besteht also eine Inkonsistenz. In den Begriffen des Konstruktions-Integrations-Modells drückt sich diese Inkonsistenz darin aus, dass einige Gewichte der propositionalen Repräsentation negativ sind. Können die Gewichte einer solchen Repräsentation des Textes nicht ohne größeren Aufwand in ein stabiles Gleichgewicht gebracht werden, müssen diesem Netzwerk neue Propositionen, also weitere mögliche Interpretationen des Textes hinzugefügt werden (Kintsch, 1988, 1998). Sofern möglich, setzt sich letztlich die Interpretation durch, die zu einer stabilen Verteilung der Gewichte führt. Je mehr *Aufwand für Reorganisationen* der bzw. die Lesende aufwenden muss, desto ressourcenintensiver und aufwendiger ist der Prozess des Verstehens.

Reinstatements

In anderen Fällen können neu aufgenommene Informationen nicht in die im Arbeitsgedächtnis enthaltenen Informationen aufgenommen werden, obwohl in früheren Zyklen bereits Informationen verarbeitet wurden, mit deren Hilfe die neu aufgenommenen Informationen integriert werden könnten. In diesen Fällen muss der Leser bzw. die Leserin auch dem Konstruktions-Integrations-Modell zufolge im Text zurückspringen oder im Langzeitgedächtnis suchen, um die entsprechenden Informationen wiederzugewinnen. Wie im zyklischen Modell der Textverarbeitung spricht man auch in diesem Fall von „Reinstatements" und auch hier gilt dementsprechend, dass der Verstehensprozess umso aufwendiger ist, je mehr Reinstatements durchgeführt werden müssen und je aufwendiger sie sind.

Inferenzen

Falls zwischen den neu aufgenommenen Informationen und den im Arbeitsgedächtnis bereits enthaltenen Informationen keine Verknüpfungen bestehen, müssen diese mit Hilfe von Inferenzen geschlossen werden. Dem Konstruktions-Integrations-Modell zufolge kann der Aufwand bei der Inferenzbildung stark variieren: Viele Inferenzen werden in der Konstruktionsphase automatisch vollzogen, wenn bei der Aufnahme von Information aus dem Text Inhalte des Langzeitgedächtnisses aktiviert werden, die mit diesen Informationen zusammenhängen. Wenn ein Satz z.B. lautet „Der Regen prasselte gegen das Fenster", werden aufgrund des Vorwissens typischerweise weitere Informationen automatisch inferiert, z.B. dass das Fenster nass wird, dass es Teil eines Gebäudes ist, dass der Regen aus Wolken fällt usw. In manchen Fällen werden die

nötigen Informationen allerdings nicht gleich in der Konstruktions-Phase aktiviert und müssen durch intensiveres Nachdenken generiert werden. Angenommen, im Text steht, „Ihr Vater ging. Eine gefaltete Flagge kam zurück". In
diesem Fall müssen mehrere Inferenzen vollzogen werden, um zu einem kohärenten Text zu kommen. Z.B. „der Vater zog als Soldat in den Krieg" und „Tote Soldaten werden häufig mit gefalteten Flaggen auf dem Sarg geehrt". Ein
Leser oder eine Leserin, der bzw. die nicht weiß, dass tote Soldaten oft mit
gefalteten Flaggen geehrt werden, kann die entsprechenden Inferenzen nicht
automatisch vollziehen und muss womöglich einige Zeit bewusst nachdenken,
um zu einer kohärenten Repräsentation des Textinhalts zu kommen. In solchen
Fällen stockt die Verarbeitung, weil mehr Aufwand zur Bildung der Inferenzen
betrieben werden muss (Kintsch, 1998).

Kritik des Modells

Das Konstruktions-Integrations-Modell vereint symbolische Theorien und
konnektionistische Theorien der Informationsverarbeitung (Kintsch, 1988;
Schiefele, 1996). In symbolischen Theorien der Informationsverarbeitung, wie
dem zyklischen Modell der Textverarbeitung, wird die Verarbeitung von Texten als Repräsentation und Manipulation von Symbolen dargestellt, die wiederum bestimmte Gegenstände repräsentieren. Das Konstruktions-Integrations-
Modell integriert die symbolischen Theorien des Textverstehens, indem es
ebenfalls annimmt, dass Texte und die Inhalte der Texte in Form von Propositionen repräsentiert werden. Konnektionistische Theorien der Informationsverarbeitung nehmen an, dass die Informationsverarbeitung mit Hilfe vieler einzelner Einheiten stattfindet, die untereinander verbunden sein können. Wird ein
bestimmter Knoten aktiviert, aktiviert oder hemmt er weitere Knoten, je nachdem ob und auf welche Art und Weise er mit ihnen verbunden ist (Schnotz,
1994). Das Konstruktions-Integrations-Modell integriert die konnektionis-
tischen Theorien der Informationsverarbeitung, indem es das Langzeitgedächtnis als semantisches Netzwerk darstellt, bei dem die Aktivierung einzelner
Argumente und Propositionen zur Aktivierung und Hemmung anderer Argumente und Propositionen führt. Das Modell hat sich bei der Anwendung auf
sehr verschiedene Anwendungsfälle, wie Lernen mit Texten, Textverstehen,
das Lösen von Textaufgaben und das Durchführen von Routine-Handlungen,
gut bewährt (Kintsch, 1998; Schiefele, 1996). Kintsch und van Dijk schlussfol-
gern aus ihrem Modell, dass Textverständlichkeit kein Merkmal der Texte ist,
sondern ein Merkmal der Text-Leser-Interaktion:

> If our model tells us anything, it is that readability is not
> somehow an inherent property of texts but is the result of the in-

teraction between a particular text (with its text characteristics) and particular readers (with their information process) (Kintsch & van Dijk, 1983, S. 222: 362, zitiert nach Biere, 1991, S. 6).

Im Folgenden wird die modifizierte Cognitive Load Theory von Schnotz und Kürschner vorgestellt, um einen genaueren Einblick in die Zusammenhänge zwischen den Merkmalen des Lesers und der Aufgabe bzw. des Textes zu erhalten.

4.4 Die modifizierte Cognitive Load Theory nach Schnotz und Kürschner

Die Cognitive Load Theory wurde ursprünglich von Sweller und Chandler formuliert, um die Informationsverarbeitung bei der Bearbeitung von (Lern-)Aufgaben zu beschreiben (Sweller, 1994; Sweller, van Merrienboer & Paas, 1998). Sie behandelt die Strukturen und Prozesse der Informationsverarbeitung, die Wechselwirkung der Aufgaben- und Personenmerkmale mit der Informationsverarbeitung und die optimale Gestaltung von Lernaufgaben für Lernende (Schnotz & Kürschner, 2007). Das Verstehen von Texten ist eine typische Aufgabe, die in der Cognitive Load Theory behandelt wird. Diese Theorie stellt daher eine alternative Herangehensweise zu den vorgestellten Theorien des Textverstehens dar.

Die klassischen Formulierungen der Cognitive Load Theory
„Cognitive Load" bezeichnet die Auslastung des Arbeitsgedächtnisses bei der Bearbeitung einer bestimmten Aufgabe. Je mehr Elemente zur Bearbeitung einer Aufgabe im Arbeitsgedächtnis repräsentiert werden müssen, desto höher ist der Cognitive Load. Je nach der Art und der Ursache der Auslastung unterscheidet man drei Arten von Cognitive Load, die sich zur Gesamtbelastung des Arbeitsgedächtnisses, eben dem Cognitive Load addieren: intrinsischer Cognitive Load, extrinsischer Cognitive Load und germane Cognitive Load (Schnotz & Kürschner, 2007; Sweller et al., 1998). Der intrinsische Cognitive Load bezieht sich dabei auf den Teil der Belastung des Arbeitsgedächtnisses, der durch die Aufgabeninhalte entsteht. Dem ursprünglichen Modell zufolge ist der intrinsische Cognitive Load für alle Personen gleich (Sweller, 1994; Schnotz & Kürschner, 2007). Der extrinsische Cognitive Load bezeichnet den Teil der Belastung des Arbeitsgedächtnisses, der nicht durch den Inhalt, sondern durch die Gestaltung der Aufgabe bzw. des zu bearbeitenden Materials bedingt ist. Dem ursprünglichen Modell zufolge ist der extrinsische Cognitive

Load umso höher, je mehr Elemente zur Bearbeitung einer Aufgabe jeweils gleichzeitig im Arbeitsgedächtnis gehalten werden müssen (Sweller, 1994). In einer Erweiterung der Theorie durch Sweller et al. (1998) wurde das Konstrukt des germane Cognitive Load eingeführt (vom Englischen „germane" für „relevant"). Der ursprünglichen Formulierung des Konstrukts zufolge ist der germane Cognitive Load jener Teil der Belastung des Arbeitsgedächtnis, der durch die Konstruktion neuer Schemata und die Automatisierung von Schemata entsteht. Lernumgebungen sollten den extrinsische Cognitive Load demnach so gering und den germane Cognitive Load so groß wie möglich halten. Das Konstrukt des germane Cognitive Load wurde häufig als tautologisch kritisiert (vgl. Schnotz & Kürschner, 2007). Eine Reihe von Untersuchungen zu den klassischen Formulierungen der Cognitive Load Theory erbrachten Befunde, die im Widerspruch zur Theorie standen. Aus den klassischen Formulierungen der Theorie ließen sich zudem einige wenig plausible oder widersprüchliche Aussagen ableiten. Schnotz und Kürschner haben 2007 daher eine modifizierte Cognitive Load Theory formuliert, in der sie vor allem die Annahme aufgaben, dass der intrinsische Cognitive Load für alle Personen gleich ist und dass der extrinsische Cognitive Load nur beeinflusst wird durch die Zahl der Elemente, die zur Lösung einer Aufgabe gleichzeitig im Arbeitsgedächtnis gehalten werden müssen. Zudem geben die Autoren dem Konzept des germane Cognitive Loads eine andere Bedeutung. Im Folgenden wird die modifizierte Cognitive Load Theory vorgestellt.

Intrinsischer Cognitive Load
Der intrinsische Cognitive Load bezeichnet auch in der modifizierten Cognitive Load Theory von Schnotz und Kürschner (2007) den Teil der Belastung des Arbeitsgedächtnisses, der durch die Aufgabeninhalte entsteht. Wenn die Aufgabe darin besteht, einen bestimmten Text zu verstehen, besteht der intrinsische Cognitive Load in all den Elementen, die jeweils gleichzeitig im Arbeitsgedächtnis repräsentiert werden müssen, um den Text zu verstehen. Die Höhe des intrinsischen Cognitive Loads hängt von der genauen Aufgabe, dem bearbeiteten Material und den Merkmalen der Leserin bzw. des Lesers ab.

Der intrinsische Cognitive Load ist z.B. geringer, wenn die Aufgabe darin lautet, einen Text „nur" zu verstehen, als wenn es die Aufgabe ist, den Inhalt des Textes zu verstehen und zur Form des Textes in Beziehung zu setzen, denn im letzteren Fall müssen nicht nur die Inhalte, sondern auch die Form im Arbeitsgedächtnis präsent gehalten werden (vgl. Schnotz & Kürschner, 2007). Der intrinsische Cognitive Load ist zudem umso größer, je mehr Elemente zur Bearbeitung der Aufgabe gleichzeitig im Arbeitsgedächtnis gehalten werden müssen. Daher hat z.B. ein Text mit sechs gleichzeitig handelnden Personen einen höheren intrinsischen Load als ein ansonsten inhaltsgleicher Text mit nur zwei handelnden Personen. Schließlich ist der intrinsische Cognitive Load der modifizierten Cognitive Load Theory zufolge für Expertinnen und Experten geringer, weil sie mit Hilfe ihres Vorwissens mehrere Elemente, die zur Bearbeitung der Aufgabe repräsentiert werden müssen, zu größeren Einheiten bzw. Schemata (Chunks) zusammenfassen können; so können sie die Zahl der Elemente verringern, die gleichzeitig im Arbeitsgedächtnis gehalten werden müssen (Schnotz & Kürschner, 2007).

Extrinsischer Cognitive Load
Der extrinsische Cognitive Load ist auch der modifizierten Cognitive Load Theory zufolge jener Teil der Belastung des Arbeitsgedächtnisses, der nicht durch den Inhalt, sondern durch die Gestaltung der Aufgabe bzw. des zu bearbeitenden Materials bedingt ist. Der extrinsische Cognitive Load ist z.B. hoch, wenn man zum Bearbeiten einer Aufgabe häufig hin- und herblättern muss (Schnotz & Kürschner, 2007). Im Gegensatz zu Sweller (1994) und Sweller et al. (1998) unterscheiden Schnotz und Kürschner (2007) vier Arten bzw. Quellen von extrinsischem Cognitive Load:

1. Die Aufgabe ist unnötig komplex oder es wird zu wenig Hilfe bereitgestellt. Diese Art Belastung des Arbeitsgedächtnisses entsteht z.B., wenn ein Satz so lang und syntaktisch komplex ist, dass mehr Elemente im Arbeitsgedächtnis präsent gehalten werden müssten, als es für das Verstehen des Inhalts eigentlich notwendig ist.

2. Zur Bearbeitung der Aufgabe müssen Informationen verarbeitet werden, die räumlich unnötig weit getrennt sind. Diese Art des extrinsischen Cognitive Loads liegt z.B. vor, wenn Informationen aus einem Text mit Informationen aus einer Grafik verknüpft werden müssen, die Informationen räumlich aber weit voneinander getrennt sind. Diese Art extrinsischen Cognitive Loads liegt aber auch dann vor, wenn ein Lesender zur Verarbeitung eines Textes viele Reinstatements durchführen muss.

3. Zur Bearbeitung einer Aufgabe bzw. zum Verstehen eines Textes müssen relevante und irrelevante Informationen gleichzeitig im Arbeitsgedächtnis präsent gehalten werden, weil sie z.B. eng miteinander verknüpft dargeboten werden, sodass die irrelevanten Informationen nicht übersprungen werden können (Schnotz & Kürschner, 2007). Diese Art des extrinsischen Loads entsteht z.B. dann, wenn ein Text viele mentale Kohärenzbildungshilfen enthält, die für eine Leserin bzw. einen Leser mit viel Vorwissen unnötig sind.

4. Es ist aber auch möglich, dass Lernende einfach irrelevante oder ihnen bekannte Informationen verarbeiten (müssen), ohne dass die relevanten und irrelevanten Informationen unbedingt gleichzeitig im Arbeitsgedächtnis präsent gehalten werden müssen (Schnotz & Kürschner, 2007). Diese Art des extrinsischen Loads entsteht z.B. dann, wenn eine Leserin oder ein Leser einen Text bzw. einen Absatz liest, der nur Informationen enthält, die ihr oder ihm bereits bekannt sind.

5. Als weitere Art des extrinsischen Cognitive Loads kann man außerdem die von Kintsch und Keenan (1973, zitiert nach Kintsch, 1979) berichteten Befunde aufführen: Enthält ein Text explizit Informationen, bei denen davon ausgegangen werden kann, dass Leserinnen und Leser diese ohne Aufwand selbst erschließen können, neigen die Lesenden demnach dazu, anzunehmen, dass diese Informationen besonders wichtig sind und sie führen u. U. eine Reihe von letztlich nutzlosen Inferenzen durch, um die besondere Bedeutung dieser Informationen zu erfassen (Kintsch und Keenan, 1973, zitiert nach Kintsch, 1979). Wenn im Text z.B. steht „Sie ging zum Essen in ein Restaurant, d. h. sie setzte sich auf einen Platz, ließ sich vom Kellner eine Karte geben, wählte ein Gericht aus, bestellte es, aß es und bezahlte es", so enthält der Nebensatz eine Reihe Informationen, die allen Personen bekannt sind, die über das entsprechende Script verfügen. Sofern dies auch den Lesenden bewusst ist, neigen sie also dazu, nach Gründen dafür zu suchen, warum diese Information dennoch gegeben wird.

In all diesen Fällen wird das Arbeitsgedächtnis aufgrund der Gestaltung der Aufgabe belastet, ohne dass diese Belastung zur Lösung der eigentlichen Aufgabe beiträgt. Es werden also Ressourcen beansprucht, die andernfalls für den intrinsischen Cognitive Load oder den germane Cognitive Load (s.u.) genutzt werden könnten. Der extrinsische Cognitive Load sollte daher so gering wie möglich gehalten werden (Schnotz & Kürschner, 2007).

Ob es sich bei einer bestimmten Belastung des Arbeitsgedächtnisses um intrinsischen oder extrinsischen Cognitive Load handelt, hängt auch von der Aufgabe ab: Wenn es das Ziel der Aufgabe ist, zu erlernen, mit wenig kohärenten Texten umzugehen, handelt es sich bei der Belastung des Arbeitsgedächtnisses um intrinsischen Cognitive Load. Sieht die Aufgabe dies nicht vor, stellt die sich daraus ergebende Belastung extrinisischen Cognitive Load dar (Schnotz & Kürschner, 2007).

Germane Cognitive Load

Sweller et al. (1998) hatten germane Cognitive Load als jenen Teil des Arbeitsgedächtnisses definiert, der durch Lernen, die Konstruktion und Automatisierung von Schemata entsteht. Schnotz und Kürschner (2007) argumentieren allerdings dafür, dass Lernen, die Konstruktion und die Automatisierung von Schemata Prozesse des Langzeitgedächtnisses und nicht des Arbeitsgedächtnisses sind. Schnotz und Kürschner (2007) definieren Germane Cognitive Load daher als jene Belastung des Arbeitsgedächtnisses, die durch Aktivitäten bedingt ist, die an der Bearbeitung der eigentlichen Aufgabe ansetzen, aber über diese Aufgabe hinausgehen. Im Folgenden wird diesem Verständnis von Germane Cognitive Load gefolgt. Germane Cognitive Load besteht demnach z.B. in der Anwendung nicht-automatisierter Lernstrategien, der Bildung von Makropropositionen, bewussten Inferenzen zum Aufbau von Tiefenverständnis oder metakognitiven Prozessen zur Überwachung und Regulation der Verarbeitung (Schnotz & Kürschner, 2007). Germane Cognitive Load kann nur entstehen, wenn das Arbeitsgedächtnis nicht durch intrinsischen und extrinsischen Cognitive Load ausgelastet ist, also noch Kapazitäten frei sind und die entsprechende Motivation vorliegt (vgl. Schnotz & Kürschner, 2007; vgl. Kapitel 5). Germane Cognitive Load ist lernförderlich, die Autoren nehmen allerdings an, dass er nicht größer sein kann als der intrinsische Cognitive Load, da sonst nicht genügend Elemente vorliegen, an denen entsprechende Prozesse ansetzen können (Schnotz & Kürschner, 2007).

Messung von Cognitive Load

Cognitive Load und seine verschiedenen Arten – intrinsischer Cognitive Load, extrinsischer Cognitive Load und germane Cognitive Load – können experimentell gut hergestellt werden. Zudem gibt es verschiedene Methoden, um den Cognitive Load zu messen. Derzeit gibt es jedoch nocht kein Instrument, mit dessen Hilfe die verschiedenen Arten des Cognitive Load einzeln gemessen werden können (Schnotz & Kürschner, 2007). Stellt man also fest, dass der Cognitive Load einer Aufgabe für eine Person zu hoch ist, kann man mit Hilfe der Cognitive Load Theory noch nicht ermitteln, in welcher Hinsicht die Passung von Aufgaben- bzw. Text-Merkmalen zu Personen-Merkmalen optimiert werden kann.

Cognitive Load und Verstehen

Wie bereits erwähnt, sind die Prozesse des Textverstehens ein Sonderfall der Aufgaben, die in der Cognitive Load Theory behandelt werden. In welchem Zusammenhang aber stehen Cognitive Load und Verstehen? In Kapitel 3.1 war Verstehen als das Vorhandensein eines angemessenen mentalen Modells eines

Gegenstandes definiert worden, anhand dessen das Umweltverhalten mental vorweggenommen und Handlungspläne entworfen, mental erprobt und revidiert werden können. Die Cognitive Load Theory verdeutlicht, dass die Bearbeitung dieser Modelle im Arbeitsgedächtnis stattfinden muss und dass die dafür nötigen Elemente jeweils gleichzeitig im Arbeitsgedächtnis repräsentiert werden müssen (Schnotz & Kürschner, 2007). Können nicht alle Elemente im Arbeitsgedächtnis präsent gehalten werden, dann kann z.b. ein Umweltverhalten nicht vollständig mental simuliert werden und es liegt u. U. noch kein Verstehen vor. Um alle nötigen Elemente gleichzeitig im Arbeitsgedächtnis repräsentieren zu können, müssten mehrere dieser Elemente zu einem übergeordneten Schema zusammengefasst und als neues Schema im Langzeitgedächtnis abgelegt werden; dazu müsste zuvor Lernen stattfinden (Schnotz & Kürschner, 2007).

Cognitive Load und Lernen

Schnotz und Kürschner (2007) zeigen, dass Cognitive Load nicht mit Lernen gleichgesetzt werden kann: Die Bearbeitung einer Aufgabe findet im Arbeitsgedächtnis statt. Lernen im engeren Sinne ist allerdings definiert als die relativ überdauernde Veränderung von Verhaltensmöglichkeiten aufgrund von Erfahrung (Skowronek, 1991, zitiert nach Schiefele, 1996) und findet nicht im Arbeitsgedächtnis, sondern im Langzeitgedächtnis statt. Es ist möglich, Aufgaben zu bearbeiten, ohne dass Lernen stattfindet. Daher können Cognitive Load und Lernen nicht gleichgesetzt werden, auch wenn das Bearbeiten einer Aufgaben eine Lerngelegenheit darstellt und in vielen Fällen auch zu Lernen führt (Schnotz & Kürschner, 2007).

Zusammenhänge zwischen dem Konstruktions-Integrations-Modell und der modifizierten Cognitive Load Theory

Sowohl die modifizierte Cognitive Load Theory als auch das Konstruktions-Integrations-Modell (s. Kapitel 4.3) sind auf das Textverstehen anwendbar. In beiden Theorien nehmen das Arbeitsgedächtnis und das Vorwissen eine zentrale Rolle ein. Dennoch sind die beiden Theorien nicht redundant. Das Konstruktions-Integrations-Modell beschreibt die Prozesse des Textverstehens detaillierter. Die modifizierte Cognitive-Load-Theory hingegen unterscheidet deutlicher zwischen den Merkmalen einer Aufgabe, die zur Bearbeitung der Aufgabe nötig sind, und Merkmalen, die das Bearbeiten der Aufgabe unnötig erschweren. Aus der modifizierten Cognitive Load Theory lässt sich zudem die Empfehlung ableiten, den extrinsischen Cognitive Load so gering wie möglich zu halten und den intrinschen Cognitive Load an das Vorwissen und die Motivation der Lesenden anzupassen (Schnotz & Kürschner, 2007). Daher lässt sich fragen, welche Aspekte des Textverstehens, wie sie das Konstruktions-

Integrations-Modell behandelt, eher dem intrinsischen Cognitive Load und welche eher dem extrinsischen Cognitive Load zuzuschreiben sind. Besteht das Ziel der Verarbeitung eines Textes darin, den Text zu verstehen, dann besteht der intrinsische Cognitive Load in den Zusammenhängen und Inhalten, die im Text dargestellt werden. Der extrinsische Cognitive Load ist mit den Belastungen des Arbeitsgedächtnisses gleichzusetzen, die durch die Dekodierung einer unnötig komplizierten Syntax verursacht werden, in Reinstatements, Reorganisationen, Inferenzen und der Darbietung von irrelevanten oder bekannten Informationen. Ob eine bestimmte Information in einem Text dem intrinsischen oder dem extrinsischen Cognitive Load zuzurechnen ist, hängt also wesentlich vom Vorwissen ab.

Aus der modifizierten Cognitive Load Theory ergibt sich zudem, dass eine mittlere Verständlichkeit für Lehrtexte optimal ist und zwar eine mittlere Verständlichkeit, die durch einen hohen intrinsischen Cognitive Load und einen minimalen extrinsischen Cognitive Load bedingt ist: Die Inhalte des Textes sind für die Lesenden in einem solchen Fall nicht trivial und bieten ihnen die Möglichkeit, neue Inhalte zu erlernen, überfordern die Lernenden aber auch nicht aufgrund zu schwerer Inhalte oder einer ungünstigen Darstellung (s. a. McNamara et al., 2012; Schnotz & Kürschner, 2007). Eine mittlere Verständlichkeit ist auch Groeben zufolge optimal (1972; s. Kapitel 6.3). Groeben unterscheidet allerdings nicht im Hinblick auf verschiedene Quellen der Verständlichkeit, sodass es Groeben zufolge auch empfehlenswert ist, den extrinsischen Cognitive Load zu erhöhen, um eine mittlere Verständlichkeit zu erreichen. Daher lässt sich aus Groebens Empfehlungen unter anderem ableiten, die Syntax der Sätze komplizierter zu gestalten, um eine mittlere Verständlichkeit zu erreichen, auch wenn die Dekodierung der Syntax nicht Teil der eigentlichen (Lern-)Aufgabe ist. Vor dem Hintergrund der Cognitive Load Theory wird nun aber klar, dass die mittlere Verständlichkeit sich möglichst allein auf den intrinsischen Cognitive Load beziehen sollte und der extrinsische Cognitive Load in *jedem* Fall so gering wie möglich gehalten werden sollte, wobei zu beachten ist, dass z.B. obligatorische Kohärenzbildungshilfen für Lesende mit schlechten Voraussetzungen den intrinsischen Cognitive Load senken, während sie für Lesende mit guten Voraussetzungen den extrinsischen Cognitive Load erhöhen können.

Die modifizierte Cognitive Load Theory von Schnotz und Kürschner (2007) leistet damit einen wichtigen Beitrag zum tieferen Verständnis von Textverständlichkeit. Sie zeigt u.a., dass Verstehen nur vorliegen kann, wenn die Repräsentation des Gegenstands vollständig im Arbeitsgedächtnis gehalten werden kann. Dies wiederum ist in der Regel nur möglich, wenn zuvor Lernen stattgefunden hat, sodass mit Hilfe von größeren Chunks die Elemente, mit deren Hilfe der Gegenstand repräsentiert wird, alle zugleich im Arbeitsgedächtnis gehalten werden können. Die modifizierte Cognitive Load Theory zeigt außerdem, dass ein Text verstanden werden kann, ohne dass Lernen stattfindet und zwar vor allem dann, wenn der Text für diese Person zu einfach ist. Ein Text mit einer für eine bestimmte Person mittleren Verständlichkeit bietet für sie die größte Lerngelegenheit. Die Schwierigkeiten, einen Text zu verstehen, sollten dabei vom intrinsischen Cognitive Load abhängen und nicht von Merkmalen der Aufgabe bzw. der Gestaltung des Textes. Die modifizierte Cognitive Load Theory verdeutlicht außerdem noch einmal, dass die Verständlichkeit sowohl von Text-Merkmalen, Leser-Merkmalen als auch Merkmalen der Instruktion abhängt – also Merkmalen der Situation, in der der Text gelesen wird. Das folgende Kapitel gibt einen systematischen Überblick über die Variablen, die das Textverstehen und damit auch die Textverständlichkeit beeinflussen.

5 Prädiktoren des Textverstehens

Wie bereits das in Kapitel 2.1 vorgestellte Rahmenmodell zeigt, werden die Prozesse des Textverstehens und dadurch auch die Produkte des Textverstehens (wie das tatsächliche Verständnis und die Emotionen beim Lesen der Texte; s. Kapitel 3) durch Merkmale der Lesenden, Merkmale der Texte und Merkmale der Situation beeinflusst (vgl. Rost, 1985). Diese Prädiktoren stehen natürlich auch mit der Textverständlichkeit im Zusammenhang. In Kapitel 5.1 werden die wichtigsten personenbezogenen Prädiktoren und in Kapitel 5.2 dann die wichtigsten textbezogenen Prädiktoren vorgestellt, deren Bedeutung auch jeweils experimentell nachgewiesen wurde (s. a. Friedrich, 2008).

5.1 Personenbezogene Prädiktoren des Textverstehens

Schnotz und Dutke (2004) untersuchen die kognitionspsychologischen Grundlagen der Lesekompetenz anhand von Aufgaben der PISA-Studien. Auf Basis dieser theoretischen Untersuchungen stellen die Autoren die wichtigsten personenbezogenen Prädiktoren des Textverstehens vor. Diese werden im Folgenden dargestellt, und zwar die Ziele der Lesenden, das Interesse, die Größe des Arbeitsgedächtnisses, das Vorwissen, der lexikalische Zugriff, die Worterkennung, der Wortschatz und die angewandten Verarbeitungsstrategien.

Die Ziele der Lesenden
Die Prozesse und Wirkungen des Textverstehens werden ganz wesentlich durch die Ziele der Lesenden beeinflusst (Kintsch & van Dijk, 1978; Kintsch, 1988, 1998; Schnotz & Dutke, 2004). In den Beispielen zur Veranschaulichung des zyklischen Modells der Textverarbeitung in Kapitel 4.2 und dem Konstruktions-Integrations-Modell in Kapitel 4.3 war jeweils von einem Modell-Leser bzw. einer Modell-Leserin ausgegangen worden, dessen bzw. deren Ziel es ist, den Inhalt eines Textes möglichst angemessen abzubilden. Graesser, Singer und Trabasso (1994, zitiert nach Schnotz und Dutke, 2004) nennen dies das „voreingestellte Ziel". Dieses Ziel liegt immer dann vor, wenn man einen Text ohne ein besonderes Interesse liest. Ist das Lesen eines Textes hingegen in eine bestimmte Handlung eingebettet, dient es anderen Zielen, z.B. dem Auffinden einer bestimmten Definition oder eines bestimmten Zusammenhangs. Es wäre dann in der Regel höchst unökonomisch, eine angemessene Repräsentation des gesamten Textinhalts aufzubauen. Stattdessen zielt die Verarbeitung in diesen Fällen vorrangig darauf ab, jene Teile des Textes zu verarbeiten und zu verste-

hen, die letztlich dem Leseziel dienen, welches dann wiederum dem höheren Handlungsziel dient (Graesser, Singer & Trabasso, 1994, zitiert nach Schnotz & Dutke, 2004; Schnotz, Ballstaedt & Mandl, 1981). Die Ziele der Lesenden werden unter anderem folgendermaßen durch die Situation beeinflusst: Erwarten die Lesenden, dass ihnen später Verstehens-Fragen gestellt werden, verarbeiten sie den Text anders, als wenn sie Behaltens-Fragen erwarten (Schiefele, 1996). Im Unterricht und in Studien zur Textverständlichkeit zielt der Kontext typischerweise auf das voreingestellte Ziel ab. In diesen Situationen wird durch die Instruktionen in der Regel auf das Verstehen des gesamten Textes abgezielt (Schnotz & Dutke, 2004).

Interesse

Interesse ist eine Form der intrinsischen Motivation (Schiefele & Köller, 2003). Wer an einem bestimmten Gegenstand interessiert ist, schätzt ihn als persönlich bedeutsam ein und erlebt bei der Auseinandersetzung mit ihm positive Emotionen. Interesse geht mit Vorwissen zum Gegenstand des Interesses einher (Krapp, 2006). Hat eine Leserin bzw. ein Leser Interesse am Thema eines Textes, stellt er bzw. sie der Verarbeitung des Textes mehr kognitive Ressourcen zur Verfügung (Schnotz & Kürschner, 2007) und die Verarbeitung des Textes verläuft stärker automatisiert und muss weniger bewusst und weniger willentlich gesteuert werden; dadurch werden Kapazitäten des Arbeitsgedächtnisses für die Verarbeitung des Textes und seines Inhalts frei (Schnotz, 1994). Das Interesse beeinflusst außerdem, welche Verarbeitungsstrategien die Lesenden einsetzen (Schnotz & Dutke, 2004): Leserinnen und Leser, die Interesse am Thema eines Textes haben, vollziehen eher Inferenzen, verknüpfen die Inhalte des Textes eher mit dem Vorwissen und bilden eher Makropropositionen (Schnotz & Kürschner, 2007). Interesse ist umso wichtiger, je inkohärenter der Text ist und je weniger Kohärenzbildungshilfen er enthält (s. u.).

Größe des Arbeitsgedächtnisses

Je größer das Arbeitsgedächtnis ist, desto mehr Elemente kann es aufnehmen (Schnotz & Kürschner, 2007). Je mehr Elemente im Arbeitsgedächtnis gehalten werden können, desto mehr mögliche Anknüpfungspunkte gibt es, um neu aufgenommene Informationen in die jeweils aktuelle Repräsentation des Textinhalts im Arbeitsgedächtnis zu integrieren. Dadurch werden weniger Reinstatements, weniger Reorganisationen, weniger Inferenzen nötig, und es müssen seltener miteinander unverbundene Teil-Netzwerke nebeneinander im Arbeitsgedächtnis gehalten werden. Daher korreliert die Größe des Arbeitsgedächtnisses wesentlich mit dem Textverstehen (Kintsch & van Dijk, 1978; Kintsch & Vipond, 1979). Lesenden mit einer hohen Arbeitsgedächtniskapazität fällt es zudem leichter, Pronominalreferenzen richtig zuzuordnen und mehrdeutige Wörter kontextangemessen zu interpretieren (Schnotz & Dutke, 2004).

Vorwissen

Als Vorwissen bezeichnet man das Wissen einer Person vor der Auseinandersetzung mit einem bestimmten (Lern-)Inhalt (Renkl, 1996). Wer über Vorwissen zum Thema eines Textes verfügt, kann den Wörtern des Textes eher Bedeutung zuordnen, kennt Zusammenhänge, verfügt bereits über mentale (Teil-)Modelle des Gegenstands und kann mehrere Inhalte zu größeren Chunks zusammenfassen und so das Arbeitsgedächtnis entlasten. Dadurch wird der Aufbau einer kohärenten Repräsentation sowie eines mentalen Modells des Textinhalts erleichtert (Schnotz & Bannert, 2003; Schnotz & Dutke, 2004). Auf diese Art und Weise können Kohärenzlücken leichter geschlossen werden, Inferenzen werden automatisch oder zumindest mit weniger Aufwand vollzogen und es sind weniger Reinstatements und weniger Reorganisationen nötig (Kintsch, 1998). Dies liegt daran, dass das Arbeitsgedächtnis durch Chunking entlastet wird und die relevanten Informationen leichter für die weitere Verarbeitung ausgewählt werden können. Vorwissen gilt als der wichtigste Einzelfaktor, der Verstehen beeinflusst (Ausubel, 1963, zitiert nach Mietzel, 2007; Renkl, 1996). Vorwissen ist umso wichtiger, je inkohärenter ein Text ist und je weniger Kohärenzbildungshilfen er enthält (s. u.; Schnotz, 1994).

Lexikalischer Zugriff und Worterkennung

Gute und schlechte Leserinnen und Leser unterscheiden sich wesentlich darin, wie schnell sie den Wörtern eines Textes Aussprachemuster und Bedeutung zuordnen können. Ein schnell verfügbares Aussprachemuster scheint den Lesenden dabei als Hinweisreiz zu dienen, mit dessen Hilfe sie das mentale Lexikon schneller durchsuchen können (Schnotz & Dutke, 2004). Je langsamer und schwerer die Lesenden den Wörtern eines Textes Bedeutung zuordnen können, desto weniger Ressourcen stehen für anspruchsvollere, höhere Leseprozesse wie die mentale Kohärenzbildung zur Verfügung (Artelt, Schiefele & Schneider, 2001; Cromley & Azevedo, 2007).

Wortschatz

Der Wortschatz entspricht einem mentalen Lexikon. Je größer der Wortschatz, desto mehr Einträge enthält dieses mentale Lexikon und umso wahrscheinlicher ist es, dass eine Leserin bzw. ein Leser den Wörtern eines Textes Bedeutung zuordnen kann (Schnotz & Dutke, 2004). Wenn Lesende den Wörtern eines Textes keine Bedeutung zuordnen können, müssen sie die Bedeutung der Wörter aus dem Kontext erschließen oder Vermutungen über die Bedeutung der

Wörter bilden und ggf. prüfen (vgl. Kintsch, 1998). Dadurch stehen weniger Ressourcen für anspruchsvollere, höhere Verarbeitungsprozesse wie die globale Kohärenzbildung zur Verfügung. Je leichter es den Lesenden fällt, den Wörtern eines Textes Bedeutung zuzuordnen, desto leichter fällt es ihnen zudem, korrekte Inferenzen zum Inhalt der Texte zu ziehen (Cromley & Azevedo, 2007).

Verarbeitungsstrategien
Verarbeitungsstrategien beeinflussen die Auswahl und Abfolge von Verarbeitungsprozessen (Schnotz, 1994; Schnotz & Dutke, 2004). Solche Verarbeitungsprozesse bestehen z.B. darin, die Aufmerksamkeit auf bestimmte Aspekte des Textes zu lenken, Inhalte zu wiederholen, Vorwissen zu aktivieren, Inhalte zusammenzufassen, Kerngedanken zu formulieren, Mindmaps zu erstellen, sich selbst Fragen zu stellen, Vorhersagen über weitere Textinhalte zu machen, Kohärenzbildungshilfen des Textes zu nutzen oder Informationen im Text gezielt (wieder-)aufzusuchen (Cromley & Azevedo, 2007). Die mentale Repräsentation des Textes und seines Inhalts wird davon beeinflusst, welche Verarbeitungsstrategie die Lesenden gewählt haben: Lesende, die eine *Verstehensstrategie* verwenden, bilden z.B. mehr Inferenzen und erreichen typischerweise eine kohärentere mentale Repräsentation des Textinhalts als Lesende, die eine *Behaltensstrategie* verwenden (Cromley & Azevedo, 2007; Schiefele, 1996; Schnotz, 1994; Schnotz & Dutke, 2004).

5.2 Textbezogene Prädiktoren des Textverstehens

Schnotz (1994) gibt einen Überblick über Textmerkmale, deren Einfluss auf das Textverstehen jeweils experimentell geprüft wurde. Im Folgenden werden die wichtigsten textbezogenen Prädiktoren des Textverstehens vorgestellt, und zwar die Geläufigkeit der Wörter des Textes, die Komplexität der Syntax, lokale und globale Kohärenz sowie Kohärenzbildungshilfen.

Geläufigkeit der Wörter des Textes
Die Geläufigkeit der Wörter des Textes gibt an, wie häufig die Wörter eines Textes im Mittel in Äußerungen in der jeweiligen Sprache vorkommen. Die Geläufigkeit der Wörter beeinflusst das Textverstehen vermutlich dadurch, dass geläufige Wörter in einem jüngeren Lebensalter erlernt werden, wodurch sie später leichter abgerufen werden können und wodurch ihnen später leichter Bedeutung zugeordnet werden kann (s. Crossley, Greenfield & McNamara, 2008; McNamara et al., 2012). Wie geläufig bestimmte Wörter oder Wortgruppen einer bzw. einem bestimmten Lesenden sind, dürfte aber auch wesentlich

von ihren oder seinen Lernerfahrungen und damit ihrem oder seinem Vorwissen abhängen.

Komplexität der Syntax der Texte

Die Komplexität der Syntax gibt an, wie viele verschiedene syntaktische Konstruktionen die Sätze enthalten, wie stark sie ineinander verschachtelt sind und wie weit die Referenten und die auf sie referierenden Teile im Satz auseinanderstehen. Eine hohe Komplexität entsteht z.b. durch Parenthesen (Einschübe), unnötige Passiv-Konstruktionen, verschachtelte Satzkonstruktionen und sogenannte „Satzgirlanden", bei denen die Hauptsätze durch mehrere Nebensätze unterbrochen werden. Die Komplexität der Syntax bestimmt damit ganz wesentlich, wie viele Elemente gleichzeitig im Arbeitsgedächtnis präsent gehalten werden müssen. Je komplizierter die Syntax ist, desto mehr Elemente müssen gleichzeitig im Arbeitsgedächtnis gehalten werden (McNamara et al., 2012; vgl. Kapitel 4.4). Eine komplexe Syntax geht mit geringeren Werten im Textverstehen bzw. einem erhöhten Verarbeitungsaufwand einher (s. Bransford & Franks, 1971; McNamara et al., 2012; Pearson, 1974, zitiert nach Schnotz, 1994). Die Bedeutung der Komplexität der Syntax für das Textverstehen hängt aber eben auch von der Größe des Arbeitsgedächtnisses der Lesenden ab. In Studien zum Erlenen künstlicher Grammatiken hat sich zudem gezeigt, dass diese unbewusst erlernt werden und dass Personen grammatikkonforme Sequenzen auf Dauer schneller verarbeiten können. Es ist daher naheliegend anzunehmen, dass die Satzschwierigkeit auch von der Erfahrung der Lesenden mit den syntaktischen Strukturen des Textes abhängt (Schnotz & Kürschner, 2007).

Lokale und globale Kohärenz

Kohärenz bezeichnet die Widerspruchsfreiheit, Lückenlosigkeit und den Grad des Verknüpftseins von Aussagen (Kintsch & van Dijk, 1978). Globale Kohärenz bezeichnet die Kohärenz eines gesamten Textes. Lokale Kohärenz hingegen bezeichnet die Kohärenz jeweils aufeinanderfolgender Aussagen (Schnotz & Dutke, 2004). Wenn die aufeinanderfolgenden Aussagen in einem starken Zusammenhang stehen, dann ist die Wahrscheinlichkeit groß, dass die Lesenden für Informationen, die sie neu aus dem Text aufnehmen, jeweils Anknüpfungspunkte finden. Denn das Arbeitsgedächtnis enthält typischerweise Informationen, die zuletzt verarbeitet wurden. Wenn die aufeinanderfolgenden Aussagen nur in geringem Zusammenhang zueinander stehen, ist es für die Lesenden daher schwerer, zu den neu aufgenommenen Informationen auch jeweils Anknüpfungspunkte zu finden. Lokale und globale Kohärenz sind besonders wichtig, wenn die Lesenden keine günstigen Voraussetzungen mitbringen, also z.b. über wenig Vorwissen verfügen oder wenig motiviert sind (Schnotz, 1994). Diese Lesenden haben in der Regel vor allem Probleme damit, die Repräsentation der zentralen Aussage von Texten aufzubauen – die sogenannten Makropropositionen (Schnotz, 1994). Ein Text mit einer durchweg hohen lokalen Kohärenz, der wenig Inferenzen erfordert und jeweils alle nötigen Informationen vermittelt, kann aber auch zu einem unnötig hohen Verarbeitungsaufwand und unerwartet geringen Verstehensleistungen von Lesenden mit ausgeprägtem Vorwissen und hohem Interesse führen. Enthält ein Text z.b. Informationen, die die bzw. der Lesende aufgrund ihres bzw. seines Vorwissens von selbst erschließen kann und bei denen sie bzw. er das selbstständige Erschließen für selbstverständlich hält, kann dies den Leser bzw. die Leserin verwirren und zu einem zusätzlichen Aufwand für Inferenzen und in der Folge vermutlich auch für Reorganisationen sorgen (vgl. Kapitel 4.4):

stating explicitly in a text what a reader would quite readily infer confuses the reader (Keenan & Kintsch, 1974): the overly explicit phrase is falsely considered by the reader as an indication of some complexity in the text that is not there at all, starting a train of useless and confusing inferences (Kintsch, 1979, S. 3).

In diesen Fällen zeigen Personen mit Vorwissen entgegen den Erwartungen schwächere Wissenszuwächse als Personen mit wenig Vorwissen. Man spricht daher auch vom sogenannten Expertise-Umkehr-Effekt (Rey, 2009; Schnotz & Kürschner, 2007; vgl. Kapitel 4.4).

Kohärenzbildungshilfen
Als Kohärenzbildungshilfen bezeichnet man Merkmale des Textes, die den Lesenden Hinweise geben, welche Wichtigkeit den verschiedenen Inhalten im Text zukommt und in welchem Zusammenhang die größeren Sinneinheiten zueinander stehen. Schnotz (1994) unterscheidet grob zwischen obligatorischen und fakultativen Kohärenzbildungshilfen. Obligatorische Kohärenzbildungshilfen sind Teil des zu verarbeitenden Textes und können nur mit einigem Aufwand bei der Verarbeitung ausgelassen werden. Dazu zählen sogenannte thematische Sätze wie „Nachdem wir ... beschrieben haben, wollen wir uns nun ... zuwenden" (Schnotz, 1994, S. 266) und „Der entscheidende Punkt ist ..." (Ballstaedt et al., 1981, S. 221) sowie bestimmte Techniken der semantischen und syntaktischen Gestaltung der einzelnen und der aufeinanderfolgenden Sätze (s. Schnotz, 1994). Fakultative Kohärenzbildungshilfen wie optisch abgesetzte Fragen und Lernzielangaben, Überschriften, Marginalien (s. z.B. Ballstaedt et al., 1981), drucktechnische und sprachliche Hervorhebungen hingegen

können optisch vom Rest des Textes unterschieden und daher auch mit wenig zusätzlichem Aufwand bei der Verarbeitung ausgelassen werden. Sie geben den Leserinnen und Lesern Hinweise dazu, welche Informationen wichtig sind und für die weitere Verarbeitung im Arbeitsgedächtnis gehalten werden sollten (Schnotz, 1994). So helfen sie, Reorganisationen, Reinstatements und Inferenzen zu vermeiden. Vor allem Lesende mit ungünstigen Verstehensvoraussetzungen sind auf Kohärenzbildungshilfen angewiesen (Schnotz, 1994). Der Einsatz von obligatorischen Kohärenzbildungshilfen, die nur mit einigem Aufwand übersprungen werden können, kann ebenfalls zum Expertise-Umkehr-Effekt führen (Schnotz, 1994, s. Kapitel 4.4).

6 Konzepte zur Textverständlichkeit

Auf das Verstehen nehmen also Merkmale Einfluss, die dem Text, den Lesenden und der Situation zukommen, in der der Text gelesen wird. Aufgrund der großen praktischen Relevanz wurden seit den 1920er-Jahren Konzepte und Instrumente zur Textverständlichkeit entwickelt. Damit liefern solche Konzepte Autorinnen und Autoren Richtlinien zum verständlichen Schreiben, geben Verlagen, Lernenden, Forscherinnen und Forschern, Lektorinnen und Lektoren Hinweise, worauf sie bei der Bewertung von Texten achten sollten; und schließlich sollten sie die Grundlage für die Entwicklung und Bewertung von Instrumenten zur Messung der Textverständlichkeit bilden (vgl. American Educational Research Association [AERA], American Psychological Association [APA], National Council on Measurement in Education [NCME], 2014). Viele der Konzepte fassen Textverständlichkeit dabei als Merkmal der Texte auf. Andere fassen Textverständlichkeit als Merkmal der Text-Leser-Interaktion auf. Im Folgenden werden die gängigsten Konzepte zur Textverständlichkeit vorgestellt und im Hinblick auf ihre theoretische und empirische Fundierung diskutiert, und zwar die Konzepte der sogenannten Lesbarkeitsforschung (u.a. Flesch, 1948), der Hamburger Gruppe um Langer, Schulz von Thun und Tausch (1974, 2006), von Groeben (1972), von Kintsch und Vipond (1979), von Gagné und Bell (1981) sowie der Gruppe um Graesser und McNamara (u.a. McNamara et al., 2012).

6.1 Die Reading-Ease-Formel von Flesch

Entwicklung der Lesbarkeitsformeln
Lesbarkeitsformeln wie die Reading-Ease-Formel werden seit den 1920er-Jahren entwickelt (Dickes & Steiwer, 1977). Die Prozesse des Textverstehens waren damals noch nicht erforscht und galten auch noch als zu komplex, um sie zu erforschen (Schnotz, 1994). Dennoch bestand damals wie heute ein großes Interesse daran, die Verständlichkeit von Texten zu messen und Merkmale zu identifizieren, die das Textverstehen erleichtern bzw. erschweren. Im Rahmen der Lesbarkeitsforschung ging man zur Ermittlung relevanter Merkmale, die das Textverstehen beeinflussen, und zur Bewertung der Textverständlichkeit typischerweise wie folgt vor: Man zog eine große Zahl Texte heran und zählte bei jedem dieser Texte verschiedene objektiv messbare Merkmale aus, wie z.B. die Länge der Wörter in Silben, die Länge der Sätze in Wörtern, die Zahl der Präfixe, die Zahl der Suffixe, der Demonstrativpronomina, der Eigennamen,

usw. Ggf. setzte man diese Werte noch zur Länge der Texte in Beziehung. Die Textlänge wurde z.b. definiert als die Zahl der Wörter der Texte oder durch die Zahl der Zeichen der Texte (Buchstaben, Zahlen, Satzzeichen usw.). In einem nächsten Schritt wurden die Texte Probanden vorgelegt. Sie sollten die Texte lesen und anschließend einen Leistungstest zum Text absolvieren (Dickes & Steiwer, 1977; McNamara et al., 2012). Dabei kamen verschiedene Arten von Leistungstests zum Einsatz: Behaltenstests mit Multiple-Choice-Format, Aufforderungen zur freien Wiedergabe des Inhalts oder Cloze-Tests. In Cloze-Tests werden die inhaltstragenden Wörter eines Textes, im Mittel typischerweise jedes fünfte Wort eines Textes, gelöscht und die Testpersonen sollen diese Lücken dann ausfüllen. Haben die Lesenden vorher den vollständigen Text gelesen, handelt es sich um einen Behaltenstest. Bearbeiten die Lesenden nur den Cloze-Test, ohne den Text vorher gelesen zu haben, handelt es sich um ein Instrument, mit dem die Redundanz der Texte für diese Lesenden gemessen wird (Ballsteadt & Mandl, 1988; Kintsch & Vipond, 1979). In manchen Studien wurde zudem auch die Lesezeit erhoben. In der Lesbarkeitsforschung wurden die Merkmale der Texte dann mit Hilfe multipler Regressionsanalysen zu den durchschnittlichen Leistungen in den Tests in Beziehung gesetzt (Dickes & Steiwer, 1977; McNamara et al., 2012). Für verschiedene Textarten und verschiedene Inhalte wurden jeweils eigene Formeln entwickelt. Textverständlichkeit wurde hier also mit der Ausprägung bestimmter Textmerkmale gleichgesetzt.

Die Entwicklung der Reading-Ease-Formel von Flesch
Die bekannteste und gebräuchlichste Lesbarkeitsformel ist vermutlich die Reading-Ease-Formel von Flesch (1948). Sie wird hier beispielhaft vorgestellt. Flesch zog vier Variablen als Prädiktoren der Leseleistung heran: Die durchschnittliche *Satzlänge*, gemessen in Wörtern; die durchschnittliche *Wortlänge*, gemessen in Silben; die durchschnittliche Anzahl Personalwörter (alle Nomen mit natürlichem Geschlecht, alle Pronomen außer Pronomen im Neutrum) und die durchschnittliche Zahl persönlicher Aussagen (wörtliche Rede, Fragen, Befehle, Aufforderungen und andere Aussagen, die sich direkt an den Leser bzw. die Leserin richten) (Flesch, 1948). Diese Variablen zog Flesch heran, um die Leistungen von Schülerinnen und Schülern in „McCalls-Crabb's Standard test lessons in reading" von 1926 (zitiert nach Flesch 1948) vorherzusagen. Bei „McCalls-Crabb's Standard test lessons in reading" werden den Lesenden kurze Prosa-Texte vorgelegt. Viele dieser Texte waren nicht länger als ein Absatz. Zu den Texten bearbeiteten die Lesenden dann Multiple-Choice-Fragen. Dabei wird nicht weiter unterschieden, worauf die Fragen abzielten. Manche Fragen beziehen sich auf das Wiedererkennen von Fakten aus dem Text, andere auf das

Identifizieren von Kernaussagen des Textes und wieder andere auf textbasierte Schlussfolgerungen. Die Fragen wurden ohne Bezug zu einer psychologischen Theorie entwickelt. Insgesamt umfasste der Test 376 Texte mit Fragen. Flesch schloss 13 Texte zur Berechnung der Reading-Ease-Formel aus, weil es sich um Gedichte handelte oder weil die Texte arithmetische Probleme behandelten (Flesch, 1948). Eine multiple Regressionsanalyse ergab, dass für die Lesbarkeit nur die beiden Variablen *Wortlänge* und *Satzlänge* von Bedeutung seien:

Merkmale der Textverständlichkeit nach Flesch
Wortlänge: Die *Wortlänge* gibt die durchschnittliche Zahl der Silben pro Wort an. Flesch (1948) selbst schreibt, dass die *Wortlänge* ein indirektes Maß für die Geläufigkeit der Wörter sei, die wiederum ein indirektes Maß für die Abstraktheit des Textes darstelle.

Satzlänge: Die *Satzlänge* gibt die durchschnittliche Zahl der Wörter pro Satz an. Flesch (1948) schreibt, dass dies ein indirektes Maß für die Komplexität der Syntax der Sätze sei, die wiederum wie die *Wortlänge* ein indirektes Maß für die Abstraktheit des Textes darstelle.

Empirische Befunde zur Reading-Ease-Formel
Dieses Vorgehen lieferte die folgende Regressionsgleichung, die als Reading-Ease-Formel bekannt ist:

$$Reading\ Ease = 206.835 - 0.846 * \frac{Zahl\ der\ Silben}{100\ Wörter} - 1.015 * \frac{Zahl\ der\ Wörter}{Zahl\ der\ Sätze}$$

(Flesch, 1948). Flesch (1948, S. 228) empfiehlt, bei langen Texten 25 bis 30 Text-Stichproben aus je 100 Wörtern zu ziehen. Er gibt nicht an, wie bei der Berechnung der Formel mit (Zwischen-)Überschriften umzugehen ist. Je geringer der sich ergebende Wert, desto weniger verständlich ist der Text Flesch (1948) zufolge. Ein Wert von 100 bedeutet nach Flesch (1948), dass ein Schüler bzw. eine Schülerin am Ende der vierten Jahrgangsstufe 75% der Testfragen zu diesem Text richtig beantworten kann. Die Werte, die den Texten zugeschrieben werden, korrelieren mit $R = .70$ mit den Testleistungen. Dies würde bedeuten, dass die Reading-Ease-Formel 50% der Testleistungen allein aufgrund der beiden Oberflächenmerkmale des Textes *Wortlänge* und *Satzlänge* erklären kann.

Kritik an der Reading-Ease-Formel
Lesbarkeitsformeln haben gerade im angloamerikanischen Sprachraum eine weite Verbreitung gefunden (Crossley et al., 2008; McNamara et al., 2012). Sie

stellen einen wesentlichen Fortschritt zur empirischen Erfassung der Textverständlichkeit dar. Sie sind einfach handhabbar. Die Bedeutung der Merkmale *Wortlänge* und *Satzlänge* lässt sich auch durch die etablierten Theorien des Textverstehens rechtfertigen: Weniger geläufige Wörter sind typischerweise länger und können weniger leicht aus dem semantischen Gedächtnis abgerufen werden, können also weniger leicht entschlüsselt werden. Ebenso sind kurze Sätze oft syntaktisch einfacher und erfordern eine weniger intensive syntaktische Verarbeitung als lange Sätze.

Viele Autoren kritisieren an der Lesbarkeitsforschung allerdings, dass sie Textverständlichkeit als Merkmal der Texte behandelt und Merkmale der Lesenden und kognitive Prozesse außer Acht lässt und dass sie zudem auch nur Merkmale der Textoberfläche und keine Merkmale der Tiefenstruktur wie die lokale und globale Kohärenz betrachtet (Crossley et al., 2008; Groeben, 1972; Kintsch & Vipond, 1979; Langer et al., 1974; McNamara et al., 2012; Rost, 1985; Schiefele, 1996). Schnotz (1994) kritisiert außerdem, dass die Ergebnisse der Lesbarkeitsforschung letztlich auf die Empfehlung hinauslaufen, mit kurzen Wörtern kurze Sätze zu bilden, dass diese Empfehlung aber bereits hinter dem Alltagswissen des Textverstehens zurückbleiben würde und für Autorinnen und Autoren vermutlich wenig hilfreich ist.

Flesch hat die Reading-Ease-Formel anhand der Daten von Schülerinnen und Schülern der zweiten bis neunten Jahrgangsstufe erstellt und erprobt und extrapoliert die Ergebnisse auf Erwachsene. Inwiefern die Ergebnisse für erwachsene Lesekönnerinnen und -könner gültig sind, bleibt zumindest in seinen Studien ungeklärt (vgl. AERA et al., 2014; Campbell & Stanley, 1970). Der spätere Herausgeber des Tests, Starr (1979), betont zudem, dass keine Angaben zur Objektivität, Reliabilität oder Validität der mit Hilfe des McCall-Crabbs-Tests erhobenen Daten vorliegen. Daher ist es zumindest fraglich, welches Konstrukt mit Hilfe der Reading-Ease-Formel vorhergesagt wurde.

Insgesamt stellten Lesbarkeitsformeln einen wesentlichen Fortschritt in der Forschung zur Textverständlichkeit dar, weil sie das Konstrukt erstmals messbar machten, eine empirische Fundierung anstrebten und ökonomisch einsetzbar sind. Sie sind aber aus mehreren Gründen nicht befriedigend: Sie wurden ohne Bezug zu wissenschaftlichen Theorien des Textverstehens entwickelt; sie behandeln Textverständlichkeit als Merkmal der Texte und nicht als Merkmal der Text-Leser-Interaktion; und indem sie sich auf Oberflächenmerkmale der Texte konzentrieren und die Tiefenstruktur der Texte sowie die Merkmale der Lesenden außer Acht lassen, wird das Konstrukt Textverständlichkeit in diesen Konzepten deutlich unterrepräsentiert. Vor allem in den 1970er-Jahren wurden daher weitere und umfassendere Konzepte zur Textverständlichkeit entwickelt.

6.2 Das Hamburger Verständlichkeitskonzept

Entwicklung des Hamburger Verständlichkeitskonzepts

Die Arbeitsgruppe um Langer, Schulz von Thun und Tausch begann Anfang der 1970er-Jahre mit der Entwicklung eines eigenen Konzepts der Textverständlichkeit. Sie kritisierten an der Lesbarkeitsforschung (vgl. Kapitel 6.1), dass sie Merkmale der Tiefenstruktur von Texten außer Acht ließ (Langer & Tausch, 1972). Statt nur die Beziehung von Oberflächenmerkmalen der Texte zu Lernleistungen in Beziehung zu setzen, wollten Langer und Tausch mit Hilfe von Skalierungen und Faktorenanalysen Merkmale ermitteln, die Texte verständlich machen.

In einem ersten Schritt ließen Langer und Tausch (1972) fünf Psychologie-Studierende in einer Voruntersuchung ein semantisches Differential mit 18 gegensätzlichen Paaren zur Beschreibung von Texten erstellen. Die Paare des semantischen Differentials bestanden aus Adjektiven wie „gegliedert – ungegliedert" oder kurzen Phrasen wie „einfache Darstellung – komplizierte Darstellung". In ihrer ersten Studie von 1972 ließen Langer und Tausch 68 Texte von 217 Versuchspersonen mit Hilfe der 18 Items des semantischen Differentials bewerten. Die Antworten wurden mit Hilfe von Faktorenanalysen ausgewertet. Es zeigten sich zwei Faktoren, die sie *Stimulanz-Einfachheit* und *Strukturierung* nannten.

Langer (1983) kritisiert an dieser ersten Untersuchung allerdings, dass die untersuchten Texte eher unverständlich waren, sodass sich aufgrund der eingeschränkten Varianz womöglich nicht alle Faktoren der Textverständlichkeit in der Faktorenanalyse zeigen konnten. Langer, Schulz von Thun, Meffert und Tausch (1973) erzeugten daher 28 Versionen von zwei verschiedenen Texten, die eine große Streuung hinsichtlich der Merkmale *Stimulanz-Einfachheit* und *Strukturierung* aufweisen sollten (Langer, 1983). Diese 28 Texte legten sie zusammen mit den 18 Items der ersten Untersuchung noch einmal 80 Vpn vor und werteten die Antworten erneut mit Hilfe einer Faktorenanalyse aus. In dieser Untersuchung zeigten sich dann vier Faktoren, die sie als *Einfachheit, Gliederung-Ordnung, Kürze-Prägnanz* und *zusätzliche Anregung* interpretierten (s. a. Langer et al., 2006).

Merkmale der Textverständlichkeit nach dem Hamburger Verständlichkeitskonzept

Das Merkmal *Einfachheit* umfasst Langer et al. (2006) sowie Langer et al. (1973) zufolge die Oberflächenmerkmale *Worthäufigkeit* und *Satzschwierigkeit*. Ein Text wird der Hamburger Textverständlichkeitsgruppe zufolge als einfach bewertet, wenn die im Text verwendeten Wörter geläufig und anschaulich sind, wenn wenig geläufige Wörter erklärt werden und wenn die Sätze des Textes kurz sind bzw. aus einer einfachen Syntax bestehen (Langer et al., 2006). Langer et al. (2006) zufolge sollten Texte stets eine maximale *Einfachheit*, also eine möglichst geringe *Wortschwierigkeit* und eine möglichst geringe *Satzschwierigkeit* aufweisen (2006).

Langer et al. (2006) zufolge beschreibt das Merkmal *Gliederung-Ordnung* die äußere Gliederung eines Textes durch Überschriften, Absätze, Marginalien usw. (also sogenannte fakultative Kohärenzbildungshilfen, s. Kapitel 5; s. a. Schnotz, 1994) und die innere Ordnung (Kohärenz). Ein Text wird dann als gegliedert beschrieben, wenn die Absätze eines Textes sinnvoll gewählt sind, wenn der Text sinnvolle Überschriften enthält, wenn der Text sinnvolle Vorbemerkungen, Zwischenbemerkungen und Zusammenfassungen enthält und wenn wesentliche Informationen durch sprachliche oder drucktechnische Mittel wie Fettdruck hervorgehoben sind (Langer et al., 2006). Ein Text wird der Hamburger Verständlichkeitsgruppe zufolge als geordnet beschrieben, wenn die aufeinanderfolgenden Sätze eines Textes in sichtbarem Zusammenhang stehen. Nach Langer et. al (2006) gewinnt dieses Merkmal mit der Länge der Texte an Bedeutung, „[d]enn je länger der Text, desto leichter kann man die Übersicht verlieren" (Langer et al., 2006, S. 25). Langer et. al (2006, S. 24) erklären: „Das Merkmal Gliederung/Ordnung fasst sowohl die innere Ordnung als auch die äußere Gliederung zusammen. Denn beide bewirken, dass der Leser oder Zuhörer sich zurechtfindet und die Zusammenhänge sieht" (Langer et al., 2006, S. 24). Laut Langer et al. (2006) sollten Texte stets eine maximale *Gliederung-Ordnung* aufweisen.

Das Merkmal *Kürze-Prägnanz* beschreibt das Verhältnis der Textlänge zur Menge der Informationen, die vermittelt werden sollen (Langer et al., 2006). Ein Text wird den Autoren zufolge dann als kurz und prägnant beschrieben, wenn er nur Informationen enthält, die für das Ziel der Kommunikation wesentlich sind, wenn er Informationen nicht wiederholt, nicht vom Thema abschweift und Füllwörter, Phrasen, sowie unnötige Einzelheiten und umständliche Ausdrücke vermeidet (Langer et al., 2006). Langer et al. (2006) zufolge sollten Texte stets eine mittlere *Kürze-Prägnanz* aufweisen oder eher redundant als kurz sein; sie sollten also nicht ausschließlich die nötigsten Informationen enthalten, aber auch nicht zu viele unnötige Einzelheiten und nicht zu viele Wiederholungen.

Das Merkmal anregende Zusätze umfasst alle Mittel, die bei den Lesenden Interesse und Lust am Lesen hervorrufen (Langer et al., 2006). Laut der Hamburger Verständlichkeitsgruppe ist ein Text bereits anregend, wenn das Merkmal *Einfachheit* maximal ausgeprägt ist (Langer et al., 1973). Ein Text ist der Hamburger Verständlichkeitsgruppe zufolge zusätzlich anregend, wenn er viele anschauliche Beispiele, rhetorische Figuren, wörtliche Rede, Humor sowie Fragen enthält und wenn die zu vermittelnden Informationen in eine Geschichte eingebettet sind (Langer et al., 2006). Langer et al. (2006) empfehlen, dass ungeordnete und ungegliederte Texte wenig *zusätzliche Anregung* enthalten sollten und dass stark gegliederte und geordnete Texte viel *zusätzliche Anregung* enthalten sollten.

Empirische Befunde zum Hamburger Verständlichkeitskonzept
Nachdem die Hamburger Verständlichkeitsgruppe in ihren ersten Studien vier Faktoren zur Beschreibung von Texten ermittelt hatten, haben sie zahlreiche Studien durchgeführt, in denen sie die Bedeutung der vier Merkmale der Textverständlichkeit für die Lernleistungen untersucht haben. Die Studie von Schulz von Thun, Göbel und Tausch (1973) ist ein typisches Beispiel für diese Studien: Die Autoren haben vier Texte aus Schulbüchern ausgewählt und zu jedem dieser vier Texte eine zweite Version erstellt, die hinsichtlich der vier Merkmale des Konzepts optimiert wurden (Schulz von Thun et al., 1973). Dann ließen sie alle acht Texte von unabhängigen Raterinnen und Ratern hinsichtlich der vier Merkmale ihres Konzepts beurteilen (Schulz von Thun et al., 1973). In einem zweiten Schritt wurde geprüft, wie gut die Texte tatsächlich verstanden wurden, wie viel Spaß die Leserinnen und Leser beim Lesen der Texte hatten, wie interessant sie den Text fanden und wie gut sie den Text verstanden zu haben glaubten. An der Untersuchung nahmen 514 Schülerinnen und Schüler der 7. und 8. Jahrgangsstufe teil (Schulz von Thun et al., 1973). Jeder Schülerin und jedem Schüler wurden per Zufall zwei der acht Texte zusammen mit Verstehenstests zu diesen Texten vorgelegt. Es zeigte sich, dass die optimierten Texte dieser Studie mit $d = 0.37$ bis 0.61 durchweg besser verstanden wurden als die jeweiligen Originaltexte (Schulz von Thun et al., 1973), dass die optimierten Texte a) mehr Spaß beim Lesen hervorriefen, b) mehr Interesse am Thema weckten und dass c) die Schülerinnen und Schüler bei den verständlicheren Texten auch eher das Gefühl hatten, die Texte verstanden zu haben (Schulz von Thun et al., 1973). Tergan (1983) konnte die Befunde allerdings nicht replizieren. Die Ergebnisse anderer Replikationsstudien fielen wiederum durchweg positiv aus (Langer & Tausch, 1972; Langer et al., 1973; Schulz von Thun, Berghes, Langer & Tausch, 1974; Schulz von Thun, Weitzmann, Langer & Tausch, 1974; Steinbach, Langer & Tausch, 1972).

Kritik am Hamburger Verständlichkeitskonzept

Ein wesentlicher Fortschritt des Hamburger Verständlichkeitskonzepts besteht darin, dass hier Merkmale der Tiefenstruktur von Texten berücksichtigt und messbar gemacht wurden. Es ist besonders hervorzuheben, dass die Gruppe um Langer et al. ihr Konzept experimentell geprüft hat, und dass Langer et al. (1973) ihre eigene Studie (Langer & Tausch, 1972) methodisch kritisiert und eine entsprechend verbesserte Studie durchgeführt haben, die dann tatsächlich weitere Faktoren der Textverständlichkeit ergab (Langer, 1983). Es ist zudem hervorzuheben, dass die Gruppe um Langer, Schulz von Thun und Tausch tatsächlich Verstehen als abhängige Variable ihres Konzepts erhoben hat (s. z.B. Langer et al., 1973; Schulz von Thun et al., 1973; Steinbach et al., 1972), auch wenn sie an anderer Stelle etwas undifferenziert und vage schreiben, dass sie Behalten-Verstehen vorhergesagt (z.B. Langer et al., 2006; s. a. Schulz von Thun et al., 1974) oder tatsächlich nur Behalten erfasst haben (Schulz von Thun et al., 1974). Das Hamburger Verständlichkeitskonzept und die Studien, die zu seiner Formulierung und seiner Überprüfung durchgeführt wurden, sind allerdings auch kritisiert worden:

Schiefele (1996) und Schnotz (1994) kritisieren, dass das Konzept nicht durch eine Theorie des Textverstehens fundiert ist. In diesem Zusammenhang lässt es sich auch bemängeln, dass das Hamburger Verständlichkeitskonzept Verständlichkeit als Merkmal der Texte behandelt und nicht als Merkmal der Text-Leser-Interaktion. Langer et al. (2006) schreiben selbst, dass Texte nicht an sich, sondern immer für bestimmte Personen bzw. bestimmte Zielgruppen verständlich sind (Langer et al., 2006). Dennoch geben die Autoren nicht an, welche Abhängigkeiten bestehen zwischen Merkmalen der Texte und Merkmalen der Lesenden. Sie geben an, dass das Vorwissen der Lesenden eine wichtige Rolle spielt. Sie geben aber nicht an, auf welches oder welche Merkmale der Textverständlichkeit sich das Vorwissen auswirkt. Das Konzept berücksichtigt zudem nicht, dass bestimmte Merkmale der Texte für z.B. Lesende mit wenig Vorwissen förderlich und für andere hinderlich sein können (s. Kapitel 4.4).

Schnotz (1994) merkt zudem an, dass diese praktischen Empfehlungen des Konzepts sehr allgemein sind und letztlich kaum über das Alltagsverständnis hinausgehen: Langer et al. (2006) empfehlen, geläufige Wörter zu verwenden, kurze Sätze zu schreiben, die Inhalte folgerichtig und übersichtlich darzustellen, einem roten Faden zu folgen, weder zu knapp noch zu weitschweifig zu formulieren, auf lebensnahe Beispiele zurückzugriefen und eine lebendige Rede zu verwenden.

Im Hinblick auf die Methoden zur Erstellung des Konzepts lässt sich folgendes kritisieren: Langer et al. (1973) haben die vier Merkmale ihres Verständlichkeitskonzepts mit Hilfe von Faktorenanalysen ermittelt, in die 18 Items eingingen. Die Items waren Langer und Tausch (1972) zufolge von Studierenden zusammengestellt worden. Es ist aber fraglich, wie die Begriffspaare ermittelt wurden, die in die Faktorenanalyse eingingen, warum nicht mehr Items zur Beschreibung der Texte eingesetzt wurden und warum nur Adjektive und kurze Phrasen zur Beschreibung der Texte herangezogen wurden, zumal mehr als 18 Formulierungen zur Beschreibung von Texten denkbar sind. Außerdem ist nicht klar, ob die vier Merkmale der Textverständlichkeit vier Dimensionen sind, die tatsächlich das Textverstehen beeinflussen, oder ob dies nur vier Dimensionen sind, hinsichtlich derer Texte von Lesenden bewertet werden. Es ist denkbar, dass sich die Merkmale, die das Textverstehen beeinflussen von den Merkmalen unterscheiden, die von den Lesenden wahrgenommen werden (können). Bereits bei der Durchführung der ersten Untersuchung zum Hamburger Verständlichkeitskonzept war die Bedeutung der beiden Faktoren *Wortlänge* und *Satzlänge* bekannt. In den 18 Begriffspaaren, die in den Untersuchungen der Gruppe um Langer und Tausch verwendet wurden (Langer & Tausch, 1972; Langer et al., 1973), fand sich aber nur ein Item, das sich darauf bezieht, wie gut den Lesenden die Wörter des Textes bekannt waren. Durch diesen Umstand war es nicht möglich, dass sich ein eigener Faktor *Wortschwierigkeit* zeigt. Das Item zur Bekanntheit der Wörter wurde dem Faktor *Einfachheit* zugerechnet, es ist aber denkbar, dass der Faktor *Einfachheit* in zwei Faktoren zur Verständlichkeit der Wörter und zur Verständlichkeit der Sätze zerfallen wäre, wenn mehr Items gebildet worden wären, die diesen bereits bekannten Merkmalen der Textverständlichkeit entsprochen hätten. Die Folge ist, dass Zusammenhänge dieser Merkmale zu anderen Variablen zu stark verallgemeinert werden könnten oder dass Zusammenhänge nicht ausreichend differenziert werden.

Hervorzuheben ist besonders, dass Langer et al. ihr Konzept experimentell geprüft haben. Dazu haben sie jeweils Texte herangezogen und optimierte Versionen dieser Texte erzeugt, die sich hinsichtlich zwei, drei oder allen vier Merkmale des Hamburger Verständlichkeitskonzepts unterschieden. In diesen Untersuchungen hat sich regelmäßig gezeigt, dass die optimierten Fassungen zu besseren Lernleistungen geführt haben als die Originaltexte. Mit Hilfe von Korrelationen haben sie anschließend ermittelt, welche Bedeutung welchem der vier Faktoren für die Lernleistungen zukommt. Die Autoren haben die Merkmale ihres Verständlichkeitskonzepts in den Texten aber nicht einzeln und unabhängig voneinander manipuliert. Die vier Merkmale sind in den Untersuchungen daher konfundiert und es kann nicht mit Sicherheit geschlossen werden, welches Merkmal die größte Bedeutung für die Verstehens- und Lernleistung hat. Insgesamt stellt das Hamburger Verständlichkeitskonzept also einen wesentlichen Fortschritt dar, weil es auf Tiefenstrukturen von Texten fokussierte, sie messbar machte und weil die Bedeutung des Konzepts für Lernleistungen experimentell geprüft wurde. Aus heutiger Sicht ist es allerdings unbefriedigend, dass das Konzept nicht zu einer Theorie des Textverstehens in Bezug gesetzt wurde, dass es Textverständlichkeit als ein Merkmal der Texte behandelte, dass wichtige Merkmale zu einem übergeordneten Merkmal zusammengefasst wurden, die sinnvoll getrennt werden können, und dass das Konzept nur vage Hinweise für die Gestaltung von Texten gibt.

6.3 Das Verständlichkeitskonzept von Groeben

Entwicklung des Verständlichkeitskonzepts von Groeben

Groeben (1972) kritisierte, dass sich aus den psychologischen Theorien zum Zeitpunkt der Veröffentlichung nur wenige praktische Empfehlungen für Lehrende ableiten ließen. Da geschriebene und gesprochene Texte in der Lehre fast allgegenwärtig sind, wandte Groeben sich daher der Frage zu, wie Texte gestaltet werden sollten, um optimale Lernerfolge zu erzielen. Groeben zufolge ist die Verständlichkeit ein Mediator zwischen den Merkmalen des Textes und des Lesers auf der einen Seite und dem tatsächlichen Verstehen auf der anderen Seite (Groeben, 1972). An der Lesbarkeitsforschung kritisiert er, dass sie nur Oberflächenmerkmale betrachtet und nicht durch eine Theorie fundiert ist. Groeben leitete daher aus psychologischen Theorien Merkmale für die Gestaltung von Texten ab, die das Verstehen erleichtern sollten; insgesamt benennt er vier Merkmale der Texte, die für das Verstehen relevant sind: *ästhetisch-stilistische Einfachheit, kognitive Strukturierung, semantische Dichte* und *konzeptueller Konflikt* (s. a. Christmann & Groeben, 1996).

Merkmale der Textverständlichkeit nach Groeben

Ästhetisch-stilistische Einfachheit: Vor allem aus den Studien von Coleman (1962, 1964, 1965, zitiert nach Groeben, 1972) leitete Groeben das Merkmal *ästhetisch-stilistische Einfachheit* ab. Texte gelten als ästhetisch-stilistisch einfach, wenn ihre Satzteile kurz sind, sie aktive Verben verwenden, die Formulierungen im Aktiv sind, der Text persönliche Wörter enthält, Verneinungen sowie Nominalphrasen und geschachtelte Satzstrukturen vermeidet. Groeben zufolge ist dies das zweitwichtigste Merkmal für die Verständlichkeit (s. a. Christmann & Groeben, 1996; Groeben, 1976, 1981).

Kognitive Strukturierung: Aus der kognitiven Lerntheorie Ausubels (1968, zitiert nach Groeben, 1972) leitete Groeben (1972) das Merkmal *Kognitive Strukturierung* ab. Es gibt an, ob der Text für die Lesenden Strukturierungshilfen wie Lernzielangaben, Advance Organizer, Überschriften, Analogien, Zusammenfassung oder Hervorhebungen wichtiger Inhalte bereithält, ob die Gedankenführung nachvollziehbar ist und ob Unterschiede und Ähnlichkeiten wichtiger Inhalte herausgearbeitet werden. Groeben zufolge ist dieses Merkmal für die Verständlichkeit mit Abstand das wichtigste Merkmal (s. a. Christmann & Groeben, 1996; Groeben, 1976, 1981).

Semantische Dichte: Aus den an die Informationstheorie angelehnten Arbeiten zum Gedächtnis von Sprung (1964, zitiert nach Groeben, 1972) und zur Behaltensleistung von sprachlichen Mitteilungen von Pohl (1964, zitiert nach Groeben, 1972) leitete Groeben (1972) das Merkmal *semantische Dichte* ab. Ein Text hat eine hohe *semantische Dichte*, wenn er wörtliche Wiederholungen, inhaltsgleiche Wiederholungen, Erklärungen, und Weitschweifigkeit vermeidet (s. a. Christmann & Groeben, 1996; Groeben, 1976, 1981). Groeben empfiehlt eine eher geringe Ausprägung an semantischer Dichte; er rät also u.a. dazu häufige Wiederholungen und redundante Aussagen einzusetzen. Groeben zufolge ist dieses Merkmal aber nur dann für die Verständlichkeit wichtig, wenn das Merkmal *ästhetisch-stilistische Einfachheit* gegeben ist (Christmann & Groeben, 1996; Groeben, 1972).

Konzeptueller Konflikt: Aus Berlynes Neugiertheorie (1960, zitiert nach Groeben, 1972) leitete Groeben (1972) schließlich das Merkmal (motivierender) *konzeptueller Konflikt* ab. Ein Text enthält ein hohes Maß an konzeptuellem Konflikt, wenn er für Lesende Neues und Überraschendes enthält, wenn er Inkongruenzen aufweist, die bei den Lesenden einen kognitiven Konflikt auslösen können, wenn er Fragen enthält, Probleme mit Lösungen oder wenn er in anderer Form kognitive Konflikte bei den Lesenden auslöst. Groeben zufolge ist dieses Merkmal für die Verständlichkeit irrelevant, für das Behalten hingegen relevant (s. a. Christmann & Groeben, 1996; Groeben, 1976, 1981).

Groebens Verständnis von Verständlichkeit
Bei den vier Merkmalen *ästhetisch-stilistische Einfachheit, kognitive Strukturierung, semantische Dichte* und *konzeptueller Konflikt* handelt es sich Groeben (1972) zufolge um Merkmale der Texte. Die Verständlichkeit der Texte ergibt sich Groeben (1972) erst in Interaktion mit dem thematischen Vorwissen der Lesenden und ihren Erwartungen zur Struktur und Syntax des Textes. „Die Verständlichkeit bestimmt sich [...] danach, wie sehr die Textstrukturen so-

wohl auf stilistischer wie inhaltlich-semantischer Ebene den Kenntnissen und damit den Erwartungen des Individuums entsprechen" (Groeben, 1972, S. 70). Groeben setzt Verständlichkeit also mit Bekanntheit und Unverständlichkeit mit Überraschung gleich (s. a. Groeben, 1972). Um die Verständlichkeit von Texten zu messen, lässt er die Lesenden die Texte daher Buchstabe für Buchstabe bzw. Zeichen für Zeichen raten (s. Kapitel 7.3). Der bzw. die Befragte beginnt mit einem leeren Blatt und soll den Text Zeichen für Zeichen erraten. Nach einer bestimmten Anzahl an Rateversuchen wird dem bzw. der Ratenden das richtige Zeichen genannt. Groeben zufolge ist ein Text dann für eine bestimmte Person völlig verständlich, wenn diese Person den gesamten Text erraten könnte. Groeben (1972) zufolge wäre der gesamte Text für diese Person redundant, und enthielte für sie daher auch keinerlei Information: „Information tritt dann auf, wenn die Sprachsymbole nicht den Erwartungen des Lesers (bzw. Raters) entspricht. Das Informationsmaß [die Wahrscheinlichkeit, mit der Personen die Zeichen eines Textes erraten können; s. Groeben, 1972, S. 72ff; s. Kapitel 7.3] repräsentiert also von der psychischen Substanz her den Überraschungswert einer sprachlichen Zeichenfolge. Ein Text, der viel Überraschendes (Neues) für den Leser bringt, dürfte schwerer verständlich sein, als wenn er mit den Erwartungen übereinstimmt. Wir werden daher das Maß der subjektiven Information als Operationalisierung des Verständlichkeitskonstrukts ansetzen können" (Groeben, 1972, S. 74).

Empirische Befunde zum Verständlichkeitskonzept von Groeben
Groeben (1972) hat sein Konzept empirisch geprüft. Dazu erzeugte er 18 Versionen eines Textes zum Thema Gruppenarbeit (s. Groeben, 1972). Er variierte das Merkmal ästhetisch-stilistische Information in drei Stufen und die Merkmale *kognitive Strukturierung* und *konzeptueller Konflikt* jeweils in 2 Stufen; zusätzlich erzeugte er in zwei Stufen Texte, in denen die *kognitive Strukturierung* und das Merkmal *konzeptueller Konflikt* zugleich manipuliert wurden; das Merkmal *semantische Dichte* variierte er nicht (Groeben, 1972).

Die Texte legte er Schülerinnen und Schülern der 12. Jahrgangsstufe an Gymnasien vor. Jede Version des Textes wurde von genau einer Klasse bearbeitet (Groeben, 1972). Jeweils die Hälfte der Klasse bearbeitete den Text in einer vereinfachten Version des Rate-Verfahrens nach Weltner (1967, zitiert nach Groeben, 1972) zur Messung der subjektiven Redundanz bzw. Verständlichkeit. Die andere Hälfte der Klasse las zunächst den entsprechenden, vollständigen Text, bearbeitete dann einen Intelligenztest und schließlich einen Cloze-Test, in dem im Mittel jedes fünfte Wort des zuvor gelesenen Textes gelöscht worden war und nun von den Schülerinnen und Schülern ergänzt werden sollte (Groeben, 1972).

Aus den Ergebnissen der Studie leitete Groeben (1972; s. a. Christmann & Groeben, 1996) ab, dass die *kognitive Strukturierung* das wichtigste Merkmal der Verständlichkeit ist, gefolgt von der *ästhetisch-stilistischen Einfachheit* und der *semantischen Dichte* (diese allerdings nur in Abhängigkeit von der *ästhetisch-stilistischen Einfachheit*). Aus den Ergebnissen leitete Groeben außerdem ab, dass Texte am verständlichsten sind, wenn die Merkmale der Verständlichkeit jeweils eine mittlere Ausprägung aufweisen: „Die [Ergebnis-]Kurve zeigt eindeutig, daß die Behaltensleistung für mittlere Verständlichkeitsgrade der Texte größer ist, nicht nur als die für geringere, sondern auch als die für größere Verständlichkeit" (Groeben, 1972, S. 113). Tergan (1983) hat versucht, das Konzept von Groeben zu replizieren, konnte aber auch dessen Befunde nicht bestätigen.

Kritik am Verständlichkeitskonzept von Groeben
Ballstaedt und Mandl (1988) loben an Groebens Konzept, dass es theoretisch fundiert ist und Verständlichkeit nicht als Merkmal der Texte, sondern als Merkmal der Text-Leser-Interaktion behandelt. Schiefele (1996) kritisiert, dass Groebens Konzept nicht durch Theorien der Psychologie des Textverstehens fundiert ist und auch Groeben (1981) selbst schreibt, dass die Theorien, aus denen er seine Merkmale ableitete, zu dem Zeitpunkt, als er sein Konzept entwarf, die einzigen verfügbaren Theorien waren, die auf das Lernen mit Texten anwendbar waren; die Theorien haben Groeben (1981) zufolge aber wenig Erklärungswert, weil sie sich eben nicht mit den Prozessen des Textverstehens beschäftigen; die Forschung zur Textverständlichkeit bedürfe aber einer neuen Fundierung aufgrund des aktuellen Forschungsstands zu den Prozessen des Textverstehens (Groeben, 1981). Schnotz (1994) kritisiert an Groebens Konzept, dass die praktischen Empfehlungen sehr allgemein sind und letztlich kaum über das Alltagsverständnis hinausgehen.

Groebens Schlussfolgerung, dass eine mittlere Verständlichkeit optimal sei, stimmt mit den Überlegungen überein, die in Kapitel 4.4 aus der modifizierten Cognitive Load Theory abgeleitet wurden. Groeben (1972) operationalisiert die Begriffe allerdings anders: Die Verständlichkeit operationalisierte er, indem er den Text Zeichen für Zeichen erraten ließ. Für eine Person, die den Text vollständig erraten könnte, wäre der Text Groeben zufolge perfekt verständlich. Groeben (1972) operationalisierte das Behalten, indem er im Mittel jedes fünfte Wort des zuvor gelesenen Textes ergänzen ließ. Je mehr Lücken eine Person korrekt ausfüllen kann, desto besser hat sie den Text behalten. Wenn Groeben (1972) also schreibt, dass sich in seiner Untersuchung zwischen der Verständlichkeit und Behalten ein umgekehrt U-förmiger Zusammenhang gezeigt hat, dann sagt er, dass Personen, die den Text vollständig erraten könnten, weil ihnen der gesamte Inhalt und die gesamte Syntax des Textes bereits bekannt sind, kaum in der Lage wären, jedes fünfte Wort des Textes korrekt zu ergänzen. Dieser Schluss ist vor dem Hintergrund der Art und Weise, wie die Variablen Behalten und Verständlichkeit jeweils operationalisiert wurden, allerdings widersprüchlich.

In methodischer Hinsicht lässt es sich kritisch anmerken, dass Groebens Untersuchungsplan dem Vergleich vorgegebener Gruppen von Campbell & Stanley (1970) entspricht. Das bedeutet, dass Groeben in seiner Untersuchung das zwischenzeitliche Geschehen, Testeffekte, die Veränderung der Hilfsmittel und den Regressionseffekt kontrollieren konnte, nicht aber die Auswahl von Versuchspersonen. Groeben (1972) schreibt zwar, die Klassen könnten als gleichartig gelten, belegt dies aber nicht, sondern schreibt im Gegenteil, dass „das Klima zwischen Lehrern und Schülern – und als Vl wird man ja zunächst automatisch in die Lehrerrolle hineingedrängt – durchaus unterschiedlich [war]. Besonders in Koedukationsschulen gab es für unser Empfinden in dieser Rollenrelation sehr viel weniger Spannungen als in anderen Schulen" (Groeben, 1972). Da die Untersuchung Groeben (1972) zufolge zudem zwischen 3,5 und 4,75 Stunden in Anspruch nahm, ist aufgrund der vom Autor beschriebenen Spannungen nicht auszuschließen, dass die Klassen unterschiedlich kooperativ und unterschiedlich testmotiviert waren. Da jede Version des Textes von jeweils genau einer Klasse bearbeitet wurde, kann man daher nicht mit Sicherheit schließen, inwiefern die unterschiedlichen Leistungen auf das Leistungsniveau und die Testmotivation der Klassen oder die Merkmale des Textes zurückzuführen sind (Campbell & Stanley, 1970; Rost, 2007).

6.4 Das Verständlichkeitskonzept von Kintsch und Vipond

Entwicklung des Verständlichkeitskonzepts von Kintsch und Vipond
Kintsch und Vipond stellten 1979 ein Konzept der Textverständlichkeit vor. Dabei erkennen sie die Bedeutung der Lesbarkeitsforschung an, stellen aber auch fest, dass die dort geleistete Identifikation der Oberflächenmerkmale *Wortlänge* und *Satzlänge* für ein Konzept der Textverständlichkeit nicht ausreiche (s. Kapitel 6.1); ihnen zufolge sollen die Merkmale *Wortlänge* und *Satzlänge* um Merkmale ergänzt werden, die aus einer Theorie der Prozesse des Textverstehens abgeleitet werden müssen, denn ein Text ist für einen bestimmten Leser bzw. eine bestimmte Leserin umso verständlicher, je reibungsloser er bzw. sie den Text verarbeiten kann, um ihn zu verstehen (Kintsch & Vipond, 1979; s. Kapitel 2.2). Aus dem zyklischen Modell der Textverarbeitung (Kintsch und van Dijk, 1978; s. Kapitel 4.2) leiteten Kintsch und Vipond die

Merkmale *Propositionsdichte, Argumentdichte, Anzahl nötiger Inferenzen, Anzahl nötiger Reinstatements* und *Anzahl nötiger Reorganisationen* ab. Während die Merkmale *Argumentdichte* und *Propositionsdichte* tatsächlich Merkmale des Textes sind, hängen die Merkmale *Anzahl nötiger Inferenzen, Anzahl nötiger Reinstatements* und *Anzahl nötiger Reorganisationen* von der Text-Leser-Interaktion ab.

Merkmale der Textverständlichkeit nach Kintsch und Vipond

Wortlänge: Dieses Merkmal haben Kintsch und Vipond (1979) aus der Lesbarkeitsforschung übernommen (Kintsch & Vipond, 1979). Die *Wortlänge* korreliert damit, wie gebräuchlich die Wörter sind, also wie häufig die im Text verwendeten Wörter in der jeweiligen Sprache vorkommen: Häufig benutzte Wörter sind in der Regel kürzer als neu in eine Sprache eingeführte sowie ungebräuchliche Wörter. Ein Text gilt diesem Merkmal zufolge also als einfacher, je kürzer seine Wörter sind.

Satzlänge: Dieses Merkmal haben Kintsch und Vipond ebenfalls aus der Lesbarkeitsforschung übernommen. Die *Satzlänge* gibt die durchschnittliche Zahl der Wörter pro Satz an. Ein Text wird demnach als einfacher betrachtet, je weniger Wörter die Sätze enthalten.

Propositionsdichte: Die *Propositionsdichte* gibt an, wie viele Propositionen ein Text je Wort enthält (Kintsch und Vipond, 1979). Kintsch und Vipond nahmen dieses Merkmal aufgrund der Studie von Kintsch und Keenan (1973, zitiert nach Kintsch & Vipond, 1979) auf. Kintsch und Keenan (1973, zitiert nach Kintsch & Vipond, 1979) haben untersucht, wie lange Menschen brauchen, um einen Satz zu verstehen und hatten dabei die Zahl der Propositionen in den Sätzen manipuliert, während sie die Anzahl der Wörter konstant hielten. Es zeigte sich, dass Menschen – wenn die Zahl der Wörter gleich bleibt – pro zusätzlicher Proposition im Mittel etwa 1,5 Sekunden länger brauchen, um die Sätze zu verstehen. Je geringer die *Propositionsdichte*, desto verständlicher ist demnach der Text. Die Studie von Kintsch und Keenan (1973, zitiert nach Kintsch & Vipond, 1979) scheint allerdings nicht repliziert worden zu sein.

Argumentdichte: Die *Argumentdichte* gibt an, wie viele verschiedene Argumente ein Text enthält (Kintsch & Vipond, 1979). Kintsch und Vipond nahmen dieses Merkmal in ihr Konzept der Textverständlichkeit aufgrund der Studie von Kintsch, Kozminsky, Streby, McKoon & Keenan (1975, zitiert nach Kintsch & Vipond, 1979) auf. Sie generierten Texte, die hinsichtlich der Zahl der Wörter und der Anzahl der Propositionen identisch waren, sich aber hinsichtlich der Zahl der verschiedenen im Text verwandten Argumente unterschieden. Es zeigte sich, dass die Versuchspersonen die Texte länger lasen, in denen mehr verschiedene Argumente vorkamen. Je weniger verschiedene Konzepte in einem Text behandelt werden, desto geringer ist also die *Argumentdichte* und desto verständlicher der Text (s. a. Kintsch et al., 1975, zitiert nach Kintsch & Vipond, 1979). Die Studie von Kintsch, Kozminsky, Streby, McKoon und Keenan (1975, zitiert nach Kintsch & Vipond, 1979) scheint allerdings nicht repliziert worden zu sein.

Anzahl nötiger Inferenzen: Die *Anzahl nötiger Inferenzen* gibt an, wie viele Inferenzen Lesende selbst ziehen müssen, um zu einer kohärenten Textbasis zu kommen. Kintsch und Vipond (1979) zufolge sind umso weniger Inferenzen nötig, je vollständiger die Textbasis ist bzw. je mehr Vorwissen eine Person zum Thema eines Textes hat. Je weniger Inferenzen ein Leser bzw. eine Leserin selbst ziehen muss, desto verständlicher ist der Text (Kintsch, 1979).

Anzahl nötiger Reinstatements: Die *Anzahl nötiger Reinstatements* gibt an, wie oft ein Leser bzw. eine Leserin im Text oder in seinem bzw. ihrem Langzeitgedächtnis nach Informationen suchen muss, die früher im Text standen, um eine spätere Textstelle zu verstehen. Kintsch und Vipond (1979) schreiben, dass umso weniger Reinstatements nötig sind, je größer das Kurzzeitgedächtnis des Lesers bzw. der Leserin ist. Je weniger Reinstatements nötig sind, desto verständlicher wiederum ist der Text (Kintsch & Vipond, 1979).

Anzahl nötiger Reorganisationen: Im Konzept von Kintsch und Vipond (1979) gibt die *Anzahl nötiger Reorganisationen* an, wie oft eine Leserin bzw. ein Leser während des Lesens das im Arbeitsgedächtnis repräsentierte propositionale Netzwerk reorganisieren muss, um neu aufgenommene Propositionen integrieren zu können. Kintsch und Vipond (1979; s. Kapitel 4.2) schreiben, dass umso weniger Reorganisationen nötig sind, je größer das Kurzzeitgedächtnis des Lesers bzw. der Leserin ist. Je weniger Reorganisationen nötig sind, desto verständlicher wiederum ist der Text.

Empirische Befunde zum Verständlichkeitskonzept von Kintsch und Vipond

Kintsch und Vipond (1979) unternahmen zwei Tests ihres Konzepts der Textverständlichkeit. Zunächst haben sie vier kurze Texte mit jeweils 150, 150, 83 und 96 Wörtern miteinander verglichen: Sie berechneten für jeden Text den entsprechenden Reading-Ease-Wert. Dann übersetzten sie die Texte in Propositionslisten, berechneten die *Propositions-* und die *Argumentdichte* und simulierten schließlich, wie Personen mit unterschiedlich großem Kurzzeitgedächtnis und unterschiedlicher Aufnahmekapazität die Texte verarbeiten würden. Dabei zählten sie aus, wie viele Inferenzen, wie viele Reinstatements und wie viele Reorganisationen die Personen vornehmen müssten. Weiterhin zogen Kintsch und Vipond Daten zu folgenden abhängigen Variablen als Maße für das Textverstehen heran: die Lesezeit; Leistungen in Cloze-Tests; die Zahl der Regressionen, Fixationen und Sakkaden der Blickbewegungen und die Schnelligkeit, mit der die Versuchspersonen die Texte abtippen konnten. Die Zahl der Probanden ist nicht angegeben. Kintsch und Vipond (1979) brachten die vier Texte aufgrund dieser empirischen Daten in eine Rangreihe. Es zeigte sich, dass diese Rangreihe durch die Variablen *Argumentdichte, Propositionsdichte, Anzahl nötiger Reinstatements* und *Anzahl nötiger Reorganisationen* vorhergesagt werden konnte. Die Reading-Ease-Werte konnten diese Rangreihe hingegen nicht vorhersagen. Weiterhin konnten Kintsch und Vipond zeigen, dass mit Hilfe ihres Konzepts differentielle Vorhersagen möglich sind. Sie konnten zeigen, dass die Verständlichkeit der Texte von der Kapazität des Kurzzeitgedächtnisses der Lesenden abhängt (Kintsch & Vipond, 1979). Dazu simulierten sie den Textverstehensprozess für Lesende mit unterschiedlich großem Kurzzeitgedächtnis. Wie erwartet zeigte sich, dass die *Zahl der Reinstatements* und *Zahl der Reorganisationen* von der Größe des Kurzzeitgedächtnisses abhängt. Darüber hinaus hatte sich aber auch gezeigt, dass ein Text für Lesende mit einem großen Kurzzeitgedächtnis der Leichteste der Texte und für Lesende mit einem kleinen Kurzzeitgedächtnis der Schwerste der Texte sein kann (Kintsch & Vipond, 1979). Eine empirische Prüfung dieser differentiellen Vorhersagen über diese Simulationen hinaus hat allerdings nicht stattgefunden.

In einer zweiten Erprobung ihres Konzepts der Textverständlichkeit verglichen Kintsch und Vipond (1979) jeweils eine Rede der amerikanischen Präsidentschaftskandidaten Eisenhower und Stevenson aus dem Wahlkampf von 1952. Die Studie von Siegel und Siegel (1953, zitiert nach Kintsch & Vipond, 1979) hatte gezeigt, dass die Reden der Präsidentschaftskandidaten etwa die gleichen Reading-Ease-Werte erzielten. Dennoch galten die Reden von Stevenson als weniger verständlich (Kintsch & Vipond, 1979). Kintsch und Vipond (1979) wandten eine vereinfachte Form ihres Verfahrens auf jeweils eine Rede der beiden Kandidaten an, um die Nützlichkeit des Verfahrens zu veranschaulichen. Die beiden Reden wurden von nicht näher beschriebenen Raterinnen und Ratern in thematische Abschnitte zerteilt. Die Raterinnen und Rater sollten die Themen der Blöcke benennen. Aus den genannten Themen generierten Kintsch und Vipond dann Propositionen. Sie sollten die Makrostruktur, also die zentralen Inhalte der Texte widerspiegeln. Kintsch und Vipond wandten anschließend die oben beschriebene Simulation des Verstehensprozesses auf diese Makropropositionen an. Es zeigte sich, dass Eisenhowers Rede weniger Inferenzen, weniger Reinstatements und weniger Reorganisationen erforderte (Kintsch und Vipond, 1979). Die Autoren werten dies als weiteren Beleg für die Überlegenheit ihres Vorgehens gegenüber einfachen Lesbarkeitsformeln und für die Notwendigkeit der Berücksichtigung kognitiver Prozesse bei der Bewertung der Textverständlichkeit.

Kintsch hat 1979 aufgrund der Untersuchung von 10 Texten, die aus jeweils circa 80 Wörtern bestanden, und 120 Leserinnen und Lesern vorgelegt wurden eine Regressionsgleichung veröffentlicht, die entsprechende Merkmale hinsichtlich der Textverständlichkeit gewichtet:

Reading Difficulty = *2.83* + *.48 * Zahl nötiger Reinstatements*
       − *.69 * Worthäufigkeit*
       + *.51 * Propositionsdichte*
       + *.23 * Zahl nötiger Inferenzen*
       + *.21 * Zahl nötiger Verarbeitungszyklen*
       − *.10 * Zahl verschiedener Argumente*

Mit Hilfe dieser Formel korrelierten die Ergebnisse dieser Formel mit $R = .97$ mit der Zahl der korrekt reproduzierten Propositionen geteilt durch die Lesezeit (Kintsch, 1979). Die Vorhersagekraft der Formel wurde allerdings nicht anhand eines anderen Datensatzes kreuzvalidiert.

Kritik am Verständlichkeitskonzept von Kintsch und Vipond
Kintsch und Vipond (1979) betonen die Vorläufigkeit ihres Modells und dass das von ihnen erarbeitete Konzept vermutlich noch nicht alle relevanten Merkmale der Textverständlichkeit umfasst. Sie betonen, dass das Modell noch keine Annahmen zur Bildung von Makropropositionen enthält. Die Arbeit von Kintsch und Vipond (1979) hebt sich allerdings in mehrerer Hinsicht von den anderen Arbeiten ab. Das Konzept behandelt Textverständlichkeit nicht als ein Merkmal des Textes, sondern als ein Merkmal der Text-Leser-Interaktion. Ihrem Konzept zufolge kann ein Text für verschiedene Lesende unterschiedlich verständlich sein. Die Autoren berufen sich bei der Entwicklung und Rechtfertigung ihres Konzepts explizit auf eine Theorie der Prozesse des Textverstehens (Ballstaedt et al., 1981). Zudem sind sie kummulativ vorgegangen, das heißt im Gegensatz zu anderen Forschenden haben Kintsch und Vipond nicht einfach ein neues Konzept erstellt, sondern an früheren Forschungsarbeiten angeknüpft, sie kritisiert und entsprechend erweitert.

Da auch die aktuellen Theorien zum Textverstehen eine propositionale Repräsentation der Textinhalte annehmen, sind die Merkmale *Argument-* und

Propositionsdichte weiterhin in der Form aktuell, wie Kintsch und Vipond sie konzeptualisiert haben. Aus heutiger Sicht ist das Konzept von Kintsch und Vipond in mehreren Hinsichten überholt: Da es auf dem zyklischen Modell der Textverarbeitung von Kintsch und van Dijk (1978) beruht, macht es keine Angaben zur Bildung mentaler Modelle. Da das Modell annimmt, dass Inferenzen nur vollzogen werden, wenn Kohärenzlücken auftreten, unterschätzt es die Zahl unpassender Inferenzen und die Zahl der daraus folgenden Reorganisationen. Vor dem Hintergrund des Konstruktions-Integrations-Modells kann aber angenommen werden, dass Reorganisationen auch dann nötig werden, wenn in der Konstruktions-Phase Vorstellungen assoziiert werden, die nicht zum weiteren Verlauf des Textes passen (vgl. Kapitel 4.3).

Vor dem Hintergrund des Konstruktions-Integrations-Modells kann z.b. das Merkmal der *Anzahl nötiger Inferenzen* eine erweiterte Bedeutung erfahren: Aus dem Konstruktions-Integrations-Modell folgt, dass viele Inferenzen automatisch vollzogen werden und daher keinen Aufwand verursachen. Manche Kohärenzlücken oder Widersprüche können allerdings nicht automatisch geschlossen bzw. gelöst werden und bedürfen größerer, bewusster Anstrengungen. Je häufiger solche bewussten Inferenzen nötig werden und je mehr Aufwand sie erfordern, umso größer ist der Aufwand zur Inferenzbildung insgesamt und umso geringer auch die Verständlichkeit. So lässt sich das Konzept zur Textverständlichkeit von Kintsch und Vipond vor dem Hintergrund neuerer Forschung neu interpretieren. Einigen Forscherinnen und Forscher, wie Gagné und Bell, schien die Fokussierung auf kognitive Prozesse zur Beschreibung der Textverständlichkeit für praktische Zwecke allerdings zu umständlich. Gagné und Bell entwickelten daher ein Konzept der Textverständlichkeit, das sich auf jene Merkmale der Texte fokussierte, die durch Theorien und empirische Ergebnisse gerechtfertigt werden.

6.5 Das Verständlichkeitskonzept von Gagné und Bell

Entwicklung des Verständlichkeitskonzepts von Gagné und Bell

Gagné und Bell (1981) betonen die Bedeutung von Konzepten der Textverständlichkeit, um Lehrenden bei der Auswahl von Texten und Autorinnen und Autoren beim Abfassen von Texten zu helfen. Sie stellen aber auch fest, dass es zum Zeitpunkt ihrer Veröffentlichung kein Konzept und kein Instrument gab, das zugleich durch eine Theorie der Prozesse des Textverstehens fundiert ist und mit dessen Hilfe die Verständlichkeit von Texten ökonomisch ermittelt werden kann.

Aus dem zyklischen Modell des Textverstehens von Kintsch und van Dijk (1978) und dem Modell der kognitiven Prozesse beim Lesen von Just und Carpenter (1980, zitiert nach Gagné und Bell, 1981) sowie eigenen Überlegungen leiteten Gagné und Bell ein eigenes Modell der Prozesse des Textverstehens ab (Gagné und Bell, 1981). Zudem haben sie die Literatur nach Merkmalen durchgesehen, die nachweislich Einfluss nehmen auf die Prozesse des Textverstehens oder die Repräsentation der Texte (Gagné und Bell, 1981). Aus den Ergebnissen dieser Recherche leiteten die Autoren 15 Merkmale ab, die einen Text verständlich machen. Diese 15 Merkmale fassten sie wiederum zu Dimensionen zusammen, je nachdem auf welche Repräsentation des Textes die Textmerkmale Einfluss nehmen: *Mikropropositionen, integrierte Propositionen, Makropropositionen* sowie *Stärkung und Elaboration*. Als *Mikropropositionen* bezeichnen die Autoren die einzelnen Propositionen, so wie sie im Text vorkamen (Gagné & Bell, 1981); als *integrierte Propositionen* bezeichnen sie Propositionen, die *Mikropropositionen* zueinander in Beziehung setzen (z.B. durch zeitliche Bezüge, Kausalität, Gegensätze oder Beispiele; Gagné & Bell, 1981); als *Makropropositionen* bezeichnen die Autoren Propositionen, die die zentralen Inhalte eines Textes oder eines Textabschnittes wiedergeben (Gagné & Bell, 1981); als *Stärkung und Elaboration* bezeichnen sie das Hervorheben bestimmter Textteile, die als besonders relevant bewertet werden, das Herstellen von Zusammenhängen zwischen verschiedenen Textteilen, das Nutzen des Wissens für die Anwendung von Handlungswissen sowie das Verknüpfen der Textinhalte mit dem Vorwissen (Gagné & Bell, 1981). Innerhalb der vier Dimensionen haben Gagné und Bell die Merkmale noch einmal zu Subdimensionen zusammengefasst. Sie schreiben außerdem, dass manche Merkmale zum Teil auch anderen Dimensionen zugeordnet werden könnten (Gagné und Bell, 1981). Im Folgenden werden die vier Dimensionen und ihre Merkmale des Konzepts vorgestellt.

Mikropropositionen

Die Dimension *Mikropropositionen* gibt an, wie leicht es Lesenden fällt, aufgrund des Textes eine propositionale Repräsentation des Textes zu bilden, also wie leicht sie den Wörtern des Textes Bedeutung zuordnen können und wie leicht sie die Syntax der Sätze dekodieren können. Die Dimension *Mikropropositionen* besteht aus vier Merkmalen (Gagné & Bell, 1981):

Wortbekanntheit: Dieses Merkmal gibt an, wie geläufig die Wörter des Textes im Durchschnitt sind. Je häufiger die Wörter in der jeweiligen Sprache vorkommen, desto verständlicher ist der Text.

Satzkomplexität: Dieses Merkmal gibt an, wie viele Halbsätze die Sätze im Durchschnitt haben. Die Halbsätze werden dabei als Träger von Propositionen definiert. Je weniger Halbsätze die Sätze eines Textes enthalten, desto verständlicher der Text. Die Bedeutung dieses Merkmals wurde aus den Arbeiten von Clark und Clark (1977, zitiert nach Gagné & Bell, 1981) abgeleitet.

Halbsatzkomplexität: Die *Halbsatzkomplexität* gibt an, wie viele Buchstaben, Ziffern oder Satzzeichen eine im Text ausgedrückte Proposition im Durchschnitt umfasst. Ein Text ist demnach umso verständlicher, je weniger Zeichen die Halbsätze haben bzw. je weniger Zeichen eine Proposition enthält.

Lexikalische Mehrdeutigkeiten: Das Merkmal *lexikalische Mehrdeutigkeit* gibt an, wie viele Wörter der Text enthält, deren Bedeutung aus dem bis dahin gelesenen nicht eindeutig bestimmt werden kann. Gagné und Bell (1981) haben dieses Merkmal aus den Arbeiten von Bever (1970, zitiert nach Gagné & Bell, 1981) und Kimball (1973, zitiert nach Gagné & Bell, 1981) abgeleitet, bezeichnen die Beschreibung des Merkmals aber selbst als vage. Je eindeutiger die Bedeutung der Wörter aus dem vorherigen Text bestimmt werden können, desto verständlicher der Text.

Integrierte Propositionen

Die Dimension *integrierte Propositionen* gibt an, wie leicht es Lesenden fällt, *Mikropropositionen* zueinander in Beziehung zu setzen (Gagné und Bell, 1981); sie besteht aus vier Merkmalen:

Mehrdeutigkeit der Referenzen und Themen: Dieses Merkmal gibt an, wie oft im Text der Referent eines Fürworts nicht auf den ersten Blick eindeutig bestimmt werden kann bzw. wie oft unklar ist, welchen Gegenstand ein Begriff genau bezeichnet (Gagné & Bell. 1981). Die Autoren haben die Bedeutung dieses Merkmals aus den Arbeiten von Clark und Clark (1977, zitiert nach Gagné & Bell, 1981) abgeleitet. Ein Text ist also umso verständlicher, je weniger Fürwörter er enthält, je klarer die Referenten sind, auf die sich die verwendeten Fürwörter beziehen und je eindeutiger die Bedeutung der Wörter ermittelt werden kann (Gagné & Bell, 1981).

Konsistenz der Bezeichnungen: Die *Konsistenz der Bezeichnungen* gibt an, wie oft ein Gegenstand im Durchschnitt mit dem gleichen Wort bezeichnet wird. Je seltener Wörter durch Synonyme und Umschreibungen ersetzt werden, desto verständlicher ist ein Text demnach (Gagné & Bell, 1981).

Distanz der Referenzen: Dieses Merkmal gibt an, wie viele Halbsätze im Durchschnitt zwischen einem Fürwort und seinem Referenten stehen. Die Autoren haben dieses Merkmal aus Anderson (1980, zitiert nach Gagné und Bell, 1981) abgeleitet. Je geringer die so gemessene Distanz im Durchschnitt, desto verständlicher der Text (Gagné & Bell, 1981).

Reinstatement-Searches: Das Merkmal *Reinstatement-Searches* gibt an, wie viele Reinstatements die Lesenden pro Absatz im Durchschnitt durchführen müssen. Gagné und Bell ermitteln die *Anzahl der Reinstatements* nach dem gleichen Verfahren wie Kintsch & Vipond (1979; s. Kapitel 6.4). Die Bedeutung dieses Merkmals leiten Gagné und Bell aus Kintsch (1979) ab. Je mehr Reinstatements die Lesenden durchführen müssen, desto unverständlicher ist der Text für sie (Gagné & Bell, 1981).

Makropropositionen
Die Dimension *Makropropositionen* gibt an, wie leicht es den Lesenden fällt, die zentralen Inhalte aus einem Text zu ermitteln (Gagné und Bell, 1981; s. Kapitel 3.1, 4.2 und 4.3); die Dimension besteht aus zwei Merkmalen:

Zusammenfassende Fragen: Dieses Merkmal gibt an, wie viele Fragen am Anfang des Textes gestellt werden, die mit Hilfe der zentralen Aussagen des weiteren Textes beantwortet werden können. Gagné und Bell (1981) leiten die Bedeutung dieses Merkmals aus der Arbeit von Rickards (1976, zitiert nach Gagné & Bell, 1981) ab. Je mehr solcher Fragen ein Text enthält, desto verständlicher ist er demnach.

Signaling: Aus den Arbeiten von Meyer, Brandt und Bluth (1980, zitiert nach Gagné & Bell, 1981) und Meyer (1975, zitiert nach Gagné & Bell, 1981) leiteten die Autoren das Merkmal *signaling* ab. Es gibt an, wie oft der Text den Lesenden Hinweise für das Bilden von Makropropisitionen gibt. Solche Hinweise bestehen darin, dass die zentralen Inhalte des Textes explizit benannt werden, dass durch Überschriften oder bestimmte Phrasen auf die *Makropropositionen* hingewiesen wird oder dass im Text Fragen gestellt werden, die durch die *Makropropositionen* beantwortet werden können (Gagné und Bell, 1981).

Stärkung und Elaboration
Die Dimension *Stärkung und Elaboration* schließlich gibt an, inwiefern ein Text Lesende dazu animiert, die Repräsentation bestimmter Inhalte z.B. durch erneuten Bezug oder Wiederholung zu stärken und inwiefern er die Lesenden dazu anregt, die Inhalte des Textes zu elaborieren und Inhalte aus verschiede-

nen Textteilen miteinander oder die Inhalte des Textes mit dem Vorwissen zu verknüpfen (Gagné und Bell, 1981); diese Dimension besteht aus fünf Merkmalen:

Behaltensfragen und Behaltensziele: Dieses Merkmal gibt an, wie viele Fragen der Text enthält, die mit den Inhalten des Textes direkt beantwortet werden können und wie viele Lernziele der Text explizit angibt, die mit Hilfe des Textes beantwortet werden können. Gagné und Bell (1981) haben dieses Merkmal aus den Arbeiten von Rothkopf (1966, zitiert nach Gagné & Bell, 1981) sowie Duchastel und Brown (1974, zitiert nach Gagné & Bell, 1981) abgeleitet. Je mehr *Behaltensfragen und Behaltensziele* ein Text enthält, desto verständlicher ist er Gagné und Bell zufolge (1981).

Advance Organizer und Analogien: Dieses Merkmal gibt an, wie viele *Advance Organizer und Analogien* der Text enthält. Gagné und Bell (1981) definieren Advance Organizer dabei als verbale oder visuelle Informationen, die zu Beginn eines Textes gegeben werden, die keine der späteren Informationen selbst enthalten, die die spätere Verarbeitung aber beeinflussen, indem sie Zusammenhänge in Analogien vorwegnehmen (Meyer, 1975, 1979, zitiert nach Gagné & Bell, 1981). Als Analogie definieren die Autoren Informationen, in denen neue Zusammenhänge durch Zuordnungen zu bekannten Zusammenhänge erklärt werden (Royer und Cable, 1976, zitiert nach Gagné & Bell, 1981; s. a. Schnotz, 1994): „[analogies] can be represented in the form A:B as C:D" (Gagné & Bell, 1981, S. 96). Je mehr *Advance Organizer und Analogien* ein Text enthält, desto verständlicher ist er Gagné und Bell zufolge (1981).

Anwendungsfragen: Aus der Arbeit von Watts und Anderson (1971, zitiert nach Gagné & Bell, 1981) leiten die Autoren das Merkmal *Anwendungsfragen* ab. Es gibt an, wie viele Fragen der Text enthält, zu deren Beantwortung die Inhalte des Textes auf neue Situationen angewandt werden müssen, aber nicht auch unbedingt im Text beantwortet werden. Gagné und Bell (1981) zufolge ist ein Text umso verständlicher, je mehr solcher Fragen er enthält, die dazu anregen sollen, die Inhalte des Textes auf konkrete Fälle anzuwenden.

Inhaltsreiche Textstruktur: Aus der Arbeit von Meyer (1975, zitiert nach Gagné & Bell, 1981) haben Gagné und Bell (1981) das Merkmal *inhaltsreiche Textstruktur* abgeleitet. Es gibt an, inwiefern die Struktur des Textes bzw. die Struktur seiner Kapitel mehr als einer Auflistung entspricht. Texte, die strukturell eher Auflistungen entsprechen, haben in der Regel eine weniger stark verknüpfte, also weniger kohärente Textbasis als Texte mit anderen Strukturen. Gagné und Bell (1981) zufolge bieten Texte mit einer listenartigen Struktur weniger Möglichkeiten zur Elaboration und sind daher weniger verständlich.

Integrative Fragen: Dieses Merkmal schließlich gibt an, wie viele Fragen der Text enthält, zu deren Beantwortung die Lesenden Inferenzen zwischen verschiedenen Teilen des Textes herstellen müssen; das Merkmal wurde aus den Arbeiten von Rickards (1976, zitiert nach Gagné & Bell, 1981) sowie Frase (1973, zitiert nach Gagné & Bell, 1981) abgeleitet. Je mehr solcher *integrativer Fragen* ein Text enthält, desto verständlicher ist er den Autoren zufolge.

Empirische Befunde zum Verständlichkeitskonzept von Gagné und Bell
Gagné und Bell (1981) wandten ihr Konzept und ihr Instrument auf drei Lehrbücher der Pädagogischen Psychologie an, um zu zeigen, dass das Verfahren anwendbar ist und dass hinsichtlich aller Merkmale – außer dem Merkmal *integrative Fragen* – Varianz besteht. Die Autoren machen Vorschläge, wie das Konzept anhand verschiedener abhängiger Variablen erprobt werden könnte; eine empirische Prüfung des Konzepts hat aber nicht stattgefunden.

Kritik am Verständlichkeitskonzept von Gagné und Bell
Das Konzept von Gagné und Bell stellt einen Fortschritt gegenüber der Lesbarkeitsforschung und den Arbeiten von Groeben sowie Langer et al. dar, weil es auf einer Theorie der Prozesse des Textverstehens basiert. Durch die theoretische Fundierung ist es auch das erste Konzept, das klare Angaben dazu macht, was Lesenden den Aufbau der Makropropositionen, Elaborationen und damit die Anwendung der Textinhalte auf andere Situationen erleichtert. Hinsichtlich der Definition von Textverständlichkeit bleibt das Modell aber auch hinter dem Forschungsstand zurück. Gagné und Bell (1981) schreiben, dass ihr Modell Textverstehen als Merkmal der Interaktion von Text und Lesenden ansieht, weil es die Verständlichkeit von Texten daran bewertet, welche Verarbeitungsprozesse der Text bei den Lesenden anleitet. Tatsächlich behandeln sie Textverständlichkeit aber als ein Merkmal der Texte. Zwar leiten sie die Merkmale der Textverständlichkeit aus einer Theorie der Prozesse des Textverstehens ab, geben aber an keiner Stelle darüber Auskunft, inwiefern die Ausprägungen der 15 von ihnen aufgeführten Merkmale der Textverständlichkeit auch von Merkmalen der Lesenden abhängen. Sie bewerten die Textverständlichkeit anhand eines Ideallesers bzw. einer Idealleserin. Merkmale, hinsichtlich derer sich die Lesenden typischerweise unterscheiden (wie z.B. Wortschatz, Lesekompetenz, Größe des Arbeitsgedächtnisses oder thematisches Vorwissen) spielen in ihrem Konzept keine Rolle.

Die Autoren benennen Merkmale, die sich in der Forschung als wesentlich für das Textverstehen erwiesen haben, listen diese auf und gehen dann davon aus, eine hohe Ausprägung hinsichtlich dieser Merkmale helfe auch viel. Das scheint aber unwahrscheinlich. Ein Text, der mit 20 Fragen beginnt, welche mit Hilfe der Makropropositionen des folgenden Textes beantwortet werden können, wäre dem Modell zufolge z.b. ein sehr verständlicher Text. Tatsächlich ist es aber wahrscheinlicher, dass eine solche Fülle an abstrakten Fragen die Lesenden erst einmal verwirren und beim Aufbau der Makropropositionen behindern würde. Gleiches gilt für einen Text mit vielen zusammenfassenden Fragen, vielen Behaltenszielen usw.

Da nur die einzelnen Merkmale, nicht aber das Konzept insgesamt empirisch untersucht wurde, ist unklar, welche Merkmale besonders wichtig sind, welche zueinander womöglich im Widerspruch stehen und welche vielleicht gegeneinander austauschbar sind. Insgesamt ist die theoretische Fundierung, der Einbezug von Makropropositionen und der Einbezug von Elaborationen positiv zu bewerten; die mangelnde empirische Prüfung und die Fokussierung auf Textmerkmale ohne Bezug auf die Voraussetzungen der Lesenden sind allerdings kritisch zu bewerten.

6.6 Das Verständlichkeitskonzept der Gruppe um Graesser und McNamara

Die interdisziplinäre Forschergruppe um Graesser und McNamara betont die Bedeutung der Merkmale von Texten für die Wissensvermittlung, für die Zuordnung von Texten zu Lernenden und für die Forschung zu den Prozessen des Textverstehens (Graesser, McNamara & Kulikowich, 2011; McNamara et al., 2012). Die Autorinnen und Autoren betonen aber auch, dass vor allem Lesbarkeitsformeln aufgrund ihrer mangelnden theoretischen Fundierung und der Vernachlässigung von Merkmalen der Tiefenstruktur von Texten für viele praktische Zwecke unzureichend sind (McNamara et al., 2012). Sie haben daher ein eigenes Konzept der Textverständlichkeit und ein Instrument zur Bewertung von Texten entwickelt (s. Kapitel 7.9).

Theoretische Fundierung des Verständlichkeitskonzepts der Gruppe um Graesser und McNamara

Graesser und McNamara (2009, zit. n. Graesser et al., 2011) haben ein Modell des Textverstehens entwickelt, das auf dem Konstruktions-Integrations-Modell von Kintsch (1988, 1998) und anderen Theorien des Textverstehens basiert. Das Modell unterscheidet sechs Ebenen des Textverstehens, und zwar (1) *Wör-*

ter, (2) *Syntax*, (3) *explizite Textbasis*, (4) *Situationsmodell*, (5) *Repräsentation des Textgenres und der rhetorischen Strukturen* sowie (6) *Repräsentation der Kommunikationssituation* (McNamara et a., 2012). Die Forschergruppe um Graesser und McNamara benennt zudem Merkmale von Texten, deren Bedeutung für das Textverstehen jeweils durch Theorien des Textverstehens begründet und empirisch belegt ist. Im Folgenden werden die Ebenen des Textverstehens und die Merkmale der Texte, die für diese Ebenen jeweils besondere Bedeutung haben, kurz vorgestellt.

Die *Ebene der Wörter* umfasst die Zuordnung von Bedeutung zu den Wörtern des Textes. Ein Text ist vor allem dann verständlich, wenn die Wörter den Lesenden bekannt sind, wenn sie konkret sind und bildhafte Vorstellungen bei den Lesenden hervorrufen. Diese Merkmale werden häufiger von Wörtern erfüllt, die oft in der jeweiligen Sprache vorkommen, die früh in der Sprachentwicklung erlernt werden und die mehrere Bedeutungen haben, da geläufige Wörter in der Regel auch mehr Bedeutungen haben (Graesser et al., 2011; McNamara et al., 2012).

Die *Ebene der Syntax* umfasst die Dekodierung der Syntax der Sätze eines Textes. Ein Text ist den Autorinnen und Autoren zufolge vor allem dann verständlich, wenn seine Sätze nur wenige Nominalphrasen, Genitivkonstruktionen, Adjektive, Relativsätze, Passiv und logische Verknüpfungen wie „und", „oder" oder „nicht" enthalten, wenn das Verb des Hauptsatzes früh im Satz steht und wenn die Sätze eines Textes jeweils einem ähnlichen Satzbau folgen. Diese Merkmale werden von kurzen Sätzen eher erfüllt als von langen Sätzen (Graesser et al., 2011; McNamara et al., 2012).

Die dritte Ebene umfasst die *explizite Textbasis*, also eine möglichst widerspruchsfreie und lückenlose Repräsentation des Inhalts des Textes. Diese Ebene entspricht der Ebene der propositionalen Repräsentation im integrierten Modell des Text- und Bildverstehens von Schnotz (2003, 2005; s. Kapitel 4.1). Ein Text ist insbesondere dann verständlich, wenn er lokal und global kohärent ist (s. Kapitel 5.2). Diese Merkmale werden vor allem von solchen Texten erfüllt, in denen immer wieder die gleichen Hauptwörter vorkommen, da sie im Text dann in der Regel auch besonders oft untereinander verknüpft werden. Wenn jedes Hauptwort nur einmal im Text vorkommt, dann sind die bezeichneten Gegenstände in der Regel auch nur zu wenigen anderen Gegenständen ausdrücklich in Beziehung gesetzt worden (Graesser et al., 2011; McNamara et al., 2012).

Die *Ebene des Situationsmodells* entspricht der Ebene des mentalen Modells im integrierten Modell des Text- und Bildverstehens von Schnotz (2003, 2005; s. Kapitel 4.1). Wie Zwaan und Radvansky (1998, zit. n. Graesser et al., 2011) unterscheiden die Autorinnen und Autoren fünf Dimensionen, die auf mentale Modelle anwendbar sind: Zeit, Raum, Protagonisten, Kausalität und Intentionalität. Ein Text ist vor allem dann verständlich, wenn die zeitlichen, räumlichen, kausalen und intentionalen Zusammenhänge und die Beziehungen der Protagonisten bereits an der Textoberfläche zum Ausdruck kommen. Ein Text, der kausale Zusammenhänge zum Ausdruck bringen soll, ist demzufolge z.b. dann verständlich, wenn die kausalen Beziehungen durch Formulierungen wie „weil", „deshalb" „in Folge dessen" usw. explizit im Text ausgedrückt werden. Ein Text, der zeitliche Zusammenhänge darstellen soll, ist demnach z.b. dann verständlich, wenn zeitliche Zusammenhänge durch Formulierungen wie „vorher", „nachher", „nachdem", „bevor" usw. zum Ausdruck gebracht werden. Texte, bei denen die Verben überwiegend im gleichen Tempus stehen, führen ebenfalls eher zu einem angemessenen Situationsmodell (Graesser et al., 2011; McNamara et al., 2012).

Auf der *Ebene der Repräsentation des Textgenres und der rhetorischen Strukturen* repräsentieren die Lesenden, welchem Genre sie den Text zuordnen sowie ihre Erwartungen über die Struktur des Textes. Diese Ebene entspricht der des Textgenres im integrierten Modell des Text- und Bildverstehens von Schnotz (2003, 2005; s. Kapitel 4.1). Dabei werden Texte in der Regel bestimmten Kategorien wie z.B. „Sachtext" oder „Fiktion" zugeordnet. Je nach Genre bauen die Lesenden andere Erwartungen über den Inhalt und die Reihenfolge der Informationen im Text auf. Graesser et al. (2011) zufolge kann man das Genre von Texten auch als eine kontinuierliche Dimension auffassen, die die *Narrativität* eines Textes zum Ausdruck bringt, die angibt, inwiefern ein Text eine Geschichte erzählt, einen Ablauf darstellt oder über eine Reihe von Handlungen und Erlebnissen von Lebewesen berichtet (s. a. McNamara et al., 2012). Je narrativer ein Text ist, desto verständlicher ist er den Autorinnen und Autoren zufolge.

Die *Ebene der Repräsentation der Kommunikationssituation* entspricht der Ebene der Repräsentation der Textkommunikation im integrierten Modell des Text- und Bildverstehens von Schnotz (2003, 2005; s. Kapitel 4.1). Graesser et al. (2011) und McNamara et al. (2012) zufolge wird diese Ebene kaum von Textmerkmalen beeinflusst. Diese Ebene wird von den Autorinnen und Autoren daher nicht weiter berücksichtigt.

Empirische Entwicklung des Verständlichkeitskonzepts der Gruppe um Graesser und McNamara

Die Forschergruppe um Graesser und McNamara hat die Software Coh-Metrix entwickelt (s. Kapitel 7.9). Coh-Metrix benutzt Methoden und Datenbanken der Computerlinguistik, um die Merkmale zu erfassen, deren Bedeutung aus dem Rahmenmodell und der Forschung abgeleitet wurden. Je nach Softwareversion gibt Coh-Metrix zwischen 40 und 80 Indizes zur Beschreibung von Texten aus (McNamara et al., 2012). Graesser et al. (2011) haben dann 37.520 Texte hinsichtlich 53 Indizes mit Coh-Metrix bewertet. Die Ergebnisse gingen in eine Hauptkomponentenanalyse mit Varimax-Rotation ein, aus der acht Faktoren hervorgingen, die 67,3% der Varianz der Indizes erklärten. Die acht Hauptkomponenten werden interpretiert als *Narrativität* (Narrativity), *Konkretheit der Wörter* (Word Concreteness), *Syntaktische Einfachheit* (Syntactic Simplexity), *Referentielle Kohäsion* (Referential Cohesion), *Tiefenkohäsion* (Deep Cohesion), *Kohäsion der Verben* (Verb Cohesion), *Konnektivität* (Connectivity) und *Zeitliche Kohäsion* (Temporality) (Graesser et al., 2011; vgl. McNamara et al., 2012). Den Autorinnen und Autoren zufolge sind dies die acht wichtigsten Dimensionen zur Beschreibung der Verständlichkeit von Texten (McNamara et al., 2012). Jede dieser Komponenten beeinflusst die Leichtigkeit, mit der die Lesenden einen Text verstehen können. Die Autorinnen und Autoren geben für jede Komponente an, auf welche Ebene des Textverstehens sie den größten Einfluss hat. Sie betonen aber auch, dass jede dieser Komponenten auch die anderen Ebenen des Textverstehens beeinflussen kann. Im Folgenden werden die acht Komponenten vorgestellt.

Die Komponente *Konkretheit der Wörter* (word concreteness) beschreibt, wie konkret und bedeutungsvoll die im Text enthaltenen Wörter sind. Texte, die diesem Merkmal in hohem Maße entsprechen, bestehen aus Wörtern, die von den Lesenden als wenig abstrakt bewertet werden und die bei den Lesenden bildhafte Vorstellungen hervorrufen. Es handelt sich dabei um Wörter, die typischerweise früh in der Sprachentwicklung erlernt werden und die in der Regel mehrere Bedeutungen haben. Je konkreter und bedeutungsvoller die Wörter eines Textes sind, desto verständlicher ist der Text für die Lesenden (McNamara et al., 2012). Die Autorinnen und Autoren setzen diese Komponente vor allem mit der Ebene der Wörter ihres Rahmenmodells in Beziehung.

Die *syntaktische Einfachheit* (syntactic simplicity) gibt wieder, aus wie vielen Wörtern die Sätze bestehen und wie einfach und gebräuchlich die Syntax ist. Texte, die diesem Merkmal in hohem Maße entsprechen, bestehen aus Sätzen mit wenigen Wörtern, wenigen Passiv-Konstruktionen, wenigen Wörtern vor dem Verb des Hauptsatzes, mehr Präpositionen und Pronomen als Nomen, sowie Verben, die Tätigkeiten oder kausale Geschehen zum Ausdruck bringen. Die Sätze dieser Texte sind sich zudem im Hinblick auf ihre Syntax ähnlich. Texte sind umso verständlicher, je kürzer die Sätze sind, je einfacher und gebräuchlicher die Syntax der Sätze ist und je ähnlicher sich der Satzbau der verschiedenen Sätze eines Textes ist (McNamara et al., 2012). Die Autorinnen und Autoren setzen diese Komponente vor allem mit der Ebene der Syntax ihres Rahmenmodells in Beziehung.

Die Komponente *referentielle Kohäsion* (referential cohesion) gibt an, inwiefern Wörter und Ideen im Text wiederholt werden. Texte mit einer hohen referentiellen Kohäsion wiederholen immer wieder dieselben Wörter und enthalten viele Bezüge auf Vorheriges, insbesondere in aufeinanderfolgenden Sätzen. Texte mit einer hohen referentiellen Kohäsion verwenden viele Wörter, die zum selben Thema gehören und infolgedessen auch in anderen Texten häufig zusammen auftreten. Ein Text, in dem häufig die Wörter „Gitarre", „Trommel" und „Flöte" vorkommen, hat z.B. eine höhere *referentielle Kohäsion* als ein Text, in dem häufig die Wörter „Gitarre", „Trommel" und das thematisch entferntere Wort „Heizung" vorkommen (Graesser et al, 2011). Durch eine hohe *referentielle Kohäsion* ist es für die Lesenden leichter, die Informationen aus dem Text in ein stark verknüpftes, kohärentes propositionales Netzwerk zu integrieren. Je häufiger dieselben Wörter und Ideen im Text vorkommen desto verständlicher ist daher der Text. Die Autorinnen und Autoren setzen diese Komponente vor allem mit der Ebene der expliziten Textbasis in Beziehung.
Die *Kohäsion der Verben* (verb cohesion) beschreibt, inwiefern sich die Verben im Text wiederholen. Texte mit einer hohen *Kohäsion der Verben* enthalten im gesamten Text und in aufeinanderfolgenden Sätzen häufig die gleichen Verben und zudem oft Wörter und Verben mit jeweils vielen Bedeutungen. Je mehr sich die Verben wiederholen, desto verständlicher ist der Text McNamara et al. (2012) zufolge, insbesondere für junge Leserinnen und Leser. Den Autorinnen und Autoren zufolge erleichtert eine hohe *Kohäsion der Verben* den Aufbau eines mentalen Modells bzw. eines Situationsmodells zum Textinhalt (Graesser et al., 2011).

Die *Konnektivität* (connectivity) gibt an, wie viele zusätzliche, explizite adversative Konjunktionen ein Text enthält (McNamara et al., 2012). Graesser et al. (2011) nennen diese Komponente „logische Kohäsion" (logical cohesion). Ein Text mit einer hohen *Konnektivität* enthält viele additive Konjunktionen wie z.B. „weder ... noch" oder „nicht nur ... sondern auch" und viele adversative Konjunktionen wie z.B. „aber", „allerdings" oder „jedoch" (Graesser et al, 2011). Je mehr dieser Konjunktionen ein Texte enthält, desto verständlicher ist der Text McNamara et al. (2012) zufolge. Die Autorinnen und Autoren setzen diese Komponente vor allem mit der Ebene des Situationsmodells in Beziehung (Graesser et al., 2011).

Die *Tiefenkohäsion* (deep cohesion) gibt an, wie viele kausale und intentionale Verknüpfungen der Text enthält, sofern er kausale oder intentionale Zusammenhänge darstellt (McNamara et al., 2012). Graesser et al. (2011) nennen diese Komponente „kausale Kohäsion" (causal cohesion). Ein Text mit einer starken *Tiefenkohäsion* enthält viele Konjunktionen wie z.B. „und so", „aber", „denn", „obwohl", „das heißt" und insbesondere viele kausale, temporale und logische Konjunktionen wie z.B. „weil", „während" oder „wenn ... dann". Ein Text ist umso verständlicher, je mehr kausale und intentionale Verknüpfungen er enthält. Die Autorinnen und Autoren setzen diese Komponente vor allem mit der Ebene des Situationsmodells ihres Rahmenmodells in Beziehung (Graesser et al., 2011).

Die *temporale Kohäsion* (temporal cohesion) bezeichnet die Zahl der Hinweise über die zeitlichen Zusammenhänge und die Konsistenz des Tempus der Verben des Textes (Graesser et al., 2011). McNamara et al. (2012) bezeichnen diese Komponenten als „Temporalität" (temporality). In einem Text mit einer hohen *temporalen Kohäsion* stehen die meisten Verben im gleichen Tempus und der Text enthält viele temporale Konjunktionen wie „vorher", „währenddessen" oder „nachdem" (Graesser et al., 2011). McNamara et al. (2012) zufolge ist ein Text umso verständlicher, je größer die *temporale Kohäsion* ist. Die Autorinnen und Autoren setzen diese Komponente vor allem mit der Ebene des Situationsmodells in Beziehung (Graesser et al., 2011).

Die Komponente *Narrativität* (narrativity) soll wiedergeben, wie erzählerisch ein Text ist, d. h. inwiefern er Personen, Ereignisse, Orte und Gegenstände enthält, die den Lesenden vertraut sind und inwiefern er wörtliche Rede und geläufige Wörter enthält (McNamara et al., 2012). Stark narrative Texte enthalten z.B. insbesondere kurze Wörter, wenige Nomen, wenige Adjektive, viele Verben, viele Pronomen, vor allem Personalpronomen, kurze Sätze, wenige Passiv-Konstruktionen und viele intentionale Handlungen (Graesser et al., 2011). Je narrativer ein Text ist, desto verständlicher ist er McNamara et al. (2012) zufolge. Die Autorinnen und Autoren setzen diese Komponente vor allem mit der Ebene des Genres und der rhetorischen Strukturen ihres Rahmenmodells in Beziehung (Graesser et al., 2011).

Empirische Befunde zum Verständlichkeitskonzept der Gruppe um Graesser und McNamara

Graesser et al. (2011) sowie McNamara et al. (2012) berichten eine Reihe von Validitätsbelegen für die von ihnen entwickelte Software Coh-Metrix (s. Kapitel 7.9). Eine empirische Prüfung des Verständlichkeitskonzepts selber hat allerdings nicht stattgefunden.

Kritik am Verständlichkeitskonzept der Gruppe um Graesser und McNamara

Das Konzept der Textverständlichkeit der Forschergruppe um Graesser und McNamara ist ein wesentlicher Fortschritt gegenüber früheren Konzepten: Es basiert auf den aktuellen Theorien zum Textverstehen und macht detaillierte Angaben dazu, wie sich einzelne Merkmale von Texten auf das Textverstehen auswirken. Das Konzept ist theoretisch allerdings dahingehend unbefriedigend, dass es ausschließlich Textmerkmale betrachtet. Die Autorinnen und Autoren geben an, dass Ihr Konzept nur Textmerkmale behandelt, dass die Prozesse und Produkte des Textverstehens aber auch von Merkmalen der Lesenden und insbesondere dem Vorwissen abhängen. Ihre Arbeit soll vor allem helfen, verschiedenen Zielgruppen jeweils passende Texte zuzuordnen. Die Autorinnen und Autoren geben an, welche Textmerkmale durch Vorwissen kompensiert werden können. Merkmale der Text-Leser-Interaktion werden allerdings nicht gemessen und sind kein Bestandteil der Merkmale der Textverständlichkeit ihres Konzepts. Wie Gagné und Bell (1981) benennt die Forschergruppe um Graesser und McNamara Merkmale, die sich in der Forschung als wesentlich für das Textverstehen erwiesen haben, ordnen diese in ihr Rahmenmodell ein und gehen dann davon aus, dass eine hohe Ausprägung hinsichtlich dieser Merkmale auch viel helfe. Das scheint aber, wie im Konzept von Gagné und Bell (1981) diskutiert, nicht in jedem Fall wahrscheinlich (vgl. Kapitel 6.5).

Da nur die einzelnen Merkmale, nicht aber das Konzept insgesamt empirisch untersucht wurde, ist unklar, welche Merkmale besonders wichtig sind, welche zueinander womöglich im Widerspruch stehen und welche vielleicht gegeneinander austauschbar sind. Insgesamt sind die theoretische Fundierung und der große Aufwand für die Entwicklung und Erprobung des Instruments (s. Kapitel 7.9) besonders positiv zu bewerten; die mangelnde empirische Prüfung des Verständlichkeitskonzepts selber und die Fokussierung auf Textmerkmale ohne detaillierte Bezüge auf die Voraussetzungen der Lesenden sind allerdings kritisch zu bewerten.

7 Instrumente zur Messung der Textverständlichkeit

Seit den 1920er Jahren wurden zahlreiche Instrumente zur Messung von Text-verständlichkeit entwickelt. Mittlerweile stehen weit über 300 Instrumente zur Messung von Textverständlichkeit zur Verfügung, vor allem eine große Zahl an Lesbarkeitsformeln (DuBay, 2004). Die Instrumente können für viele verschie-dene Zwecke eingesetzt werden: Um Lernende auf besonders verständliche Texte aufmerksam zu machen; um Lehrenden bei der Auswahl von Texten für die Lehre zu helfen; um Texte zu Gruppen mit unterschiedlichem Leistungsni-veau zuzuordnen; um Autorinnen und Autoren Rückmeldung über die Ver-ständlichkeit ihrer Texte zu geben; um Internet-Suchmaschinen zu verbessern oder um die Textverständlichkeit als Störfaktor in empirischen Studien auszu-schließen (vgl. Benjamin, 2012; McNamara et al., 2012). Idealerweise sollten zu jedem dieser Einsatzzwecke entsprechende Validitätsbelege vorliegen (vgl. AERA et al., 2014). Dazu bedarf es einer genauen, idealerweise theoretisch fundierten Beschreibung des zu messenden Merkmals, und der Angabe, zu welchem Zweck die mit dem Instrument erhobenen Daten verwendet werden sollen (AERA et al., 2014). Bislang fehlt jedoch ein entsprechender methoden-kritischer Überblick über die Instrumente zur Messung der Textverständlich-keit. Im Folgenden werden daher die wichtigsten und typischsten Instrumente zur Messung der Textverständlichkeit besprochen und kritisch gewürdigt: Leis-tungsmaße, Lesbarkeitsformeln, Groebens Maß subjektiver Information, Exper-ten-Urteile nach Langer et al., Simulationsverfahren nach Kintsch und Vipond, Checklisten, Fragebögen und rechnergestützte Verfahren. Im Anschluss, in Kapitel 8, werden die Instrumente und die entsprechenden Validierungs-Studien vor dem Hintergrund aktueller Validitätstheorien zusammengefasst und diskutiert.

7.1 Leistungsmaße

Ballstaedt und Mandl (1988) diskutieren die Möglichkeit, die Verständlichkeit von Texten anhand von Lernleistungen zu messen. Texte wären für eine Grup-pe umso verständlicher, je besser die Leistungen der Leserinnen und Leser in einem Leistungstest nach dem Lesen der Texte sind. Als Maße für die Lernleis-tungen werden verschiedene Maße wie reproduzierte Propositionen, Behaltens-Tests, Verstehenstests, Cloze-Tests, die Zahl der Propositionen die Lesenden im Durchschnitt im Verhältnis zur Lesezeit behalten oder die Zahl der Fehler bei einer Handlungsausführung diskutiert. Verwendet man andere Maße als Cloze-Tests oder die Zahl reproduzierter Propositionen, besteht die Schwierigkeit, dass man nicht trennen kann, ob der Text oder der Test für die Befragten schwierig war (vgl. Kapitel 6.1).

Leistungsmaße können Angaben dazu liefern, welche Personen mit Hilfe des Textes bessere bzw. schlechtere Leistungen erzielen. Insofern berücksichtigen Leistungsmaße zur Messung der Textverständlichkeit die Text-Leser-Interaktion. Die Leistungen sind allerdings nur das Produkt des Lesens (vgl. Kapitel 2.1), sie geben keine Auskunft über Merkmale des Textes selbst oder Merkmale der Text-Leser-Interaktion; das Verfahren liefert daher auch keine Informationen dazu, was getan werden kann, um einen Text für eine bestimmte Zielgruppe verständlicher zu machen. Leistungsmaße können damit zeigen, dass es möglicherweise Probleme mit einem bestimmten Text gibt, es bleibt aber auch jeweils offen, ob diese durch den Text, die Lesenden, die Text-Leser-Interaktion oder die Situation begründet sind; andere Instrumente erlauben solche Rückschlüsse. Leistungsmaße scheinen daher als Instrument zur Messung der Textverständlichkeit weniger geeignet. Im besten Fall könnte man sagen, dass ein Text, der schlecht behalten wurde, auch schlecht verstanden wurde. In den meisten Fällen ist diese Angabe aber vermutlich zu wenig informativ.

7.2 Lesbarkeitsformeln

Die Lesbarkeitsformeln sind jeweils weitestgehend mit dem dahinterstehenden Konzept der Textverständlichkeit identisch: Die Lesbarkeitsformeln wurden jeweils aufgrund empirischer Daten, ohne Bezug zu Theorien des Textverstehens, konstruiert. Die Anwendung ist einfach und ökonomisch: Es werden jeweils bestimmte Merkmale der Texte, wie z.B. die *Wortlänge*, die *Satzlänge*, die Zahl der Personalpronomen, die Zahl der Nominalisierungen usw. ausgezählt und in die jeweilige Formel eingesetzt.

Empirische Befunde zu Lesbarkeitsformeln

Die meisten Lesbarkeitsformeln wie z.B. die Formel von Dickes & Steiwer (1977) wurden zur Vorhersage von Behaltenstests, nicht aber zur Vorhersage von Verstehenstests benutzt. Heydari (2012) berichtet mittlere, negative Zusammenhänge von $r = -.30$ zwischen verschiedenen Lesbarkeitsformeln wie der Reading-Ease-Formel und der Bewertung der Verständlichkeit durch Lesende. Lockman (1956, zitiert nach Kintsch und Vipond, 1979) fand jedoch entgegen der Erwartung positive Zusammenhänge zwischen den Reading-Ease-Werten und der Bewertung der Verständlichkeit durch Lesende.

Kritik an Lesbarkeitsformeln

Insgesamt haben Lesbarkeitsformeln gerade aufgrund ihrer hohen Ökonomie – vor allem wenn sie computerbasiert berechnet werden – einen heuristischen Nutzen, als Maß für die Textverständlichkeit. Es gibt allerdings keine Validitäts-Studien zur Vorhersage von Verstehen mit Hilfe z.B. der Reading-Ease-Formel und die Ergebnisse der Lesbarkeitsformeln sind in den meisten Kontexten vermutlich nur wenig informativ (vgl. Kapitel 6.1 und Kapitel 8).

7.3 Groebens subjektives Informationsmaß

Groeben (1972) setzt Verständlichkeit mit subjektiver Information bzw. Redundanz gleich (vgl. Kapitel 6.3). Ein Text, der für Lesende völlig redundant ist, ist für sie demnach auch völlig verständlich. Und redundant ist ein Text Groeben (1972) zufolge, wenn er keine inhaltlichen oder syntaktischen Informationen enthält, die dem Leser bzw. der Leserin nicht schon bekannt sind. Wenn ein Text für eine bestimmte Person keinerlei Redundanz enthält, ist er für diese Person Groeben (1972) zufolge maximal informativ.

Um zu messen wie redundant bzw. subjektiv informativ ein Text ist, schlägt Groeben (1972) ein Rate-Verfahren vor: Der Proband bzw. die Probandin soll den Text dabei Buchstabe für Buchstabe und Satzzeichen für Satzzeichen erraten. Den Ratenden wird dazu ein leeres Blatt vorgelegt. Die Ratenden haben dann im Mittel zehn Versuche, um den ersten Buchstaben bzw. das erste Satzzeichen zu erraten. Wenn sie das Gesuchte erraten haben oder die Zahl ihrer Versuche aufgebraucht haben, wird ihnen die Lösung genannt. Die Ratenden schreiben die Lösung auf das leere Blatt an die gesuchte Stelle und gehen dann dazu über, den nächsten Buchstaben bzw. das nächste Satzzeichen zu erraten. Dabei steht ihnen jeweils der vorherige Text zur Verfügung. Mit Hilfe dieses Verfahrens ermittelt man Groeben (1972) zufolge die subjektive Information bzw. Redundanz erster Ordnung eines Textes für eine bestimmte Person. Je weniger Versuche eine Person benötigt, um auf diese Art den gesamten Text zu erraten, desto weniger informativ bzw. desto redundanter ist der Text für diese Person laut Groeben (1972) und desto verständlicher sei der Text für diese Person demnach (Groeben, 1972). Da dieses Rate-Verfahren sehr aufwendig ist, schlägt Groeben (1972) noch zwei vereinfachte Vorgehen vor: Einmal haben die Ratenden nur jeweils einen Versuch, beim anderen Mal sollen sie nicht jeden einzelnen Buchstaben, sondern ganze Wörter erraten. Doch auch die vereinfachten Verfahren setzen voraus, dass eine zumindest kleinere Gruppe den Text Buchstabe für Buchstabe bzw. Satzzeichen für Satzzeichen in mehreren Versuchen erraten hat (vgl. Groeben, 1972). Pro Wort haben die Personen dabei jeweils 30 Sekunden Zeit. Groeben (1972) zufolge handelt es sich bei diesen Verfahren jeweils um Varianten des Cloze-Tests (s. a. Ballstaedt & Mandl, 1988).

Empirische Befunde zu Groebens subjektivem Informationsmaß
Die Objektivität des Verfahrens dürfte sehr hoch sein. Für den Zusammenhang zwischen seinem Instrument und den Behaltensleistungen berichtet Groeben (1972) selbst keinen Wert. Aus seinen Angaben lässt sich aber erschließen, dass er mit Hilfe der nicht-linearen Regression ca. 50% der Varianz vorhergesagen konnte. Eine Replikation der Studie durch Tergan (1983) war allerdings erfolglos.

Kritik zu Groebens subjektivem Informationsmaß
Das Instrument zur Messung der subjektiven Information bzw. der Textverständlichkeit von Groeben (1972) soll angeben, wie viel an einem Text für einen bestimmten Leser oder eine bestimmte Leserin neu ist; damit berücksichtigt das Instrument die Text-Leser-Interaktion. Die Gleichsetzung von Verständlichkeit und subjektiver Information im Sinne Groebens kann allerdings bezweifelt werden: Ein Satz wie „Auf der Reichsversammlung von 1218 ernannte Dschingis Khan seinen zweitjüngsten Sohn Ögedei zu seinem Nachfolger" z.B. dürfte für Lesende mit wenig Vorwissen nur wenige bekannte Informationen enthalten und trotzdem völlig verständlich sein.

Zuletzt ist noch anzumerken, dass das Verfahren sehr aufwendig ist. Aus den Angaben von Groeben lässt sich ableiten, dass etwa 10 bis 15 Personen zusammen circa 50 Stunden aufbringen müssen, um die Verständlichkeit einer DIN A4-Seite Text mit circa 500 Wörtern nach seinem Verfahren zu ermitteln. Die Ökonomie des Instruments ist daher äußerst gering und andere Verfahren zur Messung der Textverständlichkeit scheinen vielversprechender.

7.4 Experten-Urteile mit dem Verfahren von Langer, Schulz von Thun und Tausch

Langer et al. (1974, 2006) haben ein Instrument vorgelegt, das die Merkmale ihres Verständlichkeitskonzepts messen soll, und zwar die Merkmale *Einfachheit, Gliederung-Ordnung, Kürze-Prägnanz* und *zusätzliche Anregung*. Diese Merkmale werden in dem Verfahren von Langer et al. durch Experten-Urteile gemessen. Die Autoren haben einen Selbstlernkurs (Langer et al., 2006) entwickelt, den Interessierte durcharbeiten können und in dem sie lernen sollen, Texte hinsichtlich der vier Merkmale zu bewerten und verbessern zu können. Nachdem dieses Selbstlernprogramm absolviert ist, sind Personen Langer et al. zufolge Experten zur Bewertung von Sachtexten. Die Texte werden von diesen Experten hinsichtlich der vier Merkmale *Einfachheit*, *Gliederung-Ordnung*, *Kürze-Prägnanz* und *zusätzliche Anregung* auf einer jeweils fünfstufigen Skala eingeschätzt. Eine Verrechnung zu einem Gesamtwert, die die Verständlichkeit eines Textes insgesamt wiedergibt, ist von den Autoren selbst nicht vorgesehen, wird aber von Groeben (1981) diskutiert.

Empirische Befunde zu den Experten-Urteilen nach Langer, Schulz von Thun und Tausch

Die Beurteilerübereinstimmung des Verfahrens war befriedigend bis sehr gut (Langer et al., 1973; Schulz von Thun, 1974). Langer et al. (2006) haben zu diesem Instrument mehrere Validitäts-Studien durchgeführt. Diese Studien liefen in der Regel nach folgendem Schema ab: Zunächst haben die Autoren eine Reihe von Texten ausgewählt oder generieren lassen. Dann haben sie zu jedem dieser Texte eine optimierte Version hergestellt, die verständlicher sein sollte als der Originaltext. Diese Texte ließen sie dann von unabhängigen Urteilerinnen und Urteilern hinsichtlich der vier Merkmale ihres Konzepts bewerten. Schließlich wurden die Originaltexte und die optimierten Texte den Versuchspersonen per Zufall vorgelegt. Die Versuchspersonen sollten die Texte lesen und im Anschluss einen Behaltens- bzw. Verstehenstest und ggf. Fragen zur Lesefreude und zur Motivation bearbeiten. Schließlich prüfte die Gruppe um Langer, Schulz von Thun und Tausch, ob die verständlicheren Texte besser verstanden wurden und in welchem Zusammenhang die Ausprägungen der Merkmale mit dem Verstehen, Behalten, Motivation und Interesse standen (vgl. Schulz von Thun, 1974; Schulz von Thun et al., 1973; Schulz von Thun et al., 1974; Steinbach et al., 1972). Berechnet man aus den Angaben der Autoren jeweils die Effektstärke d, so zeigen sich zwischen den Originaltexten und den optimierten Texten Mittelwertsunterschiede zwischen $d = 0.09$ und 1.12. Berechnet man zudem Meta-Analysen zu diesen Daten, so zeigt sich eine mittlere Effektstärke. Diese lag bei den in vier Studien untersuchten 38 Texten bei $d = 0.56$. Dies spricht durchweg dafür, dass die optimierten Texte tatsächlich zu besserem Verstehen führen.

In einem nächsten Schritt haben die Autoren dann Korrelationen berechnet zwischen der durchschnittlichen Leistung in den Texten und der Bewertung der Texte hinsichtlich der vier Merkmale (Langer et al., 2006). Es zeigte sich, dass in diesen Untersuchungen die Korrelationen zwischen dem Merkmal *Einfach-*

heit und den Testleistungen jeweils am größten waren, gefolgt von den Korrelationen zwischen der *Gliederung-Ordnung* und den Test-Leistungen. Da die Merkmale nicht einzeln, sondern jeweils gemeinsam manipuliert wurden, wurde dieses Ergebnis nicht experimentell erzielt; die Manipulation der Merkmale sind jeweils miteinander konfundiert, sodass es sich in dieser Hinsicht um Korrelationsstudien handelt.

Kritik an den Experten-Urteilen nach Langer, Schulz von Thun und Tausch

Insgesamt liegen überzeugende Validitätsbelege zu den Experten-Urteilen zur Bewertung der Textverständlichkeit der Gruppe um Langer, Schulz von Thun und Tausch vor. Das Instrument erfordert zudem wenig Aufwand, da nur ein oder zwei Experten den Text gewissenhaft lesen und bewerten müssen. Langer et al. sehen bei der Bewertung allerdings keine Berücksichtigung der Text-Leser-Interaktion vor. Insgesamt handelt es sich bei den Experten-Urteilen um ein gut handhabbares Instrument, dem allerdings die theoretische Fundierung fehlt und das auch nur vage Rückmeldung über die Verbesserungsmöglichkeiten der Texte gibt (Schnotz, 1994; s. Kapitel 6.2).

7.5 Simulationsverfahren nach Kintsch und Vipond

Kintsch und Vipond haben 1979 mit ihrem Konzept der Textverständlichkeit zugleich ein Instrument geliefert, mit dessen Hilfe die Verständlichkeit von Texten eingeschätzt werden kann. Es misst die sieben Merkmale des Konzepts, das in der gleichen Veröffentlichung vorgestellt wird: *Wortlänge, Satzlänge, Argumentdichte, Propositionsdichte, Anzahl nötiger Inferenzen, Anzahl nötiger Reinstatements* und *Anzahl nötiger Reorganisationen* (s. Kapitel 6.4).

Die Merkmale *Wortlänge* und *Satzlänge* werden wie in der Reading-Ease-Formel gemessen durch Auszählen der Silben, der Wörter und der Sätze des Textes; die *Wortlänge* wird dann berechnet durch die Formel *Wortlänge* = Zahl der Silben/100 Wörter; die *Satzlänge* wird berechnet durch die Formel *Satzlänge* = Zahl der Wörter/Zahl der Sätze (Kintsch & Vipond, 1979; Flesch, 1948; s. Kapitel 6.1 und 7.2).

Die Merkmale *Argumentdichte* und *Propositionsdichte* werden gemessen, indem der Text in Propositionen übersetzt und die Zahl der unterschiedlichen Argumente bzw. die Zahl der Propositionen dann zur Zahl der Wörter des Textes in Beziehung gesetzt wird: *Argumentdichte* = Zahl der verschiedenen Argumente/Zahl der Wörter des Textes; *Propositionsdichte* = Zahl der Propositionen/Zahl der Wörter des Textes (Kintsch & Vipond, 1979; s. a. Turner & Greene, 1977).

Die Merkmale *Anzahl nötiger Inferenzen*, *Anzahl nötiger Reinstatements* und *Anzahl nötiger Reorganisationen* werden gemessen, indem der Verstehensprozess anhand von Idealleserinnen bzw. Ideallesern simuliert wird. Die Simulation folgt dabei den Annahmen des zyklischen Modells der Textverarbeitung von Kintsch und van Dijk (1978) und einigen plausiblen Zusatzannahmen z.b. zur Strategie der Übernahme von Propositionen in den nächsten Zyklus. Durch die Variation der Aufnahme- und der Arbeitsgedächtniskapazität werden bei der Simulation Merkmale der Text-Leser-Interaktion berücksichtigt. Das Vorwissen, Interesse, bestimmte Verarbeitungsstrategien oder andere Merkmale der Lesenden werden nicht berücksichtigt.

Empirische Befunde zum Simulationsverfahren nach Kintsch und Vipond

Das Instrument wurde nur anhand von vier bzw. zehn Texten überprüft und diese Texte wurden nicht systematisch manipuliert (Kintsch, 1979; Kintsch & Vipond, 1979). Störfaktoren wie das thematische Vorwissen der Lesenden zu den Themen der Texte wurden nicht kontrolliert. Bei den Untersuchungen handelte es sich nur um erste Erprobungen mit dem Ziel zu zeigen, dass das Verständlichkeitskonzept von Kintsch und Vipond nicht nur theoretisch fundiert, sondern zur praktischen Anwendung geeignet ist. Eine größere Untersuchung des Instruments hat es nicht gegeben.

Kritik des Simulationsverfahrens nach Kintsch und Vipond

Das Instrument ist theoretisch fundiert und berücksichtigt die Interaktion von Merkmalen des Textes mit Merkmalen der Lesenden, wenn auch nur mit zwei von vielen relevanten Merkmalen der Lesenden. Die Reliabilität sowie die Übereinstimmung zwischen der Beschreibung des zu messenden Konstrukts und dem Instrument dürften sehr hoch sein. Für praktische Zwecke und vermutlich sogar für viele wissenschaftliche Zwecke ist das Verfahren allerdings zu aufwendig:

> Theoretisch ist die Verständlichkeitskonzeption von Kintsch und seinen Mitarbeitern wesentlich befriedigender als die vorher referierten Ansätze [Anm.: gemeint sind Lesbarkeitsformeln sowie die Ansätze von Groeben und Langer et al.]. Allerdings ist die Praktikabilität bisher gering. Denn um die wesentlichen Prädiktoren der Verständlichkeit, vor allem Inferenzen und Reinstatements, zu erheben, ist ein beträchtlicher Aufwand erfor-

derlich. Es muß für einen Text eine Propositionsliste erstellt, und aus dieser für Leser mit unterschiedlichen Aufnahme- und Speicherkapazitäten zyklisch ein Kohärenzgraph konstruiert werden. Für die Praxis der Textevaluation ist dieser Aufwand nicht akzeptabel (Ballstaedt et al., 1981, S. 219).

Das Instrument basiert auf dem zyklischen Modell der Textverarbeitung von Kintsch & van Dijk (1978) und fokussiert dementsprechend stark auf die textgeleitete Verarbeitung. Diese einseitige Fokussierung entspricht nicht mehr dem heutigen Forschungsstand. Eine Aktualisierung des Instruments anhand des Konstruktions-Integrationsmodells scheint möglich, aber sehr aufwendig. Es gibt vermutlich nur wenige Fälle, in denen ein so großer Aufwand lohnenswert ist.

7.6 Checkliste nach Gagné und Bell

Gagné und Bell (1981) schlagen vor, die Verständlichkeit von Texten mit Hilfe einer Checkliste zu prüfen (Ballstaedt und Mandl, 1988), die auf ihrem Konzept der Textverständlichkeit beruht und folgende Merkmale erfasst: *Wortbekanntheit, Satzkomplexität, Halbsatzkomplexität, lexikalische Mehrdeutigkeiten, Mehrdeutigkeit der Referenzen und Themen, Konsistenz der Bezeichnungen, Distanz der Referenzen, Reinstatements, Zusammenfassende Fragen, Signaling, Behaltensfragen und Behaltensziele, Advance Organizer und Analogien, Anwendungsfragen, inhaltliche Textstruktur* sowie schließlich *integrative Fragen* (s. Kapitel 6.5).

Zur Bewertung von Lehrbüchern mit Hilfe des Instruments von Gagné und Bell (1981) werden per Zufall zehn Absätze aus dem Buch entnommen. Für diese zehn Absätze wird dann die Verständlichkeit ermittelt, die für die Verständlichkeit des gesamten Buchs repräsentativ sein soll. Das vollständige Vorgehen zur Bewertung aller 15 Einzelmerkmale wird bei Gagné und Bell (1981) beschrieben. An dieser Stelle soll das Vorgehen nur beispielhaft anhand von vier Merkmalen veranschaulicht werden:

Zur Ermittlung der *Wortbekanntheit* muss für jedes Wort der Absätze ermittelt werden, wie häufig es in der jeweiligen Sprache vorkommt. Als Maß für die Bekanntheit der Wörter des Textes wird dann der Median der *Worthäufigkeit* der Wörter des Textes verwendet (Gagné & Bell, 1981). Die *Worthäufigkeit* kann mit Hilfe entsprechender Tabellen ermittelt werden; heute könnte sie auch rechnergestützt ermittelt werden (McNamara et al., 2012). Die *Satzkomplexität* wird bestimmt, indem alle Nebensätze, Ergänzungen und Satzteile ausgezählt werden, die einen zentralen Gedanken enthalten (Gagné & Bell, 1981). Die Zahl der Mehrdeutigkeit der Referenzen und Themen wird ermittelt, indem ein Experte bzw. eine Expertin alle Textstellen markiert, die sich auf ein früheres Thema oder einen früheren Referenten beziehen, in denen verschiedene Heuristiken zu jeweils verschiedenen Referenten führen (Gagné & Bell, 1981). Um die *Zahl der Reinstatements* zu ermitteln, verwenden Gagné & Bell (1981) das Verfahren von Kintsch und Vipond (1979; s. Kapitel 7.5). Wie Kintsch und Vipond (1979) berücksichtigen Gagné und Bell (1981) nicht die Rolle des Vorwissens für die Notwendigkeit von Reinstatements.

Empirische Befunde zu den Checklisten von Gagné und Bell
Das von Gagné und Bell entwickelte Instrument wurde nur einmal (1981) auf drei Lehrbücher der Lernpsychologie angewandt. Die Autorin und der Autor haben ermittelt, welche Werte, den Lehrbüchern mit ihrem Instrument zugeschrieben werden, sie haben aber keine empirische Studie durchgeführt, um die Objektivität, Reliabilität oder Validität zu prüfen; sie haben die Ergebnisse, die das Instrument liefert auch nicht zu den Ergebnissen anderer Instrumente noch zu Merkmalen der Lesenden, Verstehens- oder Behaltens-Leistungen oder anderen abhängigen Variablen in Beziehung gesetzt.

Kritik der Checklisten von Gagné und Bell
Mit Hilfe des Instruments von Gagné und Bell können also eine Reihe von Merkmalen erfasst werden, die sich in der Forschung als förderlich für die Lernleistung erwiesen haben. Sofern das Instrument rechnergestützt eingesetzt werden kann, scheint es eine gute Ökonomie zu haben. Soll das Verfahren ohne Rechnerunterstützung angewendet werden, scheint es sehr aufwendig. Da das Verfahren aber nie wirklich erprobt wurde, kann über seine Güte nur spekuliert werden. Der Ansatz von Gagné und Bell scheint vor allem für die Ausarbeitung entsprechender rechnergestützter Verfahren interessant. Da das Verfahren wie das Konzept von Gagné und Bell (1981) Textverständlichkeit als Merkmal der Texte und nicht als Merkmal der Text-Leser-Interaktion behandelt, scheint es für alle anderen Ansätze zu aufwendig.

7.7 Fragebogen von Jucks

Jucks hat in ihrer Dissertation zur Kommunikation zwischen Experten und Laien 2001 einen Fragebogen zur Textverständlichkeit (FTV) vorgestellt. Bei dem Fragebogen handelt es sich um eine Adaption des Instruments von Langer et al. (1974). Jucks (2001) hat die Items mit deren Hilfe die Gruppe um Langer,

Schulz von Thun und Tausch ihre vier Dimensionen der Textverständlichkeit ermittelt haben und mit deren Hilfe sie diese Dimensionen beschreiben, wieder in einen Fragebogen überführt. Wo es in der Befragung von Langer und Tausch (1974, S. 13) lediglich heißt „anschaulich", heißt es bei Jucks (2001, S. 85) „Für mich ist dieser Text anschaulich". Der Fragebogen besteht aus 22 Items, die von Langer et al. (1974) adaptiert wurden und einem 23. Item, das nicht bei Langer et al. auftaucht und in dem ein *Gesamteindruck* von dem Text abgefragt wird; dieses 23. Item besteht aus den Polen „Für mich ist der Text alles in allem verständlich" und „Für mich ist der Text alles in allem unverständlich".

Jucks hat zwei Versionen des Fragebogens entwickelt, die eine Version wird unter den Bezeichnungen EE-Version bzw. LE-Version verwendet, die andere Version unter der Bezeichnung EAL-Version: In der EE- bzw. LE-Version sollen die Lesenden angeben, wie verständlich der Text für sie selbst ist (2001). Jucks hat Laien und Experten miteinander verglichen. Je nachdem, ob der Fragebogen von Laien oder von Experten ausgefüllt wurde, wird er in der Arbeit als EE-Version (Experten-Eigenperspektive) oder als LE-Version (Laien-Eigenperspektive) bezeichnet. In der EAL-Version sollen Experten bewerten, wie verständlich Texte für Laien sind (Jucks, 2001). Jucks (2001) nennt dies die von Experten antizipierte Laienperspektive (EAL). Wo in dem Fragebogen aus der Eigenperspektive z.b. steht „Für mich ist der Text alles in allem verständlich", steht in der EAL-Version „Für einen Laien ist der Text alles in allem verständlich". Beide Versionen des Fragebogens werden den Lesenden jeweils nach dem Lesen eines Textes zur Bearbeitung vorgelegt. Die Werte der Skalen werden dann zu einem Skalen-Gesamtwert aufaddiert. Durch den Vergleich der Bewertung von Texten durch Laien mit der LE-Version und der Bewertung von Experten mit der EAL-Version untersucht Jucks dann, wie gut Experten die Verständlichkeit von Texten bewerten können (Jucks, 2001). Im Gegensatz zum Instrument von Langer et al. berücksichtigen also beide Versionen des Fragebogens die Text-Leser-Interaktion.

Empirische Befunde zum Fragebogen von Jucks

Der Fragebogen wies die erwartete Faktorenstruktur auf (Jucks, 2001). Mit Werten von $\alpha = .90$ für *Einfachheit*, .92 für *Gliederung-Ordnung*, .75 für *Kürze-Prägnanz* und .92 für *zusätzliche Anregung* sind die internen Konsistenzen der Skalen durchweg befriedigend bis sehr gut (Jucks, 2001). Jucks hat drei Validitäts-Studien durchgeführt: In allen drei Studien hat Jucks (2001) geprüft, ob mit Hilfe des Fragebogens zwischen Laien und Experten unterschieden werden kann. Es zeigte sich, dass der Fragebogen deutlich zwischen beiden Gruppen unterschied. Auf Basis der Angaben der Autorin wurde jeweils die Effektstärke *d* berechnet. Da die verschiedenen Studien der Autorin zudem die gleichen Instrumente und die gleiche Methodik verwendet haben, können die Daten zudem in einer Meta-Analyse zusammengefasst werden. Tabelle 1 zeigt die entsprechenden Werte. Es zeigten sich also wie erwartet hinsichtlich aller Skalen deutliche Unterschiede zwischen den Laien und den Experten.

Tabelle 1: Ergebnisse der Meta-Analyse zum Vergleich der Bewertungen von Texten durch Experten- und Laien-Stichproben in den Studien von Jucks (2001, S. 118, S. 136 und S. 141)

	Studie 1	Studie 2	Studie 3	Gesamt
$n_{Experten}$ / n_{Laien}	47/27	50 / 28	50 / 28	147 / 83
Skala	$d_{Studie\ 1}$	$d_{Studie\ 2}$	$d_{Studie\ 3}$	d_{gesamt}
Einfachheit	-3.31	-2.28	-2.64	-2.73
Gliederung-Ordnung	-1.94	-1.21	-1.48	-1.54
Kürze-Prägnanz	-0.65	-0.74	-0.73	-0.71
Zusätzliche Anregung	-3.23	-1.86	-2.36	-2.47
Gesamteindruck	-3.70	-2.73	-2.97	-3.12

Anmerkungen. Die Spalten „Studie 1", „Studie 2" und „Studie 3" geben die standardisierten Mittelwertsunterschiede zwischen den Laien und den Experten zu den einzelnen Skalen und dem Item *Gesamteindruck* des Fragebogens der jeweiligen Studien von Jucks (2001) wieder; die Spalte „Gesamt" gibt die standardisierten Mittelwertsunterschiede wieder, die sich aus der Meta-Analyse dieser Studien ergaben.

Jucks (2001) hat darüber hinaus in zwei Studien geprüft, ob mit Hilfe des Fragebogens zwischen Originaltexten unterschieden werden kann und Texten, die im Hinblick auf die Verständlichkeit optimiert wurden.

Tabelle 2: Ergebnisse der Meta-Analyse zum Vergleich der Bewertung von Texten in ihrer Originalversion und in einer jeweils hinsichtlich der Textverständlichkeit optimierten Version in den Studien von Jucks (2001, S. 141 und 172).

	Studie 2	Studie 3	Gesamt
$n_{Original}$ / $n_{Optimiert}$	78 / 74	76 / 76	154 / 150
Skala	$d_{Studie2}$	$d_{Studie3}$	d_{Gesamt}
Einfachheit	0.36	2.23	1.30
Gliederung-Ordnung	0.11	1.18	0.65
Kürze-Prägnanz	0.02	-0.02	0.00
Zusätzliche Anregung	0.30	1.06	0.68
Gesamteindruck	0.37	1.71	1.04

Anmerkungen. Die Spalten „Studie 2" und „Studie 3" geben die standardisierten Mittelwertsunterschiede zwischen den Laien und den Experten zu den einzelnen Skalen und dem Item *Gesamteindruck* des Fragebogens der jeweiligen Studien von Jucks (2001) wieder; die Spalte „Gesamt" gibt die standardisierten Mittelwertsunterschiede wieder, die sich aus der Meta-Analyse dieser Studien ergaben.

Tabelle 2 zeigt die standardisierten Mittelwertsunterschiede der Studien und das Ergebnis einer Meta-Analyse der beiden Studien. Es zeigten sich deutliche Unterschiede zwischen den Originaltexten und den optimierten Texten in der erwarteten Richtung im Hinblick auf die Skalen *Einfachheit*, *Gliederung-Ordnung*, *zusätzliche Anregung* und *Gesamteindruck*. Hinsichtlich der Skala *Kürze-Prägnanz* war kein Unterschied erwartet worden und es zeigte sich auch kein Unterschied.

Jucks (2001) hat zudem ein Kategoriensystem erstellt, mit dessen Hilfe bestimmt werden kann, welche Unterschiede zwischen dem Originaltext und der optimierten Version bestehen. In einem nächsten Schritt hat sie dann geprüft, ob die Art der Unterschiede zwischen den beiden Versionen mit Unterschieden in der Bewertung der beiden Versionen einhergingen. Es zeigte sich, dass die Art der Unterschiede zwischen den beiden Texten tatsächlich mit den Unterschieden der Bewertung der beiden Texte zusammenhing.

Die Autorin hat weiterhin geprüft, ob die Experten die Texte wie erwartet als unverständlicher bewerten, wenn die Experten die Laienperspektive antizipieren sollen als wenn die Experten die Texte aus der eigenen Perspektive bewerten. Tabelle 3 zeigt die entsprechenden Mittelwerte, Standardabweichungen und standardisierten Mittelwertdifferenzen. Wie erwartet bewerteten die Experten die Texte aus der Laienperspektive als weniger verständlich (Jucks, 2001).

Tabelle 3: Vergleich der Bewertung von Texten durch Experten aus ihrer eigenen Perspektive und aus der von ihnen antizipierten Perspektive von Laien in den Studien von Jucks (2001, S. 113)

Skala	AM_{EE} (SD)	AM_{EAL} (SD)	d
Studie 1 (s. S. 113)	*n = 47*	*n = 47*	
Einfachheit	2.36 (0.47)	3.80 (0.41)	-3.27
Gliederung-Ordnung	2.33 (0.38)	3.22 (0.56)	-1.86
Kürze-Prägnanz	2.96 (0.32)	3.28 (0.45)	-0.82
Zusätzliche Anregung	2.61 (0.52)	3.67 (0.55)	-1.98
Gesamteindruck	1.81 (0.72)	3.83 (0.64)	-2.97

Anmerkungen. Die Spalte AM_{EE} gibt die arithmetischen Mittelwerte und die Standardabweichungen aus der Eigenperspektive der Experten wieder; die Spalte AM_{EAL} gibt die arithmetischen Mittelwerte und die Standardabweichungen aus der von den Experten antizipierten Laienperspektive wieder; die Spalte *d* gibt die standardisierten Mittelwertsunterschiede zu den einzelnen Skalen und dem Item *Gesamteindruck* des Fragebogens von Jucks (2001) wieder.

Schließlich hat Jucks (2001) noch geprüft, wie genau die Experten die Laienperspektive einschätzen konnten. Bei diesem Vergleich geben die Differenzen zwischen der von den Experten antizipierten Laienperspektive (EAL) und der

Laien-Eigenperspektive (LE) an, wie genau die Experten die Verständlichkeit der Texte für die Laien einschätzen können. Tabelle 4 zeigt die entsprechenden standardisierten Mittelwertsunterschiede der Studien und das Ergebnis einer Meta-Analyse der Studien.

Tabelle 4: Vergleich der Bewertung von Texten durch Laien und durch Experten aus der von den Experten antizipierten Perspektive von Laien in den Studien von Jucks (2001)

	Studie 1	Studie 2	Studie 3	Gesamt
$n_{Experten}$ / n_{Laien}	47/27	50 / 28	50 / 28	147 / 83
Skala	$d_{Studie\ 1}$	$d_{Studie\ 2}$	$d_{Studie\ 3}$	d_{gesamt}
Einfachheit	-0.19	0.31	0.06	0.06
Gliederung-Ordnung	0.20	0.19	0.17	0.19
Kürze-Prägnanz	0.13	-0.05	0.04	0.04
Zusätzliche Anregung	-1.06	-0.15	-0.54	-0.58
Gesamteindruck	-0.68	0.03	-0.27	-0.30

Anmerkungen. Die Spalten „Studie 1", „Studie 2" und „Studie 3" geben die standardisierten Mittelwertsunterschiede zwischen den Laien und den Experten zu den einzelnen Skalen und dem Item *Gesamteindruck* des Fragebogens der jeweiligen Studien von Jucks (2001) wieder; die Spalte „Gesamt" gibt die standardisierten Mittelwertsunterschiede wieder, die sich aus der Meta-Analyse dieser Studien ergaben.

Die Ergebnisse zeigen, dass die Experten die Verständlichkeit der Texte für Laien gut einschätzen konnten im Hinblick auf die Skalen *Einfachheit, Gliederung-Ordnung* und *Kürze-Prägnanz*. Im Hinblick auf die Bewertung des *Gesamteindrucks* und der *Zusätzlichen Anregung* zeigten sich ein schwacher und ein mittlerer Effekt. Die Experten überschätzten also sowohl den *Gesamteindruck* der Verständlichkeit und die *zusätzliche Anregung* der Texte für Laien.

Der Fragebogen zur Textverständlichkeit von Jucks (2001) kann also gut zwischen Experten und Laien und zwischen Originaltexten und optimierten Texten unterscheiden. Damit liegen deutliche Validitätsbelege zum Fragebogen vor. Die Autorin hat allerdings nicht geprüft, inwiefern der Fragebogen mit anderen Instrumenten zur Textverständlichkeit wie Lesbarkeitsformeln oder dem Instrument von Langer et al. korreliert und sie hat den Fragebogen auch nicht benutzt, um Verstehen vorherzusagen.

Kritik zum Fragebogen von Jucks

Der Fragebogen kann mit relativ geringem Aufwand eingesetzt werden. Da der Fragebogen allerdings auf dem rein empirisch entwickelten Konzept der Textverständlichkeit von Langer et al. (1974, 2006; s. Kapitel 6.2) beruht, basiert der Fragebogen von Jucks nicht auf einer Theorie der Prozesse des Textverstehens. Zwischen dem Konzept von Langer et al. (2006) und dem Fragebogen von Jucks besteht jedoch eine Inkohärenz: Jucks Fragebogen behandelt Textverständlichkeit als Merkmal der Text-Leser-Interaktion. Das Instrument und das Konzept von Langer et al. behandeln Textverständlichkeit hingegen als Merkmal der Texte selbst. Diese Inkohärenz wird leider nicht geklärt. Wie auch der Fragebogen von Langer et al. gibt schließlich auch der Fragebogen von Jucks nur vage Rückmeldung darüber, wie ein Text für eine bestimmte Zielgruppe verbessert werden kann.

7.8 Die Software DeLite von vor der Brück und Hartrumpf

Vor der Brück und Hartrumpf (2009) haben mit dem Programm DeLite eine Software entwickelt, die die Verständlichkeit von Texten aufgrund von Tiefen- und Oberflächenmerkmalen der Texte bewertet. Der Nutzer bzw. die Nutzerin kann einen Text in die Software laden. Das Programm gibt dann einen Wert für die Textverständlichkeit und Werte für jedes der Merkmale aus, das die Autoren für die Textverständlichkeit als relevant ansahen, und markiert im Text Stellen, die aufgrund der Analyse hinsichtlich der Textverständlichkeit verbesserungswürdig erscheinen und warum sie markiert wurden (vor der Brück & Hartrumpf, 2009).

Das Programm bewertet unter anderem die folgenden Textmerkmale: Zahl der Nomen, die einen sichtbaren Gegenstand bezeichnen bzw. keinen sichtbaren Gegenstand bezeichnen; die Zahl der Verneinungen, doppelten, dreifachen und vierfachen Verneinungen; die Zahl der Passiv-Konstruktionen; die Zahl der möglichen Referenten von Reflexivpronomina; der durchschnittliche Abstand gemessen zwischen dem Reflexivpronomen und dem Bezeichneten in Wörtern; die Zahl der Propositionen pro Satz; die Tiefe der Einbettung von Propositionen; die Zahl der Wörter, die nicht in ihrer geläufigsten Bedeutung verwendet werden; die durchschnittliche Zahl der Verknüpfungen der Konzepte innerhalb des semantischen Netzwerkes; die Zahl der verketteten Kausal- und Begründungs-Zusammenhänge sowie schließlich ein Maß dafür, wie oft das Programm die Sätze eines Textes nicht verarbeiten konnte, weil sie inkorrekt oder zu komplex waren (vor der Brück & Hartrumpf, 2009). Diese Merkmale beziehen sich entweder auf der Ebene der Wörter, der Phrasen, der Sätze oder des gesamten Textes. Die Textverständlichkeit wird dann mit Hilfe der folgenden fünf Schritte bewertet: Im ersten Schritt wird der Text in Wörter, Phrasen und Sätze aufgeteilt. Im zweiten Schritt werden für jede Ebene die entsprechenden Merkmale der Textverständlichkeit bewertet. Im dritten Schritt wird für jedes

Merkmal der durchschnittliche Wert ermittelt, den die Elemente auf der entsprechenden Ebene jeweils bekommen haben. Im vierten Schritt werden alle Werte auf einen Wert zwischen 0 und 1 transformiert, bevor im fünften Schritt aus den Werten aller Merkmale ein Gesamtwert zur Bewertung der Textverständlichkeit berechnet wird (vor der Brück & Hartrumpf, 2009).

Empirische Befunde zur Software DeLite

Das Instrument wurde anhand von 500 Texten einer Stadtverwaltung erprobt, zu denen 315 Personen auf einer siebenstufigen Skala angegeben hatten, wie verständlich sie den jeweiligen Text finden. Die Befragten waren 43% Männer, zu circa 70% zwischen 20 und 40 Jahren alt und hatten zu 58% einen Hochschulabschluss. Die Autoren machen allerdings keine Angaben dazu, wie diese Personen dazu kamen, die Texte zu bewerten, also ob die Befragten per Zufall Texte zur Bewertung vorgelegt bekamen, ob die Personen die Bewertungen online freiwillig abgeben konnten, nachdem sie die Texte gelesen haben oder Ähnliches. Um die Bedeutung der verschiedenen Merkmale, die das Programm DeLite erfassen kann, für die Beurteilung der Textverständlichkeit zu ermitteln, haben die Autoren dann Regressionsanalysen berechnet, in die die verschiedenen gemessenen Textmerkmale eingingen und mit deren Hilfe 26% der Varianz der Verständlichkeits-Urteile aufgeklärt werden konnte (vor der Brück & Hartrumpf, 2009).

Kritik zur Software DeLite

Da die Bewertung der Textverständlichkeit vollständig von der Software vorgenommen wird, weist das Instrument eine perfekte Objektivität, Reliabilität und Ökonomie auf. Das Instrument behandelt Verständlichkeit allerdings als ein Merkmal der Texte und nicht als ein Merkmal der Text-Leser-Interaktion. Die Autoren nennen verschiedene Quellen aus der Psychologie und aus der Linguistik, um zu erklären, warum sie diese Merkmale erheben, sie geben allerdings kein Konzept der Textverständlichkeit und keine Theorie des Textverstehens an, um zu rechtfertigen, warum genau diese und keine anderen Merkmale erhoben werden, um die Textverständlichkeit zu bewerten. Für einzelne Merkmale geben sie Befunde für die Bedeutung der Merkmale an. Diese sind aber nicht in ein umfassendes Konzept eingebettet. Das Instrument wurde zudem nicht anhand von Verstehen, sondern nur anhand von Verständlichkeitsurteilen erprobt.

Insgesamt handelt es sich bei Programmen wie DeLite um vielversprechende Instrumente, vor allem aufgrund ihrer Ökonomie. Zumindest dem Programm DeLite fehlt es allerdings neben der theoretischen Fundierung der Auswahl der erhobenen Merkmale, an weiteren empirischen Validitäts-Studien. Die technischen Möglichkeiten solcher Programme sind allerdings beachtlich. So scheint es z.b. möglich, Simulationen der Verstehensprozesse von Lesenden wie Kintsch und Vipond (1979) sie noch mit großem Aufwand betreiben mussten, mit Hilfe von Software durchzuführen. Ein solches Vorgehen hätte den Vorteil, dass es theoretisch fundiert und ökonomisch wäre. Unter Umständen könnte man sogar z.b. mit Hilfe von Tests zum thematischen Vorwissen, zur Lesekompetenz und zur Größe des Arbeitsgedächtnisses die Voraussetzungen der Lesenden ermitteln und ihren Verstehensprozess mit einem solchen Programm modellieren und ihre Leistungen in Verstehenstests und sogar bei einzelnen Verstehens-Aufgaben vorhersagen.

7.9 Die Software Coh-Metrix der Gruppe um Graesser und McNamara

Coh-Metrix ist eine Software, die von der Forschergruppe um Graesser und McNamara entwickelt wurde. Sie soll Textmerkmale erfassen, deren Bedeutung für das Textverstehen jeweils durch Theorien des Textverstehens begründet und empirisch belegt ist. Dazu verwendet Coh-Metrix Datenbanken, Parser (Algorithmen zur Bestimmung der syntaktischen Struktur von Sätzen) und latente semantische Analysen (LSA). Je nach Softwareversion wirft das Programm zwischen 40 und 80 Indizes zur Beschreibung der Texte aus, die jeweils einem Merkmal der Textverständlichkeit des Konzeptes der Forschergruppe um Graesser und McNamara zugeordnet werden, und zwar *Narrativität, Konkretheit der Wörter, Syntaktische Einfachheit, Referentielle Kohäsion, Tiefenkohäsion, Kohäsion der Verben, Konnektivität* und *Zeitliche Kohäsion* (Graesser et al., 2011; vgl. McNamara et al., 2012; s. Kapitel 6.6). Coh-Metrix kann lediglich Texte in englischer Sprache sinnvoll bewerten. Die Software wird ständig weiterentwickelt, und es gibt mittlerweile weitere, ähnliche Programme. An dieser Stelle wird Coh-Metrix stellvertretend für viele weitere computerlinguistische Lösungen aus dem englischen Sprachraum vorgestellt.

Coh-Metrix weist jedem Wort eines Textes auf der Basis verschiedener Datenbanken eine Reihe von Werten zu: So ermittelt Coh-Metrix z.b. für jedes Wort, welcher Wortart es angehört, z.b. Nomen, Verb, Adjektiv, Adverb, usw. Wenn ein Wort grundsätzlich mehreren Kategorien zugeordnet werden könnte, weist die Software das Wort trotzdem nur einer Kategorie zu. Dazu ermittelt sie aufgrund des Kontextes, in dem das Wort steht, die wahrscheinlichste Kategorie. Je nachdem, welcher Kategorie ein Wort zugeordnet wurde, wird es ggf. noch einer Unterkategorie zugeordnet: Coh-Metrix kategorisiert die Verben z.B. dahingehend, inwiefern sie kausale oder intentionale Ereignisse ausdrücken; Konjunktionen werden weiter in temporale Konjunktionen, kausale Konjunktionen usw. kategorisiert. Die Software ermittelt dann für jede Kategorie bzw. Unterkategorie, wie oft sie im Text vorkommt und wie oft sie im Verhältnis zur Zahl der Wörter im Text oder zur Zahl der Sätze im Text vorkommt. Diese Werte werden dann z.b. benutzt, um das Verhältnis der Präpositionen und Pronomen zur Zahl der Nomen und damit letztlich einen Index des Merkmals *syntaktische Einfachheit* zu bewerten. Eine andere von Coh-Metrix benutzte Datenbank enthält Angaben dazu, wie oft ein Wort im Englischen vorkommt. Coh-Metrix nutzt diese Angaben, um jedem Wort des Textes einen Wert für die Geläufigkeit des Wortes zuzuordnen. Dieser Wert geht z.b. in die Bewertung des Merkmals *Konkretheit der Wörter* ein. Eine andere Datenbank wiederum enthält Angaben zu vor allem psychologisch interessanten Merkmalen von Wörtern. Coh-Metrix nutzt diese Datenbank, um jedem Wort des Textes einen Wert zuzuweisen im Hinblick auf das Alter, in dem das Wort typischerweise erlernt wird, der Vertrautheit der Lesenden mit den Wörtern, der *Konkretheit der Wörter* und inwiefern die Wörter bildhafte Vorstellungen hervorrufen. Des Weiteren benutzt Coh-Metrix linguistische Datenbanken, um zu ermitteln, wie viele verschiedene Bedeutungen ein Wort haben kann (Polysemie) und wie spezifisch ein Wort ist (Hyponymie). Wörter, die in einer Datenbank nicht enthalten sind, werden im Hinblick auf das jeweilige Merkmal aus den Analysen ausgelassen (Graesser et al., 2011; McNamara et al., 2012).

Coh-Metrix benutzt den Apple-Pie-Parser (Sekine & Grishman, 1995, zit. n. McNamara et al., 2012) und den Charniak-Parser (Charniak, 2000, zit. n. McNamara et al., 2012), um die Wörter und Satzzeichen der einzelnen Sätze aufgrund der Zuordnung der Wörter zu den verschiedenen Wortarten zu Phrasen zusammenzufassen. Diese Phrasen werden dann wieder verschiedenen syntaktischen Funktionen zugeordnet, z.b. Verbphrasen oder Nominalphrasen. Die Phrasen werden in einem Syntaxbaum (McNamara et al., 2012) angeordnet, der eine Annäherung an die grammatikalische Struktur des Satzes wiedergibt. Coh-Metrix vergleicht die Syntaxbäume der Sätze eines Textes, um die Ähnlichkeit des Satzbaus der Sätze zu bewerten. Dieser Wert wird benutzt, um das Merkmal *syntaktische Einfachheit* zu bewerten (s. Kapitel 6.6).

Coh-Metrix benutzt schließlich noch latente semantische Analysen (LSA) um die inhaltlichen Überschneidungen in aufeinanderfolgenden Sätzen und dem gesamten Text abzuschätzen (Graesser et al., 2011). Latente semantische Analysen sind ein statistisches Verfahren, bei dem große Textmengen analysiert werden, z.B. Zeitschriftenartikel, Lexika oder Internetseiten. Dazu wird eine Matrix angelegt, in der für jedes einzelne Wort angegeben wird, in welchen der Texte bzw. Textteile es vorkommt und in welchen nicht. Wörter wie „Haus", „Häuser" oder „Hochhaus" werden dabei unabhängig voneinander als einzelne Wörter analysiert. Je nach Erkenntnisinteresse werden ganze Texte oder einzelne Textteile wie Kapitel, Absätze oder einzelne Sätze analysiert. Mit Hilfe eines mathematischen Verfahrens, das mit der Faktorenanalyse verwandt ist, werden die detaillierten Informationen der urspründlichen Matrix dann auf Vektoren reduziert. Mit Hilfe dieser Vektoren kann dann für jedes Paar von Wörtern eine Art Korrelationskoeffizient ermittelt werden, der angibt, wie häufig die Wörter in den analysierten Texten zusammen auftraten. Mit Hilfe dieser Vektoren kann dann auch für jedes Textpaar oder für jedes Paar von Absätzen oder Kapiteln eine Art Korrelationskoeffizient angegeben werden, der Aufschluss darüber gibt, wie ähnlich sie sich im Hinblick auf die in ihnen enthaltenen Wörter sind (Kintsch, 1998). So kann eine latente semantische Analyse z.B. zu dem Schluss kommen, dass ein Text, in dem es vor allem um „Trommeln" und „Gitarren" geht, eine hohe Ähnlichkeit mit einem anderen Text hat, in dem es vor allem um „Klaviere" und „Trompeten" geht, sofern die Wörter „Trommeln", „Gitarren", „Klaviere" und „Trompeten" in anderen Texten häufig zusammen vorkommen. Latente semantische Analysen sind völlig objektiv und mit geeigneter Software sehr ökonomisch und schnell durchführbar (Kintsch, 1998). Coh-Metrix benutzt latente semantische Analyse z.B., um die semantische Ähnlichkeit aufeinanderfolgender Sätze zu bewerten. Dieser Wert wird dann unter anderem benutzt, um die *referentielle Kohäsion* der Texte zu bewerten (Graesser et al., 2011).

Empirische Befunde zur Software Coh-Metrix
McNamara, Louwerse, McCarthy und Graesser (2010) haben 19 Texte aus 12 Studien anderer Forscherinnen und Forscher mit Hilfe von Coh-Metrix analysiert. Die Texte waren in den Studien im Hinblick auf ihre lokale und globale Kohärenz hin manipuliert worden. McNamara et al. (2010) konnten zeigen, dass Coh-Metrix jeweils zwischen den hoch- und wenig kohärenten Texten unterscheiden konnte. Dies ist ein wesentlicher Validitäts-Beleg für das Instrument. Die Autorinnen und Autoren haben allerdings keine Validitätshypothesen geprüft, in denen es z.B. darum geht, mit Hilfe von Coh-Metrix Verstehen vorherzusagen.

Kritik zur Software Coh-Metrix
Coh-Metrix stellt eine wesentliche Weiterentwicklung der Instrumente zur Textverständlichkeit dar. Da die Bewertung der Textverständlichkeit vollständig von der Software vorgenommen wird, weist das Instrument eine perfekte Objektivität, Reliabilität und Ökonomie auf. Ein Vorzug von Coh-Metrix ge-

genüber DeLite liegt in der theoretischen Fundierung von Coh-Metrix. Coh-Metrix behandelt Textverständlichkeit allerdings als Merkmal der Texte. Die Forschergruppe um Graesser und McNamara konnte zeigen, dass die Software gut zwischen Texten unterscheiden kann, die sich im Hinblick auf ihre lokale und globale Kohärenz unterscheiden und die sich auch in experimentellen Studien als unterschiedlich verständlich erwiesen haben (vgl. McNamara et al., 2010), es wäre jedoch wünschenswert, weitere Validitätshypothesen zu prüfen, die die Messung der Textverständlichkeit durch Coh-Metrix betreffen.

8   Validitätsbelege zu den Instrumenten zur Messung der Textverständlichkeit

Die Vorstellung der Instrumente zur Messung der Textverständlichkeit in Kapitel 7 hat gezeigt, dass es eine große Zahl verschiedener Instrumente zur Messung der Textverständlichkeit gibt und dass die Instrumente sehr verschieden vorgehen, um Textverständlichkeit zu messen. Letztlich ist es für die Forschung und die Praxis aber maßgeblich, wie ökonomisch der Einsatz der Instrumente ist und ob der Einsatz der Instrumente schließlich zu validen Schlüssen führt. Die Ökonomie der Instrumente kann dabei bewertet werden aufgrund der Komplexität der Anwendung des Tests, dem Materialverbrauch und der Zeit, die verschiedene Personen insgesamt aufbringen müssen (Bühner, 2004; Lienert & Raatz, 1998). Die Bewertung der Validität ist hingegen deutlich aufwendiger und schwieriger. Im Folgenden soll daher das Begriffsverständnis der aktuellen Theorien zur Validität vorgestellt werden, wie es von der AERA, der APA und das NCME in der Auflage der „Standards for Educational and Psychological Testing" von 2014 vertreten wird.

8.1   Klassische und aktuelle Validitätstheorien

Dem klassischen und vermutlich weiter verbreiteten Verständnis der Validität zufolge ist Validität ein Merkmal von Messinstrumenten und gibt an, inwiefern sie das messen, was sie messen sollen (s. z.B. Bühner, 2004; Lienert & Raatz, 1998; Rost, 2004; Sedlmeier & Renkewitz, 2008; Westermann, 2000).

Den aktuellen Theorien zur Validität zufolge kommt Validität allerdings nicht den Instrumenten zu, sondern bezeichnet die Gültigkeit eines bestimmten Schlusses aufgrund von Daten, die mit einem bestimmten Instrument erhoben wurden (AERA et al., 2014; Rupp & Pant, 2006). Inwiefern ein Schluss valide ist, muss demnach für jede Anwendung aufs Neue gerechtfertigt werden: Wenn z.B. ein Lesekompetenztest mit Gymnasiastinnen und Gymnasiasten der 9. Jahrgangsstufe erprobt wurde, um die Leistungen in dem Test mit denen eines Interesse-Fragebogens zu korrelieren und sich die daraus gezogenen Schlüsse als valide erwiesen haben, dann lässt es sich leicht rechtfertigen, den Test zu einem ähnlichen Zweck in einer weiteren Klasse der 9. Jahrgangsstufe an Gymnasien einzusetzen. Wenn man den Test aber mit einer anderen Population, z.B. an Hauptschulen, oder zu einem anderen Zweck, z.B. zur Auswahl von Schülerinnen und Schülern für ein Förderprogramm, einsetzen will, dann muss die Validität der daraus folgenden Schlüsse neu belegt werden. In Bezug auf Instrumente zur Messung der Textverständlichkeit bedeutet dies Folgendes:

- Wenn der Einsatz eines Instruments z.B. für kurze Texte validiert wurde, ist dadurch noch nicht sichergestellt, dass der Einsatz auch für ganze Bücher zu validen Schlüssen führt und umgekehrt, auch wenn sich die Bedingungen sonst nicht unterscheiden.

- Wenn der Einsatz eines Instruments z.B. für den Aufbau von Weltwissen mit Hilfe von Lehrbüchern validiert wurde, dann ist dadurch noch nicht sichergestellt, dass das Instrument auch zu validen Schlüssen über die Verständlichkeit von Bedienungsanleitungen führt.

- Wenn der Einsatz eines Instruments sich bei Studierenden bewährt hat, ist dadurch noch nicht sichergestellt, dass die Anwendung des Instruments auch zu validen Schlüssen führt, die sich auf Personen ohne Schulabschluss beziehen und umgekehrt, auch wenn die Bedingungen sonst gleich sein sollten.

- Wenn ein Instruments sich zur Vorhersage von Behalten bewährt hat, muss erst noch nachgewiesen werden, inwiefern es zu validen Schlüssen zum Verstehen führt, auch wenn die Bedingungen sonst gleich sein sollten.

- Wenn gezeigt werden konnte, dass der Einsatz eines Instrumentes bei einer bestimmten Zielgruppe und einer bestimmten Art von Text zu validen Schlüssen bei der Korrelation mit einem bestimmten Merkmal geführt hat, dann ist damit noch nicht sichergestellt, dass das Instrument auch z.B. zur Zuordnung von Texten zu bestimmten Lesenden geeignet ist.

Die Instrumente zur Messung der Textverständlichkeit, die in Kapitel 7 vorgestellt wurden, wurden vor dem Hintergrund des klassischen Verständnisses von Validität entwickelt und erprobt. Im Folgenden soll nun aber geprüft werden, welche validen Schlüsse aufgrund der verfügbaren Studien mit Hilfe der vorgestellten Instrumente zur Messung der Textverständlichkeit vollzogen werden können.

Tabelle 5 gibt einen Überblick darüber, welche Merkmale die Texte und Personen in den Validierungs-Studien zu den vorgestellten Instrumenten hatten, wie viele Texte in die Untersuchungen eingingen und für welche Zielsetzung bzw. zu welchem Zweck der Test validiert wurde.

Tabelle 5: Übersicht über die Validitäts-Studien der behandelten Instrumente zur Textverständlichkeit

	Länge der Texte	Art der Texte (Zahl der Texte)	Personen-Population/en	Zweck des Einsatzes des Instruments
Reading-Ease-Formel (Flesch, 1948)	< A4	expositorisch & literarisch (363)	(Grund-) Schüler/innen	Korrelation
Subjektives Informationsmaß (Groeben, 1972)	~ A4	Lehrtext (18)	12. Klasse Gymnasium	Korrelation
Experten-Urteile (Langer et al., 1974, 2006)	< A4	expositorisch (38)	Schüler/innen, Studierende	Korrelation
Simulations-verfahren (Kintsch & Vipond, 1979)	< A4	expositorisch (4)	Studierende	Korrelation
Checkliste (Gagné & Bell, 1981)	fehlt	fehlt	fehlt	fehlt
Fragebogen von Jucks (2001)	~ A4	Artikel aus PC-Magazinen (37)	Studierende	Korrelation
Software DeLite (vor der Brück und Hartrumpf, 2009)	k. A.	Verwaltungs-texte (500)	k. A.	Korrelation
Software Coh-Metrix (McNamara et al., 2012)	~ A4	expositorisch & literarisch (19)	(Grund-) Schüler/innen, Studierende	Gruppen-unterschiede

Anmerkungen. Die letzte Spalte gibt an, für welchen Einsatzzweck des Instruments Validitäts-belege vorliegen; ob z.b. geprüft wurde, ob das Instrument dazu geeignet ist, Texte Lesenden zuzuweisen, Autorinnen und Autoren Rückmeldung zu geben oder die mit dem Instrument erhobenen Daten mit anderen Variablen zu korrelieren.

Es zeigt sich, dass zu den Instrumenten in der Regel nur Validitätsbelege für jeweils eine Text- und eine Personen-Population vorliegen. Zudem wurde nur geprüft, inwiefern die Daten, die die Instrumente liefern, dazu genutzt werden können, um sie mit anderen Variablen zu korrelieren. Es wurde aber nicht geprüft, inwiefern die Instrumente zu anderen Zielen eingesetzt werden können, wie z.b. die Rückmeldung an Autorinnen und Autoren. Hinzu kommt, dass die Verfahren in der Regel nicht benutzt wurden, um Verstehen vorherzusagen, sondern Behalten. Die Validierungs-Untersuchungen unterscheiden sich daher oft stark von den Situationen und Anwendungszwecken, für die die Instrumente intendiert sind. Es fehlen also Studien, die die Validität des Einsatzes der Instrumente für verschiedene Textpopulationen, Personenpopulationen, für verschiedene Ziele des Textverstehens und verschiedene Ziele des Einsatzes der Instrumente und entsprechende Zielvariablen nachweisen. Es stellt sich die Frage, wie die Validität dieser Schlüsse jeweils belegt werden kann.

8.2 Quellen für die Belege von Validität

Die AERA, die APA und die NCME (2014) nennen acht Quellen, um die Validität von Schlüssen zu belegen, die mit Hilfe der Daten eines Instruments zu einem bestimmten Zweck erhoben werden. Diese acht Quellen kategorisieren sie in drei Gruppen. Diese Quellen werden im Folgenden vorgestellt:

- Es besteht eine hohe Übereinstimmung zwischen der Beschreibung des zu messenden Konstrukts und Merkmalen des Tests (AERA et al., 2014). Dies entspricht dem, was in der Literatur „inhaltliche Validität" bezeichnet wird (s. z.B. Lienert & Raatz, 1998).

- Es besteht eine hohe Übereinstimmung zwischen den Urteilen von Expertinnen und Experten über das Konstrukt, das der Test (bei verschiedenen Gruppen) misst und dem zu messenden Konstrukt (AERA et al., 2014). Dies entspricht dem, was in der Literatur als „konsensuelle Validität" bezeichnet wird (s. z.B. Lienert & Raatz, 1998).

Belege, die auf dem Antwortverhalten der Getesteten beruhen:

- Es besteht eine hohe Übereinstimmung zwischen Inhalten in Protokollen des lauten Denkens bei der Bearbeitung der Tests (durch verschiedene Gruppen) und den kognitiven Prozessen, die bei der Bearbeitung des Tests erwartet werden (AERA et al., 2014).

- Es besteht eine hohe Übereinstimmung zwischen dem Vorgehen der Auswertenden bei der Auswertung der Daten und dem zu messenden Konstrukt (AERA et al., 2014).

- Es besteht eine hohe Übereinstimmung zwischen der erwarteten und der tatsächlichen Faktorstruktur des Tests, den erwarteten und den tatsächlichen Item-Schwierigkeiten, den erwarteten und den tatsächlichen Zusammenhängen verschiedener Testteile und ggf. zwischen den erwarteten und den tatsächlichen differentiellen Item-Funktionen für verschiedene Gruppen (AERA et al., 2014).

Tabelle 6: Überblick über die vorgestellten Instrumente, ihre theoretische Fundierung und entsprechende Belege zur Objektivität, Reliabilität, Ökonomie und Validität

	Reading-Ease-Formel (Flesch, 1948)	Groebens subjektives Informations-maß (1972)	Experten-Urteile nach Langer et al. (1974)	Simulations-verfahren nach Kintsch & Vipond (1979)
Die Merkmale, die gemessen werden, sind in eine Theorie des Textverstehens eingebettet.	nein	nein	nein	ja
Die Interaktion von Text- und Lesermerkmalen wird berücksichtigt.	nein	ja	nein	ja
Objektivität	hoch	hoch	befriedigend	hoch
Reliabilität	hoch	fehlt	fehlt	hoch
Ökonomie	hoch	gering	hoch	gering
Die Beschreibung des zu messenden Konstrukts und d. Merkmale des Instruments stimmen überein.	nein	nein	ja	ja
Es bestehen Belege zur konsensuellen Validierung.	nein	nein	nein	nein
Die Inhalte des lauten Denkens bei der Bearbeitung des Instruments stimmen mit den angenommenen kognitiven Prozessen bei der Bearbeitung überein.	---	---	fehlt	---
Die Beschreibung des zu messenden Konstrukts und der Auswertung der Daten stimmen überein.	n. b.	n. b.	fehlt	ja
Die erwartete und die tatsächliche Faktorenstruktur des Instruments stimmen überein.	---	---	ja	---
Zwischen den gemessenen Merkmalen zeigen sich die erwarteten (Null-)Zusammenhänge.	---	---	n. b.	---
Es zeigen sich ggf. erwartete differentielle Item-Funktionen.	---	---	fehlt	---
Mit Hilfe des Instruments werden bekannte Unterschiede zwischen versch. Texten nachgewiesen.	nein	fehlt	ja	ja
Mit Hilfe des Instruments werden bekannte Unterschiede zwischen Personengruppen nachgewiesen.	ja	fehlt	nein	fehlt
Es bestehen die erwarteten Zusammenhänge zu ...				
... Verstehen	fehlt	fehlt	ja	fehlt
... Behalten	ja	ja	ja	ja
... Lesezeit	fehlt	fehlt	fehlt	ja
... Blickbewegungen	fehlt	fehlt	fehlt	ja
... Emotionen beim Lesen	fehlt	fehlt	ja	fehlt
... Interesse am Thema	fehlt	ja	ja	fehlt
... Verständlichkeitsempfinden der Lesenden	nein	fehlt	ja	fehlt
... anderen validen Instrumenten	nein	fehlt	fehlt	fehlt
Es bestehen Belege zur differentiellen Validität.	fehlt	fehlt	fehlt	fehlt
Validierung d. einzelnen Merkmale d. Instruments.	fehlt	fehlt	fehlt	fehlt
Die Validitätsbelege wurden für verschiedene Text-Populationen erbracht.	fehlt	fehlt	fehlt	fehlt
Die Validitätsbelege wurden für verschiedene Perso-nen-Populationen erbracht.	fehlt	fehlt	fehlt	fehlt
Das Instrument liefert Hinweise für Autor/inn/en.	geringe	keine	ja	ja

Anmerkungen. „ja" gibt an, dass für dieses Instrument ein positiver Test der jeweiligen Validitätshypothese vorliegt; „nein" gibt an, dass für dieses Instrument ein negativer Test der jeweiligen Validitätshypothese vorliegt; „fehlt" gibt an, dass noch keine Prüfung der entsprechenden Validitätshypothese für dieses Instrument vorliegt; „---" gibt an, dass die entsprechende Validitätshypothese auf dieses Instrument nicht sinnvoll angewendet werden kann; „n. b." gibt an, dass das Vorliegen von Belegen der entsprechenden Validitätshypothese für dieses Merkmal nicht bewertet wurde.

Tabelle 6, Fortsetzung: Überblick über die vorgestellten Instrumente, ihre theoretische Fundierung und entsprechende Belege zur Objektivität, Reliabilität, Ökonomie und Validität

	Checkliste von Gagné und Bell (1981)	Fragebogen von Jucks (2001)	Software DeLite (vor der Brück und Hartrumpf, 2009)	Software Coh-Metrix (McNamara et al., 2012)
Die Merkmale, die gemessen werden, sind in eine Theorie des Textverstehens eingebettet.	ja	nein	nein	ja
Die Interaktion von Text- und Lesermerkmalen wird berücksichtigt.	nein	ja	nein	nein
Objektivität	fehlt	hoch	hoch	hoch
Reliabilität	fehlt	gut	hoch	hoch
Ökonomie	gering	mittel	hoch	hoch
Die Beschreibung des zu messenden Konstrukts und d. Merkmale des Instruments stimmen überein.	ja	ja	nein	ja
Es bestehen Belege zur konsensuellen Validierung.	nein	nein	nein	nein
Die Inhalte des lauten Denkens bei der Bearbeitung des Instruments stimmen mit den angenommenen kognitiven Prozessen bei der Bearbeitung überein.	fehlt	fehlt	---	---
Die Beschreibung des zu messenden Konstrukts und der Auswertung der Daten stimmen überein.	ja	ja	---	ja
Die erwartete und die tatsächliche Faktorenstruktur des Instruments stimmen überein.	---	ja	---	ja
Zwischen den gemessenen Merkmalen zeigen sich die erwarteten (Null-)Zusammenhänge.	fehlt	n. b.	---	n. b.
Es zeigen sich ggf. erwartete differentielle Item-Funktionen.	---	fehlt	---	n. b.
Mit Hilfe des Instruments werden bekannte Unterschiede zwischen versch. Texten nachgewiesen.	fehlt	ja	fehlt	ja
Mit Hilfe des Instruments werden bekannte Unterschiede zwischen Personengruppen nachgewiesen.	nein	ja	nein	nein
Es bestehen die erwarteten Zusammenhänge zu ...				
... Verstehen	fehlt	fehlt	fehlt	fehlt
... Behalten	fehlt	fehlt	fehlt	fehlt
... Lesezeit	fehlt	fehlt	fehlt	fehlt
... Blickbewegungen	fehlt	fehlt	fehlt	fehlt
... Emotionen beim Lesen	fehlt	fehlt	fehlt	fehlt
... Interesse am Thema	fehlt	fehlt	fehlt	fehlt
... Verständlichkeitsempfinden der Lesenden	fehlt	ja	Ja	fehlt
... anderen validen Instrumenten	fehlt	fehlt	fehlt	Ja
Es bestehen Belege zur differentiellen Validität.	fehlt	fehlt	fehlt	fehlt
Validierung d. einzelnen Merkmale d. Instruments.	fehlt	teilw.	fehlt	teilw.
Die Validitätsbelege wurden für verschiedene Text-Populationen erbracht.	fehlt	fehlt	fehlt	ja
Die Validitätsbelege wurden für verschiedene Personen-Populationen erbracht.	fehlt	teilw.	fehlt	ja
Das Instrument liefert Hinweise für Autor/inn/en.	geringe	geringe	ja	ja

Anmerkungen. „ja" gibt an, dass für dieses Instrument ein positiver Test der jeweiligen Validitätshypothese vorliegt; „nein" gibt an, dass für dieses Instrument ein negativer Test der jeweiligen Validitätshypothese vorliegt; „fehlt" gibt an, dass noch keine Prüfung der entsprechenden Validitätshypothese für dieses Instrument vorliegt; „---" gibt an, dass die entsprechende Validitätshypothese auf dieses Instrument nicht sinnvoll angewendet werden kann; „n. b." gibt an, dass das Vorliegen von Belegen der entsprechenden Validitätshypothese für dieses Merkmal nicht bewertet wurde.

Belege, die auf Zusammenhängen mit anderen Variablen beruhen:

- Mit Hilfe des Tests können erwartete Gruppenunterschiede nachgewiesen werden (AERA et al., 2014).

- Mit Hilfe des Tests können erwartete Zusammenhänge mit anderen Variablen nachgewiesen werden, z.b. mit anderen Instrumenten, die das gleiche messen sollen, oder Kriterien, wobei es zu den Instrumenten zur Messung der anderen Variablen natürlich wiederum passende Validitätsbelege geben sollte (AERA et al., 2014). U. U. sollte außerdem nachgewiesen werden, dass die Zusammenhänge des Tests zu anderen Variablen bei verschiedenen Gruppen, verschiedenen Materialien usw. jeweils gleich groß sind (AERA et al., 2014).

- Mit Hilfe des Tests kann nachgewiesen werden, dass zu bestimmten Variablen die erwarteten kleineren Zusammenhänge bestehen als zu anderen Variablen (AERA et al., 2014). Wenn ein Test also z.b. Intelligenz messen soll, dann sollten die Ergebnisse des Tests höhere Zusammenhänge zu den Ergebnissen anderer Intelligenztests aufweisen als z.b. zu denen eines Lesekompetenztests.

Um die Validität eines bestimmten Schlusses zu rechtfertigen, stellt man also jeweils Behauptungen über bestimmte Zusammenhänge auf, die dann aufgrund inhaltlicher Überlegungen oder empirischer Prüfungen getestet werden. Dabei können allerdings nicht alle genannten Quellen zum Beleg von Validität auf alle Instrumente angewandt werden. Tabelle 6 zeigt eine Bewertung der Instrumente zur Messung der Textverständlichkeit im Hinblick auf die theoretische Fundierung, die Berücksichtigung der Text-Leser-Interaktion, die Objektivität, Reliabilität und Ökonomie; die Tabelle zeigt außerdem, welche Belege zur Validität vorliegen und inwiefern die Instrumente Rückmeldungen an die Autorinnen und Autoren zur Verbesserung der Texte für bestimmte Zielgruppen erlauben.

Die Übersicht zeigt, dass nicht alle mögliche Quellen der Validität des Einsatzes der Instrumente zur Messung der Textverständlichkeit herangezogen wurden. Die Forschung zur Messung der Textverständlichkeit kann aber sicherlich davon profitieren, wenn mehr Quellen zur Validierung eingesetzt werden.

Zwischenfazit

Ein Kritikpunkt an den verfügbaren Instrumenten scheint darin zu bestehen, dass es an einem übergreifenden Konzept zur Textverständlichkeit fehlt, welches Textverständlichkeit als Merkmal der Text-Leser-Interaktion behandelt und auf einer Theorie des Textverstehens basiert. Die Bedeutung eines entsprechenden Konzepts wird vor dem Hintergrund des aktuellen Verständnisses von Validität deutlich: Zum einen kann nur mit Hilfe einer Theorie des jeweils zu messenden Merkmals entschieden werden, ob das Merkmal durch die Messung mit einem bestimmten Instrument unter- oder überrepräsentiert wird oder ob die Messung das Merkmal angemessen wiedergibt. Zum anderen kann nur mit Hilfe von Theorien entschieden werden, ob die Anwendung eines Instruments in einem bestimmten Kontext zu einem bestimmten Zweck zu angemessenen Schlüssen führt oder nicht (AERA et al., 2014). Im Folgenden wird daher ein entsprechendes Konzept der Textverständlichkeit vorgestellt. In Kapitel 10 wird dann die Entwicklung eines entsprechenden, darauf aufbauenden Instruments vorgestellt. In den Kapiteln 11 bis 14 werden dann Studien zur Erprobung dieses Instruments vorgestellt, bevor die Ergebnisse dieser Studien schließlich in Kapitel 15 in Meta-Analysen zusammengefasst und in Kapitel 16 vor dem Hintergrund der Theorien des Textverstehens und dem aktuellen Verständnis von Validität kritisch diskutiert werden.

9 Das Verständlichkeitskonzept der vorliegenden Studie

Wie die vorangegangen Kapitel (v. a. Kapitel 7 und 8) gezeigt haben, hängt die Güte der Bewertung der Verständlichkeit wesentlich von dem Konzept der Textverständlichkeit ab, welches der Bewertung zugrunde liegt. Ein solches Konzept der Textverständlichkeit sollte Textverständlichkeit als die Reibungslosigkeit behandeln, mit der eine bestimmte Person mit Hilfe des jeweiligen Textes in einer bestimmten Situation zu einem bestimmten Zweck eine kohärenten und angemessene Repräsentation des Gegenstands aufbauen kann, mit deren Hilfe sie Umweltverhalten und Handlungspläne simulieren und bewerten kann (Kapitel 3.1); ein solches Konzept der Textverständlichkeit sollte berücksichtigen, dass die Textverständlichkeit sowohl von Text- als auch Personen- und Situations-Merkmalen beeinflusst wird (Kapitel 2.2 und 5); es sollte durch eine Theorie des Textverstehens begründet sein (Kapitel 4), empirische Vorhersagen erlauben, widerlegbar sein, mit den verfügbaren empirischen Daten übereinstimmen und möglichst einfach sein (Huber, 2009; Westermann, 2000).

Diese Ansprüche werden am ehesten von dem Konzept der Textverständlichkeit von Kintsch und Vipond (1979) erfüllt (s. Kapitel 6.4). Da das Konzept auf dem mittlerweile überholten zyklischen Modell der Textverarbeitung (s. Kapitel 4.2) beruht, entspricht es jedoch nicht mehr ganz dem aktuellen Forschungsstand. Wie sich aber bereits bei der Besprechung des Modells angedeutet hat, kann das Konzept vor dem Hintergrund des Konstruktions-Integrations-Modells von Kintsch (1988, 1998; Kapitel 4.3) und der modifizierten Cognitive Load Theory (Schnotz & Kürschner, 2007; Kapitel 4.4) neu interpretiert werden, sodass die Merkmale des Konzepts von Kintsch und Vipond (*Wortlänge, Satzlänge, Argumentdichte, Propositionsdichte, Anzahl nötiger Inferenzen, Anzahl nötiger Reinstatements* und *Anzahl nötiger Reorganisationen*) mit dem aktuellen Forschungsstand in Einklang gebracht werden. Kintsch und Vipond (1979) hatten zudem selbst angemerkt, dass ihr Konzept vermutlich nicht alle Merkmale der Textverständlichkeit berücksichtigt und dementsprechend erweitert werden muss. Vor dem Hintergrund der Dimension *Makropropositionen* des Konzepts von Gagné und Bell (1981; Kapitel 6.5) sowie den Dimensionen *zusätzliche Anregung* von Langer et al. (1974; Kapitel 6.2) bzw. kognitiver Konflikt von Groeben (1972; Kapitel 6.3) kann das Konzept von Kintsch und Vipond außerdem um Merkmale der Textverständlichkeit erweitert werden, die die Bildung von Makropropositionen, den Aufbau des mentalen Modells und der Motivierung aufgrund der Sprache des Textes betreffen (s. a. Kapitel 3.2

und 4). Aus diesen Überlegungen ergeben sich zehn Merkmale der Textverständlichkeit, die als *Wortschwierigkeit, Satzschwierigkeit, Argumentdichte, Propositionsdichte, Aufwand zur Inferenzbildung, Aufwand für Reinstatements, Aufwand für Reorganisationen, Hervorhebungen, Anschaulichkeit* und *Variation der Sprache* benannt werden können. Abbildung 13 gibt einen Überblick über das Konzept. Die zehn Merkmale werden im Folgenden vorgestellt.

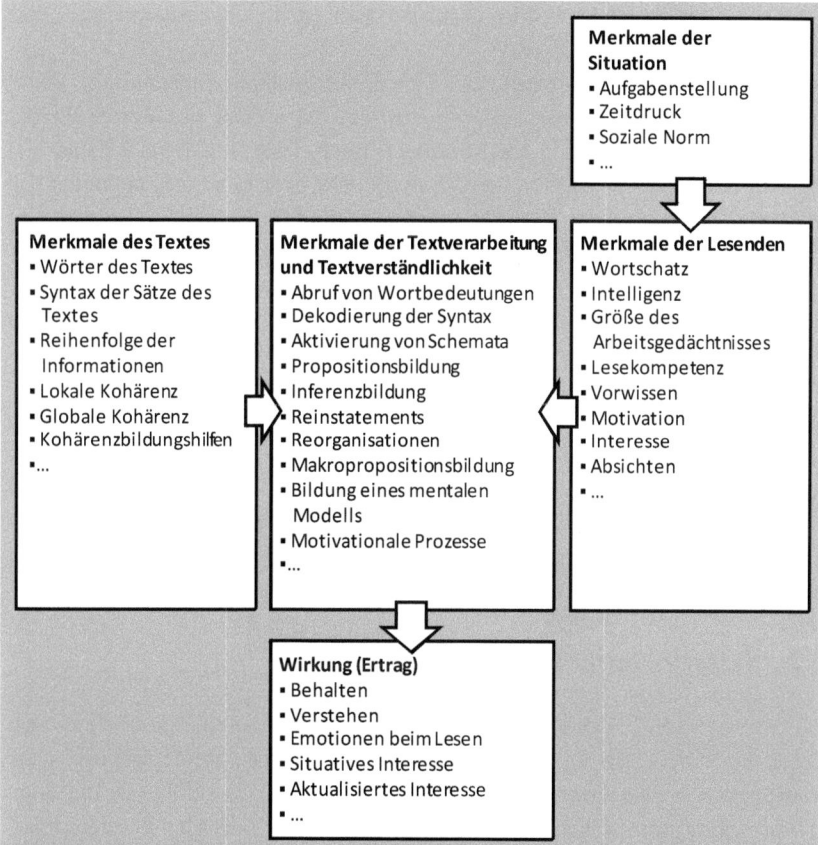

Abbildung 13: Überblick über das Verständlichkeitskonzept der vorliegenden Studie, demzufolge Text- und Personenmerkmale beeinflussen, wie leicht den Lesenden die Verarbeitung eines bestimmten Textes in einer bestimmten Situation fällt, wobei die Situation sich vermittelt über die Personenmerkmale auf die Textverständlichkeit auswirkt.

9.1 Wortschwierigkeit

Die *Wortschwierigkeit* bezeichnet die Leichtigkeit, mit der eine Leserin bzw. ein Leser den Wörtern des Textes Bedeutung zuordnen kann. Die *Wortschwierigkeit* ist ein Merkmal der Text-Leser-Interaktion. Sie ergibt sich daraus, welche Wörter der Text enthält und welche Wörter der oder dem Lesenden bekannt sind und wie gut sie ihr oder ihm bekannt sind. Je besser die Wörter eines Textes den Lesenden bekannt sind, desto geringer ist die *Wortschwierigkeit* und desto verständlicher ist der Text.

Alle vorgestellten Konzepte der Textverständlichkeit enthalten ein Merkmal, das (u.a.) wiedergeben soll, wie vertraut die Wörter des Textes für die Lesenden sind. Die Reading-Ease-Formel (Flesch, 1948; s. Kapitel 6.1 und 7.2) und das Konzept von Kintsch und Vipond (1979, s. Kapitel 6.4) enthalten das Merkmal *Wortlänge*; das Konzept von Gagné und Bell (1981; s. Kapitel 6.5) enthält das Merkmal *Worthäufigkeit*. Die Dimension *Einfachheit* des Konzepts von Langer et al. (1974; s. Kapitel 6.2) und die Dimension ästhetisch-stilistische Information des Konzepts von Groeben (1972; s. Kapitel 6.3) enthalten unter anderem Angaben zur Geläufigkeit der Wörter des Textes. In diesen verschiedenen Konzepten wird mit diesen Merkmalen dem Umstand Rechnung getragen, dass geläufige Wörter leichter dekodiert werden können; die Konzepte lassen aber außer Acht, dass es immer auch vom Vorwissen der Lesenden abhängt, welche Wörter ihnen geläufig sind. Daher ist das Merkmal *Wortschwierigkeit* sowohl in Abhängigkeit von den im Text enthaltenen Wörtern als auch dem Vorwissen der Lesenden definiert.

9.2 Satzschwierigkeit

Die *Satzschwierigkeit* bezeichnet die Leichtigkeit, mit der eine Leserin bzw. ein Leser die Syntax der Sätze des Textes dekodieren und in eine propositionale Repräsentation übersetzen kann. McNamara et al. (2012) zufolge ist die *Satzschwierigkeit* umso höher, je mehr Informationen die Lesenden bei der Dekodierung der Syntax jeweils gleichzeitig im Gedächtnis behalten müssen, je ungewöhnlicher die Syntax ist, je mehrdeutiger und je komplexer die Syntax ist. Die Syntax der Sätze ist umso komplexer, je mehr Nominalisierungen, Infinitiv-Konstruktionen, Negationen, Passiv-Konstruktionen und eingeschobene Satzteile die Sätze enthalten und je weiter Satzteile, die zusammen verarbeitet werden müssen (z.B. das Subjekt und das Verb) im Satz voneinander getrennt sind (Britton, Westbrook & Holdredge, 1978, zitiert nach Gagné und

Bell, 1981; Just und Carpenter, 1980, zitiert nach Gagné und Bell, 1981; Kintsch & Monk, 1972, zitiert nach Gagné und Bell, 1981; McNamara et al., 2012). McNamara et al. (2012) zufolge ist die *Satzschwierigkeit* zudem geringer, je ähnlicher die syntaktischen Strukturen der Sätze eines Textes sind. Auf der Seite der Lesenden hängt die *Satzschwierigkeit* von der Lesekompetenz, der Größe des Arbeitsgedächtnisses und vermutlich auch der Erfahrung der Lesenden mit den syntaktischen Strukturen der Sätze ab. Die *Satzschwierigkeit* wird hier also ebenfalls als Merkmal der Text-Leser-Interaktion aufgefasst. Je leichter die Lesenden die Syntax der Sätze dekodieren können, desto geringer ist die *Satzschwierigkeit* und desto verständlicher ist der Text.

Alle Konzepte der Textverständlichkeit enthalten ein Merkmal, das darauf abzielt, anzugeben, wie leicht die Syntax für die Lesenden zu dekodieren ist. Die Reading Ease-Formel (Flesch, 1948) und das Konzept von Kintsch und Vipond (1979) enthalten das Merkmal *Satzlänge*. Die Dimension *Einfachheit* des Konzepts von Langer et al. (1974; s. Kapitel 6.2) und die Dimension ästhetisch-stilistische Information des Konzepts von Groeben (1972; s. Kapitel 6.3) enthalten unter anderem Angaben dazu, wie einfach der Text formuliert ist. Das Konzept von Gagné und Bell (1981) enthält die Merkmale *Satzkomplexität*, *Halbsatzkomplexität* und *Distanz der Referenten*. Diese Merkmale beschreiben nicht die Komplexität der Syntax, dürften mit diesen aber wesentlich zusammenhängen, da z.B. eine große *Distanz der Referenten* bzw. hohe *Satzkomplexität* in der Regel mit einer komplizierten Syntax einhergeht.

9.3 Argumentdichte

Die *Argumentdichte* bezeichnet die Zahl der verschiedenen Argumente, die ein Text in Relation zur Zahl der Wörter des Textes enthält: *Argumentdichte* = Zahl der Argumente des Textes/Zahl der Wörter des Textes. Die *Argumentdichte* ist damit ein Merkmal der Texte. Bei der vollständigen Verarbeitung eines Textes durch Lesende müssen diese aber natürlich auch zu jedem Argument eine mentale Repräsentation bilden. Das Merkmal *Argumentdichte* wurde unverändert aus dem Konzept von Kintsch und Vipond (1979) und letztlich aus den Studien von Kintsch, Kozminsky, Streby, McKoon und Keenan übernommen (1975, zitiert nach Kintsch & Vipond, 1979; s. a. Kapitel 6.4). McNamara et al. (2012) zufolge bedeutet eine hohe *Argumentdichte* in der Regel zudem, dass die verschiedenen Konzepte weniger häufig im Text vorkommen und daher auch eher weniger untereinander verknüpft werden, sodass eine hohe *Argumentdichte* mit einer geringeren lokalen und globalen Kohärenz der Texte und auch einem höheren *Aufwand zur Inferenzbildung*, einem höheren *Aufwand für Reinstatements* und einem höheren *Aufwand für Reorganisationen* einhergeht. Ein Text ist daher umso verständlicher, je geringer seine *Argumentdichte* ist.

9.4 Propositionsdichte

Die *Propositionsdichte* bezeichnet die Zahl der Propositionen, die der Text enthält, in Relation zur Zahl der Wörter des Textes: *Propositionsdichte* = Zahl der Propositionen der impliziten Textbasis/Zahl der Wörter des Textes. Wie die *Argumentdichte* ist auch die *Propositionsdichte* ein Merkmal der Texte. Bei der vollständigen Verarbeitung von Texten müssen die Lesenden natürlich auch jede Proposition aufgrund der Textoberfläche bilden. Das Merkmal *Propositionsdichte* wurde unverändert aus dem Konzept von Kintsch und Vipond (1979) übernommen. Letztlich wurde die *Propositionsdichte* aus der Studie von Kintsch und Keenan übernommen (1973, zitiert nach Kintsch & Vipond, 1979). Das Konzept von Gagné und Bell (1981) enthält mit den Merkmalen *Satzkomplexität* und *Halbsatzkomplexität* zwei sehr ähnliche Merkmale. Je geringer die *Propositionsdichte* ist, desto weniger Propositionen müssen die Lesenden bilden und desto verständlicher ist der Text.

9.5 Aufwand zur Inferenzbildung

Der *Aufwand zur Inferenzbildung* bezeichnet das Ausmaß an Ressourcen, die ein Leser bzw. eine Leserin aufwenden muss, um durch Inferenzen zu einer kohärenten Repräsentation des Textes zu gelangen. Der *Aufwand zur Inferenzbildung* ist ein Merkmal der Text-Leser-Interaktion und hängt vor allem von der Kohärenz der impliziten Textbasis und dem Vorwissen des Lesers bzw. der Leserin ab. Je kohärenter die implizite Textbasis ist, desto weniger Inferenzen sind nötig, um zu einer kohärenten Repräsentation des Textinhalts zu kommen und je mehr Vorwissen eine Person hat, desto leichter fällt es ihr, Kohärenzlücken zu schließen. Personen, die den gesamten Inhalt eines Textes bereits verstanden haben, können die Kohärenzlücken dem Konstruktions-Integrations-Modell zufolge bereits ohne bewusstes Nachdenken in der Konstruktionsphase schließen. Personen mit wenig Vorwissen hingegen müssen u. U. bewusst nachdenken, um die Kohärenzlücken der impliziten Textbasis zu schließen. Für Personen mit wenig Vorwissen ist der *Aufwand zur Inferenzbildung* daher bei einem inkohärenten Text höher als für Personen mit viel Vorwissen. Das Merkmal *Aufwand zur Inferenzbildung* stellt damit eine Neuinterpretation des Merkmals *Anzahl nötiger Inferenzen* von Kintsch und Vipond (1979) dar. Anders als im Konzept von Kintsch und Vipond berücksichtigt es, dass das Vollziehen von Inferenzen unterschiedlich aufwendig sein kann. Auch das Konzept von Gagné und Bell berücksichtigt Textmerkmale, die den *Aufwand zur Inferenzbildung* wahrscheinlicher oder unwahrscheinlicher machen, z.b. die Merkmale *lexikalische Mehrdeutigkeiten, Mehrdeutigkeit der Referenzen und Themen, Konsistenz der Bezeichnungen, Distanz der Referenzen, Zusammenfassende Fragen, Advance Organizer und Analogien, Anwendungsfragen* und *integrative Fragen*. Gagné und Bell lassen dabei aber außer Acht, dass diese Textmerkmale vor allem für Lesende mit ungünstigen Voraussetzungen wichtig sind, für Lesende mit guten Voraussetzungen aber oft unwichtig (Schnotz, 1994; McNamara et al., 2012). Das Merkmal *Aufwand zur Inferenzbildung* ist daher in Abhängigkeit von Merkmalen des Textes und der Lesenden definiert: Je weniger Ressourcen die Lesenden aufbringen müssen, um Inferenzen zu ziehen, damit sie zu einer kohärenten Repräsentation des Textinhalts kommen, desto geringer ist der *Aufwand zur Inferenzbildung* und desto verständlicher ist der Text.

9.6 Aufwand für Reinstatements

Der *Aufwand für Reinstatements* bezeichnet das Ausmaß an Ressourcen, die ein Leser bzw. eine Leserin aufwenden muss, um durch Reinstatements zu einer kohärenten Repräsentation des Textes zu gelangen. Es handelt sich hierbei wiederum um ein Merkmal der Text-Leser-Interaktion. Der *Aufwand für Reinstatements* hängt zum einen von der Reihenfolge ab, in der die Informationen im Text gegeben werden, und zum anderen vom thematischen Vorwissen der Leserin bzw. des Lesers. Wenn ein Konzept im Text eingeführt wird und dann erst sehr viel später im Text wieder aufgegriffen wird, steigt die Wahrscheinlichkeit, dass ein Reinstatement durchgeführt werden muss; wenn die Leserin oder der Leser allerdings Vorwissen hat und das Konzept schon kannte oder schnell in ihr bestehendes Wissen eingliedern konnte, sinkt diese Wahrscheinlichkeit wieder. Daher ist auch der *Aufwand für Reinstatements* als Merkmal der Text-Leser-Interaktion definiert. Das Merkmal ist in ähnlicher Form auch Teil des Konzepts von Kintsch und Vipond (1979) und des Konzepts von Gagné und Bell (1981). Bei Kintsch und Vipond (1979) hängt die Notwendigkeit für Reinstatements neben der Struktur des Textes auch von der Größe des Arbeitsgedächtnisses der Lesenden ab; Gagné und Bell berücksichtigen bei der Einschätzung ihres Merkmals *Reinstatement-Searches* keine Merkmale der Lesenden; beide Konzepte lassen aber außer Acht, dass die Notwendigkeit, Reinstatements durchzuführen, vom Vorwissen und weiteren Personen-Merkmalen wie der Motivation abhängt.

9.7 Aufwand für Reorganisationen

Der *Aufwand für Reorganisationen* bezeichnet das Ausmaß an Ressourcen, die ein Leser oder eine Leserin aufbringen muss, um eine falsche Vorstellung vom Inhalt oder vom weiteren Verlauf des Textes zu korrigieren. Der *Aufwand für Reorganisationen* hängt sowohl von den Informationen und der Reihenfolge der Informationen als auch vom Vorwissen und den Erwartungen der Leserin bzw. des Lesers ab. Es handelt sich dabei also ebenfalls um ein Merkmal der Text-Leser-Interaktion. Eine Leserin bzw. ein Leser mit viel Vorwissen wird z.B. auch aufgrund irreführender Informationen eines Textes eher zu einer korrekten Repräsentation des Textinhalts kommen als eine Person mit wenig thematischem Vorwissen. Das Merkmal ist in sehr ähnlicher Form Teil des Konzepts von Kintsch und Vipond (1979). Bei dem Merkmal *Anzahl nötiger Reorganisationen* von Kintsch und Vipond geht es um die Umstrukturierung der propositionalen Repräsentation aufgrund von Kohärenzlücken; bei dem vorliegenden Merkmal geht es um die Korrektur propositionaler Repräsentationen oder mentaler Modelle. Diese können auch dadurch entstehen, dass in der Integrations-Phase die falschen Schemata behalten bzw. unterdrückt wurden. Anders als das Merkmal *Anzahl nötiger Reorganisationen* umfasst das Merkmal *Aufwand für Reorganisationen* auch Änderungen der Vorstellung über den Verlauf des Textes selbst. Je geringer der *Aufwand für Reorganisationen* ist, desto größer die Textverständlichkeit.

9.8 Hervorhebungen

Das Merkmal *Hervorhebungen* bezeichnet die Leichtigkeit, mit der die Lesenden die Makropropositionen eines Textes bilden und dafür die wichtigen Informationen eines Textes von den weniger wichtigen Informationen trennen können. Es handelt sich wiederum um ein Merkmal, das sowohl von Merkmalen des Textes als auch von Merkmalen des Lesers oder der Leserin beeinflusst wird. Überschriften, graphische Hervorhebungen und Fragen im Text z.B. erleichtern Lesenden die Auswahl der wichtigen Inhalte eines Textes (Kintsch &

van Dijk, 1978). Ein Leser bzw. eine Leserin mit wenig thematischem Vorwissen ist stark auf Hinweise des Textes angewiesen, um zu entscheiden, welche Informationen für das Tema und die weitere Verarbeitung wichtig sind und welche weniger; eine Person mit ausgeprägtem thematischem Vorwissen hingegen kann, auch wenn der Text keine entsprechenden Hinweise gibt, eher entscheiden, welche Informationen für das Thema und die weitere Verarbeitung des Textes wichtig sind und welche nicht (Kintsch, 1998). Die Dimension Makropropostionen mit den Merkmalen *Zusammenfassende Fragen* und *Signaling* aus dem Konzept von Gagné und Bell (1981) zielt ebenfalls darauf ab, inwiefern Lesenden der Aufbau einer Makroproposition gelingt. Je leichter es Lesenden fällt, zu entscheiden, welche Informationen des Textes hinsichtlich des Inhalts und des weiteren Textes wichtig und welche weniger wichtig sind, desto leichter und angemessener fällt ihnen der Aufbau der Makropropositionen des Textes, desto besser sind die *Hervorhebungen* und umso verständlicher ist der Text.

9.9 Anschaulichkeit

Die *Anschaulichkeit* gibt an, wie leicht die Lesenden ein mentales Modell der Textinhalte aufbauen können. Es hängt sowohl von Merkmalen des Textes als auch von Merkmalen der Lesenden ab: Ein Text, der viele Wörter enthält, die konkrete Dinge oder Empfindungen beschreiben, sollte *anschaulicher* sein als ein Text, der viele abstrakte Begriffe enthält oder Wörter, die keine sinnliche Vorstellung hervorrufen. Personen mit ausgeprägtem Vorwissen können zudem eher ein mentales Modell des Inhalts eines Textes aufbauen als Personen mit wenig Vorwissen. Mit Hilfe eines entsprechenden Texts können aber beide Gruppen zu einem ähnlichen und gleichermaßen angemessenen mentalen Modell des Textinhalts gelangen. Letztlich entspricht dieses Merkmal im Wesentlichem dem, was in den meisten Fällen mit dem Prozess des Verstehens gemeint ist, da Verstehen oft mit dem Aufbau eines mentalen Modells gleichgesetzt wird (s. Kapitel 3.1und 4.1). Je leichter die Lesenden ein mentales Modell des Textinhalts aufbauen können, desto *anschaulicher* und desto verständlicher ist der Text für sie.

9.10 Variation der Sprache

Die *Variation der Sprache* gibt an, als wie abwechslungsreich ein Leser bzw. eine Leserin die Form des Textes empfindet. Dies ist das einzige Merkmal des vorliegenden Konzepts, das sich nicht aus dem Konstruktions-Integrations-Modell von Kintsch (1988, 1998) ergibt. Das Merkmal wurde aufgrund seiner Nennung in den Konzepten von Langer et al. (1974) und Groeben (1972) gebildet und zielt auf die Motivation der Lesenden ab. Als wie abwechslungsreich die Sprache erlebt wird, hängt vermutlich vor allem von Textmerkmalen wie der Verwendung rhetorischer Figuren, der Einbettung der Informationen in eine Geschichte, dem Stellen von Fragen, abwechslungsreicher Interpunktion und ähnlichem ab. Da es sich um eine ästhetische Bewertung handelt, hängt die Bewertung der *Variation der Sprache* vermutlich auch zu einem gewissen Teil von Merkmalen des Lesers bzw. der Leserin ab.

9.11 Überblick

Insgesamt ergeben sich also zehn Merkmale der Textverständlichkeit. Acht dieser Merkmale hängen sowohl von Merkmalen der Texte als auch der Lesenden ab. Die Merkmale dieses Konzepts sind nicht unabhängig voneinander und widersprechen sich zum Teil: So geht eine hohe *Propositionsdichte* z.B. vermutlich oft mit einer hohen *Satzschwierigkeit* einher; eine hohe *Anschaulichkeit* geht vermutlich häufig mit einer geringen *Wortschwierigkeit* einher und oft muss man sich als Autor bzw. Autorin vermutlich für eine *Variation der Sprache* oder einen geringen *Aufwand für Reorganisationen* entscheiden.

Das hier vorgestellte Modell steht im Einklang mit den verfügbaren Theorien und den empirischen Befunden des Textverstehens. Tabelle 7 gibt einen Überblick über die Merkmale der Textverständlichkeit, Angaben zur Zuordnung der Text- und Personenmerkmale, welche die Merkmale der Textverständlichkeit beeinflussen sowie wichtige Quellen, in denen die Merkmale behandelt werden. Neben den hier aufgeführten Personenmerkmalen sind noch weitere Text- und Personenmerkmale denkbar, welche die Textverständlichkeit beeinflussen. Vor dem Hintergrund der in Kapitel 4 behandelten Theorien und Befunde ist aber anzunehmen, dass dies die wichtigsten sind.

Tabelle 7: Überblick über das hier vertretene Konzept der Textverständlichkeit

Merkmal der Textverständlichkeit	Beeinflusst durch welche Textmerkmale?	Beeinflusst durch welche Personenmerkmale?	Wichtige Quellen zu diesem Merkmal
Wortschwierigkeit	Verwendete Wörter	Wortschatz, thematisches Vorwissen	Kintsch, 1998; McNamara et al., 2012; Schnotz, 1994.
Satzschwierigkeit	Syntax der Sätze, z.b. Aktiv, Nominalisierungen, Paranthesen, …	Lesekompetenz, Größe des Arbeitsgedächtnisses, Erfahrung mit bestimmten syntaktischen Strukturen	Coleman, 1962, zitiert nach Groeben, 1972; Just und Carpenter, 1980, zitiert nach Gagné und Bell, 1981; McNamara et al., 2012.
Argumentdichte	Argumentdichte	---	Kintsch, Kozminsky, Streby, McKoon und Keenan, 1973, zitiert nach Kintsch & Vipond, 1979.
Propositionsdichte	Propositionsdichte	---	Kintsch und Keenan, 1973, zitiert nach Kintsch & Vipond, 1979.
Aufwand zur Inferenzbildung	Lokale und globale Kohärenz, Konsistenz der Bezeichnungen, Ambiguität der Referenten von Pronomen	Thematisches Vorwissen, Interesse, Lesekompetenz	Kintsch, 1988, 1998; Kintsch & van Dijk, 1978; McNamara et al., 2012; Schnotz, 1994.
Aufwand für Reinstatements	Lokale Kohärenz, Reihenfolge der Informationen	Thematisches Vorwissen, Größe des Arbeitsgedächtnisses	Kintsch, 1988, 1998; Kintsch & van Dijk, 1978; Schnotz, 1994.
Aufwand für Reorganisationen	Reihenfolge und Inhalt der Informationen	Thematisches Vorwissen	Kintsch, 1988, 1998; Kintsch & van Dijk, 1978; Schnotz, 1994.
Hervorhebungen	Kohärenzbildungshilfen, Signaling	Thematisches Vorwissen	Kintsch, 1988, 1998; Schnotz, 1994.
Anschaulichkeit	Beispiele, Analogien, verwendete Wörter	Thematisches Vorwissen	McNamara et al., 2012; Schnotz 1994.
Variation der Sprache	Fragen, Beispiele, rhetorische Figuren, Einbettung der Informationen in Geschichten	Unbekannt	Langer et al., 1974, 2006; Groeben, 1972.

10 Entwicklung eines Fragebogens zur Messung der Textverständlichkeit

In Kapitel 7 wurden zahlreiche Instrumente zur Messung von Textverständlichkeit vorgestellt. Zur Bewertung der Textverständlichkeit wurden sehr unterschiedliche Erhebungsmethoden gewählt: objektive Maße (Flesch, 1948), Redundanzmaße (Groeben, 1972), Experten-Urteile (Langer et al., 1974, 2006), Simulationsverfahren (Kintsch & Vipond, 1979), Checklisten (Bell & Gagné, 1981), Fragebögen (Jucks, 2001) und rechnergestützte Verfahren zur Erfassung von Merkmalen der Tiefenstruktur der Texte (vor der Brück & Hartrumpf, 2009). Es stellt sich die Frage, welche Methode am besten geeignet ist, um das Konzept der Textverständlichkeit der vorliegenden Studie zu operationalisieren. Die Anwendung des Instruments sollte ökonomisch sein; die Merkmale des Instruments sollten soweit es geht mit dem Konzept der Textverständlichkeit übereinstimmen; und schließlich sollten die Daten, die mit Hilfe des Instruments gewonnen werden, valide Schlüsse erlauben. Bei den Merkmalen der Textverständlichkeit des Konzepts handelt es sich durchweg um latente Variablen, die beschreiben, wie viel Aufwand eine bestimmte Leserin oder ein bestimmter Leser aufbringen muss, um einen bestimmten Text in einer bestimmten Situation zu einem bestimmten Zweck zu verstehen. Daher scheiden objektive Maße, wie sie in Lesbarkeitsformeln verwendet werden, zur Operationalisierung des Konzepts aus. Die aktuell verfügbaren Redundanzmaße sind theoretisch unbefriedigend bzw. wenig ökonomisch und scheiden daher ebenfalls aus. Experten-Urteile sind ein möglicher Weg, um Textverständlichkeit zu bewerten. Die Urteile wären allerdings hoch inferent und es bedürfte noch immer eines weiteren Verfahrens, um bewerten zu können, wie angemessen die Urteile der Expertinnen und Experten sind. Aus den gleichen Gründen scheiden auch Checklisten zur Operationalisierung des beschriebenen Konzepts der Textverständlichkeit aus. Die vielversprechendsten Ansätze zur Operationalisierung des beschriebenen Konzepts der Textverständlichkeit stellen vermutlich Fragebögen, Simulationsverfahren und rechnergestützte Verfahren dar, wobei die Simulationsverfahren auch rechnergestützt durchgeführt werden könnten. Das größte Problem für Simulationsverfahren stellt sicherlich die Ermittlung des Vorwissens und die Berücksichtigung der Ziele der Lesenden dar. Paukkeri, Ollikainen und Honkela (2013) haben einen Vorschlag unterbreitet, bei dem das Vorwissen von Lesenden mit Hilfe latenter semantischer Analysen der Texte, die sie gelesen oder geschrieben haben, analysiert wird (vgl. Kapitel 7.8). Auf absehbare Zeit scheint aber kein Verfahren in Sicht, mit dem das Vorwissen einzelner Personen oder Personengruppen ökonomisch und korrekt abgebildet werden kann. Zudem dürfte die Entwicklung eines entsprechenden Programms sehr aufwendig sein. Daher scheiden Simulationsverfahren zur Operationalisierung des vorgestellten Konzepts zumindest vorerst aus. Insgesamt scheinen Fragebögen der gangbarste Weg zu sein, um das vorgestellte Konzept der Textverständlichkeit zu operationalisieren. Die Lesenden müssten in diesem Fragebogen darüber Auskunft geben, wie reibungslos sie einen bestimmten Text in einer bestimmten Situation zu einem bestimmten Zweck verarbeiten konnten. Das wiederum setzt voraus, dass die Lesenden über entsprechende metakognitive Fähigkeiten verfügen und erfordert entsprechende Studien zur Validität der Schlüsse, die aus den Daten des Fragebogens gezogen werden sollen.

Um das vorgestellte Konzept der Textverständlichkeit messbar zu machen, wurde daher ein Fragebogen erstellt, der den Lesenden nach dem Lesen eines Textes vorgelegt werden soll. Mit Hilfe der Antworten der Lesenden zu den Items soll dann darauf geschlossen werden, wie reibungslos die Lesenden diesen Text verarbeiten konnten. Der Fragebogen soll die in Kapitel 9 vorgestellten zehn Merkmale *Wortschwierigkeit*, *Satzschwierigkeit*, *Argumentdichte*, *Propositionsdichte*, *Aufwand zur Inferenzbildung*, *Aufwand für Reinstatements*, *Aufwand für Reorganisationen*, *Hervorhebungen*, *Anschaulichkeit* und *Variation der Sprache* messen. Zudem soll er noch ein elftes Merkmal *Verständlichkeitsempfinden* messen, das eine globale Einschätzung der Lesenden zur Verständlichkeit des Textes erfassen soll.

Zu jedem dieser elf Merkmale wurden jeweils fünf Items konstruiert (s. Anhang B-01). Die Items sind einheitlich als Aussagen formuliert. Die Aussagen wurden aus der Beschreibung der Merkmale der Textverständlichkeit abgeleitet und so formuliert, dass die Befragten mit ihrer Hilfe angeben können, wie leicht ihnen die Verarbeitung des Textes im Hinblick auf die elf interessierenden Merkmale fiel. Eine Aussage, die zur *Wortschwierigkeit* formuliert wurde, lautet z.B. „Ich wusste bei allen Wörtern sofort, was sie bedeuten". Die Lesenden sollen dann zu jeder Aussage auf einer fünfstufigen Skala angeben, inwiefern sie der Aussage zustimmen. Ein fünfstufiges Antwortformat wurde gewählt, da kein Anlass bestand, eine übermäßige zentrale Tendenz im Antwortverhalten zu erwarten, weil ein fünfstufiges Verfahren ausreichend differenziert scheint und den Lesenden vermutlich auch vertraut ist (Bortz & Döring, 2006). Die fünf Skalenstufen wurden benannt mit „stimmt nicht", „stimmt eher nicht", „stimmt teilweise", „stimmt eher" und „stimmt genau". Diese Benennungen wurden aus der TIMSS-Studie von 2007 übernommen, da angenommen werden kann, dass diese Skalenbezeichnungen gleiche Abstände bezeichnen (vgl. Bos, Bonsen, Kummer, Lintorf, & Frey, 2009). Jedes Item verlangt den Lesenden also ein Urteil darüber ab, wie viel Aufwand sie zur Verarbeitung des Textes aufbringen mussten.

Die Items wurden zu einem Fragebogen zusammengestellt. Die Items zu den verschiedenen Merkmalen wurden im Fragebogen gemischt dargeboten. Jedes elfte Item gehörte jeweils zur gleichen Skala. Die Items 1, 12, 23, 34 und 45 gehörten zur Skala *Wortschwierigkeit*. Die Items 2, 13, 24, 35 und 46 gehörten zur Skala *Argumentdichte*, usw. Die Items waren jeweils entsprechend der folgenden Reihenfolge angeordnet: *Wortschwierigkeit, Argumentdichte, Satzschwierigkeit, Propositionsdichte, Aufwand zur Inferenzbildung, Anschaulichkeit, Aufwand für Reinstatements, Variation der Sprache, Aufwand für Reorganisationen, Hervorhebungen* und *Verständlichkeitsempfinden*. In einer Vorstudie wurden die Items einem ersten Test unterzogen (außer den Items der Skala *Verständlichkeitsempfinden*) und anschließend überarbeitet. Im folgenden Kapitel wird diese Vorstudie vorgestellt; in Kapitel 10.2 werden dann die aufgrund dieser Vorstudie überarbeiteten Items vorgestellt.

10.1 Vorstudie zur ersten Erprobung des Fragebogens

Die Vorstudie diente mehreren Zielen: Es sollte ermittelt werden, wie verständlich die Items selbst formuliert sind, welche Kritik Lesende an dem Fragebogen haben, ob die Skalen jeweils eindimensional sind, wie reliabel die Skalen sind, inwiefern die Skalen zwischen einem verständlicheren und einem unverständlicheren Text unterscheiden können und wie groß die Kommunalitäten der Items sind. Die Ermittlung der Kommunalitäten der Items dient dazu, zu berechnen, welche Stichprobengröße für die erste Studie nötig ist, in der mit Hilfe einer Hauptkomponentenanalyse bestimmt werden soll, inwiefern die Faktorenstruktur des Fragebogens der erwarteten Faktorenstruktur entspricht.

Stichprobe

Für die Studie wurde der Fragebogen an 60 Personen einer Gelegenheitsstichprobe verteilt. Davon nahmen 54 Personen teil (Rücklaufquote: 90%). Sie waren zwischen 22 und 64 Jahren alt ($AM = 32.47$; $SD = 7.90$). Von den Befragten waren 34 Frauen und 20 Männer. Tabelle 8 zeigt, wie sich der höchste erworbene Bildungsabschluss innerhalb der Stichprobe verteilte.

Tabelle 8: Verteilung des höchsten erworbenen Bildungsabschlusses in der Vorstudie

Abschluss	Mittlere Reife	Fachabitur	Abitur	Bachelor	Master	Promotion	Keine Angabe
n	3	1	5	5	33	7	0

Material

Nach einer kurzen Instruktion (s. Anhang A-01) wurde den Versuchspersonen ein Fragebogen vorgelegt, in dem sie die Verständlichkeit der Items selbst bewerten sollten. Den Befragten wurden zudem zwei Texte vorgelegt, die sie jeweils mit Hilfe des neu entwickelten Fragebogens zur Textverständlichkeit bewerten sollten. Zuletzt sollten die Befragten einen Fragebogen zu Hintergrundvariablen ausfüllen.

Der Fragebogen zur Verständlichkeit der Items selbst bestand aus den 50 neu entwickelten Items des Fragebogens zur Textverständlichkeit (ohne die Items der Skala *Verständlichkeitsempfinden*), mit der Vorgabe, diese auf einer fünf-stufigen Skala hinsichtlich der Verständlichkeit zu bewerten (s. Anhang B-02). Die fünf Stufen lauteten „sehr verständlich", „eher verständlich", „teilweise verständlich", „eher nicht verständlich" und „sehr unverständlich".

In der Studie wurden vier Texte verwendet. Die Texte wurden aus der Veröffentlichung von Langer et al. (2006) übernommen. Bei den Texten handelte sich um das Beiblatt für Lohnsteuerzahler von 1972 in der Originalversion und einer hinsichtlich der Verständlichkeit optimierten Version sowie um den Abstract eines wissenschaftlichen Artikels von 1971 in der Originalversion und einer hinsichtlich der Verständlichkeit optimierten Version (Langer et al., 2006). Diese Texte wurden aus verschiedenen Gründen gewählt: Die Texte sind kurz und es gab jeweils zwei Versionen, die für die Lesenden unterschiedlich verständlich sein sollten und daher miteinander verglichen werden konnten.

Schließlich wurden in der Studie noch der neu entwickelte Fragebogen zur Textverständlichkeit mit 50 Items (s. Anhang B-03) sowie ein Fragebogen zu Hintergrundvariablen verwendet. Der Fragebogen zu Hintergrundvariablen umfasste vier Items: eine Frage zum Alter, eine zum Geschlecht, eine zum höchsten erworbenen Bildungsabschluss und ein Item mit offenem Antwortformat, in dem die Befragten Anmerkungen zur Untersuchung eintragen konnten (s. Anhang C-01).

Durchführung

Für die Untersuchung wurden vier Testhefte erstellt. Die Testhefte bestanden aus einer Instruktion, dem Fragebogen zur Verständlichkeit der Items selbst, einem Text, dem Fragebogen zur Text-Verständlichkeit, einem zweiten Text, noch einmal dem Fragebogen zur Verständlichkeit und dem Fragebogen zu Hintergrundvariablen.

Die Hälfte der Testhefte enthielt jeweils die Originalversion des Beiblatts für Lohnsteuer-Zahler und die optimierte Version des wissenschaftlichen Abstracts; die andere Hälfte der Testhefte enthielt jeweils das optimierte Beiblatt für Lohnsteuerzahler und die Originalversion des wissenschaftlichen Abstracts. Die Hälfte der Testhefte enthielt jeweils zuerst den Steuer-Text und die andere Hälfte jeweils zuerst den wissenschaftlichen Abstract. Daraus ergaben sich die vier Versionen des Testhefts, die in Abbildung 14 veranschaulicht werden. Die vier Versionen der Testhefte wurden per Zufall an die Teilnehmerinnen und Teilnehmer verteilt.

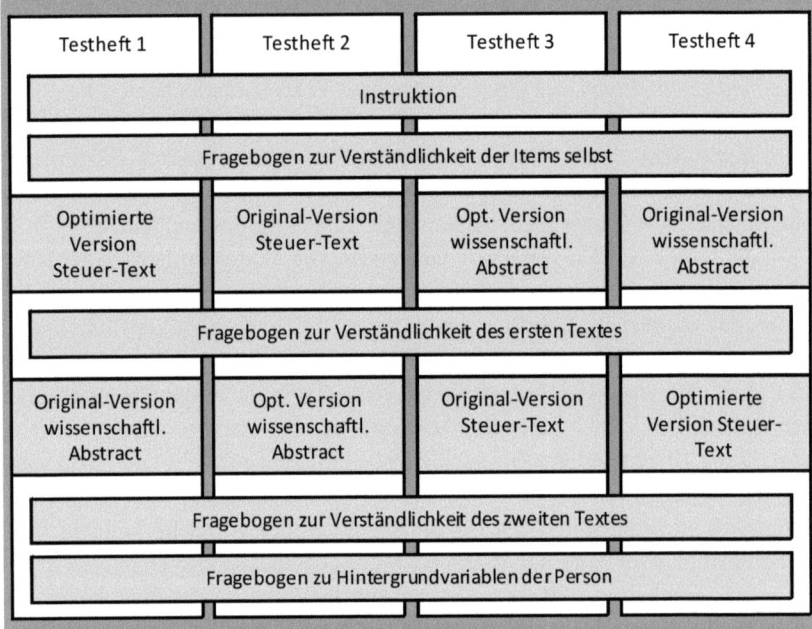

Abbildung 14: Aufbau der Testhefte der Vorstudie

Ergebnisse zur Verständlichkeit der Items

Im ersten Fragebogen sollten die Befragten angeben, wie verständlich sie die Items des Fragebogens selbst fanden. Für jedes Item wurde ein Mittelwert der Urteile berechnet. Für die 50 Items ergaben sich hinsichtlich dieser Variable Mittelwerte zwischen 1.92 und 3.92 ($AM = 3.36$; $SD = 0.39$). Ein Wert von 0.00 entspricht der Antwortalternative „sehr unverständlich". Ein Wert von 4.00 entspricht dabei der Antwortalternative „sehr verständlich". 42 der 50 Items erhielten hinsichtlich der Verständlichkeit der Items im Mittel einen Wert größer als 3.00 („eher verständlich"). Sieben Items erhielten Werte zwischen 2.00 und 3.00; ein Item erhielt einen Wert von 1.92. Jene acht Items, die hinsichtlich der Verständlichkeit einen Wert von 3.00 oder kleiner erhielten, wurden später überarbeitet.

Ergebnisse zur Kritik an den Items

Zu den 50 Items wurden von den 54 Teilnehmerinnen und Teilnehmern insgesamt 153 Anmerkungen gemacht, je nach Item zwischen 0 und 18. Aufgrund der Anmerkungen und der Bewertungen der Verständlichkeit der Items wurden insgesamt 30 der 50 Items überarbeitet.

Ergebnisse zur Dimensionalität, internen Konsistenzen und Kommunalitäten

Um zu prüfen, ob die Skalen eindimensional sind, wurden mit den fünf Items, die zu einem Merkmal konstruiert worden waren, jeweils Hauptkomponentenanalysen berechnet. Als Kriterium, um über die Eindimensionalität der Skalen zu entscheiden, wurde das Ellbogen-Kriterium herangezogen. Nach dem Ellbogen-Kriterium waren alle Skalen eindimensional. Für die Skalen ergaben sich mit Werten von $\alpha = .76$ bis $.94$ durchweg befriedigende bis sehr gute Werte für die internen Konsistenzen. Die Items erhielten in den Hauptkomponentenanalysen Kommunalitäten zwischen $h^2 = .14$ bis $.87$ ($AM = .66$; $SD = .14$). 2 Items wiesen mit $h^2 < .40$ niedrige Kommunalitäten auf, 12 Items mit $.40 < h^2 < .60$ mittlere Kommunalitäten, 17 Items mit $.60 < h^2 < .70$ hohe Kommunalitäten und 19 Items wiesen mit $h^2 > .70$ sehr hohe Kommunalitäten auf (Eid, Gollwitzer & Schmitt, 2010).

Ergebnisse zur Bewertung der unterschiedlichen Versionen der Texte

Langer et al. (2006) hatten zu den beiden Originaltexten, die in dieser Vorstudie verwandt wurden, jeweils optimierte Versionen erstellt, die ihrem Konzept zufolge verständlicher sind (s. Kapitel 6.2 und 7.4). Es wurde erwartet, dass die optimierten Versionen im Mittel auch in der vorliegenden Studie als günstiger bewertet werden als die Originaltexte. Zum Vergleich der Bewertungen wurde jeweils Cohens d berechnet. Da es sich jeweils um gerichtete Hypothesen handelte, wurden die standardisierten Mittelwertunterschiede mit Hilfe einseitiger t-Tests auf Signifikanz geprüft. Tabelle 9 zeigt die Mittelwerte und Standardabweichungen der Bewertungen der beiden Versionen des Beiblatts für Lohnsteuerzahler sowie die standardisierten Mittelwertunterschiede, die empirischen t-Werte und die Freiheitsgrade der t-Tests. Tabelle 10 zeigt die entsprechenden Werte für den Vergleich der beiden Versionen des wissenschaftlichen Abstracts.

Tabelle 9: Mittelwertsvergleiche der Bewertungen des Originalbeiblatts für Lohnsteuerzahler (n = 29) und der Bewertungen des optimierten Beiblatts für Lohnsteuerzahler (n = 23)

Skala	$AM_{Orig.}$	$SD_{Orig.}$	$AM_{opt.}$	$SD_{opt.}$	df	t_{emp}	d	Hyp.
Wortschwierigkeit	2.42	1.01	1.92	0.93	50	1.85*	0.52	>
Satzschwierigkeit	4.53	0.48	3.30	0.94	50	5.69*	1.59	>
Argumentdichte	3.70	0.76	2.90	0.89	49	3.38*	0.95	>
Propositionsdichte	4.44	0.63	3.64	0.67	49	4.29*	1.21	>
Aufwand zur Inferenzbildung	3.45	0.67	3.07	1.11	48	1.42	0.40	>
Aufwand für Reinstatements	3.89	0.66	3.26	0.96	49	2.65*	0.75	>
Aufwand für Reorganisationen	2.79	0.71	2.41	0.96	47	1.56	0.45	>
Hervorhebungen	2.16	0.68	2.93	1.11	49	-2.85	-0.81	<
Anschaulichkeit	1.90	0.63	2.17	0.93	50	-1.19*	-0.33	<
Variation der Sprache	1.48	0.44	1.80	0.74	50	1.83*	-0.51	<

Anmerkungen. Die Spalten „$AM_{Orig.}$" und „$SD_{Orig.}$" geben die Werte für den Originaltext wieder; die Spalten „$AM_{opt.}$" und „$SD_{opt.}$" geben die Werte für den optimierten Text wieder. Die Skalen können jeweils Werte von 1.00 („stimmt nicht") bis 5.00 („stimmt genau") annehmen. In der Spalte „Hypo." ist angegeben, ob ein positiver Wert von d („>") oder ein negativer Wert von d („<") erwartet wird; Mittelwertsunterschiede, die auf dem 5%-Niveau statistisch signifikant geworden sind, sind mit „*" gekennzeichnet.

Damit zeigten sich zwischen den Originaltexten und den optimierten Texten hinsichtlich sieben der zehn Skalen (s. Tabelle 9) bzw. acht der zehn Skalen (s. Tabelle 10) statistisch signifikante Unterschiede in der erwarteten Richtung. Die Analysen zeigen, dass die von Langer et al. (2006) optimierten Texte fast hinsichtlich aller Merkmale günstigere Werte erhielten als die Originaltexte. Dies sind erste, wenn auch schwache Validitätsbelege.

Diskussion der Vorstudie

Die Vorstudie diente dazu, zu ermitteln, wie verständlich die Items formuliert sind und welche Kritik Lesende an dem Fragebogen haben; es sollte geprüft werden, ob die Skalen jeweils eindimensional sind, wie reliabel die Skalen sind und inwiefern der Fragebogen jeweils zwischen verständlicheren und unverständlicheren Texten unterscheiden kann. Schließlich sollte mit Hilfe der Vorstudie ermittelt werden, wie groß die Kommunalitäten der Items sind, um die nötige Stichprobengröße für die erste Studie abschätzen zu können, in der mit Hilfe einer Hauptkomponentenanalyse die Hauptkomponenten des Fragebogens ermittelt werden sollten.

Tabelle 10: Mittelwertsvergleiche der Bewertungen des wissenschaftlichen Abstracts in der Original-Version (*n* = 28) und in der optimierten Version (*n* = 24)

Skala	AM$_{Orig.}$	SD$_{Orig.}$	AM$_{opt.}$	SD$_{opt.}$	df	t$_{emp}$	d	Hyp.
Wortschwierigkeit	2.55	1.14	1.28	0.36	50	5.23*	1.45	>
Satzschwierigkeit	3.99	0.93	1.89	0.89	50	8.30*	2.31	>
Argumentdichte	2.37	0.70	2.03	0.55	49	1.88	0.53	>
Propositionsdichte	2.84	0.69	2.33	0.84	49	2.35*	0.66	>
Aufwand zur Inferenzbildung	3.66	0.88	2.35	0.98	50	5.06*	1.41	>
Aufwand für Reinstatements	3.44	0.86	2.12	0.86	48	5.37*	1.53	>
Aufwand für Reorganisationen	3.04	0.91	2.26	0.72	50	3.40*	0.94	>
Hervorhebungen	2.38	1.02	3.61	0.95	50	-4.47*	-1.24	<
Anschaulichkeit	2.02	0.89	3.15	0.95	47	-4.27*	-1.22	<
Variation der Sprache	2.26	0.70	2.27	0.96	49	-0.05	-0.01	<

Anmerkungen. Die Spalten „*AM$_{Orig}$*" und „*SD$_{Orig}$*" geben die Werte für den Originaltext wieder; die Spalten „*AM$_{opt}$*" und „*SD$_{opt}$*" geben die Werte für den optimierten Text wieder. Die Skalen können jeweils Werte von 1.00 („stimmt nicht") bis 5.00 („stimmt genau") annehmen. In der Spalte „Hyp." ist angegeben, ob ein positiver Wert von *d* („>") oder ein negativer Wert von *d* („<") erwartet wird; Mittelwertsunterschiede, die auf dem 5%-Niveau statistisch signifikant geworden sind, sind mit „*" gekennzeichnet.

Die Studie hat gezeigt, dass 42 der 50 Items von den Befragten als sehr verständlich oder eher verständlich eingeschätzt wurden. 8 Items wurden infolge der ungünstigen Bewertungen überarbeitet. Aufgrund der kritischen Anmerkungen zu den Formulierungen wurden weitere 22 der 50 Items überarbeitet. Da die Aussagen des Fragebogens aus der Beschreibung der Merkmale abgeleitet wurden und da die Lesenden aufgefordert werden, anzugeben, inwiefern die Aussagen auf ihre Auseinandersetzung mit dem Text zutrifft, kann von einer großen Übereinstimmung des Instruments zum zu messenden Merkmal ausgegangen werden.

Trotz der Kritik der Versuchspersonen an den Items erwiesen sich die Skalen im ersten Test in der Vorstudie durchweg als eindimensional und reliabel. In diese Analysen gingen nur jeweils die fünf Items ein, die zu einem Merkmal konstruiert wurden. Es wurden nicht alle Items des Fragebogens in die Analysen einbezogen, weil die Stichprobe mit *n* < 100 für eine Hauptkomponentenanalyse sehr klein war (s. Rost, 2007). Hätten sich die Skalen als mehrdimensional erwiesen, wäre bereits dieser erste Validitätstest negativ ausgefallen. Ob die Items, die zu einem Merkmal konstruiert wurden, auch dann jeweils auf eine Hauptkomponente laden, wenn alle Items des Fragebogens in die Analysen einbezogen werden, soll in Studie 1 geklärt werden (Kapitel 11).Da der Fragebogen zwischen den Originaltexten und den von Langer et al. (2006) optimierten Texten unterscheiden konnte, ergaben sich erste schwache Validitätsbelege. Da die optimierten Texte sich aber jeweils hinsichtlich mehr als einem Merkmal von den Originaltexten unterscheiden (Langer et al., 2006), sind dies nur schwache erste Validitätsbelege. Ein strengerer Validitätstest erfordert es, die Texte so zu manipulieren, dass nur hinsichtlich einzelner Merkmale Veränderungen der Bewertungen zu erwarten wären. Dies wird in den Studien 1, 2 und 3 untersucht (Kapitel 11 bis 13).

Von den 50 Items des Fragebogens wiesen schließlich 36 Items mit $h^2 > .60$ hohe bis sehr hohe Kommunalitäten auf (Eid et al., 2010). Infolge der Überarbeitung von 30 der 50 Items sollten die Kommunalitäten eher steigen. Die Empfehlungen in der Literatur sind uneinheitlich: aufgrund der hohen Kommunalitäten sollte für die spätere Hauptkomponentenanalyse aber eine Stichprobe mit $n > 200$ genügen (vgl. Eid et al., 2010; Rost, 2007).

Die Ergebnisse der Vorstudie sind insgesamt ermutigend und geben wichtige Hinweise, um die Stichprobengröße für Studie 1 abschätzen zu können. Im folgenden Kapitel werden die Skalen und Items des Fragebogens vorgestellt, so wie sie nach der Vorstudie formuliert wurden.

10.2 Die Skalen und Items des Fragebogens nach der Vorstudie

Am Ende der Vorstudie lagen elf Skalen mit jeweils fünf Items vor. Der vollständige Fragebogen findet sich in Anhang B-04. Die einzelnen Skalen werden im Folgenden vorgestellt. Einige Items erfassen, inwiefern ein Merkmal vorliegt; einige Items erfassen, inwiefern ein Merkmal nicht vorliegt. Bevor die Items zu einer Skala zusammengefasst werden, müssen einige von ihnen daher jeweils rekodiert werden. Wenn die Skalenwerte mit 1, 2, 3, 4 und 5 kodiert werden, dann berechnet man die rekodierten Werte x' mit Hilfe der Formel $x' = 6 - x$. Items, die vor der Analyse rekodiert werden, sind im Folgenden mit „(r)" gekennzeichnet.

Wortschwierigkeit
Die *Wortschwierigkeit* bezeichnet die Leichtigkeit, mit der eine Leserin bzw. ein Leser den Wörtern des Textes Bedeutung zuordnen kann. Hohe Werte auf dieser Skala stehen für eine hohe *Wortschwierigkeit* und deuten damit auf eine eher geringe Verständlichkeit hin. Die Items der Skala lauteten wie folgt:

Item	Formulierung des Items
WS1	Die Wörter waren einfach zu verstehen. (r)
WS2	Bei manchen Wörtern war ich mir nicht sicher, was sie bedeuten.
WS3	Ich fand die Wörter im Text sehr schwer zu verstehen.
WS4	Ich kannte viele Wörter im Text nicht.
WS5	Ich wusste bei allen Wörtern sofort, was sie bedeuten. (r)

Satzschwierigkeit

Die *Satzschwierigkeit* bezeichnet die Leichtigkeit, mit der eine Leserin bzw. ein Leser die Syntax der Sätze des Textes dekodieren und in eine propositionale Repräsentation übersetzen kann. Hohe Werte auf dieser Skala stehen für eine hohe *Satzschwierigkeit* und deuten damit auf eine eher geringe Verständlichkeit hin. Die Items der Skala lauten wie folgt:

Item	Formulierung des Items
SS1	Die Sätze waren einfach gebaut. (r)
SS2	Die Sätze waren kompliziert gebaut.
SS3	Ich fand den Satzbau oft zu kompliziert.
SS4	Manche Sätze musste ich mehrmals lesen, um sie zu verstehen.
SS5	Viele Sätze im Text waren sehr lang.

Argumentdichte

Die *Argumentdichte* bezeichnet die Zahl der verschiedenen Argumente, die ein Text in Relation zur Zahl der Wörter des Textes enthält. Hohe Werte auf dieser Skala stehen für eine hohe *Argumentdichte* und deuten damit auf eine eher geringe Verständlichkeit hin. Die Items der Skala lauteten wie folgt:

Item	Formulierung des Items
AD1	Eine Liste aller Personen, Gegenstände oder Themen, die im Text vorkamen, wäre sehr lang.
AD2	Der Text enthielt Aussagen über viele verschiedene Personen, Gegenstände oder Themen.
AD3	Eine Liste aller Personen, Gegenstände oder Themen des Textes wäre sehr kurz. (r)
AD4	Im Text kamen nur wenige verschiedene Personen, Gegenstände oder Themen vor. (r)
AD5	Im Text kamen viele verschiedene Personen, Gegenstände oder Themen vor.

Propositionsdichte

Die *Propositionsdichte* bezeichnet die Zahl der Propositionen, die der Text enthält, in Relation zur Zahl der Wörter des Textes. Hohe Werte auf dieser Skala stehen für eine hohe *Propositionsdichte* und deuten damit auf eine eher geringe Verständlichkeit hin. Die Items der Skala lauteten wie folgt:

Item	Formulierung des Items
PD1	Der Text enthielt kaum Informationen. (r)
PD2	Die Informationen waren im Text stark gedrängt.
PD3	Im Text wurden viele Zusammenhänge dargestellt.
PD4	Im Text wurden nur wenige Zusammenhänge dargestellt. (r)
PD5	Der Text enthielt sehr viele Informationen.

Aufwand zur Inferenzbildung

Der *Aufwand zur Inferenzbildung* bezeichnet das Ausmaß an Ressourcen, die ein Leser bzw. eine Leserin aufwenden muss, um durch Inferenzen eine kohärente Repräsentation des Textes zu erstellen. Hohe Werte auf dieser Skala stehen für einen hohen *Aufwand zur Inferenzbildung* und deuten damit auf eine eher geringe Verständlichkeit hin. Die Items der Skala lauteten wie folgt:

Item	Formulierung des Items
AI1	Ich musste mir viele Zusammenhänge selbst erschließen, um den Text zu verstehen.
AI2	Ich wusste zu jeder Zeit, worum es im Text geht. (r)
AI3	Der Autor/die Autorin hätte an manchen Stellen klarer sagen sollen, was gemeint ist.
AI4	Ich habe mir an vielen Stellen gewünscht, es stünde genauer da, was gemeint ist.
AI5	Im Text haben oft wichtige Informationen gefehlt.

Aufwand für Reinstatements

Der *Aufwand für Reinstatements* bezeichnet das Ausmaß an Ressourcen, die ein Leser bzw. eine Leserin aufwenden muss, um durch Reinstatements zu einer kohärenten Repräsentation des Textes zu gelangen. Hohe Werte auf dieser Skala stehen für einen hohen *Aufwand für Reinstatements* und deuten folglich auf eine eher geringe Verständlichkeit hin. Die Items der Skala lauteten wie folgt:

Item	Formulierung des Items
AR1	Ich musste sehr oft im Text zurückspringen, um das Gesagte zu verstehen.
AR2	Ich musste häufig überlegen, was zuvor im Text stand, um den Rest zu verstehen.
AR3	Während des Lesens hatte ich stets alle Information im Kopf, die ich brauchte, um den Text zu verstehen. (r)
AR4	Viele Textstellen habe ich erst verstanden, nachdem ich mich an Informationen erinnert hatte, die weiter vorne im Text standen.
AR5	Im Text sollten neue Informationen öfter wiederholt werden.

Aufwand für Reorganisationen

Der *Aufwand für Reorganisationen* bezeichnet das Ausmaß an Ressourcen, die ein Leser oder eine Leserin aufbringen muss, um eine falsche Vorstellung vom Inhalt oder vom weiteren Verlauf des Textes zu korrigieren. Hohe Werte auf dieser Skala stehen für einen hohen *Aufwand für Reorganisationen* und deuten damit auf eine eher geringe Verständlichkeit hin. Die Items der Skala lauteten wie folgt:

Item	Formulierung des Items
Ro1	Der Text hat vielen Vorstellungen widersprochen, die ich mir während des Lesens gebildet hatte.
Ro2	Der Text widersprach an mehreren Stellen dem, was ich erwartet hatte.
Ro3	Der Text ging an mehreren Stellen anders weiter, als ich es erwartet hatte.
Ro4	Ich war manchmal überrascht, wie der Text weiterging.
Ro5	Ich musste während des Lesens keine meiner Vorstellung vom Inhalt des Textes verwerfen. (r)

Hervorhebungen

Das Merkmal *Hervorhebungen* bezeichnet die Leichtigkeit, mit der die Lesenden die Makropropositionen eines Textes bilden und die wichtigen Informationen eines Textes von den weniger wichtigen Informationen trennen können. Hohe Werte auf dieser Skala weisen auf deutliche *Hervorhebungen* und damit auf eine eher große Verständlichkeit hin. Die Items lauteten wie folgt:

Item	Formulierung des Items
He1	Ich fand es schwer zu sagen, was im Text wirklich wesentlich war. (r)
He2	Ich wünschte, der Text würde klarer sagen, was wichtig und was unwichtig ist. (r)
He3	Ich fände es sehr leicht, eine Zusammenfassung des Textes zu geben.
He4	Ich wusste immer gleich, was im Text wichtig und was unwichtig ist.
He5	Ich fand es schwierig, zu unterscheiden, was im Text wichtig und was unwichtig war. (r)

Anschaulichkeit

Die *Anschaulichkeit* gibt an, wie leicht die Lernenden ein mentales Modell des Inhalts, aufbauen können. Hohe Werte auf dieser Skala stehen für eine hohe *Anschaulichkeit* und deuten damit auf eine eher große Verständlichkeit hin. Die Items der Skala lauteten wie folgt:

Item	Formulierung des Items
An1	Der Text war anschaulich.
An2	Es fiel mir leicht, mir den Inhalt des Textes bildlich vorzustellen.
An3	Ich konnte mir beim Lesen nur schwer ein Bild vom Gesagten machen. (r)
An4	Beim Lesen hatte ich immer gleich ein Bild vom Gesagten vor Augen.
An5	Der Text war wenig anschaulich. (r)

Variation der Sprache

Die *Variation der Sprache* gibt an, als wie abwechslungsreich ein Leser bzw. eine Leserin die Form des Textes empfindet. Hohe Werte auf dieser Skala stehen für eine hohe *Variation der Sprache* und deuten damit auf eine eher große Verständlichkeit hin. Die Items der Skala lauteten wie folgt:

Item	Formulierung des Items
VS1	Ich fand die Sprache des Textes sehr eintönig. (r)
VS2	Die Sprache des Textes fand ich angenehm.
VS3	Ich fand die Sprache des Textes lebhaft.
VS4	Der Text war monoton. (r)
VS5	Ich fand die Sprache des Textes abwechslungsreich.

Verständlichkeitsempfinden

Zusätzlich zu den einzelnen Merkmalen der Textverständlichkeit wurde noch eine Skala *Verständlichkeitsempfinden* gebildet, in der die Lesenden ein globales Urteil über die Verständlichkeit des Textes abgeben sollen. Hohe Werte auf dieser Skala stehen für eine große empfundene Verständlichkeit. Die Items der Skala lauteten wie folgt:

Item	Formulierung des Items
Ve1	Ich fand den Text verständlich.
Ve2	Der Text vermittelt seinen Inhalt meines Erachtens sehr gut.
Ve3	Der Text könnte deutlich verständlicher sein. (r)
Ve4	Es fiel mir schwer, diesen Text zu verstehen. (r)
Ve5	Alles in allem war der Text leicht zu verstehen.

11 Studie 1

In Kapitel 9 wurde ein eigenes Konzept zur Textverständlichkeit vorgestellt, das die Merkmale *Wortschwierigkeit, Satzschwierigkeit, Argumentdichte, Propositionsdichte, Aufwand zur Inferenzbildung, Aufwand für Reinstatements, Aufwand für Reorganisationen, Hervorhebungen, Anschaulichkeit* und *Variation der Sprache* umfasst. In Kapitel 10 wurde ein Fragebogen vorgestellt, der auf Basis dieses Konzepts entwickelt wurde und elf Skalen umfasst – zehn Skalen zur Operationalisierung der Merkmale des Konzepts zur Textverständlichkeit und eine elfte Skala *Verständlichkeitsempfinden*, die einen globalen Eindruck der Verständlichkeit aus Sicht der Lesenden erfassen soll. Man kann davon ausgehen, dass der Fragebogen inhaltlich mit der Beschreibung des Konzepts der Textverständlichkeit übereinstimmt. Es ist allerdings unklar, ob die tatsächliche Faktorenstruktur des Fragebogens der erwarteten Faktorenstruktur entspricht, inwiefern mit Hilfe der Skalen des Fragebogens bekannte Unterschiede zwischen Personen und zu erwartende Unterschiede zwischen Texten nachgewiesen werden können und ob die Skalen des Fragebogens untereinander die erwarteten Zusammenhänge aufweisen (vgl. Kapitel 8.2). Diese Fragen sollen in dieser ersten Studie zur Erprobung des neu entwickelten Fragebogens zur Textverständlichkeit geklärt werden.

Die Darstellung der Studie gliedert sich in zwei Teile: Im ersten Teil wird die Forschungsfrage zur Faktorenstruktur des Fragebogens vorgestellt, die Durchführung der Studie beschrieben und die Ergebnisse zur Faktorenstruktur des Fragebogens vorgestellt und diskutiert. Sofern sich eine oder mehrere der erwarteten Faktoren tatsächlich zeigen, werden im zweiten Teil der Darstellung die Hypothesen vorgestellt, die diese Faktoren betreffen.

11.1 Fragestellung zur Faktorenstruktur des Fragebogens

Zunächst einmal soll geklärt werden, inwieweit die erwartete Faktorenstruktur des Fragebogens mit der tatsächlichen Faktorenstruktur übereinstimmt:

F_{FS01} Welche Items des Fragebogens zur Textverständlichkeit lassen sich einem Faktor zuordnen und wie können diese Faktoren am besten interpretiert werden?

Bei der Vorstellung der Entwicklung des Hamburger Verständlichkeitskonzepts in Kapitel 6.2 hatte sich gezeigt, dass sich latente Variablen nur dann als

Hauptkomponenten in einer Hauptkomponentenanalyse zeigen können, wenn genügend Varianz hinsichtlich dieser Variablen besteht. Will man also prüfen, ob die erwartete Faktorenstruktur mit der tatsächlichen Faktorenstruktur übereinstimmt, so muss sichergestellt werden, dass hinsichtlich aller erwarteten Merkmale ausreichend Varianz besteht. Die Merkmale der Textverständlichkeit, die in dem neu entwickelten Fragebogen erfasst werden sollen, hängen jeweils sowohl von Text- als auch Leser-Merkmalen ab. Die Varianz der Textverständlichkeit fällt demnach umso größer aus, je heterogener die Personenstichprobe und die Textstichprobe jeweils sind. Die Personen sollten sich dabei hinsichtlich ihrer Verstehensvoraussetzungen unterscheiden, vor allem hinsichtlich ihres Vorwissens. Die Texte sollten sich hinsichtlich der für das Verstehen relevanten Textmerkmale unterscheiden, vor allem also im Hinblick auf die Geläufigkeit der Wörter, die Komplexität der Syntax, die Argumentdichte, die Propositionsdichte, die lokale Kohärenz, die Kohärenzbildungshilfen usw. (s. Abbildung 13; vgl. Kapitel 5 und 9). Für die vorliegende Studie wurden beide Wege beschritten.

11.2 Methode

Stichprobe

Für die Studie wurde auf verschiedenen Homepages der TU Braunschweig geworben sowie über E-Mail-Verteiler der Studiengänge Erziehungswissenschaft, Psychologie und Lehramt an der TU Braunschweig, die Studiengänge Psychologie sowie Kommunikationswissenschaft an der Universität Erfurt und den Studiengang Soziale Arbeit an der Ostfalia Hochschule in Wolfenbüttel. Die Auswahl der E-Mail-Verteiler erfolgte mit dem Ziel, eine Stichprobe zu gewinnen, die eine möglichst große Varianz aufwies im Hinblick auf Wissen, das im Psychologie-Studium vermittelt wird, da der Text der Studie ein entsprechendes Thema behandelt (s. u.). Unter allen Teilnehmerinnen und Teilnehmern wurden 15 Einkaufs-Gutscheine über jeweils 20 Euro verlost. In den E-Mails, in denen für die Studie geworben wurde, wurde auf die Gewinnmöglichkeit hingewiesen.

An der Studie nahmen $N = 230$ Personen zwischen 19 und 77 Jahren ($AM = 30.5$; $SD = 14.0$) teil, davon 149 Frauen, 78 Männer und 3 Personen, die keine Angabe zu ihrem Geschlecht machten. Tabelle 11 zeigt die Angaben der Untersuchungsteilnehmerinnen und -teilnehmer zu ihrem höchsten erworbenen Bildungsabschluss.

Tabelle 11: Angaben der Untersuchungsteilnehmerinnen und -teilnehmer zu ihrem höchsten erworbenen Bildungsabschluss in Studie 1

Höchster Bildungsabschluss	n
Kein Schulabschluss	1
Hauptschulabschluss	3
Mittlere Reife	15
Fachabitur	16
Abitur	80
Bachelor oder Vordiplom	44
Master, Diplom oder Staatsexamen	53
Promotion	14
Keine Angabe	4

Instrumente

Die Untersuchung bestand aus einem Instruktions-Text (s. Anhang A-02), einem Text zu den Gütekriterien Objektivität, Reliabilität und Validität der klassischen Testtheorie (s. Anhang D-01) in elf verschiedenen Versionen (s. u.), dem Fragebogen zur Textverständlichkeit mit 55 Items (s. Anhang B-04) und einem Fragebogen zu Merkmalen der Person mit sieben Items, unter anderem zum Geschlecht, Alter, Vorwissen, höchsten erworbenen Bildungsabschluss, Beruf und ggf. zum Studiengang sowie einem Textfeld mit der Möglichkeit, Rückmeldungen zur Studie zu geben (s. Anhang C-02).

Manipulation des Textes

Um sicherzustellen, dass hinsichtlich aller zehn Merkmale der Textverständlichkeit Varianz besteht, wurde zu jedem dieser Merkmale eine Version des Textes erzeugt, die auf die Manipulation dieses Merkmals abzielte. Aufgrund der Manipulation dieser Merkmale sollte auch hinsichtlich des Merkmals *Verständlichkeitsempfinden* Varianz bestehen. Die Texte sind in Anhang D-01 angehängt. Die *Wortschwierigkeit* sollte erhöht werden, indem geläufige Wörter wie „Klassenarbeit" im Text systematisch durch weniger geläufige Wörter wie „informeller Test" ersetzt wurden (vgl. Kapitel 9.1). Diese Version wird im Folgenden mit „WS+" bezeichnet. Die *Satzschwierigkeit* sollte erhöht werden, indem Sätze als eingeschobene Nebensätze (Parenthesen) in andere Sätze eingefügt wurden, indem Verbal-Konstruktionen in Nominal-Konstruktionen umgeformt wurden und indem Sätze aus dem Aktiv ins Passiv gesetzt wurden (vgl. Kapitel 9.2). Diese Version wird im Folgenden mit „SS+" bezeichnet. Die *Argumentdichte* wurde erhöht, indem Wörter, die im Originaltext in den Beispielen immer wiederkehrten, durch immer wieder andere Wörter ersetzt wurden, die inhaltlich ebenfalls passten, aber eine andere Bedeutung hatten. So wurde das Wort „Klassenarbeit" z.B. durch jeweils passende Wörter wie „Fragebogen", „Klausur", „Vokabeltest" und „informeller Test" ersetzt (s. Kapitel 9.3). Diese Version wird im Folgenden mit „AD+" bezeichnet. Die *Propositionsdichte* wurde erhöht, indem durch das Einfügen von Adjektiven, Adverbien und Genitiv-Konstruktionen zusätzliche Propostionen erzeugt wurden und indem Füllwörter aus dem Text entfernt wurden, sodass die Zahl der Propositionen im Verhältnis zur Textlänge, gemessen in Wörtern, stieg (s. Kapitel 9.4). Diese Version wird im Folgenden mit „PD+" bezeichnet. Der *Aufwand zur Inferenzbildung* wurde erhöht, indem Informationen im Text weggelassen wurden, die die Lesenden dann selber ergänzen mussten. Dabei wurden vor allem bereits eingeführte Begriffe durch Reflexivpronomina wie „er", „sie", „dieses", usw. ersetzt, sodass die Bezüge jeweils selbst erschlossen werden mussten (s. Kapitel 9.5). Diese Version wird im Folgenden mit „AI+" bezeichnet. Der *Aufwand für Reinstatements* wurde erhöht, indem die Reihenfolge der Absätze verändert wurde, sodass die lokale Kohärenz gemindert wurde ohne dass die globale Kohärenz abnahm (s. Kapitel 5). Im Originaltext werden das Gütekriterium Objektivität und der Aspekt der Auswertungsobjektivität z.B. in aufeinanderfolgenden Absätzen erklärt, während sie in dem manipulierten Text durch mehrere Absätze getrennt sind (s. Anhang D-01; s. Kapitel 9.6). Diese Version des Textes wird im Folgenden mit „AR+" bezeichnet. Um den *Aufwand für Reorganisationen* zu erhöhen, wurde der Text so umgestellt, dass die ersten Sätze Mehrdeutigkeiten enthielten, die falsche Annahmen über das Thema des Textes nahelegten, die erst im Laufe des Textes aufgeklärt werden (s. Kapitel 9.7). Diese Version wird im Folgenden mit „Ro+" bezeichnet. Die *Hervorhebungen* wurden vermindert, indem Zwischenüberschriften und Querverweise gelöscht wurden (s. Kapitel 9.8). Diese Version wird im Folgenden mit „He-" bezeichnet. Die *Anschaulichkeit* wurde verringert, indem anschauliche Begriffe wie „Klausur über das Römische Reich" im Text systematisch durch weniger anschauliche Begriffe wie „Test, der das Merkmal X erfassen soll" ersetzt wurden (s. Kapitel 9.9). Diese Version wird im Folgenden mit „An-" bezeichnet. Die *Variation der Sprache* wurde verringert, indem die Sätze des Textes gekürzt und so verändert wurden, dass viele Sätze dem gleichen Aufbau folgten (s. Kapitel 9.10). Diese Version wird im Folgenden mit „VS-" bezeichnet. Tabelle 12 gibt eine Übersicht dazu, aus wie vielen Sätzen, Wörtern, Silben und Zeichen die Texte jeweils bestanden, um sie in dieser Hinsicht mit den Texten anderer Studien vergleichen zu können.

Tabelle 12: Angaben zur Zahl der Sätze, Wörter, Silben und Zeichen der verschiedenen Versionen des Textes in Studie 1

Text	Sätze	Wörter	Silben	Zeichen
Originaltext (OR)	32	653	1 382	4 196
Text zur Erhöhung der *Wortschwierigkeit* (WS+)	32	651	1 488	4 287
Text zur Erhöhung der *Satzschwierigkeit* (SS+)	19	652	1 423	4 249
Text mit erhöhter *Argumentdichte* (AD+)	32	704	1 590	4 800
Text mit erhöhter *Propositionsdichte* (PD+)	32	516	1 178	3 507
Text zur Erhöhung des *Aufwands zur Inferenzbildung* (AI+)	32	566	1 140	3 448
Text zur Erhöhung des *Aufwands für Reinstatements* (AR+)	31	641	1 344	4 072
Text zur Erhöhung des *Aufwands für Reorganisationen* (Ro+)	32	641	1 353	4 102
Text zur Verminderung der *Hervorhebungen* (He-)	30	596	1 278	3 831
Text zur Verminderung der *Anschaulichkeit* (An-)	32	644	1 389	4 154
Text zur Verminderung der *Variation der Sprache* (VS-)	79	799	1 720	5 095

Durchführung

Die Studie wurde als Online-Studie durchgeführt. Allen Teilnehmenden wurde zuerst der Instruktions-Text vorgelegt und dann per Zufall eine der elf Versionen des Textes (s. o.). Im Anschluss bearbeiteten die Teilnehmenden den Fragebogen zur Textverständlichkeit und einen Fragebogen zu den Personenmerkmalen. Die Teilnahme dauerte im Schnitt ca. 20 Minuten. Die Dauer der Teilnahme wurde aufgrund einer Erprobung mit vier Personen und anhand der Aufzeichnungen der Verweildauer auf den Internet-Seiten der Befragung ermittelt.

Auswertung

Zur Beantwortung der Forschungsfrage F_{FS01} nach der Faktorenstruktur des Fragebogens werden die Angaben der Befragten zum Fragebogen zur Textverständlichkeit zweier Hauptkomponentenanalysen mit VariMax-Rotation unterzogen: einer Analyse, um zu prüfen, ob die Skala *Verständlichkeitsempfinden* eindimensional ist und einer weiteren Analyse, um zu ermitteln, welche Faktoren mit Hilfe der anderen 50 Items des Fragebogens erfasst werden können. Vor der Durchführung der Hauptkomponentenanalysen wurden die Items rekodiert, bei denen dies bereits bei der Erstellung vorgesehen wurde (s. Kapitel 10.2). Als Kriterien zur Auswahl der Hauptkomponenten wurden dann das Ellbogen-Kriterium und die Interpretierbarkeit herangezogen. Zur Repräsentation der Komponenten wurden schließlich jene Items herangezogen, die Hauptladungen größer als .50 bzw. kleiner als -.50 waren und deren Nebenladungen kleiner als .30 bzw. größer als -.30 waren. Im Anschluss an diesen Schritt wurden alle Items, die die gleiche Komponente repräsentieren, aufaddiert und die Summe wurde durch die Zahl der Items geteilt. Im zweiten Schritt wurde die interne Konsistenz all jener Items berechnet, die die gleiche Komponente repräsentieren.

Obwohl klare Hypothesen dazu bestehen, welche Items gemeinsam auf eine Komponente laden und welche nicht, wurden die Daten mit Hilfe einer Hauptkomponentenanalyse statt mit einer konfirmatorischen Faktorenanalyse ausgewertet. Der Grund dafür besteht darin, dass die Stichprobe bei einer konfirmatorischen Faktorenanalyse enorm groß sein müsste, um ein Modell mit elf latenten Variablen und 55 latenten Korrelationen zu testen, sofern das überhaupt möglich ist. Im Moment gibt es zudem nur Vermutungen zur Faktorenstruktur des Fragebogens. In einem so frühen Stadium der Entwicklung des Instruments scheint der entsprechende Aufwand daher nicht gerechtfertigt (s. a. Westermann, 2000). Daher soll mit Hilfe der Hauptkomponentenanalyse ermittelt werden, welche Komponenten der Textverständlichkeit überhaupt mit Hilfe der Urteile von Lesenden abgebildet werden können. Da die Kommunalitäten der Items durchweg recht hoch waren, bestand eine gute Chance, mit $N > 200$ eine stabile Lösung zu finden (Eid et al., 2010; s. a. Rost, 2007). Es wurde eine VariMax-Rotation gewählt, um möglichst voneinander unabhängige Hauptkomponenten zu erhalten.

11.3 Ergebnisse zur Faktorenstruktur des Fragebogens

Es werden zuerst die Ergebnisse der Hauptkomponentenanalyse berichtet, in die die fünf Items eingingen, welche zum Merkmal *Verständlichkeitsempfinden* konstruiert wurden. Im Anschluss werden die Ergebnisse der Hauptkomponentenanalyse berichtet, in die die anderen Items eingingen.

Hauptkomponentenanalyse zur Skala „Verständlichkeitsempfinden"

Die erste Hauptkomponentenanalyse sollte prüfen, ob die Skala *Verständlichkeitsempfinden* eindimensional ist. Beide Kriterien sprechen für eine eindimensionale Lösung: der Scree-Plot hat einen einzigen deutlichen Knick bei Komponente 2 (Ellbogen-Kriterium; s. Anhang E-01) und diese Lösung ist leicht interpretierbar. Die Komponente lässt sich als *Verständlichkeitsempfinden* interpretieren.

Hauptkomponentenanalyse der anderen Items des Fragebogens zur Textverständlichkeit

Die zweite Hauptkomponentenanalyse sollte prüfen, welche Merkmale der Textverständlichkeit mit Hilfe des Fragebogens und der Lesenden erfasst werden können. Dazu wurden alle weiteren 50 Items des Fragebogens zur Textverständlichkeit in eine Hauptkomponentenanalyse mit VariMax-Rotation einbezogen. Die Items, für die eine Rekodierung vorgesehen worden war, wurden vor der Durchführung der Hauptkomponentenanalyse rekodiert (s. Kapitel 10.2). Im Scree-Plot in Abbildung 15 zeigen sich zwei Knicke, sowohl bei Komponenten 3, als auch bei Komponente 7.

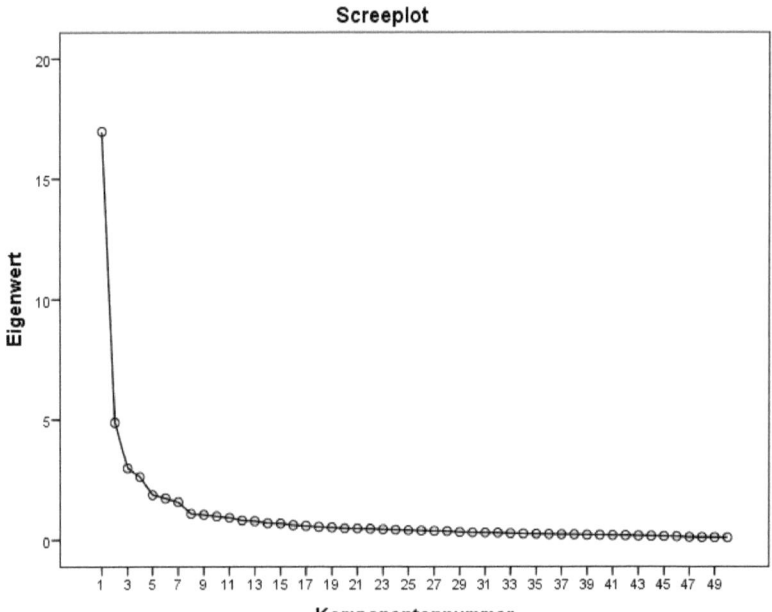

Abbildung 15: Scree-Plot der Hauptkomponentenanalyse mit den 50 Items, die zu den einzelnen Merkmalen der Textverständlichkeit gebildet wurden aus Studie 1.

Um die Lösung zu finden, die am besten interpretierbar ist, wurde das Ladungsmuster für jede Lösung mit zwei bis zehn Komponenten betrachtet. Es zeigte sich, dass die Lösung mit sieben Komponenten die am besten interpretierbaren Ergebnisse zeigte: In dieser Lösung wurde keine Hauptkomponente durch weniger als zwei Items repräsentiert und es ließ sich bei dieser Lösung am leichtesten benennen, was jeweils den Items gemeinsam war, die auf dieselben Komponente luden. Mittels der Sieben-Komponenten-Lösung werden 65,2% der Varianz der Items aufgeklärt. Tabelle 13 zeigt die Ladung der einzelnen Items auf die sieben Hauptkomponenten an.

Die erste Komponente erklärt 14.9% der Varianz. Zieht man zur Repräsentation dieser Komponente nur die Items heran, die eine Hauptladung > $|.50|$ und Nebenladungen < $|.30|$ haben, besteht die erste Komponente aus drei Items: Zwei der Items wurden ursprünglich zum Merkmal *Anschaulichkeit* konstruiert, das dritte Item zum Merkmal *Hervorhebungen*. Alle drei Items bringen zum Ausdruck, wie deutlich bzw. undeutlich die Vorstellung der Lesenden über den Inhalt des Textes ist. Alle drei Items sind so formuliert, dass hohe Werte auf den Items dafür sprechen, dass die Lesenden eine klare Vorstellung vom Inhalt des Textes haben. Da alle drei Items negativ auf die Hauptkomponente laden, kann diese als „*Unklarheit der Vorstellung* vom Inhalt des Textes" interpretiert werden. Um diese Hauptkomponente zu repräsentieren, müssten die Items jeweils umkodiert werden. Im Folgenden sollen allerdings nicht die Faktorwerte verwendet werden, sondern der Mittelwert aller Items, die dieselbe Hauptkomponente repräsentieren. Um die Anwendung und Interpretation der Skala zu vereinfachen, werden die Items im Folgenden nicht umkodiert und diese Hauptkomponente wird als *Klarheit der Vorstellung* interpretiert.

Die zweite Komponente erklärt 10.3% der Varianz. Nach Ausschluss der Items mit uneindeutigem Ladungsmuster (Hauptladungen < $|.50|$ oder Nebenladungen $\geq |.30|$) wird sie durch vier Items repräsentiert, die zum Merkmal *Aufwand für Reorganisationen* konstruiert worden waren. Zwei der verworfenen Items waren zum Merkmal *Aufwand zur Inferenzbildung* konstruiert worden, die anderen beiden verworfenen Items zum Merkmal *Hervorhebungen*. Die zweite Komponente wird als *Aufwand für Reorganisationen* interpretiert.

Die dritte Komponente erklärt 10.1% der Varianz. Diese Komponente wird durch vier Items repräsentiert, die alle für das Merkmal *Satzschwierigkeit* konstruiert worden waren. Alle vier Items weisen Hauptladungen > $|.50|$ und Nebenladungen < $|.30|$ auf. Diese Komponente wird daher als *Satzschwierigkeit* interpretiert.

Tabelle 13: Ladungen der (ggf. zuvor rekodierten) Items auf die Hauptkomponenten der Sieben-Hauptkomponentenlösung

Skala bzw. Item	Nr.	K 1	K 2	K 3	K 4	K 5	K 6	K 7
Klarheit der Vorstellung								
Es fiel mir leicht, mir den Inhalt bildlich vorzustellen.	17	-.80						
Beim Lesen hatte ich immer gleich ein Bild vom Gesagten vor Augen.	39	-.77						
* Ich konnte mir beim Lesen nur schwer ein Bild vom Gesagten machen. (r)	28	-.70	-.30					
* Während des Lesens hatte ich stets alle Informationen im Kopf, die ich brauchte, um den Text zu verstehen. (r)	29	.68				.30		
* Ich wusste zu jeder Zeit, worum es geht. (r)	16	.61	.31			.36		
* Der Text war anschaulich.	6	-.61			.33			
* Ich wusste immer gleich, was im Text wichtig und was unwichtig ist.	43	-.60	-.35					
Ich fände es sehr leicht, eine Zusammenfassung zu geben.	32	-.56						
* Ich fand es schwierig, zu unterscheiden, was wichtig und was unwichtig war. (r)	54	-.55	-.52					
* Ich musste sehr oft im Text zurückspringen, um das Gesagte zu verstehen.	7	.53		.50				
* Ich habe mir an vielen Stellen gewünscht, es stünde genauer da, was gemeint ist.	38	.52	.42		.47			
* Ich fand es schwer zu sagen, was wirklich wesentlich war. (r)	10	-.52	-.51					
* Manche Sätze musste ich mehrmals lesen, um sie zu verstehen.	36	.52		.46		.36		
* Ich musste häufig überlegen, was zuvor im Text stand, um den Rest zu verstehen.	18	.50	.37	.38		.31		
* Der Autor/die Autorin hätte an manchen Stellen klarer sagen sollen, was gemeint ist.	27	.48	.39	.41				Fortsetzung

Skala bzw. Item	Nr.	K 1	K 2	K 3	K 4	K 5	K 6	K 7
* Viele Textstellen habe ich erst verstanden, nachdem ich mich an Informationen erinnert hatte, die weiter vorne im Text standen.	40	.46						
* Ich musste während des Lesens keine meiner Vorstellungen vom Inhalt verwerfen. (r)	53	.45	.34					
Aufwand für Reorganisationen								
Ich war manchmal überrascht, wie der Text weiterging.	42		.76					
Der Text ging an mehreren Stellen anders weiter, als ich es erwartet hatte.	31		.75					
Der Text hat vielen Vorstellungen widersprochen, die ich mir während des Lesens gebildet hatte.	9		.64					
Der Text widersprach an mehreren Stellen dem, was ich erwartet hatte.	20		.60					
* Im Text haben oft wichtige Informationen gefehlt.	49		.51					.33
* Im Text sollten neue Informationen öfter wiederholt werden.	51	.42	.48	.31				
* Ich musste mir viele Zusammenhänge selbst erschließen, um den Text zu verstehen.	5	.30	.47			.31		
* Ich wünschte, der Text würde klarer sagen, was wichtig und was unwichtig ist. (r)	21	-.43	-.45		.36			
Satzschwierigkeit								
Die Sätze waren kompliziert gebaut.	14			.81				
Ich fand den Satzbau oft zu kompliziert.	25			.79				
Die Sätze waren einfach gebaut. (r)	3			.78				
Viele Sätze waren sehr lang.	47			.77				

Fort-
set-
zung

Skala bzw. Item	Nr.	K 1	K 2	K 3	K 4	K 5	K 6	K 7
Variation der Sprache								
Ich fand die Sprache abwechslungsreich.	52				.85			
Ich fand die Sprache lebhaft.	30				.84			
Der Text war monoton. (r)	41				.82			
Ich fand die Sprache sehr eintönig. (r)	8				.78			
* Die Sprache fand ich angenehm.	19			-.35	.66			
* Der Text war wenig anschaulich. (r)	50	-.40		-.35	.42			
Wortschwierigkeit								
Bei manchen Wörtern war ich mir nicht sicher, was sie bedeuten.	12					.82		
Ich wusste bei allen Wörtern sofort, was sie bedeuten. (r)	45					.81		
* Ich kannte viele Wörter nicht.	34		.32			.78		
* Ich fand die Wörter sehr schwer zu verstehen.	23			.35		.71		
* Die Wörter waren einfach zu verstehen. (r)	1			.36		.63		
Argumentdichte								
Im Text kamen viele verschiedene Personen, Gegenstände oder Themen vor.	46						.86	
Im Text kamen nur wenige verschiedene Personen, Gegenstände oder Themen vor. (r)	35						.86	
Eine Liste aller Personen, Gegenstände oder Themen, die im Text vorkamen, wäre sehr lang.	2						.79	
Der Text enthielt Aussagen über viele verschiedene Personen, Gegenstände oder Themen.	13						.79	
Eine Liste aller Personen, Gegenstände oder Themen des Textes wäre sehr kurz. (r)	24						.76	Fortsetzung

Skala bzw. Item	Nr.	K 1	K 2	K 3	K 4	K 5	K 6	K 7
Propositionsdichte								
Im Text wurden viele Zusammenhänge dargestellt.	26							.71
Im Text wurden nur wenige Zusammenhänge dargestellt. (r)	37							.66
Der Text enthielt sehr viele Informationen.	48							.62
* Der Text enthielt kaum Informationen. (r)	4		.31					.61
* Die Informationen waren stark gedrängt.	15			-.31	.36			.56

Anmerkungen. „Nr." gibt an, an welcher Stelle das Item im Fragebogen stand. „K" steht für „Komponente". Items, die vor der Hauptkomponentenanalyse rekodiert worden sind, sind mit einem „(r)" gekennzeichnet. In der Tabelle erscheinen nur Nebenladungen ≥ |.30|. Die Items sind nach den Hauptkomponenten sortiert, auf die sie laden, und nach der Größe ihrer Ladung. Items mit Hauptladungen < |.50| oder Nebenladungen ≥ |.30| sind mit einem „*" markiert und wurden in den weiteren Studien überarbeitet oder entfernt.

Die vierte Komponente erklärt 8.6% der Varianz. Zieht man zur Repräsentation dieser Komponente nur die Items heran, die eine Hauptladung > |.50| und Nebenladungen < |.30| haben, besteht die erste Komponente aus vier Items, die zum Merkmal *Variation der Sprache* konstruiert worden waren. Ein Item, das ebenfalls zum Merkmal *Variation der Sprache* konstruiert worden war, wurde aufgrund einer Nebenladung von .35 ausgeschlossen. Ein Item, das zum Merkmal *Anschaulichkeit* konstruiert worden war, wurde aufgrund einer zu geringen Haupt- und zu hohen Nebenladungen ausgeschlossen. Die vierte Komponente lässt sich als *Variation der Sprache* interpretieren.

Die fünfte Komponente erklärt 8.4% der Varianz. Nach Ausschluss der Items mit uneindeutigem Ladungsmuster (Hauptladungen < |.50| oder Nebenladungen ≥ |.30|) wird sie durch zwei Items repräsentiert, die zum Merkmal *Wortschwierigkeit* konstruiert worden waren. Drei Items, die ebenfalls zum Merkmal *Wortschwierigkeit* konstruiert worden waren, wurden aufgrund zu hoher Nebenladungen ausgeschlossen. Die fünfte Komponente wird als *Wortschwierigkeit* interpretiert.

Die sechste Komponente erklärt 7.6% der Varianz. Sie wird durch fünf Items repräsentiert, die alle für das Merkmal *Argumentdichte* konstruiert worden waren. Es musste kein Item ausgeschlossen werden. Die Komponente wird als *Argumentdichte* interpretiert.

Die siebte Komponente erklärt 5.2% der Varianz. Nach Ausschluss von zwei Items mit zu hohen Nebenladungen, die für das Merkmal *Propositionsdichte* konstruiert worden waren, wird diese Komponente immer noch durch drei Items repräsentiert, die ebenfalls für das Merkmal *Propositionsdichte* konstruiert worden waren. Die Komponente wird als *Propositionsdichte* interpretiert.

Reliabilitäten

Im nächsten Schritt wurden die deskriptiven Statistiken und Cronbachs α zu diesen Skalen berechnet. Tabelle 14 zeigt die entsprechenden Werte. Mit Werten zwischen .67 bis .91 ergaben sich ausreichende bis sehr gute Werte für die internen Konsistenzen der Skalen.

Tabelle 14: Zahl der Items, die eine Skala bilden; Skalen-Mittelwerte, Skalen-Standardabweichungen und interne Konsistenzen der Skalen in Studie 1

Skala	Anzahl Items	*AM*	*SD*	Cronbachs α
Wortschwierigkeit	2	2.27	1.06	.80
Satzschwierigkeit	4	2.82	1.06	.91
Argumentdichte	5	2.38	0.88	.89
Propositionsdichte	3	2.50	0.79	.67
Aufwand für Reorganisationen	4	1.96	0.80	.80
Klarheit der Vorstellung	3	3.02	0.90	.78
Variation der Sprache	4	2.74	0.96	.89
Verständlichkeitsempfinden	5	3.48	1.01	.92

Anmerkungen. Die Spalte „*AM*" enthält jeweils die Skalenmittelwerte; sie können jeweils Werte von 1.00 bis 5.00 annehmen; ein Wert von 1.00 entspricht dabei der Antwortstufe „stimmt nicht"; ein Wert von 5.00 entspricht dabei der Antwortstufe „stimmt genau".

Zusammenhänge zwischen den Skalen

Tabelle 15 zeigt die Korrelationen zwischen den Skalen des Fragebogens ohne die Skala *Verständlichkeitsempfinden*. Die entsprechenden Ergebnisse werden in Kapitel 11.7 berichtet.

Die Interkorrelationen der Skalen liegen also zwischen $|r|$ = .03 und .47. Die Berechnung der minderungskorrigierten Korrelationen zeigt, dass sich auch dann keine perfekten Zusammenhänge zeigen könnten, wenn die einzelnen Skalen jeweils messfehlerfrei gemessen werden könnten. Dies spricht für die Unabhängigkeit der Skalen.

Tabelle 15: Interkorrelationen der Skalen des Fragebogens zur Textverständlichkeit in Studie 1

	WS	SS	AD	PD	Ro	KV	VS
Wortschwierigkeit (WS)	*.80*						
Satzschwierigkeit (SS)	.30*	*.91*					
Argumentdichte (AD)	.22*	.17*	*.89*				
Propositionsdichte (PD)	-.12*	-.02	-.34*	*.67*			
Aufwand für Reorganisationen (Ro)	.39*	.39*	.17*	.05	*.80*		
Klarheit der Vorstellung (KV)	-.38*	-.47*	-.12*	-.11*	-.43*	*.78*	
Variation der Sprache (VS)	-.04	-.31*	.03	-.29*	-.22*	.38*	*.89*

Anmerkungen. Korrelationen, die auf dem 5%-Niveau statistisch signifikant wurden, sind mit „*" markiert. In den Diagonalzellen sind noch einmal die Reliabilitäten der Skalen angegeben.

11.4 Diskussion der Hauptkomponentenanalyse

Die Hauptkomponentenanalyse und die anschließende Reliabilitätsanalyse konnten zeigen, dass mit Hilfe des Fragebogens sieben Merkmale reliabel erfasst werden können. Sechs dieser Merkmale entsprechen den erwarteten Faktoren, und zwar den Merkmalen *Wortschwierigkeit, Satzschwierigkeit, Argumentdichte, Propositionsdichte, Aufwand für Reorganisationen* und *Variation der Sprache.* Die siebte Hauptkomponente wurde als *Klarheit der Vorstellung* interpretiert. Die interne Konsistenz der Skalen war mit $\alpha = .67$ bis .92 durchweg ausreichend bis sehr gut. In die Hauptkomponentenanalyse gingen die Bewertungen aller elf Texte ein.

Da die Personen jeweils einen der elf Texte lasen, kann man argumentieren, dass es besser gewesen wäre, alle Personen den gleichen Text lesen zu lassen. Hätte man alle Personen den gleichen Text lesen lassen, wären allerdings mindestens die Merkmale *Argumentdichte* und *Propositionsdichte* über alle Personen konstant geblieben und die Varianz der anderen Merkmale wie *Wortschwierigkeit, Satzschwierigkeit* und *Aufwand zur Inferenzbildung* hätten nicht mehr aufgrund von Textmerkmalen variiert, sondern nur noch aufgrund von Merkmalen der Lesenden. Durch die Reduktion der Varianz der Merkmale hätten sich manche Merkmale vielleicht nicht mehr gezeigt. So bemerkt z.B. auch Langer (1983), dass sich in der ersten Untersuchung zum Hamburger Verständlichkeitskonzept nur zwei Merkmale der Textverständlichkeit gezeigt hätten, weil die Texte zu homogen waren. In den späteren Untersuchungen (Langer et al., 1973), in denen die Merkmale experimentell manipuliert wurden, zeigten sich dann jeweils vier Merkmale der Textverständlichkeit (s. a. Jucks, 2001). Entsprechend dem Vorgehen der Gruppe um Langer, Schulz von Thun und Tausch sowie dem Vorgehen von Jucks (2001) wurden die Daten der Personen mit unterschiedlichen Texten in die Analyse einbezogen, auch weil die Analyse-Einheiten, die in die Analysen eingehen, dem theoretischen Verständnis nach nicht Personen geschachtelt in Texte sind, sondern Text-Personen-Interaktionen.

11.5 Hypothesen zu den einzelnen Skalen des Fragebogens

Die Ergebnisse der Hauptkomponentenanalyse zeigen, dass die erwartete Faktorenstruktur mit Hilfe des Fragebogens zumindest in wesentlichen Teilen abgebildet werden konnte. Dies stellt einen wichtigen Validitäts-Beleg dar (vgl. Kapitel 8.2). Zur Validitätsprüfung der einzelnen Skalen wird nun geprüft, ob mit Hilfe der Skalen erwartete Gruppenunterschiede und erwartete Zusammenhänge nachgewiesen werden können (vgl. Kapitel 8.2). In Kapitel 9 wurde dargelegt, von welchen Textmerkmalen die Merkmale der Verständlichkeit abhängen und welche Merkmale der Textverständlichkeit vom Vorwissen der Lesenden abhängen. Nun wird geprüft, inwiefern ausgewählte erwartete Zusammenhänge, Unterschiede und Gleichheiten tatsächlich mit Hilfe der Skalen nachgewiesen werden können. Im Folgenden werden die Hypothesen nach den Skalen geordnet aufgeführt und vor dem Hintergrund der Beschreibung der Merkmale der Textverständlichkeit, die sie messen sollen, kurz begründet. Hypothesen, die die unterschiedliche Bewertung zweier Versionen des Textes betreffen, werden in dieser und in den folgenden Studien mit $H_{\bullet\bullet 02}$ bezeichnet, wobei an der Stelle von „$\bullet\bullet$" die Abkürzung für die jeweilige Skala angeführt wird. Hypothesen, die die unterschiedliche Bewertung von mehr als zwei Texten betreffen, werden im Folgenden mit $H_{\bullet\bullet 03}$ bezeichnet. Hypothesen, die die Unterschiede bzw. fehlenden Unterschiede zwischen Personen mit viel und wenig Vorwissen betreffen, werden mit $H_{\bullet\bullet 04}$ bezeichnet. Hypothesen zum Zusammenhang der Skalen zum *Verständlichkeitsempfinden* werden mit $H_{\bullet\bullet 05}$ bezeichnet.

Hypothesen zur Skala Wortschwierigkeit

Das Merkmal *Wortschwierigkeit* gibt an, wie leicht die Lesenden den Wörtern eines Textes Bedeutung zuordnen können. Die *Wortschwierigkeit* hängt auf der einen Seite von den im Text vorkommenden Wörtern und auf der anderen Seite vom Vorwissen der Lesenden ab: Je mehr ungeläufige Wörter ein Text enthält und je weniger Vorwissen eine Leserin bzw. ein Leser zu einem Thema hat, desto höher sollte die *Wortschwierigkeit* sein. Eine hohe *Wortschwierigkeit* geht mit einer geringen Verständlichkeit einher und umgekehrt (vgl. Kapitel 9.1). Im Hinblick auf die Skala *Wortschwierigkeit* werden daher folgende Hypothesen formuliert:

H_{WS02} Personen, die den Text WS+ gelesen haben, geben höhere Werte hinsichtlich der Skala *Wortschwierigkeit* an als Personen, die den Originaltext (OR) gelesen haben.

H_{WS04} Personen mit viel Vorwissen zum Thema geben niedrigere Werte hinsichtlich der Skala *Wortschwierigkeit* an als Personen mit wenig Vorwissen zum Thema.

H_{WS05} Es besteht ein negativer Zusammenhang zwischen der Skala *Wortschwierigkeit* und der Skala *Verständlichkeitsempfinden*.

Hypothesen zur Skala Satzschwierigkeit

Das Merkmal *Satzschwierigkeit* gibt an, wie leicht die Lesenden die Syntax der Sätze dekodieren können, um eine propositionale Repräsentation des Textinhalts aufzubauen. Die *Satzschwierigkeit* hängt von der Komplexität der Syntax der Sätze des Textes und vermutlich auch von der Größe des Arbeitsgedächtnisses und der Lesekompetenz der Lesenden ab; sie sollte aber nicht vom Vorwissen der Lesenden abhängen. Je komplexer die Syntax der Sätze ist, desto höher sollte die *Satzschwierigkeit* sein. Eine hohe *Satzschwierigkeit* geht mit einer geringen Verständlichkeit einher und umgekehrt (vgl. Kapitel 9.2). Im Hinblick auf die Skala *Satzschwierigkeit* werden daher folgende Hypothesen formuliert:

H_{SS02} Personen, die den Text SS+ gelesen haben, geben höhere Werte hinsichtlich der Skala *Satzschwierigkeit* an als Personen, die den Originaltext (OR) gelesen haben.

H_{SS04} Personen, die sich hinsichtlich des Vorwissens unterscheiden, unterscheiden sich nicht hinsichtlich der Bewertung der *Satzschwierigkeit*.

H_{SS05} Es besteht ein negativer Zusammenhang zwischen der Skala *Satzschwierigkeit* und der Skala *Verständlichkeitsempfinden*.

Hypothesen zur Skala Argumentdichte

Das Merkmal *Argumentdichte* gibt an, wie viele verschiedene Argumente ein Text in Relation zur Zahl der Wörter des Textes enthält. Die *Argumentdichte* ist ein Merkmal der Texte; sie hängt nicht von Merkmalen der Lesenden ab, also auch nicht von ihrem Vorwissen. Eine hohe *Argumentdichte* geht mit einer geringen Verständlichkeit einher und umgekehrt (vgl. Kapitel 9.3). Im Hinblick auf die Skala *Argumentdichte* werden daher folgende Hypothesen formuliert:

H_{AD02} Personen, die den Text AD+ gelesen haben, geben höhere Werte hinsichtlich der Skala *Argumentdichte* an als Personen, die den Originaltext (OR) gelesen haben.

H_{AD03} Die Bewertung der *Argumentdichte* der Texte korreliert mit der objektiven *Argumentdichte* der Texte.

H_{AD04} Personen, die sich hinsichtlich des Vorwissens unterscheiden, unterscheiden sich nicht hinsichtlich der Bewertung der *Argumentdichte*.

H_{AD05} Es besteht ein negativer Zusammenhang zwischen der Skala *Argumentdichte* und der Skala *Verständlichkeitsempfinden*.

Hypothesen zur Skala Propositionsdichte

Das Merkmal *Propositionsdichte* gibt an, wie viele Propositionen ein Text in Relation zur Zahl der Wörter des Textes enthält. Die *Propositionsdichte* ist ein Merkmal der Texte; sie hängt nicht von Merkmalen der Lesenden ab, also auch nicht von ihrem Vorwissen. Eine hohe *Propositionsdichte* geht mit einer geringen Verständlichkeit einher und umgekehrt (vgl. Kapitel 9.4). Im Hinblick auf diese Skala werden daher folgende Hypothesen formuliert:

H_{PD02} Personen, die den Text PD+ gelesen haben, geben höhere Werte hinsichtlich der Skala *Propositionsdichte* an als Personen, die den Originaltext (OR) gelesen haben.

H_{PD03} Die Bewertung der *Propositionsdichte* der Texte korreliert mit der objektiven *Propositionsdichte* der Texte.

H_{PD04} Personen, die sich hinsichtlich des Vorwissens unterscheiden, unterscheiden sich nicht hinsichtlich der Bewertung der *Propositionsdichte*.

H_{PD05} Es besteht ein negativer Zusammenhang zwischen der Skala *Propositionsdichte* und der Skala *Verständlichkeitsempfinden*.

Hypothesen zur Skala Aufwand für Reorganisationen

Das Merkmal *Aufwand für Reorganisationen* gibt an, wie viele Ressourcen die Lesenden aufbringen müssen, um ihre Vorstellungen vom Inhalt des Textes bzw. dem weiteren Verlauf des Textes zu reorganisieren. Der *Aufwand für Reorganisationen* hängt von der lokalen Kohärenz des Textes, den Kohärenzbildungshilfen im Text und dem Vorwissen der Lesenden ab (s. Kapitel 9.7). Im Hinblick auf diese Skala werden daher folgende Hypothesen formuliert:

H_{Ro02} Personen, die den Text Ro+ gelesen haben, geben höhere Werte hinsichtlich der Skala *Aufwand für Reorganisationen* an als Personen, die den Originaltext (OR) gelesen haben.

H_{Ro04} Personen mit viel Vorwissen zum Thema geben niedrigere Werte hinsichtlich der Skala *Aufwand für Reorganisationen* an als Personen mit wenig Vorwissen zum Thema.

H_{Ro05} Es besteht ein negativer Zusammenhang zwischen der Skala *Aufwand für Reorganisationen* und der Skala *Verständlichkeitsempfinden*.

Hypothesen zur Skala Klarheit der Vorstellung

Das Merkmal *Klarheit der Vorstellung* gibt an, wie leicht es den Lesenden gelingt, ein mentales Modell des Textinhalts aufzubauen. Die *Klarheit der Vorstellung* sollte sowohl von der lokalen und globalen Kohärenz der Texte und den angebotenen Kohärenzbildungshilfen abhängen, als auch vom Vorwissen der Lesenden: Je kohärenter der Text ist, je mehr Kohärenzbildungshilfen er enthält, je anschaulicher die Inhalte des Textes sind und je mehr Vorwissen die Leserin bzw. der Leser hat, desto ausgeprägter sollte die *Klarheit der Vorstellung* jeweils sein. Der Text in der Version An- enthält weniger anschauliche Begriffe als der Originaltext, daher sollten Personen, die den Text An- lasen, geringere Werte hinsichtlich der *Klarheit der Vorstellung* abgeben als Personen, die den Originaltext lasen. Der Text He- wiederum enthält weniger Kohärenzbildungshilfen, weshalb Personen, die den Text He- lasen, ebenfalls geringere Werte hinsichtlich der *Klarheit der Vorstellung* abgeben sollten als Personen, die den Originaltext lasen. Eine ausgeprägte *Klarheit der Vorstellung* sollte mit einer größeren Verständlichkeit einhergehen (vgl. Kapitel 9.8, 9.9 und 11.4). Im Hinblick auf diese Skala werden daher folgende Hypothesen formuliert:

H_{KV02a} Personen, die den Text An- gelesen haben, geben niedrigere Werte hinsichtlich der Skala *Klarheit der Vorstellung* an als Personen, die den Originaltext (OR) gelesen haben.

H_{KV02b} Personen, die den Text He- gelesen haben, geben niedrigere Werte hinsichtlich der Skala *Klarheit der Vorstellung* an als Personen, die den Originaltext (OR) gelesen haben.

H_{KV04} Personen mit viel Vorwissen zum Thema geben höhere Werte hinsichtlich der Skala *Klarheit der Vorstellung* an als Personen mit wenig Vorwissen zum Thema.

H_{KV05} Es besteht ein positiver Zusammenhang zwischen der Skala *Klarheit der Vorstellung* und der Skala *Verständlichkeitsempfinden*.

Hypothesen zur Skala Variation der Sprache

Das Merkmal *Variation der Sprache* gibt an, wie abwechslungsreich die Lesenden die Sprache des Textes empfinden. Die *Variation der Sprache* sollte davon abhängen, inwiefern der Text rhetorische Figuren, Fragen, Abwechslung in der Interpunktion, Geschichten und ähnliche Stilmittel enthält. Die Skala *Variation der Sprache* weist damit wesentliche inhaltliche Zusammenhänge mit der Skala *zusätzliche Anregung* von Jucks (2001) auf. Jucks berichtet, dass Experten hinsichtlich der Skala *zusätzliche Anregung* höhere Werte angegeben haben als Laien. Die Autorin gibt allerdings keine theoretische Erklärung für diesen Befund. Im Sinne des Sparsamkeitsprinzips (Ockhams Rasiermesser; s. a. Rescher, 1974) wird daher angenommen, dass die *Variation der Sprache* nicht von Merkmalen der Lesenden wie dem Vorwissen abhängt. Langer et al. (2006) zufolge sollte eine abwechslungsreich gestaltete Textoberfläche mehr positive Emotionen hervorrufen und stärker motivieren, sich weiter und tiefergehender mit einem Text zu beschäftigen, und sich so positiv auf das Verstehen auswirken. Eine hohe *Variation der Sprache* sollte daher mit einer höheren Verständlichkeit einhergehen und umgekehrt (vgl. Kapitel 9.10). Im Hinblick auf die Skala *Variation der Sprache* werden daher folgende Hypothesen formuliert:

H_{VS02} Personen, die den Text VS- gelesen haben, geben niedrigere Werte hinsichtlich der Skala *Variation der Sprache* an als Personen, die den Originaltext (OR) gelesen haben.

H_{VS04} Personen, die sich hinsichtlich des Vorwissens unterscheiden, unterscheiden sich nicht hinsichtlich der Bewertung der *Variation der Sprache*.

H_{VS05} Es besteht ein positiver Zusammenhang zwischen der Skala *Variation der Sprache* und der Skala *Verständlichkeitsempfinden*.

Hypothesen zur Skala Verständlichkeitsempfinden

Das Merkmal *Verständlichkeitsempfinden* gibt an, wie verständlich die Lesenden die Texte empfinden. Das *Verständlichkeitsempfinden* sollte von Merkmalen der Texte und der Lesenden abhängen. Auf der Seite des Textes sind dies vor allem die Geläufigkeit der Wörter des Textes, die Komplexität der Syntax der Sätze des Textes, die *Argumentdichte*, die *Propositionsdichte*, seine lokale und globale Kohärenz, die Zahl und Art der Kohärenzbildungshilfen, die Verwendung von rhetorischen Figuren usw. (s. Kapitel 9). Auf der anderen Seite hängt die Verständlichkeit und damit einhergehend vermutlich auch das *Verständlichkeitsempfinden* vor allem vom Vorwissen der Lesenden ab. Im Hinblick auf die Skala *Verständlichkeitsempfinden* werden daher folgende Hypothesen formuliert:

H_{Ve02WS} Personen, die den Text WS+ gelesen haben, geben niedrigere Werte hinsichtlich der Skala *Verständlichkeitsempfinden* an als Personen, die den Originaltext (OR) gelesen haben.

H_{Ve02SS} Personen, die den Text SS+ gelesen haben, geben niedrigere Werte hinsichtlich der Skala *Verständlichkeitsempfinden* an als Personen, die den Originaltext (OR) gelesen haben.

H_{Ve02AD} Personen, die den Text AD+ gelesen haben, geben niedrigere Werte hinsichtlich der Skala *Verständlichkeitsempfinden* an als Personen, die den Originaltext (OR) gelesen haben.

H_{Ve02PD} Personen, die den Text PD+ gelesen haben, geben niedrigere Werte hinsichtlich der Skala *Verständlichkeitsempfinden* an als Personen, die den Originaltext (OR) gelesen haben.

H_{Ve02Ro} Personen, die den Text Ro+ gelesen haben, geben niedrigere Werte hinsichtlich der Skala *Verständlichkeitsempfinden* an als Personen, die den Originaltext (OR) gelesen haben.

H_{Ve02An} Personen, die den Text An- gelesen haben, geben niedrigere Werte hinsichtlich der Skala *Verständlichkeitsempfinden* an als Personen, die den Originaltext (OR) gelesen haben.

H_{Ve02He} Personen, die den Text He- gelesen haben, geben niedrigere Werte hinsichtlich der Skala *Verständlichkeitsempfinden* an als Personen, die den Originaltext (OR) gelesen haben.

H_{Ve02VS} Personen, die den Text VS- gelesen haben, geben niedrigere Werte hinsichtlich der Skala *Verständlichkeitsempfinden* an als Personen, die den Originaltext (OR) gelesen haben.

H_{Ve04} Personen mit viel Vorwissen geben höhere Werte auf der Skala *Verständlichkeitsempfinden* an als Personen mit wenig Vorwissen.

11.6 Methode

Um die Hypothesen zu den einzelnen Skalen zu prüfen, wurden dieselben Daten analysiert, die auch schon zur Ermittlung der Faktorstruktur des Fragebogens genutzt wurden. Die Stichprobe, die Instrumente, die Manipulation der Texte und die Durchführung wurden bereits in Kapitel 11.2 beschrieben. Im Folgenden wird lediglich beschrieben, wie die Daten zur Überprüfung der Hypothesen ausgewertet wurden.

Zur Bewertung der objektiven *Argumentdichte* und *Propositionsdichte* der Texte zur Prüfung der Hypothesen H_{AD03} und H_{PD03} wurden die Texte nach dem Verfahren von Turner und Greene (1977) in Propositionslisten übersetzt. Die Zahl der so ermittelten Argumente und der so ermittelten Propositionen wurden anschließend durch die Zahl der Wörter der Texte geteilt. Die daraus resultierenden Werte wurden als *Argumentdichte* und *Propositionsdichte* gedeutet.

Auswertung

In diesem Abschnitt wird dargestellt, welche statistischen Verfahren zum Test der Hypothesen genutzt werden, auf welchem α-Niveau die Signifikanztests durchgeführt werden und wie groß die Effekte jeweils sein müssen, damit sie mit Hilfe der Signifikanztests nachgewiesen werden können.

Die Hypothesen $H_{\bullet\bullet 02}$ machen jeweils Aussagen über Unterschiede zwischen der Bewertung der Originalversion des Textes und der Bewertung der manipulierten Versionen. Die Hypothesen werden mit Hilfe von Cohens d und einseitigen t-Tests geprüft. Das α-Niveau der t-Tests wurde auf 5% festgelegt. Tabelle 16 zeigt, wie viele vollständige Datensätze für die verschiedenen Versionen des Textes vorliegen und wie sensitiv der Test daher jeweils ist; also wie groß die Populationseffekte δ' jeweils sein müssen, damit sie mit einer Power von $1 - \beta = .80$ nachgewiesen werden können.

Die Hypothesen $H_{\bullet\bullet 03}$ machen Aussagen über den Zusammenhang der Bewertung der *Argumentdichte* und der objektiven *Argumentdichte* der Texte bzw. über den Zusammenhang der Bewertung der *Propositionsdichte* und der objektiven *Propositionsdichte* der Texte. Die Hypothesen werden mit Hilfe von Kontrastanalysen getestet (Eid et al., 2010; Sedlmeier & Renkewitz, 2008). Zur Ermittlung der Kontraste wurden die Texte mit Hilfe des Verfahrens von Turner und Greene (1977) in Propositionslisten übersetzt. Anhand dieser Listen wurde die Zahl der Argumente bzw. der Propositionen ausgezählt und durch die Zahl der Wörter der Texte geteilt. Diese Werte wurden z-standardisiert und auf Basis dieser z-Werte wurden dann die Kontraste gebildet (s. Tabelle 19 und Tabelle 20). Das α-Niveau wurde auf 5% festgelegt. Damit können Effekte der

Größe $\rho \geq 0.17$ mit einer Wahrscheinlichkeit von $1 - \beta = .80$ nachgewiesen werden.

Tabelle 16: Zahl der vollständigen Datensätze nach der Version des Textes, den die Versuchspersonen gelesen haben, Sensitivität der entsprechenden t-Tests und die Hypothesen, die mit Hilfe dieser Tests in Studie 1 geprüft werden

Textversion	n	δ'	Hypothesen
Originaltext	21	---	
WS+	11	0.95	H_{WS02} und H_{Ve02WS}
SS+	19	0.80	H_{SS02} und H_{Ve02SS}
AD+	19	0.80	H_{AD02} und H_{Ve02AD}
PD+	26	0.74	H_{PD02} und H_{Ve02PD}
Ro+	24	0.75	H_{Ro02} und H_{Ve02Ro}
He-	24	0.75	H_{KV02a} und H_{Ve02He}
An-	16	0.84	H_{KV02b} und H_{Ve02An}
VS-	29	0.72	H_{VS02} und H_{Ve02VS}

Anmerkungen. Die Spalte „n" zeigt an, wie viele Personen den Text jeweils gelesen haben. Die Spalte „δ'" zeigt an, wie groß die Unterschiede zwischen den Bewertung des Originaltextes und der manipulierten Texte jeweils sein müssen, um mit $1 - \beta = .80$ nachgewiesen werden zu können. Die Spalte „Hypothesen" gibt an, welche Hypothesen Unterschiede zwischen dem Originaltext und dem jeweiligen manipulierten Texten behandeln.

Die Hypothesen $H_{\bullet\bullet04}$ machen Aussagen darüber, inwiefern sich Personen mit viel oder wenig Vorwissen hinsichtlich der Bewertung der Merkmale unterscheiden bzw. gleichen. Die Hypothesen werden jeweils mit Hilfe von Cohens d und einseitigen t-Tests geprüft. Um die Hypothesen $H_{\bullet\bullet04}$ zu prüfen, wurden die Versuchspersonen in zwei Gruppen eingeteilt: eine Gruppe mit viel und eine Gruppe mit wenig Vorwissen. Die Versuchspersonen hatten dazu am Ende der Untersuchung angeben sollen, wie viel Vorwissen sie nach eigener Einschätzung vor dem Lesen des Textes zum Thema des Textes gehabt haben (vgl. Kapitel 11.2; s. a. Anhang C-02). Tabelle 17 zeigt, wie häufig die Befragten die verschiedenen Antwortalternativen gewählt haben.

Alle Versuchspersonen, die „Ich hatte keinerlei Vorwissen zu diesem Thema" oder „Ich hatte zu einem der Gütekriterien Vorwissen" angegeben hatten, wurden zu einer Gruppe von Personen mit wenig Vorwissen (wV) zusammengefasst ($n_{wV} = 82$). Alle Personen, die eine andere Antwortkategorie gewählt hatten, wurden zu einer Gruppe von Personen mit viel Vorwissen (vV) zusammengefasst ($n_{vV} = 143$). Tabelle 18 zeigt, wie sich die Personen mit viel und wenig Vorwissen auf die verschiedenen Versionen des Textes verteilten.

Tabelle 17: Angaben der Versuchspersonen zum Vorwissen zum Thema des Textes in Studie 1

„Wie viel wussten Sie vor dem Lesen des Textes zu dem Thema des Textes?"	n
„Ich hatte keinerlei Vorwissen zu diesem Thema."	69
„Ich hatte zu einem der Gütekriterien Vorwissen."	13
„Ich hatte zu zweien der Gütekriterien Vorwissen."	22
„Ich hatte zu allen drei Gütekriterien Vorwissen."	68
„Ich hatte Vorwissen zu allen drei Gütekriterien und darüber hinaus."	53
Keine Angaben	5

Anmerkungen. Die Spalte „*n*" gibt an, wie viele Versuchspersonen diese Antwortkategorie gewählt haben.

Tabelle 18: Verteilung der Versuchspersonen mit viel und wenig Vorwissen auf die verschiedenen Versionen des Textes

Version	OR	WS+	SS+	AD+	PD+	AI+	AR+	Ro+	An-	He-	VS-
wenig Vorwissen	6	6	4	5	6	9	13	7	8	7	11
viel Vorwissen	14	5	14	13	20	11	8	17	16	8	17

Anmerkungen. Zwischen der vorgelegten Version des Textes und der Angabe zum Vorwissen zeigte sich ein Zusammenhang von $C = .24$ ($\chi^2 = 14.01$; $df = 10$; $p_{zweiseitig} = .17$). Die Spalte „OR" gibt an, wie viele Personen den Originaltext lasen; die Spalte „WS+" gibt an, wie viele Personen den Text mit weniger geläufigen Wörtern lasen; die Spalte „SS+" bezieht sich auf den Text mit komplexerer Syntax, die Spalte „AD+" auf den Text mit erhöhter *Argumentdichte*, die Spalte „PD+" auf den Text mit erhöhter *Propositionsdichte*, „AI+" auf den Text, der auf einen erhöhten *Aufwand zur Inferenzbildung* abzielte, „AR+" auf den Text, der auf einen erhöhten *Aufwand für Reinstatements* abzielte, „Ro+" auf den Text, der auf einen erhöhten *Aufwand für Reorganisationen* abzielte, „An-" auf den Text, der auf eine niedrigere *Anschaulichkeit* abzielte, „He-" auf den Text, der auf verminderte *Hervorhebungen* abzielte und „VS-" auf den Text, der auf eine verminderte *Variation der Sprache* abzielte.

Für die Tests der Hypothesen H_{WS04}, H_{Ro04}, H_{KV04} und H_{Ve04}, in denen jeweils behauptet wird, dass sich die Gruppen mit viel und wenig Vorwissen hinsichtlich der Bewertung der Skalen unterscheiden, wurde das Signifikanzniveau auf 5% festgelegt. Damit können Effekte der Größe $\delta' \geq 0.35$ mit einer Power von $1 - \beta = .80$ nachgewiesen werden. Hinsichtlich der Hypothesen H_{SS04}, H_{AD04}, H_{PD04} und H_{VS04} lässt sich aus den inhaltlichen Hypothesen jeweils eine Nullhypothese ableiten. Um die Strenge der Prüfung in diesen Fällen zu erhöhen, soll daher nicht das α-Risiko, sondern das β-Risiko minimiert werden. Für diese Hypothesentests wurde das α-Niveau daher auf 20% festgelegt. Dadurch können Effekte der Größe $\delta' \geq 0.35$ mit einer größeren Power von $1 - \beta = .95$ nachgewiesen werden.

Die Hypothesen $H_{\bullet\bullet05}$ machen Angaben dazu, in welchem Zusammenhang die einzelnen Skalen zur Skala *Verständlichkeitsempfinden* stehen. Zur Prüfung dieser Hypothesen wurden Pearsons r und einseitige t-Tests berechnet. Das α-Niveau wurde jeweils auf 5% festgesetzt. So können Korrelationen der Größe $|\rho| \geq 0.17$ mit einer Wahrscheinlichkeit von $1 - \beta = .80$ nachgewiesen werden.

11.7 Ergebnisse zu den einzelnen Skalen

Im Folgenden wird über die Ergebnisse zu den einzelnen Skalen berichtet.

Ergebnisse zur Skala Wortschwierigkeit

Personen, die den Text in der Originalversion gelesen hatten, gaben im Mittel einen Wert von $AM_{WS} = 2.33$ ($SD_{WS} = 0.95$) für die *Wortschwierigkeit* an. Personen, die den Text in der Version WS+ gelesen hatten, die auf eine erhöhte *Wortschwierigkeit* abzielte, gaben im Mittel einen Wert von $AM_{WS} = 3.00$ ($SD_{WS} = 1.10$) für die *Wortschwierigkeit* an. Der standardisierte Mittelwertsunterschied entspricht mit $d = -0.66$ ($df = 30$; $t_{emp} = -1.79$; $p < .05$) einem mittleren bis starken und statistisch signifikanten Effekt in der erwarteten Richtung. Hypothese H_{WS02} wird daher bestätigt.

Personen mit viel Vorwissen zum Thema gaben im Mittel einen Wert von $AM_{WS} = 1.97$ ($SD_{WS} = 0.87$) für die *Wortschwierigkeit* an. Personen mit wenig Vorwissen gaben im Mittel einen Wert von $AM_{WS} = 2.76$ ($SD_{WS} = 1.19$) für die *Wortschwierigkeit* an. Der standardisierte Mittelwertsunterschied entspricht mit $d = -0.79$ ($df = 223$; $t_{emp} = -5.74$; $p < .05$) einem mittleren bis starken und statistisch signifikanten Effekt in der erwarteten Richtung. Hypothese H_{WS04} wird daher bestätigt.

Zwischen der Skala *Wortschwierigkeit* und der Skala *Verständlichkeitsempfinden* zeigte sich mit $r = -.48$ ($N = 229$; $p < .05$) ein starker und statistisch signifikanter Zusammenhang in der erwarteten Richtung. Hypothese H_{WS05} wird damit ebenfalls bestätigt.

Ergebnisse zur Satzschwierigkeit

Personen, die den Text in der Originalversion gelesen hatten, gaben im Mittel einen Wert von $AM_{SS} = 2.91$ ($SD_{SS} = 1.07$) für die *Satzschwierigkeit* an. Personen, die den Text in der Version SS+ gelesen hatten, die auf eine erhöhte *Satzschwierigkeit* abzielte, gaben im Mittel einen Wert von $AM_{SS} = 3.36$ ($SD_{SS} = 1.40$) für die *Satzschwierigkeit* an. Der standardisierte Mittelwertsunterschied entspricht mit $d = -0.36$ ($df = 38$; $t_{emp} = -1.15$; *n. s.*) einem schwachen bis mittleren Effekt, der statistisch allerdings nicht signifikant wurde. Hypothese H_{SS02} wird daher nicht bestätigt.

Personen mit viel Vorwissen zum Thema gaben im Mittel einen Wert von $AM_{SS} = 2.77$ ($SD_{SS} = 1.04$) für die *Satzschwierigkeit* an. Personen mit wenig Vorwissen gaben im Mittel einen Wert von $AM_{SS} = 2.90$ ($SDSS = 1.11$) für die *Satzschwierigkeit* an. Der standardisierte Mittelwertunterschied entspricht mit $d = -0.12$ ($df = 221$; $t_{emp} = -1.60$; *n. s.*) einem erwarteten Nulleffekt. Hypothese H_{SS04} wird damit bestätigt.

Zwischen der Skala *Satzschwierigkeit* und der Skala *Verständlichkeitsempfinden* zeigte sich mit $r = -.71$ ($N = 228$; $p < .05$) ein sehr starker und statistisch signifikanter Zusammenhang in der erwarteten Richtung. Hypothese H_{SS05} wird daher bestätigt.

Ergebnisse zur Argumentdichte

Personen, die den Text in der Originalversion gelesen hatten, gaben im Mittel einen Wert von $AM_{AD} = 2.23$ ($SD_{AD} = 0.78$) für die *Argumentdichte* an. Personen, die den Text in der Version gelesen hatten, die auf eine erhöhte *Argumentdichte* abzielte, gaben im Mittel einen Wert von $AM_{AD} = 2.62$ ($SD_{AD} = 1.01$) für die *Argumentdichte* an. Der standardisierte Mittelwertunterschied entspricht mit $d = -0.44$ ($df = 37$; $t_{emp} = -1.37$; *n. s.*) einem schwachen bis mittleren Effekt in der erwarteten Richtung, der statistisch allerdings nicht signifikant wird. Hypothese H_{AD02} wird daher nicht bestätigt.

Die *Argumentdichte* ist ein Merkmal der Texte und kann u.a. mit Hilfe des Verfahrens von Turner und Greene (1977) ausgezählt werden. Tabelle 19 zeigt, aus wie vielen Wörtern die verschiedenen Versionen des Textes bestanden, wie viele Argumente sie jeweils enthielten, welche *Argumentdichte* sich daraus ergab und welche Kontraste den verschiedenen Versionen des Textes aufgrund dessen zugeordnet wurden. Die Tabelle zeigt zudem die empirischen Mittelwerte und Standardabweichungen der Skala *Argumentdichte* für die verschiedenen Texte an.

Die Kontrastanalysen zeigte mit $r_{alerting} = .39$ ($r_{effect-size} = .24$; $df = 219$; $t = 1.61$; *n. s.*) einen positiven, statistisch aber nicht signifikanten Zusammenhang zwischen der *Argumentdichte* nach dem Verfahren von Turner und Greene (1977) und der Bewertung mit Hilfe der Skala *Argumentdichte*. Hypothese H_{AD03} wird damit nicht bestätigt.

Tabelle 19: Kontraste zur Prüfung der Hypothese H_{AD03} zum Vergleich der verschiedenen Texte hinsichtlich der Bewertung der *Argumentdichte* in Studie 1

Version	OR	WS+	SS+	AD+	PD+	AI+	AR+	Ro+	An-	He-	VS-
Wörter	653	651	652	704	516	566	641	641	644	596	799
Argumente	70	75	82	112	71	65	70	69	68	77	73
Argument-dichte	0.11	0.12	0.13	0.16	0.14	0.11	0.11	0.11	0.11	0.13	0.09
Kontrast	-61	-17	40	219	103	-20	-50	-58	-69	58	-145
AM_{AD}	2.23	2.29	2.34	2.62	2.18	2.46	2.30	2.34	2.27	3.05	2.36
SD_{AD}	0.78	0.94	0.69	1.01	0.63	1.07	0.91	0.87	0.97	0.83	0.86
N	21	11	19	18	26	20	23	24	24	15	29

Anmerkungen. Die Zeile „Wörter" gibt an, aus wie vielen Wörtern die Texte jeweils bestanden; die Zeile „Argumente" gibt an, wie viele verschiedene Argumente der Text enthielt; die Zeile „*Argumentdichte*" gibt an, wie viele Argumente pro Wort die Texte enthielten; die Zeile „Kontrast" gibt an, welcher Kontrastwert den verschiedenen Versionen des Textes aufgrund der *Argumentdichte* zugeordnet wurde; die Zeile „AM_{AD}" enthält die arithmetischen Mittelwerte der Skala *Argumentdichte* für die Texte, die Zeile „SD_{AD}" die entsprechenden Standardabweichungen, die Zeile „n" die Zahl der Personen von denen vollständige Datensätze zu den verschiedenen Versionen vorliegen. Die Spalte „OR" gibt die Werte für den Originaltext an, die Spalte „WS+" die Werte für den Text, der auf eine erhöhte *Wortschwierigkeit* abzielte; die Spalte „SS+" gibt die Werte für den Text an, der auf eine erhöhte *Satzschwierigkeit* abzielte, die Spalte „AD+" für den Text, der auf eine erhöhte *Argumentdichte* abzielte, die Spalte „PD+" für den Text, der auf eine erhöhte *Propositionsdichte* abzielte, die Spalte „AI+" die Werte für den Text, der auf einen erhöhten *Aufwand zur Inferenzbildung* abzielte, die Spalte „AR+" die Werte für den Text, der auf einen erhöhten *Aufwand für Reinstatements* abzielte, die Spalte „Ro+" die Werte für den Text, der auf einen erhöhten *Aufwand für Reorganisationen* abzielte, die Spalte „An-" für den Text, der auf eine verminderte *Anschaulichkeit* abzielte, die Spalte „He-" für den Text, der auf verminderte *Hervorhebungen* abzielte und die Spalte „VS-" gibt die Werte für den Text an, der auf eine verminderte *Variation der Sprache* abzielte.

Personen mit viel Vorwissen zum Thema gaben im Mittel einen Wert von $AM_{AD} = 2.34$ ($SD_{AD} = 0.85$) für die *Argumentdichte* an. Personen mit wenig Vorwissen gaben im Mittel einen Wert von $AM_{AD} = 2.43$ ($SD_{AD} = 0.93$) für die *Argumentdichte* an. Der standardisierte Mittelwertsunterschied entspricht mit $d = -0.10$ ($df = 223$; $t_{emp} = -0.73$; *n. s.*) einem Nulleffekt, wie er erwartet worden war. Hypothese H_{AD04} wird damit bestätigt.

Zwischen der Skala zur *Argumentdichte* und der Skala *Verständlichkeitsempfinden* zeigte sich mit $r = -.15$ ($N = 229$; $p < .05$) ein schwacher, aber statistisch signifikanter Zusammenhang in der erwarteten Richtung. Hypothese H_{AD05} wird damit ebenfalls bestätigt.

Ergebnisse zur Propositionsdichte

Personen, die den Text in der Originalversion gelesen hatten, gaben im Mittel einen Wert von $AM_{PD} = 2.52$ ($SD_{PD} = 0.83$) für die *Propositionsdichte* an. Personen, die den Text in der Version gelesen hatten, die auf eine erhöhte *Proposi-*

tionsdichte abzielte, gaben im Mittel einen Wert von AM_{PD} = 2.46 (SD_{PD} = 0.72) für die *Propositionsdichte* an. Der standardisierte Mittelwertsunterschied entspricht mit d = 0.08 (df = 45; t_{emp} = 0.28; *n. s.*) einem Nulleffekt entgegen der erwarteten Richtung. Hypothese H_{PD02} wird nicht bestätigt.

Mit Hilfe des Verfahrens von Turner und Greene (1977) wurde die *Propositionsdichte* der verschiedenen Versionen des Textes mit einem Routine-Verfahren ermittelt. Tabelle 20 zeigt, aus wie vielen Wörtern die verschiedenen Versionen des Textes bestanden, wie viele Propositionen sie jeweils enthielten, welche *Propositionsdichte* sich daraus ergab und welche Kontraste den verschiedenen Versionen des Textes aufgrund dessen zugeordnet wurden. Tabelle 20 zeigt zudem die empirischen Mittelwerte und Standardabweichungen der Skala *Propositionsdichte*.

Tabelle 20: Kontraste zur Prüfung der Hypothese H_{PD03} zum Vergleich der verschiedenen Texte hinsichtlich der Bewertung der *Propositionsdichte* in Studie 1

Version	OR	WS+	SS+	AD+	PD+	AI+	AR+	Ro+	An-	He-	VS-
Wörter	653	651	652	704	516	566	641	641	644	596	799
Proposi-tionen	239	238	249	271	206	211	229	230	240	218	292
Proposi-tions-dichte	0.37	0.37	0.38	0.38	0.40	0.37	0.36	0.36	0.37	0.37	0.37
Kontrast	-47	-50	80	105	219	8	-117	-105	7	-49	-51
AM_{PD}	3.48	3.52	3.58	3.50	3.54	3.60	3.33	3.12	3.79	3.80	3.44
SD_{PD}	0.83	0.97	0.65	0.64	0.72	0.71	0.83	1.01	0.66	0.57	0.89
N	21	11	19	18	26	20	23	23	24	15	29

Anmerkungen. Die Zeile „Wörter" gibt an, aus wie vielen Wörtern die Texte jeweils bestanden; die Zeile „Proposition" gibt an, wie viele verschiedene Propositionen der Text enthielt; die Zeile „*Propositionsdichte*" gibt an, wie viele Propositionen pro Wort die Texte enthielten; die Zeile „Kontrast" gibt an, welcher Kontrastwert den verschiedenen Versionen des Textes aufgrund der *Propositionsdichte* zugeordnet wurde; die Zeile „AM_{PD}" enthält die arithmetischen Mittelwerte der Skala *Propositionsdichte* für die Texte, die Zeile „SD_{PD}" die entsprechenden Standardabweichungen, die Zeile „*n*" die Zahl der Personen von denen vollständige Datensätze zu den verschiedenen Versionen vorliegen. Die Spalte „OR" gibt die Werte für den Originaltext an, die Spalte „WS+" die Werte für den Text, der auf eine erhöhte *Wortschwierigkeit* abzielte; die Spalte „SS+" gibt die Werte für den Text an, der auf eine erhöhte *Satzschwierigkeit* abzielte, die Spalte „AD+" für den Text, der auf eine erhöhte *Argumentdichte* abzielte, die Spalte „PD+" für den Text, der auf eine erhöhte *Propositionsdichte* abzielte, die Spalte „AI+" die Werte für den Text, der auf einen erhöhten *Aufwand zur Inferenzbildung* abzielte, die Spalte „AR+" für den Text, der auf einen erhöhten *Aufwand für Reinstatements* abzielte, die Spalte „Ro+" für den Text, der auf einen erhöhten *Aufwand für Reorganisationen* abzielte, die Spalte „An-" für den Text, der auf eine verminderte *Anschaulichkeit* abzielte, die Spalte „He-" für den Text, der auf verminderte *Hervorhebungen* abzielte und die Spalte „VS-" gibt die Werte für den Text an, der auf eine verminderte *Variation der Sprache* abzielte.

Die Kontrastanalysen zeigte mit $r_{alerting}$ = .35 ($r_{effect-size}$ = -.09; df = 219; t_{emp} = 1.25; $n.\ s.$) ein statistisch nicht signifikantes Ergebnis und die verschiedenen Effektstärken zeigen ein widersprüchliches Ergebnis: Die Effektstärke $r_{alerting}$ zeigt einen mittleren Zusammenhang zwischen den erwarteten und den tatsächlichen Bewertungen der *Propositionsdichte* an, die Effektstärke $r_{effect-size}$ zeigt einen schwachen negativen Zusammenhang. Hypothese H_{PD03} wird damit nicht bestätigt.

Personen mit viel Vorwissen zum Thema gaben im Mittel einen Wert von AM_{PD} = 2.47 (SD_{PD} = 0.76) für die *Propositionsdichte* an. Personen mit wenig Vorwissen zum Thema gaben im Mittel einen Wert von AM_{PD} = 2.53 (SD_{PD} = 0.86) an. Der standardisierte Mittelwertsunterschied entspricht mit d = -0.07 (df = 223; t_{emp} = -0.52; $n.\ s.$) wie erwartet einem statistisch nicht signifikanten Nulleffekt. Hypothese H_{PD04} wird daher bestätigt.

Zwischen der Skala *Propositionsdichte* und der Skala *Verständlichkeitsempfinden* zeigte sich mit r = -.12 (N = 229; $p < .05$) ein schwacher, aber statistisch signifikanter Zusammenhang in der erwarteten Richtung. Hypothese H_{PD05} wird damit bestätigt.

Ergebnisse zum Aufwand für Reorganisationen
Personen, die den Text in der Originalversion gelesen hatten, gaben im Mittel einen Wert von AM_{Ro} = 1.76 (SD_{Ro} = 0.67) für den *Aufwand für Reorganisationen* an. Personen, die den Text in der Version Ro+ gelesen hatten, welche auf einen erhöhten *Aufwand für Reorganisationen* abzielte, gaben im Mittel einen Wert von AM_{Ro} = 2.01 (SD_{Ro} = 0.90) an. Der standardisierte Mittelwertsunterschied entspricht mit d = -0.31 (df = 43; t_{emp} = -1.04; $p < .05$) einem schwachen, aber statistisch signifikanten Effekt in der erwarteten Richtung. Hypothese H_{Ro02} wird damit bestätigt.

Personen mit viel Vorwissen zum Thema gaben im Mittel einen Wert von AM_{Ro} = 1.79 (SD_{Ro} = 0.68) für den *Aufwand für Reorganisationen* an. Personen mit wenig Vorwissen gaben im Mittel einen Wert von AM_{Ro} = 2.27 (SD_{Ro} = 0.89) an. Der standardisierte Mittelwertsunterschied entspricht mit d = -0.63 (df = 223; t_{emp} = -4.57; $p < .05$) einem mittleren Effekt in der erwarteten Richtung. Hypothese H_{Ro04} wird damit bestätigt.

Zwischen der Skala zum *Aufwand für Reorganisationen* und der Skala *Verständlichkeitsempfinden* zeigte sich mit r = -.55 (N = 229; $p < .05$) ein starker und statistisch signifikanter Zusammenhang in der erwarteten Richtung. Hypothese H_{Ro05} wird damit ebenfalls bestätigt.

Ergebnisse zur Klarheit der Vorstellung

Personen, die den Text in der Originalversion gelesen hatten, gaben im Mittel einen Wert von $AM_{KV} = 3.11$ ($SD_{KV} = 0.66$) für die *Klarheit der Vorstellung* an. Personen, die den Text in der Version gelesen hatten, die auf verminderte *Hervorhebungen* abzielte, gaben im Mittel einen Wert von $AM_{KV} = 3.08$ ($SD_{KV} = 0.96$) für die *Klarheit der Vorstellung* an. Der standardisierte Mittelwertsunterschied entspricht mit $d = 0.03$ ($df = 43$; $t_{emp} = 0.11$; *n. s.*) einem nicht erwarteten Nulleffekt. Hypothese H_{KV02a} wird daher nicht bestätigt. Personen, die den Text in der Version gelesen hatten, die auf verminderte *Anschaulichkeit* abzielte, gaben im Mittel einen Wert von $AM_{KV} = 2.91$ ($SD_{KV} = 0.60$) für die *Klarheit der Vorstellung* an. Der standardisierte Mittelwertsunterschied zum Originaltext entspricht mit $d = 0.31$ ($df = 34$; $t_{emp} = 0.93$; *n. s.*) einem schwachen, statistisch nicht signifikanten Effekt in der erwarteten Richtung. Hypothese H_{KV02b} wird daher ebenfalls nicht bestätigt.

Personen mit viel Vorwissen zum Thema, gaben im Mittel einen Wert von $AM_{KV} = 3.16$ ($SD_{KV} = 0.84$) für die *Klarheit der Vorstellung* an. Personen mit wenig Vorwissen gaben im Mittel einen Wert von $AM_{KV} = 2.76$ ($SD_{KV} = 0.96$) an. Der standardisierte Mittelwertsunterschied entspricht mit $d = 0.46$ ($df = 222$; $t_{emp} = 3.32$; $p < .05$) einem mittleren und statistisch signifikanten Effekt in der erwarteten Richtung. Hypothese H_{KV04} wird damit bestätigt.

Zwischen der Skala *Klarheit der Vorstellung* und der Skala *Verständlichkeitsempfinden* zeigte sich mit $r = .71$ ($N = 228$; $p < .05$) ein sehr starker und statistisch signifikanter Zusammenhang in der erwarteten Richtung. Hypothese H_{KV05} wird damit bestätigt.

Ergebnisse zur Variation der Sprache

Personen, die den Text in der Originalversion gelesen hatten, gaben im Mittel einen Wert von $AM_{VS} = 2.87$ ($SD_{VS} = 0.86$) für die *Variation der Sprache* an. Personen, die den Text in der Version gelesen hatten, die auf eine verminderte *Variation der Sprache* abzielte, gaben im Mittel einen Wert von $AM_{VS} = 2.46$ ($SD_{VS} = 1.05$) an. Der standardisierte Mittelwertsunterschied entspricht mit $d = 0.42$ ($df = 48$; $t_{emp} = 1.48$) einem schwachen bis mittleren, statistisch aber nicht signifikanten Effekt in der erwarteten Richtung. Hypothese H_{VS02} wird daher nicht bestätigt.

Personen mit viel Vorwissen zum Thema gaben im Mittel einen Wert von $AM_{VS} = 2.84$ ($SD_{VS} = 0.96$) für die *Variation der Sprache* an. Personen mit wenig Vorwissen gaben im Mittel einen Wert von $AM_{VS} = 2.58$ ($SD_{VS} = 0.92$) an. Der standardisierte Mittelwertsunterschied entspricht mit $d = 0.28$ ($df = 222$; $t_{emp} = 1.48$; $p < .20$) einem schwachen bis mittleren, statistisch signifikanten Effekt, der nicht erwartet worden war. Hypothese H_{VS04} wird daher nicht bestätigt.

Zwischen der Skala *Variation der Sprache* und der Skala *Verständlichkeitsempfinden* zeigte sich mit $r = .47$ ($N = 229$; $p < .05$) ein mittlerer und statistisch signifikanter Effekt in der erwarteten Richtung. Hypothese H_{VS05} wird damit ebenfalls bestätigt.

Ergebnisse zum Verständlichkeitsempfinden

Hypothese H_{Ve02} behandelt Unterscheide zwischen den manipulierten Texten und dem Originaltext hinsichtlich des angegebenen *Verständlichkeitsempfindens*. Tabelle 21 zeigt die Mittelwerte, Standardabweichungen, Stichprobengrößen, Freiheitsgrade, *t*-Werte und die standardisierten Mittelwertsunterschiede zwischen der Bewertung des Originaltextes und der Bewertung der anderen Versionen des Textes.

Tabelle 21: Mittelwertsvergleiche zwischen der Bewertung des Originaltextes und der manipulierten Texte hinsichtlich der Skala *Verständlichkeitsempfinden* in Studie 1

Text	AM_{OR}	SD_{OR}	n_{OR}	$AM_{man.}$	$SD_{man.}$	$n_{man.}$	df	t_{emp}	d
WS+	3.73	0.95	21	2.73	0.76	11	30	3.04*	1.14
SS+	3.73	0.95	21	3.26	0.99	19	38	1.54	0.49
AD+	3.73	0.95	21	3.77	0.78	18	37	-0.12	-0.04
PD+	3.73	0.95	21	3.69	0.94	26	45	0.15	0.04
Ro+	3.73	0.95	21	3.43	1.03	24	43	1.01	0.30
An-	3.73	0.95	21	3.77	1.03	23	42	-0.11	-0.03
He-	3.73	0.95	21	3.16	0.75	15	34	1.95*	0.66
VS-	3.73	0.95	21	3.80	0.90	29	48	-0.25	-0.07

Anmerkungen. „OR" steht für „Originaltext"; „man." steht für „manipulierter Text". Standardisierte Mittelwertsunterschiede, die auf dem 5%-Niveau statistisch signifikant wurden, sind mit einem „*" markiert. Die Zeilen geben die Werte für die verschiedenen Versionen des Textes an. Die Zeile „WS+" gibt die Werte für den Vergleich des Original-Textes mit dem Text „WS+" an, der auf eine erhöhte *Wortschwierigkeit* abzielte; die Zeile „SS+" gibt die entsprechenden Werte für den Text „SS+" an, der auf eine erhöhte *Satzschwierigkeit* abzielte, die Zeile „AD+" für den Text mit einer erhöhten *Argumentdichte*, die Zeile „PD+" für den Text mit einer erhöhten *Propositionsdichte*, die Zeile „Ro+" für den Text, der auf einen erhöhten *Aufwand für Reorganisationen* abzielte, die Zeile „An-" für den Text, der auf eine verminderte *Anschaulichkeit* abzielte, die Zeile „He-" für den Text, der auf verminderte *Hervorhebungen* abzielte und die Zeile „VS-" für den Text, der auf eine verminderte *Variation der Sprache* abzielte.

Lediglich der Vergleich des Originaltextes mit den Versionen WS+ und He- wurde im Hinblick auf die Bewertung des *Verständlichkeitsempfindens* statistisch signifikant. Beim Vergleich des Originaltextes mit den Texten WS+, SS+, Ro+ und He- im Hinblick auf die Bewertung des *Verständlichkeitsempfindens* zeigten sich Mittelwertsunterschiede in der erwarteten Richtung, die statistisch aber nicht signifikant wurden. Beim Vergleich des Originaltextes mit den Texten AD+, PD+, An- und VS- im Hinblick auf die Bewertung des *Verständlichkeitsempfindens* zeigten sich nicht erwartete Nulleffekte. Daher werden die Hypothesen H_{Ve02WS} und H_{Ve02He} bestätigt und die Hypothesen H_{Ve02SS}, H_{Ve02AD}, H_{Ve02PD}, H_{Ve02Ro}, H_{Ve02An} und H_{Ve02VS} nicht bestätigt.

Personen, die angegeben hatten, dass sie viel Vorwissen zum Thema hatten, gaben im Mittel einen Wert von $AM_{Ve} = 3.69$ ($SD_{Ve} = 0.91$) für das *Verständlichkeitsempfinden* an. Personen, die angegeben hatten, dass sie wenig Vorwissen zum Thema hatten, gaben im Mittel einen Wert von $AM_{Ve} = 3.11$ ($SD_{Ve} = 1.08$) für das *Verständlichkeitsempfinden* an. Der standardisierte Mittelwertsunterschied entspricht mit $d = 0.59$ ($df = 222$; $t_{emp} = 4.26$; $p < .05$) einem mittleren und statistisch signifikantem Effekt in der erwarteten Richtung. Hypothese H_{Ve04} wird daher bestätigt.

11.8 Diskussion

Im Folgenden werden die Ergebnisse dieser Studie im Hinblick auf die einzelnen Skalen diskutiert. Allgemeinere Fragen werden in der Gesamtdiskussion in Kapitel 15 diskutiert.

Wortschwierigkeit: Die Skala *Wortschwierigkeit* wurde aus zwei Items gebildet (s. Kapitel 11.3). Zu dieser Skala wurden drei Validitätshypothesen geprüft. In allen drei Fällen zeigten sich statistisch signifikante Effekte in der erwarteten Richtung: Mit Hilfe dieser Skala konnte deutlich zwischen dem manipulierten Text und dem Originaltext und zwischen Personen mit viel und mit wenig Vorwissen unterschieden werden. Zur Manipulation der *Wortschwierigkeit* waren geläufige Wörter des Originaltextes wie „Klassenarbeit" durch weniger geläufige Synonyme wie „informeller Test" ersetzt worden. Diese Art der Manipulation ist leicht herzustellen und steht im Einklang mit dem aktuellen Forschungsstand. Es besteht wenig Grund, die Validität dieser Manipulation zu bezweifeln. Wie erwartet gaben Personen mit viel Vorwissen deutlich geringere Werte zur *Wortschwierigkeit* an als Personen mit wenig Vorwissen. Zudem zeigte sich ein starker Zusammenhang in der erwarteten Richtung zur Skala *Verständlichkeitsempfinden*. Damit liegen deutliche positive Validitätsbelege für die Skala *Wortschwierigkeit* vor.

Satzschwierigkeit: Die Skala *Satzschwierigkeit* wurde aus vier Items gebildet (s. Kapitel 11.3). Zu dieser Skala wurden drei Validitätshypothesen geprüft. In allen drei Fällen zeigten sich Effekte in der erwarteten Richtung: Zwischen der Bewertung des Originaltextes und des Text mit komplexerer Syntax zeigte sich ein schwacher bis mittlerer Effekt in der erwarteten Richtung, der statistisch aber nicht signifikant wurde. Zur Manipulation der *Satzschwierigkeit* waren aus den 32 Sätzen des Originaltextes 19 Sätze gebildet worden und die Sätze wurden so umformuliert, dass sie deutlich mehr Passiv-Konstruktionen, eingeschobene Nebensätze (Parenthesen) und Nominalisierungen enthielten. Diese Merkmale werden als Merkmale eines sperrigen Satzbaus angeführt (s. McNamara et al., 2012). Es besteht daher kein Anlass, die Validität dieser Art der Manipulation zu bezweifeln. Aufgrund der Stichprobengröße hätten allerdings nur große Effekte nachgewiesen werden können (s. Kapitel 11.6); die Testung war daher sehr streng und die Testdurchführung aufgrund der kleinen Stichprobe nicht optimal (Westermann, 2000). Daher soll die Hypothese in den folgenden Untersuchungen wiederholt getestet werden. Zwischen den Personen mit viel und jenen mit wenig Vorwissen zeigte sich der erwartete Nulleffekt. Zwischen der Skala *Satzschwierigkeit* und der Skala *Verständlichkeitsempfinden* zeigte sich der erwartete statistisch signifikante, negative Zusammenhang. Insgesamt fallen die Validitätsprüfungen zur Skala *Satzschwierigkeit* eher positiv aus, müssen allerdings repliziert werden.

Argumentdichte: Diese Skala wurde aus fünf Items gebildet (s. Kapitel 11.3). Zu dieser Skala wurden vier Validitätshypothesen geprüft. In allen vier Fällen zeigten sich Effekte in der erwarteten Richtung: Zwischen der Bewertung des Originaltextes und dem Text mit erhöhter *Argumentdichte* zeigte sich ein mittlerer Effekt in der erwarteten Richtung, der statistisch allerdings nicht signifikant wurde. Die Anwendung des Verfahrens von Turner und Greene (1977) hat gezeigt, dass die *Argumentdichte* des manipulierten Textes höher ist als die des Originaltextes (s. Kapitel 11.7). Es gibt daher keinen Anlass, die Validität dieser Manipulation zu bezweifeln. Der *t*-Test hätte aufgrund der Stichprobengröße allerdings nur große Effekte nachweisen können. In der Kontrastanalyse, in der die Bewertung der *Argumentdichte* mit der nach Turner und Greene (1977) ermittelten *Argumentdichte* aller Texte in Beziehung gesetzt wurde, zeigte sich ein mittlerer Zusammenhang zwischen der Bewertung der Texte und der objektiven *Argumentdichte*, der statistisch allerdings ebenfalls nicht signifikant wurde, obwohl die Power des Tests ausreichend war. Die Hypothesen sollen in den folgenden Studien erneut geprüft werden. Wie erwartet zeigte sich zwischen Personen mit viel und wenig Vorwissen kein Unterschied hinsichtlich der Skala

Argumentdichte. Schließlich zeigte die Skala einen schwachen, statistisch signifikanten Zusammenhang zur Skala *Verständlichkeitsempfinden*. Insgesamt fallen die Validitätsprüfungen zur Skala *Argumentdichte* eher positiv aus, müssen aber weiter geprüft werden.

Propositionsdichte: Die Skala *Propositionsdichte* wurde aus drei Items gebildet (s. Kapitel 11.3). Zu dieser Skala wurden vier Validitätshypothesen geprüft. Drei dieser Tests zeigten Effekte in der erwarteten Richtung. In zwei Fällen zeigten die Signifikanztests das erwartete Ergebnis. Da es sich bei der *Propositionsdichte* um ein Merkmal der Texte handelt, kommt dem Vergleich der verschiedenen Texte hinsichtlich der *Propositionsdichte* eine besondere Bedeutung zu. Dabei waren der Originaltext und der Text mit erhöter *Propositionsdichte* hinsichtlich der Skala *Propositionsdichte* entgegen der Hypothese gleich bewertet worden, obwohl mit Hilfe des Verfahrens von Turner und Greene (1977) gezeigt werden konnte, dass sich die *Propositionsdichte* beider Texte tatsächlich unterscheidet. Zur Manipulation der *Propositionsdichte* waren mit Hilfe von Adjektiven, Adverbien und Gentitiv-Konstruktionen zusätzliche Propositionen in den Text eingefügt worden und Füllwörter waren gelöscht wurden. Es gibt daher keinen Anlass, an der Validität dieser Art der Manipulation zu zweifeln. Zudem zeigte die Kontrastanalyse, in der die Bewertung der Skala *Propositionsdichte* mit der *Propositionsdichte* der Texte nach dem Verfahren von Turner und Greene (1977) in Beziehung gesetzt wurde, ein statistisch nicht signifikantes und uneindeutiges Ergebnis. Wie erwartet bewerteten Lesende mit viel und mit wenig Vorwissen die *Propositionsdichte* gleich. Zwischen der Skala zur *Propositionsdichte* und der Skala *Verständlichkeitsempfinden* zeigte sich ein sehr schwacher, aber statistisch signifikanter Zusammenhang. Insgesamt fallen die Validitätsprüfungen der Skala *Propositionsdichte* aber eher negativ aus. Sie sollen in den folgenden Studien daher erneut geprüft werden.

Aufwand für Reorganisationen: Die Skala *Aufwand für Reorganisationen* wurde aus vier Items gebildet (s. Kapitel 11.3). Zu dieser Skala wurden drei Validitätshypothesen geprüft. In allen drei Fällen zeigten sich statistisch signifikante Effekte in der erwarteten Richtung: Es zeigte sich ein mittlerer, statistisch signifikanter Effekt zwischen der Bewertung des Originaltextes und des im Hinblick auf den *Aufwand für Reorganisationen* manipulierten Textes. Zur Manipulation des *Aufwands für Reorganisationen* waren zu Beginn des Textes Mehrdeutigkeiten eingefügt worden, die erst im Laufe des Textes aufgelöst wurden. Diese Art der Manipulation entspricht dem aktuellen Forschungsstand. Es zeigte sich ein mittlerer, statistisch signifikanter Effekt in der erwarteten

Richtung zwischen der Bewertung des *Aufwands für Reorganisationen* durch Personen mit viel und wenig Vorwissen und ein starker Zusammenhang in der erwarteten Richtung zur Skala *Verständlichkeitsempfinden*. Damit liegen deutliche, positive Validitätsbelege für die Skala *Aufwand für Reorganisationen* vor.

Klarheit der Vorstellung: Die Skala *Klarheit der Vorstellung* wurde aus drei Items gebildet (s. Kapitel 11.3). Die Skala wird interpretiert als die Leichtigkeit, mit der die Lesenden ein mentales Modell des Textinhalts aufbauen können. Zu dieser Skala wurden vier Validitätshypothesen geprüft. Drei der vier Tests ergaben statistisch signifikante Effekte in der erwarteten Richtung: Es hat sich gezeigt, dass mit Hilfe dieser Skala unterschieden werden kann zwischen dem Originaltext und dem Text, der im Hinblick auf eine verminderte *Anschaulichkeit* manipuliert worden war. Die *Anschaulichkeit*, die einen Aspekt der *Klarheit der Vorstellung* ausmachen sollte, war manipuliert worden, indem konkretere Begriffe wie „Klassenarbeit" durch abstraktere Begriffe wie „informeller Test" ersetzt worden waren. Es gibt keinen Anlass, die Validität dieser Art der Manipulation zu bezweifeln. Entgegen der Erwartung zeigte sich hingegen kein Unterschied zwischen der Bewertung des Originaltextes und der Bewertung des Textes, der im Hinblick auf eine verminderte *Hervorhebungen* manipuliert worden war, obwohl die *Hervorhebungen* ebenfalls einen Aspekt der *Klarheit der Vorstellung* ausmachen sollte. Das Merkmal *Hervorhebungen* war manipuliert worden, indem die (Zwischen-)Überschriften und Hinweise auf die Struktur des Textes und auf zentrale Inhalte (*Signaling*) gelöscht wurden. Auch diese Manipulation kann als inhaltlich valide angesehen werden. Es bedarf daher weiterer, ähnlicher Validitätsprüfungen zur Skala *Klarheit der Vorstellung*. Mit Hilfe der Skala konnte wie erwartet zwischen Personen mit viel und mit wenig Vorwissen unterschieden werden. Zwischen der *Klarheit der Vorstellung* und dem *Verständlichkeitsempfinden* zeigte sich mit $r = .71$ ein großer, statistisch signifikanter Zusammenhang. Die Berechnung der minderungskorrigierten Korrelationen zeigt, dass sich auch dann kein perfekter Zusammenhang zwischen den beiden Skalen zeigen könnte, wenn die beiden Skalen messfehlerfrei gemessen werden könnten. Dies spricht für die Unabhängigkeit der Skalen. Insgesamt liegen damit eher positive Validitätsbelege für die Skala *Klarheit der Vorstellung* vor, die allerdings repliziert werden müssen, gerade weil es sich um eine Skala handelt, die erst in dieser Studie neu gebildet worden war.

Variation der Sprache: Diese Skala wurde aus vier Items gebildet (s. Kapitel 11.3). Zu dieser Skala wurden drei Validitätshypothesen geprüft. In zwei Fällen zeigten sich Effekte in der erwarteten Richtung, in einem Fall zeigte sich ein nicht erwarteter Effekt. Es zeigte sich ein mittlerer Effekt zwischen der Bewertung des Originaltextes und des Textes, der im Hinblick auf die *Variation der Sprache* manipuliert worden war, der Effekt war jedoch statistisch nicht signifikant. Zur Manipulation dieses Merkmals waren die Sätze in viele kurze Sätze mit jeweils sehr ähnlicher Syntax zerteilt worden. Diese Art der Manipulation sollte den Text gleichförmiger, also monotoner machen. Es ist aber nicht sicher, dass viele kurze Sätze tatsächlich als monoton und nicht als lebendig erlebt werden. Diese Art der Manipulation kann daher angezweifelt werden. Die *Variation der Sprache* sollte daher auch auf anderen Wegen manipuliert werden, z.B., indem wie von Langer et al. gefordert, Fragen gestellt, rhetorische Figuren eingefügt und persönliche Erlebnisse berichtet werden. Da diese Skala nicht aus einer Theorie abgeleitet wurde, ist ohnehin weitere Forschung zu diesem Merkmal der Textverständlichkeit nötig. Entgegen der Erwartung hatte sich zudem ein schwacher bis mittlerer Effekt zwischen Personen mit viel und wenig Vorwissen gezeigt: Personen mit viel Vorwissen gaben höhere Werte hinsichtlich der *Variation der Sprache* an als Personen mit wenig Vorwissen. Ein solcher Zusammenhang konnte nicht aus einer Theorie abgeleitet werden, entspricht aber dem Befund von Jucks (2001). Auch dort hatten die Experten im Mittel höhere Werte auf der Skala *zusätzliche Anregung* angegeben als Laien. Daher soll in den Folgestudien geprüft werden, inwiefern dieser Effekt repliziert werden kann. Die Skala *Variation der Sprache* wies schließlich einen mittleren, statistisch signifikanten Zusammenhang mit der Bewertung des *Verständlichkeitsempfindens* auf. Insgesamt bestehen also eher positive, aber theoretisch nicht erklärte Validitätsbelege zur Skala *Variation der Sprache* vor.

Verständlichkeitsempfinden: Die Skala *Verständlichkeitsempfinden* schließlich bestand aus fünf Items. Die Skala erwies sich in einer eigenen Hauptkomponentenanalyse als eindimensional. Zu dieser Skala wurden neun Validitätshypothesen geprüft. In fünf Fällen zeigten sich Effekte in der erwarteten Richtung, von denen allerdings nur zwei statistisch signifikant wurden; in vier Fällen zeigten sich entgegen der Erwartung Nulleffekte. Die Bewertungen für das *Verständlichkeitsempfinden* fielen für die Texte WS+, SS+, Ro+ und He- ungünstiger aus als für den Originaltext. Hinsichtlich des Originaltextes und der Versionen AD+, PD+, An- und VS+ fielen die Bewertungen des *Verständlichkeitsempfindens* jeweils gleich aus. Dieser Befund passt dazu, dass auch die Skalen *Argumentdichte*, *Propositionsdichte* und *Variation der Sprache* die niedrigsten Korrelationen mit dem *Verständlichkeitsempfinden* aufwiesen. Möglicherweise zeigten sich keine Unterschiede zwischen der Bewertung des Originaltextes und der manipulierten Texte, weil diese Merkmale für das Verstehen weniger wichtig sind: Ballstaedt et al. (1981) zufolge wirken sich die *Argumentdichte* und die *Propositionsdichte* nicht auf das Verstehen, sondern auf die Lesezeit aus. Daher ist es vorstellbar, dass sie auch das *Verständlichkeitsempfinden* weniger beeinflussen. Langer et al. (2006) zufolge ist eine abwechslungsreiche Gestaltung der Sprache eher für die Motivation als für das Verstehen wichtig. Die Bedeutung der *Anschaulichkeit* für das Verstehen ist allerdings gut belegt. Es ist jedoch auch möglich, dass der Text trotz der Manipulation für die Lesenden verständlich war. Um ermessen zu können, inwiefern diese Erklärungen haltbar sind, müssen die Effekte in den weiteren Studien erneut geprüft werden. Schließlich gaben Personen mit Vorwissen wie erwartet deutlich höhere Werte für das *Verständlichkeitsempfinden* an als Personen mit wenig Vorwissen. In der Zusammenschau fallen die Validitätsbelege zu dieser Skala positiv aus, müssen aber weiter geprüft werden.

11.9 Überarbeitete Version des Fragebogens

In der Hauptkomponentenanalyse wiesen einige Items geringe Hauptladungen oder hohe Nebenladungen auf (vgl. Kapitel 11.3). Für die weiteren Analysen wurden die Merkmale durch Items mit eindeutigem Ladungsmuster repräsentiert, je nach Merkmal zwei bis fünf Items. Es schien allerdings wünschenswert, die Skalen jeweils so kurz wie möglich zu halten, um den Aufwand für die Leserinnen und Leser möglichst gering zu halten. Gleichzeitig sollten die Skalen jeweils mindestens drei Items umfassen, um sinnvoll Werte für die interne Konsistenz berechnen zu können. Der Fragebogen wurde daher entsprechend überarbeitet: Zur *Wortschwierigkeit* wurde ein Item neu formuliert, sodass dieses Merkmal in der überarbeiteten Version des Fragebogens wieder durch drei Items repräsentiert wird. Die Skala *Klarheit der Vorstellung* umfasste drei Items. Sie wurde daher unverändert übernommen. Die Merkmale *Satzschwierigkeit*, *Propositionsdichte*, *Aufwand für Reorganisationen* und *Variation der Sprache* wurden durch je vier Items abgebildet. Von diesen wurde jeweils eines nicht in die überarbeitete Version des Fragebogens übernommen und zwar immer das Item, dessen Ausschluss sich am wenigsten negativ auf die Höhe der internen Konsistenz auswirkte. Die Merkmale *Argumentdichte* und *Verständlichkeitsempfinden* schließlich wurden durch je fünf Items repräsentiert. Hier wurden die beiden Items ausgeschlossen, deren Ausschluss sich am wenigsten negativ auf die Veränderung der internen Konsistenz auswirkte. Die Items wurden wieder nach einem ähnlichen Muster wie in Kapitel 10 zu einem Fragebogen zusammengestellt. Tabelle 22 zeigt die überarbeiteten Items. In den folgenden Studien wird diese überarbeitete Version des Fragebogens verwendet.

Tabelle 22: Überblick über die Skalen und Items der überarbeiteten Version des Fragebogens zur Textverständlichkeit

Skala	Item	Formulierung des Items	Position im Fragebogen
Wortschwierigkeit	WS1	Bei manchen Wörtern war ich mir nicht sicher, was sie bedeuten.	1
	WS2	Ich kannte viele Wörter nicht. *	9
	WS3	Ich wusste bei allen Wörtern sofort, was sie bedeuten. (r)	17
Satzschwierigkeit	SS1	Die Sätze waren kompliziert gebaut.	3
	SS2	Ich fand den Satzbau oft zu kompliziert.	11
	SS3	Viele Sätze waren sehr lang.	19
Argumentdichte	AD1	Eine Liste aller Personen, Gegenstände oder Themen, die im Text vorkamen, wäre sehr lang.	4
	AD2	Der Text enthielt Aussagen über viele verschiedene Personen, Gegenstände oder Themen.	12
	AD3	Im Text kamen viele verschiedene Personen, Gegenstände oder Themen vor.	20
Propositionsdichte	PD1	Im Text wurden viele Zusammenhänge dargestellt.	7
	PD2	Im Text wurden nur wenige Zusammenhänge dargestellt. (r)	15
	PD3	Der Text enthielt sehr viele Informationen.	23
Aufwand für Reorganisationen	Ro1	Der Text widersprach an mehreren Stellen dem, was ich erwartet hatte.	5
	Ro2	Der Text ging an mehreren Stellen anders weiter, als ich es erwartet hatte.	13
	Ro3	Ich war manchmal überrascht, wie der Text weiterging.	21
Klarheit der Vorstellung	KV1	Es fiel mir leicht, mir den Inhalt bildlich vorzustellen.	2
	KV2	Beim Lesen hatte ich immer gleich ein Bild vom Gesagten vor Augen.	10
	KV3	Ich fände es sehr leicht, eine Zusammenfassung zu geben.	18
			Fortsetzung

Variation der Sprache	VS1	Ich fand die Sprache lebhaft.	6
	VS2	Der Text war monoton. (r)	14
	VS3	Ich fand die Sprache abwechslungsreich.	22
Verständlichkeitsempfinden	Ve1	Ich fand den Text verständlich.	8
	Ve2	Der Text könnte deutlich verständlicher sein. (r)	16
	Ve3	Alles in allem war der Text leicht zu verstehen.	24

Anmerkungen. Das neu formulierte Item WS2 ist mit einem „*" markiert. Alle Items, die vor der Auswertung rekodiert werden müssen, sind mit „(r)" gekennzeichnet. Die Spalte „Position im Fragebogen" gibt an, an welcher Stelle das Item jeweils im Fragebogen geführt wird.

12 Studie 2

Studie 1 hat gezeigt, dass sieben Merkmale der Textverständlichkeit und die Variable *Verständlichkeitsempfinden* mit Hilfe des Fragebogens reliabel erfasst werden können und dass die tatsächliche Faktorenstruktur des Fragebogens überwiegend der erwarteten Faktorenstruktur entsprach. In der Studie hatte sich außerdem gezeigt, dass die Validitätsbelege zu den Skalen überwiegend positiv ausfielen. Aufgrund der Ergebnisse von Studie 1 wurde ein Item neu formuliert und der Fragebogen schließlich auf drei Items je Skala gekürzt.

In Studie 2 werden nun weitere Validitätsprüfungen zu der überarbeiteten Version des Fragebogens vorgenommen. Dabei werden einige Validitätshypothesen aus Studie 1 erneut geprüft, und zwar die Hypothesen zu den Unterschieden zwischen einem Originaltext und manipulierten Texten ($H_{\bullet\bullet 02}$ und $H_{\bullet\bullet 03}$), zu den Unterschieden zwischen Personen mit viel und wenig Vorwissen ($H_{\bullet\bullet 04}$) und zum Zusammenhang der einzelnen Skalen zur Skala *Verständlichkeitsempfinden* ($H_{\bullet\bullet 05}$). In Studie 2 soll darüber hinaus geprüft werden, wie gut mit Hilfe der Skalen das Verstehen und die Emotionen beim Lesen der Texte vorhergesagt werden können. Im Folgenden werden zunächst die Hypothesen berichtet, die in Studie 2 erneut geprüft werden. Danach werden die Hypothesen vorgestellt, die in dieser Studie erstmals geprüft werden.

12.1 Hypothesen

Replikationshypothesen

Im Hinblick auf die Skala *Wortschwierigkeit* werden die Hypothesen H_{WS02}, H_{WS04} und H_{WS05} aus Studie 1 erneut geprüft, hinsichtlich der Skala *Satzschwierigkeit* die Hypothesen H_{SS02}, H_{SS04} und H_{SS05}, im Hinblick auf die Skala *Argumentdichte* die Hypothesen H_{AD02}, H_{AD03}, H_{AD04} und H_{AD05}, hinsichtlich der Skala *Propositionsdichte* die Hypothesen H_{PD02}, H_{PD03}, H_{PD04} und H_{PD05} und in Bezug auf die Skala *Aufwand für Reorganisationen* die Hypothesen H_{Ro02}, H_{Ro04} und H_{Ro05} (s. Kapitel 11.5). Im Hinblick auf die *Klarheit der Vorstellung* werden die Hypothesen H_{KV02}, H_{KV04} und H_{KV05} erneut getestet. Die Hypothese H_{KV02}, die den Unterschied zwischen einem Originaltext und einem manipulierten Text behandelt, wird in Studie 2 allerdings anders formuliert, weil die Manipulation des Textes diesmal nicht auf eine Verminderung, sondern auf eine Erhöhung der *Klarheit der Vorstellung* abzielt (s. Kapitel 12.2). Die Hypothese wird dementsprechend so formuliert, dass erwartet wird, dass der manipulierte Text die günstigeren Werte erhält als der Originaltext:

H_{KV02} Ein Text, bei dem die Kohärenzbildungshilfen und anschauliche Begriffe hinzugefügt wurden, erhält höhere Werte hinsichtlich der Skala *Klarheit der Vorstellung* als der Originaltext.

Im Hinblick auf die Skala *Variation der Sprache* werden die Hypothesen H_{VS02}, H_{VS04} und H_{VS05} erneut getestet. Da die Manipulation des Textes im Hinblick auf die *Variation der Sprache* diesmal ebenfalls auf eine Erhöhung des Merkmals abzielt, wird die Hypothese H_{VS02} ebenfalls so formuliert, dass auch hier erwartet wird, dass der manipulierte Text günstiger bewertet werden wird als der Originaltext:

H_{VS02} Ein Text, bei dem gegenüber einem Originaltext Fragen an die Lesenden, rhetorische Figuren und Verweise auf persönliche Erlebnisse eingefügt wurden, erhält höhere Werte auf der Skala *Variation der Sprache* als der Originaltext.

Hinsichtlich der Skala *Verständlichkeitsempfinden* werden die Hypothesen H_{Ve02WS}, H_{Ve02SS}, H_{Ve02AD}, H_{Ve02PD}, H_{Ve02Ro}, H_{Ve02VS} und H_{Ve04} erneut geprüft. Da die Hypothese H_{Ve02KV} sich auf die gleichen Texte bezieht wie Hypothese H_{KV02} und da die Hypothese und H_{Ve02VS} sich auf die gleichen Texte bezieht wie Hypothese H_{VS02}, werden auch die Hypothesen H_{Ve02KV} und H_{Ve02VS} ebenfalls so umformuliert, dass erwartet wird, dass der manipulierte Texte die günstigeren Werte erhält als der Originaltext:

H_{Ve02VS} Ein Text, bei dem die Kohärenzbildungshilfen und anschauliche Begriffe hinzugefügt wurden, erhält höhere Werte hinsichtlich der Skala *Verständlichkeitsempfinden* als der Originaltext.

H_{Ve02KV} Ein Text, bei dem gegenüber einem Originaltext Fragen an die Lesenden, rhetorische Figuren und Verweise auf persönliche Erlebnisse eingefügt wurden, erhält höhere Werte auf der Skala *Verständlichkeitsempfinden* als der Originaltext.

Die Hypothesen H_{KV02}, H_{VS02}, H_{Ve02KV} und H_{Ve02VS} behandeln jeweils die Bewertung zweier Texte hinsichtlich bestimmter Merkmale der Textverständlichkeit. Dabei wird jeweils angenommen, dass eine Version des Textes aufgrund der Manipulation günstigere Werte erhält als der andere Text. Aufgrund der veränderten Richtung der Manipulation ändert sich auch die Richtung der Vorhersagen in den Hypothesen; es handelt sich aber dennoch um einfache Replikationen. Im Folgenden werden nun die Hypothesen aufgeführt, die in Studie 2 zum ersten Mal geprüft werden. Diese Hypothesen werden wieder nach den Skalen geordnet aufgeführt.

Hypothesen zur Skala Wortschwierigkeit

Eine hohe *Wortschwierigkeit* erschwert das Verstehen, sodass der Text schlechter verstanden wird oder mehr Ressourcen aufgebracht werden müssen, um das Ziel zu erreichen, den Text zu verstehen. Eine solche Erschwernis sollte zu weniger positiven bzw. mehr negativen Emotionen führen (s. Kapitel 3.2 und 9.1). Im Hinblick auf die Skala *Wortschwierigkeit* werden daher folgende neue Hypothesen formuliert:

H_{WS06} Es besteht ein negativer Zusammenhang zwischen der Skala *Wortschwierigkeit* und dem Verstehen.

H_{WS07} Es besteht ein negativer Zusammenhang zwischen der Skala *Wortschwierigkeit* und den positiven Emotionen.

H_{WS08} Es besteht ein positiver Zusammenhang zwischen der Skala *Wortschwierigkeit* und den negativen Emotionen.

Hypothesen zur Skala Satzschwierigkeit

Eine hohe *Satzschwierigkeit* erschwert das Verstehen, sodass der Text schlechter verstanden wird oder mehr Ressourcen aufgebracht werden müssen, um das Ziel zu erreichen, den Text zu verstehen. Eine solche Erschwernis sollte zu weniger positiven bzw. mehr negativen Emotionen führen (s. Kapitel 3.2 und 9.2). Im Hinblick auf die Skala *Satzschwierigkeit* werden daher folgende neue Hypothesen formuliert:

H_{SS06} Es besteht ein negativer Zusammenhang zwischen der Skala *Satzschwierigkeit* und dem Verstehen.

H_{SS07} Es besteht ein negativer Zusammenhang zwischen der Skala *Satzschwierigkeit* und den positiven Emotionen.

H_{SS08} Es besteht ein positiver Zusammenhang zwischen der Skala *Satzschwierigkeit* und den negativen Emotionen.

Hypothesen zur Skala Argumentdichte

Die *Argumentdichte* bezeichnet die Zahl der Argumente je Wörter pro Text. Eine hohe *Argumentdichte* geht mit einer geringeren lokalen und globalen Kohärenz der impliziten Textbasis einher (McNamara et al., 2012) und erschwert so das Verstehen, sodass der Text schlechter verstanden wird oder mehr Ressourcen aufgebracht werden müssen, um den Text zu verstehen. Eine solche Erschwernis sollte zu weniger positiven bzw. mehr negativen Emotionen führen (s. Kapitel 3.2 und 9.3). Im Hinblick auf die Skala *Argumentdichte* werden daher folgende weitere Hypothesen formuliert:

H_{AD06} Es besteht ein negativer Zusammenhang zwischen der Skala *Argumentdichte* und dem Verstehen.

H_{AD07} Es besteht ein negativer Zusammenhang zwischen der Skala *Argumentdichte* und den positiven Emotionen.

H_{AD08} Es besteht ein positiver Zusammenhang zwischen der Skala *Argumentdichte* und den negativen Emotionen.

Hypothesen zur Skala Propositionsdichte

Die *Propositionsdichte* bezeichnet die Zahl der Propositionen je Wörter pro Text und erschwert so das Verstehen, sodass der Text schlechter verstanden wird oder mehr Ressourcen aufgebracht werden müssen, um den Text zu verstehen. Eine solche Erschwernis sollte zu weniger positiven bzw. mehr negativen Emotionen führen (s. Kapitel 3.2 und 9.4). Im Hinblick auf die Skala *Propositionsdichte* werden daher folgende weitere Hypothesen formuliert:

H_{PD06} Es besteht ein negativer Zusammenhang zwischen der Skala *Propositionsdichte* und dem Verstehen.

H_{PD07} Es besteht ein negativer Zusammenhang zwischen der Skala *Propositionsdichte* und den positiven Emotionen.

H_{PD08} Es besteht ein positiver Zusammenhang zwischen der Skala *Propositionsdichte* und den negativen Emotionen.

Hypothesen zur Skala Aufwand für Reorganisationen

Das Merkmal *Aufwand für Reorganisationen* gibt an, wie viel Aufwand die Lesenden aufbringen müssen, um falsche Vorstellungen vom Inhalt oder dem weiteren Verlauf eines Textes zu korrigieren. Ein hoher *Aufwand für Reorganisationen* erschwert das Verstehen. Eine solche Erschwernis sollte zu schlechterem Verstehen, weniger positiven und mehr negativen Emotionen führen (vgl. Kapitel 3.2 und 9.7). Im Hinblick auf die Skala *Aufwand für Reorganisationen* werden daher folgende Hypothesen formuliert:

H_{Ro06} Es besteht ein negativer Zusammenhang zwischen der Skala *Aufwand für Reorganisationen* und dem Verstehen.

H_{Ro07} Es besteht ein negativer Zusammenhang zwischen der Skala *Aufwand für Reorganisationen* und den positiven Emotionen.

H_{Ro08} Es besteht ein positiver Zusammenhang zwischen der Skala *Aufwand für Reorganisationen* und den negativen Emotionen.

Hypothesen zur Skala Klarheit der Vorstellung

Das Merkmal *Klarheit der Vorstellung* gibt an, wie leicht es den Lesenden gelingt, ein mentales Modell des Textinhalts aufzubauen. Eine große *Klarheit der Vorstellung* erleichtert das Verstehen. Eine solche Erleichterung sollte eher zu positiven bzw. zu weniger negativen Emotionen führen (vgl. Kapitel 3.2 und 11.4). Im Hinblick auf die Skala *Klarheit der Vorstellung* werden daher folgende Hypothesen formuliert:

H_{KV06} Es besteht ein positiver Zusammenhang zwischen der Skala *Klarheit der Verstellung* und dem Verstehen.

H_{KV07} Es besteht ein positiver Zusammenhang zwischen der Skala *Klarheit der Verstellung* und den positiven Emotionen.

H_{KV08} Es besteht ein negativer Zusammenhang zwischen der Skala *Klarheit der Verstellung* und den negativen Emotionen.

Hypothesen zur Skala Variation der Sprache

Das Merkmal *Variation der Sprache* gibt an, wie abwechslungsreich die Lesenden die Sprache des Textes empfinden. Aufgrund der Überlegungen von Langer et al. (2006) ist anzunehmen, dass eine starke *Variation der Sprache* sich negativ auf negative Emotionen und positiv auf die Motivation und die positiven Emotionen beim Lesen und vermittelt darüber auf das Verstehen auswirkt (vgl. Kapitel 9.10). Im Hinblick auf die Skala *Variation der Sprache* werden daher folgende Hypothesen formuliert:

H_{VS06} Es besteht ein positiver Zusammenhang zwischen der Skala *Variation der Sprache* und dem Verstehen.

H_{VS07} Es besteht ein positiver Zusammenhang zwischen der Skala *Variation der Sprache* und den positiven Emotionen.

H_{VS08} Es besteht ein negativer Zusammenhang zwischen der Skala *Variation der Sprache* und den negativen Emotionen.

Hypothesen zur Skala Verständlichkeitsempfinden

Das Merkmal *Verständlichkeitsempfinden* gibt an, wie verständlich die Lesenden die Texte insgesamt empfinden. Das *Verständlichkeitsempfinden* sollte daher mit Verstehen und positiven Emotionen beim Lesen einhergehen und in einem negativen Zusammenhang zu negativen Emotionen stehen (vgl. Kapitel 3.2). Im Hinblick auf die Skala *Verständlichkeitsempfinden* werden daher folgende Hypothesen formuliert:

H_{Ve06} Es besteht ein positiver Zusammenhang zwischen der Skala *Verständlichkeitsempfinden* und dem Verstehen.

H_{Ve07} Es besteht ein positiver Zusammenhang zwischen der Skala *Verständlichkeitsempfinden* und den positiven Emotionen.

H_{Ve08} Es besteht ein negativer Zusammenhang zwischen der Skala *Verständlichkeitsempfinden* und den negativen Emotionen.

Hypothesen zum tatsächlichen Textverständnis

Das Verstehen wird wesentlich vom Vorwissen der Lesenden beeinflusst (s. Kapitel 5) und sollte positiv mit den positiven Emotionen und negativ mit den negativen Emotionen korrelieren (Kapitel 3.2). Hypothesen zum tatsächlichen Textverständnis sind mit $H_{TV\bullet\bullet}$ abgekürzt. Es werden folgende Hypothesen zum tatsächlichen Textverständnis formuliert:

H_{TV04} Personen mit viel Vorwissen zum Thema erzielen bessere Leistungen im Verstehenstest als Personen mit wenig Vorwissen.

H_{TV07} Es besteht ein positiver Zusammenhang zwischen den Leistungen im Verstehenstest und den positiven Emotionen.

H_{TV08} Es besteht ein negativer Zusammenhang zwischen den Leistungen im Verstehenstest und den negativen Emotionen.

Hypothesen zu den positiven Emotionen beim Lesen der Texte

Das typische Ziel des Lesens ist es, einen Text zu verstehen (s. Kapitel 2 und 5). Für Personen mit viel Vorwissen sollte es leichter sein, dieses Ziel zu erreichen (s. Kapitel 4 und 5). Das Erreichen von Zielen sollte mit positiven Emotionen einhergehen (s. Kapitel 3.2). Es ist daher anzunehmen, dass Personen mit viel Vorwissen mehr positive Emotionen beim Lesen empfinden als Personen mit wenig Vorwissen. Positive Emotionen sollten zudem negativ mit negativen Emotionen korrelieren (Krone et al., 1996; Rahm & Heise, 2014). Hypothesen zu den positiven Emotionen sind mit $H_{pE\bullet\bullet}$ abgekürzt. Es werden folgende Hypothesen zu den positiven Emotionen formuliert:

H_{pE04} Personen mit viel Vorwissen zum Thema berichten mehr positive Emotionen als Personen mit wenig Vorwissen.

H_{pE08} Die positiven Emotionen stehen in einem negativen Zusammenhang mit den negativen Emotionen.

Hypothese zu den negativen Emotionen beim Lesen der Texte

Entsprechend der Überlegungen im Abschnitt zu positiven Emotionen wird vermutet, dass Personen mit viel Vorwissen weniger negative Emotionen beim Lesen der Texte empfinden als Personen mit wenig Vorwissen. Hypothesen zu den negativen Emotionen sind mit $H_{nE\bullet\bullet}$ abgekürzt. Es wird folgende Hypothesen zu den negativen Emotionen formuliert:

H_{nE04} Personen mit viel Vorwissen zum Thema berichten weniger negative Emotionen als Personen mit wenig Vorwissen.

12.2 Methode

Stichprobe

Für die Studie wurden alle Personen angemailt, die sich am Ende von Studie 1 damit einverstanden erklärt hatten. Für die Studie wurde abermals auf verschiedenen Homepages der TU Braunschweig geworben sowie über E-Mail-Verteiler der Studiengänge Erziehungswissenschaft und Lehramt an der TU Braunschweig, die Studiengänge Psychologie und Kommunikationswissenschaft an der Universität Erfurt und den Studiengang Soziale Arbeit an der Ostfalia Hochschule in Wolfenbüttel. Unter allen Teilnehmerinnen und Teilnehmern wurden 15 Einkaufs-Gutscheine über jeweils 20 Euro verlost. In den E-Mails, in denen für die Studie geworben wurde, wurde auf die Gewinnmöglichkeit hingewiesen.

An der Studie nahmen 173 Personen teil: 50 Männer, 122 Frauen und 1 Person, die keine Angabe zum Geschlecht machte. Tabelle 23 zeigt die Verteilung des Alters innerhalb der Stichprobe an.

Tabelle 23: Verteilung des Alters innerhalb der Stichprobe von Studie 2

Alter	<20	20-24	25-29	30-39	40-49	50-59	>60	Keine Angabe
N	9	66	34	35	13	8	8	0

Tabelle 24 zeigt, was die Befragten jeweils als höchsten Bildungsabschluss angaben.

Tabelle 24: Angaben der Untersuchungsteilnehmerinnen und -teilnehmer zu ihrem höchsten erworbenen Bildungsabschluss in Studie 2

Höchster Bildungsabschluss	n
Kein Schulabschluss	0
Hauptschulabschluss	2
Mittlere Reife	7
Fachabitur	12
Abitur	62
Bachelor oder Vordiplom	40
Master, Diplom oder Staatsexamen	43
Promotion	7
Keine Angabe	0

Instrumente

Zur Messung der Textverständlichkeit wurde die überarbeitete Version des neu entwickelten Fragebogens zur Textverständlichkeit mit den Skalen *Wortschwierigkeit, Satzschwierigkeit, Argumentdichte, Propositionsdichte, Aufwand für Reorganisationen, Variation der Sprache, Klarheit der Vorstellung* und *Verständlichkeitsempfinden* eingesetzt (vgl. Kapitel 11.9; s. Anhang B-04).

Zur Messung der Emotionen während des Textlesens wurde eine adaptierte Version der Scale of Positive and Negative Experiences (SPANE) von Rahm und Heise (2014) verwendet (s. Anhang C-05). Die SPANE umfasst zwölf Items, von denen sich sechs Items auf positive und sechs auf negative Emotionen beziehen. Zur Messung der Emotionen beim Lesen wurde die SPANE gewählt, weil sie im Gegensatz zu anderen Emotions-Fragebögen wie der Positive and Negative Affect Schedule (PANAS) von Krone, Egloff, Kohlmann und Tausch (1996) nicht nur spezifische Emotionen, sondern auch allgemeinere emotionale Zustände erfasst. Die SPANE soll die Häufigkeit messen, mit der Emotionen in einem bestimmten Zeitraum auftreten. Da das Lesen der Texte nur eine kurze Zeitspanne umfasst, wurde die Instruktion der SPANE so verändert, dass sie nicht nach der Häufigkeit, sondern nach der Intensität der Emotionen während des Lesens fragte. Dazu wurde die Instruktion der PANAS übernommen.

Zur Messung des Textverstehens wurde ein Verstehenstest eingesetzt (s. Anhang C-06). Der Verstehenstest bestand aus acht Aufgaben. Sechs der acht Aufgaben waren Mehrfachwahl-Aufgaben, die aus einer Frage bzw. einer Aufgabe mit vier Antwortmöglichkeiten bestanden, von denen jeweils eine als richtig gewertet wurde (Multiple-Choice-Aufgabe, Lienert & Raatz, 1998). Zwei der acht Aufgaben bestanden aus vier bzw. sechs Aussagen, bei denen jeweils entschieden werden musste, ob sie wahr oder falsch sind (Richtig-Falsch-Aufgabe, Lienert & Raatz, 1998). Zu jeder Aufgabe gab es außerdem die Möglichkeit „weiß ich nicht" anzukreuzen. Bei allen Aufgaben mussten Informationen generiert werden, die aus dem Text abgeleitet werden konnten, aber über den Text hinausgehen. Insgesamt konnten in dem Verstehenstest 16 Punkte erzielt werden.

Die Befragten bearbeiteten schließlich einen Fragebogen zu Merkmalen der Person mit sieben Items, u.a. zum Geschlecht, Alter, höchsten erworbenen Bildungsabschluss und Vorwissen sowie einem Textfeld mit der Möglichkeit, Rückmeldungen zur Studie zu geben (s. Anhang C-03).

Manipulation der Texte

Als Text wurde ein Text aus einem Erdkunde-Schulbuch des Westermann-Verlags für die 11. Jahrgangsstufe verwendet (Latz, 2011; s. Anhang D-02). Dieser Text wurde aus zwei Gründen ausgewählt: Zum einen ist der Text Teil eines Lehrbuchs und wird daher vermutlich auch tatsächlich regelmäßig im Unterricht eingesetzt, zum anderen konnte aufgrund des Kurswahl-Systems in der Oberstufe angenommen werden, dass es innerhalb einer überwiegend studentischen Stichprobe einige Varianz gibt hinsichtlich des Vorwissens zu einem Thema aus der Geografie, das in der Oberstufe behandelt wird.

Zu dem gewählten Text wurden sieben weitere Versionen des Textes erzeugt, die jeweils auf die Manipulation eines anderen Merkmals der Textverständlichkeit abzielten, das im Fragebogen erfasst werden soll. Die Merkmale *Wortschwierigkeit, Satzschwierigkeit, Argumentdichte, Propositionsdichte* und *Aufwand für Reorganisationen* wurden auf die gleiche Art manipuliert wie in Studie 1 (s. Kapitel 11.2). Die *Klarheit der Vorstellung* sollte durch das Einfügen von Kohärenzbildungshilfen wie Beispielen, Überschriften und Hinweisen auf die Struktur des Textes erhöht werden. Da der Originaltext nur wenige Fragen, persönliche Bezüge oder ähnliches enthielt, wurde in dieser Studie nicht wie in Studie 1 auf eine Verminderung, sondern auf eine Erhöhung der *Variation der Sprache* abgezielt. Dazu wurden an passenden Stellen persönliche Fürwörter wie „uns" und „unsere" eingefügt; im Text wird angegeben, der Autor habe bestimmte Phänomene bei einer Reise selber beobachtet; Sätze mit einer umständlichen, sperrigen Syntax wurden in kürzere Sätze zerteilt; zentrale Begriffe wurden wiederholt und im Text wurden Fragen gestellt (vgl. Kapitel 9.10). Die Texte sind in Anhang D-02 aufgeführt. Tabelle 25 zeigt, aus wie vielen Sätzen, Wörtern, Silben und Zeichen die Texte jeweils bestanden.

Tabelle 25: Angaben zur Zahl der Sätze, Wörter, Silben und Zeichen der verschiedenen Versionen des Textes in Studie 2

Text	Sätze	Wörter	Silben	Zeichen
Originaltext (OR)	38	534	1 184	3 574
Text zur Erhöhung der *Wortschwierigkeit* (WS+)	38	538	1 218	3 642
Text zur Erhöhung der *Satzschwierigkeit* (SS+)	22	565	1 218	3 775
Text mit erhöhter *Argumentdichte* (AD+)	34	736	1 563	4 787
Text mit erhöhter *Propositionsdichte* (PD+)	37	617	1 408	4 217
Text zur Erhöhung des *Aufwands für Reorganisationen* (Ro+)	35	521	1 152	3 467
Text zur Erhöhung der *Klarheit der Vorstellung* (KV+)	45	657	1 274	4 239
Text zur Verringerung der *Variation der Sprache* (VS+)	42	652	1 395	4 207

Durchführung

Die Untersuchung wurde wieder als Online-Studie durchgeführt. Die Teilnehmenden lasen zuerst eine Instruktion (s. Anhang A-03), bekamen dann per Zufall eine der acht Versionen des Textes zu lesen, bearbeiteten dann die adaptierte Version der SPANE, den Fragebogen zur Textverständlichkeit, den Verstehenstest und schließlich den Fragebogen zu den Personenmerkmalen. Die Teilnahme nahm insgesamt ca. 20 Minuten in Anspruch. Tabelle 26 zeigt, für wie viele Personen jeweils vollständige Datensätze zu den verschiedenen Versionen des Textes vorliegen.

Auswertung

Die Hypothesen $H_{\bullet\bullet 02}$ behandeln die Unterschiede zwischen dem Originaltext und den manipulierten Texten. Um diese Hypothesen zu testen, wurden Cohens d und einseitige t-Tests berechnet. Das α-Niveau wurde auf 5% festgesetzt. Tabelle 26 zeigt, wie groß die standardisierten Mittelwertsunterschiede δ' zwischen dem Originaltext und den manipulierten Texten jeweils sein mussten, damit sie bei diesen Stichprobengrößen mit einer Power von $1 - \beta = .80$ nachgewiesen werden können. Die Sensitivität der Tests ist damit durchweg gering.

Tabelle 26: Zahl der Personen, für die vollständige Datensätze vorliegen nach der Version des Textes und die Größe der Effekte, die in Studie 2 bei einem $\alpha = .05$ mit einer Power von $1 - \beta = .80$ nachgewiesen werden können.

Version	n	δ'	Hypothesen
Originaltext (OR)	26	---	---
Text zur Erhöhung der *Wortschwierigkeit* (WS+)	28	.69	H_{WS02} und H_{Ve02WS}
Text zur Erhöhung der *Satzschwierigkeit* (SS+)	20	.76	H_{SS02} und H_{Ve02SS}
Text mit erhöhter *Argumentdichte* (AD+)	15	.82	H_{AD02} und H_{Ve02AD}
Text mit erhöhter *Propositionsdichte* (PD+)	21	.74	H_{PD02} und H_{Ve02PD}
Text zur Erhöhung des *Aufwands für Reorganisationen* (Ro+)	19	.77	H_{Ro02} und H_{Ve02Ro}
Text zur Erhöhung der *Klarheit der Vorstellung* (KV+)	20	.76	H_{KV02} und H_{Ve02KV}
Text zur Verringerung der *Variation der Sprache* (VS+)	24	.71	H_{VS02} und H_{Ve02VS}

Anmerkungen. Die Spalte „*n*" zeigt an, wie viele Personen den Text jeweils gelesen haben. Die Spalte „*δ'*" zeigt an, wie groß die Unterschiede zwischen der Bewertung des Originaltextes und der manipulierten Texte jeweils sein müssen, um mit $1 - \beta = .80$ nachgewiesen werden zu können. Die Spalte „Hypothesen" gibt an, welche Hypothesen Unterschiede zwischen dem Originaltext und dem jeweiligen manipulierten Texten behandeln.

Die Hypothesen $H_{••03}$ machen Aussagen über den Zusammenhang der Bewertung der *Argumentdichte* und der objektiven *Argumentdichte* der Texte bzw. über den Zusammenhang der Bewertung der *Propositionsdichte* und der objektiven *Propositionsdichte* der Texte. Die Hypothesen werden mit Hilfe von Kontrastanalysen getestet (Eid et al., 2010; Sedlmeier & Renkewitz, 2008). Das α-Niveau wurde auf 5% festgelegt. Damit können Effekte der Größe $\rho \geq 0.19$ mit einer Wahrscheinlichkeit von $1 - \beta = .80$ nachgewiesen werden.

Die Hypothesen $H_{••04}$ machen Aussagen darüber, inwiefern sich Personen mit viel oder wenig Vorwissen hinsichtlich der Bewertung der Merkmale unterscheiden bzw. gleichen. Die Hypothesen werden jeweils mit Hilfe von Cohens *d* und einseitigen *t*-Tests geprüft. Um die Hypothesen zu testen, wurden die Versuchspersonen in zwei Gruppen eingeteilt: eine Gruppe mit viel und eine Gruppe mit wenig Vorwissen. Dazu sollten die Versuchspersonen am Ende der Untersuchung angeben, wie viel Vorwissen sie nach eigener Einschätzung vor dem Lesen des Textes zum Thema des Textes gehabt haben (s. Anhang C-03).

Tabelle 27 zeigt wie häufig die Befragten die verschiedenen Antwortalternativen gewählt haben.

„Wie viel wussten Sie vor dem Lesen des Textes zu dem Thema des Textes?"	n
„Ich hatte keinerlei Vorwissen zu diesem Thema."	109
„Ich hatte von dem Thema schon einmal gehört."	46
„Ich wusste einiges von dem, was im Text stand, schon."	14
„Mir waren fast alle Inhalte des Textes bereits bekannt."	2
„Ich kannte diese Inhalte schon und weiß noch viel mehr zu diesem Thema."	2
Keine Angaben	0

Anmerkungen. Die Spalte „*n*" gibt an, wie viele Versuchspersonen diese Antwortkategorie gewählt haben.

Alle Versuchspersonen, die angegeben hatten, „Ich hatte keinerlei Vorwissen zu diesem Thema" oder „Ich hatte von dem Thema schon einmal gehört" wurden als Personen mit wenig Vorwissen aufgefasst ($n = 155$). Alle Personen, die eine höhere Antwortkategorie gewählt hatten, wurden zu einer Gruppe mit Vorwissen zusammengefasst ($n = 18$). Diese Aufteilung wurde aus zwei Gründen gewählt: Zum einen wurden die Personen, die diese Antwortkategorien gewählt hatten, auch in Studie 1 diesen Gruppen zugeordnet, sodass die Ergebnisse der beiden Studien vergleichbar sind; zum anderen schien es unangemessen, den Personen, die angaben, dass sie von dem Thema schon mal gehört hatten, viel Vorwissen zuzuschreiben. Tabelle 28 zeigt, wie sich die Personen mit viel und wenig Vorwissen auf die verschiedenen Versionen des Textes verteilt haben.

Tabelle 28: Verteilung der Versuchspersonen mit viel und wenig Vorwissen auf die verschiedenen Versionen des Textes in Studie 2

Version	OT	WS+	SS+	AD+	PD+	Ro+	KV+	VS+
Wenig Vorwissen	24	25	19	13	17	17	17	23
Viel Vorwissen	2	3	1	2	4	2	3	1

Anmerkungen. Zwischen der Angabe zum Vorwissen und der vorgelegten Version des Textes zeigte sich ein Zusammenhang von $C = .15$ ($\chi^2 = 4.11$; $df = 7$; $p_{zweiseitig} = .77$).

Für die Tests der Hypothesen H_{WS04}, H_{Ro04}, H_{KV04} und H_{Ve04}, in denen jeweils behauptet wird, dass sich die Gruppen mit viel und wenig Vorwissen hinsichtlich der Bewertung der Skalen unterscheiden, wurde das Signifikanzniveau auf 5% festgelegt. Damit können Effekte der Größe $\delta' \geq 0.62$ mit einer Power von $1 - \beta = .80$ nachgewiesen werden. Hinsichtlich der Hypothesen H_{SS04}, H_{AD04}, H_{PD04} und H_{VS04} lässt sich aus den inhaltlichen Hypothesen jeweils eine Nullhypothese ableiten. Um die Strenge der Prüfung in diesen Fällen zu erhöhen, soll daher nicht das α-Risiko minimiert werden, sondern das β-Risiko. Für diese Hypothesentests wurde das α-Niveau daher auf 20% festgelegt. Dadurch können Effekte der Größe $\delta' \geq 0.62$ mit einer größeren Power von $1 - \beta = .95$ nachgewiesen werden.

Die Hypothesen $H_{\bullet\bullet05}$, $H_{\bullet\bullet06}$, $H_{\bullet\bullet07}$ und $H_{\bullet\bullet08}$ behandeln die Zusammenhänge der Skalen des Fragebogens auf der einen und dem *Verständlichkeitsempfinden*, dem tatsächlichen Verstehen sowie den positiven und negativen Emotionen beim Lesen auf der anderen Seite. Zum Test dieser Hypothesen wurde Pearsons r berechnet und einseitig auf Signifikanz geprüft. Das α-Niveau wurde auf 5% festgesetzt. Damit konnten Effekte ab einer Größe von $\rho = .19$ mit einer Power von $1 - \beta = .80$ nachgewiesen werden. In weniger als 1% der Daten lagen fehlende Werte vor. Bei fehlenden Werten wurden die Analysen mit fallweisem Ausschluss vorgenommen.

12.3 Ergebnisse

Reliabilität

In einem ersten Schritt wurden die Mittelwerte, Standardabweichungen und internen Konsistenz der Skalen berechnet.

Tabelle 29: Skalen-Mittelwerte, Skalen-Standardabweichungen und interne Konsistenzen der Skalen in Studie 2

Skala	*AM*	*SD*	Cronbachs α
Fragebogen von Friedrich			
Wortschwierigkeit	2.79	1.07	.85
Satzschwierigkeit	2.90	1.01	.85
Argumentdichte	3.04	1.02	.85
Propositionsdichte	3.97	0.73	.69
Aufwand für Reorganisationen	2.52	1.00	.81
Klarheit der Vorstellung	3.06	0.87	.80
Variation der Sprache	2.77	0.82	.75
Verständlichkeitsempfinden	3.08	1.00	.84
SPANE			
positive Emotionen	2.53	0.83	.91
negative Emotionen	1.91	0.70	.80
Verstehen	9.32	3.10	.71

Anmerkungen. Die Spalte „*AM*" enthält die Skalenmittelwerte des Fragebogens zur Textverständlichkeit und der SPANE; sie können jeweils Werte von 1.00 bis 5.00 annehmen; ein Wert von 1.00 entspricht der Antwortstufe „stimmt nicht"; ein Wert von 5.00 entspricht der Antwortstufe „stimmt genau"; die Werte im Verstehenstest enthalten nicht den Skalenmittelwert, sondern den Summenmittelwert. Die Befragten konnten im Verstehenstest zwischen 0 und 16 Punkte erzielen.

Tabelle 29 zeigt die entsprechenden Werte. Die internen Konsistenzen der eingesetzten Instrumente waren mit Werten zwischen $\alpha = .69$ bis $.91$ durchweg ausreichend bis sehr gut. Tabelle 30 zeigt die Interkorrelationen zwischen den Skalen des Fragebogens.

Tabelle 30: Interkorrelationen der Skalen des Fragebogens zur Textverständlichkeit in Studie 2

	WS	SS	AD	PD	Ro	KV	VS
Wortschwierigkeit (WS)	*.85*						
Satzschwierigkeit (SS)	.23*	*.85*					
Argumentdichte (AD)	.22*	.36*	*.85*				
Propositionsdichte (PD)	-.09	.02	.31*	*.69*			
Aufwand für	.27*	.39*	.28*	-.10	*.81*		
Reorganisationen (Ro)							
Klarheit der Vorstellung (KV)	-.51*	-.44*	-.17*	.22*	-.17*	*.80*	
Variation der Sprache (VS)	-.21*	-.32*	-.17*	.33*	-.15*	.48*	*.75*

Anmerkungen. Korrelationen, die auf dem 5%-Niveau statistisch signifikant wurden, sind mit „*" markiert. In den Diagonalzellen sind noch einmal die Reliabilitäten der Skalen angegeben.

Die Interkorrelationen der Skalen liegen also zwischen $|r| = .02$ und $.51$. Die Berechnung der minerungskorrigierten Korrelationen zeigt, dass sich auch dann keine perfekten Zusammenhänge zeigen könnten, wenn die einzelnen Skalen jeweils messfehlerfrei gemessen worden wären. Dies spricht für die Unabhängigkeit der Skalen. In den folgenden Abschnitten werden die Ergebnisse für die einzelnen Skalen berichtet.

Ergebnisse zur Skala Wortschwierigkeit

Personen, die den Text in der Originalversion gelesen hatten, gaben im Mittel einen Wert von $AM_{WS} = 2.85$ ($SD_{WS} = 1.13$) für die *Wortschwierigkeit* an. Personen, die den Text in der Version WS+ lasen, die auf eine erhöhte *Wortschwierigkeit* abzielte, gaben im Mittel einen Wert von $AM_{WS} = 3.58$ ($SD_{WS} = 1.08$) für die *Wortschwierigkeit* an. Der standardisierte Mittelwertsunterschied entspricht mit $d = -0.67$ ($df = 52$; $t_{emp} = -2.45$; $p < .05$) einem mittleren bis starken und statistisch signifikanten Effekt in der erwarteten Richtung. Hypothese H_{WS02} wird damit bestätigt.

Personen mit viel Vorwissen zum Thema gaben im Mittel einen Wert von $AM_{WS} = 2.09$ ($SD_{WS} = 0.83$) für die *Wortschwierigkeit* an. Personen mit wenig Vorwissen gaben im Mittel einen Wert von $AM_{WS} = 2.87$ ($SD_{WS} = 1.07$) für die *Wortschwierigkeit* an. Der standardisierte Mittelwertsunterschied entspricht mit $d = -0.74$ ($df = 171$; $t_{emp} = -2.97$; $p < .05$) einem starken und statistisch signifikanten Effekt in der erwarteten Richtung. Hypothese H_{WS04} wird daher bestätigt.

Tabelle 31 zeigt die Zusammenhänge zwischen der Skala *Wortschwierigkeit* und den Kriterien *Verständlichkeitsempfinden* (H_{WS05}), Verstehen (H_{WS06}), positive Emotionen (H_{WS07}) und negative Emotionen (H_{WS08}).

Tabelle 31: Zusammenhänge zwischen der Skala *Wortschwierigkeit* und dem *Verständlichkeitsempfinden*, dem Verstehen, den positiven und den negativen Emotionen beim Lesen in Studie 2 (*N* = 172)

Skala	Verständlichkeits- empfinden	Verstehen	Positive Emo- tionen	Negative Emotionen
$r_{WS, \bullet}$	-.52*	-.21*	-.30*	.14*

Anmerkungen. Die Zeile „$r_{WS, \bullet}$" zeigt die Korrelationen der Skala *Wortschwierigkeit* mit den jeweiligen abhängigen Variablen an. Korrelationen, die auf dem 5%-Niveau statistisch signifikant geworden sind, sind mit einem „*" gekennzeichnet.

Damit zeigte sich wie erwartet ein starker, negativer und statistisch signifikanter Zusammenhang der Skala *Wortschwierigkeit* zum *Verständlichkeitsempfinden*, ein schwacher bis mittlerer, negativer und statistisch signifikanter Zusammenhang zum Verstehen, ein mittlerer, negativer und statistisch signifikanter Zusammenhang zu den positiven Emotionen und ein schwacher positiver, statistisch signifikanter Zusammenhang zu den negativen Emotionen. Die Hypothesen H_{WS05}, H_{WS06}, H_{WS07} und H_{WS08} werden daher bestätigt.

Ergebnisse zur Skala Satzschwierigkeit

Personen, die den Text in der Originalversion gelesen hatten, gaben im Mittel einen Wert von $AM_{SS} = 2.71$ ($SD_{SS} = 0.97$) für die *Satzschwierigkeit* an. Personen, die den Text in der Version SS+ lasen, die auf eine erhöhte *Satzschwierigkeit* abzielte, gaben im Mittel einen Wert von $AM_{SS} = 3.23$ ($SD_{SS} = 1.16$) für die *Satzschwierigkeit* an. Der standardisierte Mittelwertunterschied entspricht mit $d = -0.50$ ($df = 44$; $t_{emp} = -1.68$; $p < .05$) einem mittleren und statistisch signifikanten Effekt in der erwarteten Richtung. Hypothese H_{SS02} wird damit bestätigt.

Personen mit viel Vorwissen zum Thema gaben im Mittel einen Wert von $AM_{SS} = 2.61$ ($SD_{SS} = 0.95$) für die *Satzschwierigkeit* an. Personen mit wenig Vorwissen gaben im Mittel einen Wert von $AM_{SS} = 2.93$ ($SD_{SS} = 1.01$) für die *Satzschwierigkeit* an. Der standardisierte Mittelwertunterschied entspricht mit $d = -0.32$ ($df = 171$; $t_{emp} = -1.29$; $p < .20$) einem nicht erwarteten schwachen und statistisch signifikantem Effekt. Hypothese H_{SS04} wird daher nicht bestätigt.

Tabelle 32 zeigt die Zusammenhänge zwischen der Skala *Satzschwierigkeit* und den Kriterien *Verständlichkeitsempfinden* (H_{SS05}), Verstehen (H_{SS06}), positive Emotionen (H_{SS07}) und negative Emotionen (H_{SS08}).

Tabelle 32: Zusammenhänge zwischen der Skala *Satzschwierigkeit* und dem *Verständlichkeitsempfinden*, dem Verstehen, den positiven und den negativen Emotionen beim Lesen in Studie 2 (*N* = 172)

Skala	Verständlichkeits-empfinden	Verstehen	Positive Emotionen	Negative Emotionen
$r_{SS, \bullet}$	-.61*	-.03	-.30*	.29*

Anmerkungen. Die Zeile „$r_{SS, \bullet}$" zeigt die Korrelationen der Skala *Satzschwierigkeit* mit den jeweiligen abhängigen Variablen an. Korrelationen, die auf dem 5%-Niveau statistisch signifikant geworden sind, sind mit einem „*" gekennzeichnet.

Damit zeigte sich wie erwartet ein starker, negativer und statistisch signifikanter Zusammenhang der Skala *Satzschwierigkeit* zum *Verständlichkeitsempfinden*, ein nicht erwarteter Nullzusammenhang zum Verstehen, ein schwacher bis mittlerer, negativer und statistisch signifikanter Zusammenhang zu den positiven Emotionen und ein mittlerer positiver, statistisch signifikanter Zusammenhang zu den negativen Emotionen. Die Hypothesen H_{SS05}, H_{SS07} und H_{SS08} werden damit bestätigt, die Hypothese H_{SS06} nicht.

Ergebnisse zur Skala Argumentdichte
Personen, die den Text in der Originalversion gelesen hatten, gaben im Mittel einen Wert von AM_{AD} = 2.95 (SD_{AD} = 1.06) für die *Argumentdichte* an. Personen, die den Text in der Version AD+ lasen, die auf eine erhöhte *Argumentdichte* abzielte, gaben im Mittel einen Wert von AM_{AD} = 3.47 (SD_{AD} = 0.88) für die *Argumentdichte* an. Der standardisierte Mittelwertunterschied entspricht mit d = -0.52 (df = 39; t_{emp} = -1.60; *n. s.*) einem mittleren, statistisch aber nicht signifikanten Effekt in der erwarteten Richtung. Hypothese H_{AD02} wird daher nicht bestätigt.

Die *Argumentdichte* ist ein Merkmal der Texte und kann u.a. mit Hilfe des Verfahrens von Turner und Greene (1977) ermittelt werden. Tabelle 33 zeigt, aus wie vielen Wörtern die verschiedenen Versionen des Textes bestanden, wie viele Argumente ihnen nach dem Verfahren von Turner und Greene (1977) zugeschrieben wurden, welche *Argumentdichte* sich daraus ergab und welche Kontraste den verschiedenen Versionen des Textes aufgrund dessen zugeordnet wurden.

Tabelle 33: Kontraste zur Prüfung der Hypothese H_{AD03} zum Vergleich der verschiedenen Texte hinsichtlich der Bewertung zur *Argumentdichte* in Studie 2

Version	OR	WS+	SS+	AD+	PD+	Ro+	KV+	VS+
Wörter	534	538	565	736	617	521	657	652
Argumente	112	111	127	195	137	107	122	110
AD nach Turner u. Greene	0.21	0.21	0.22	0.26	0.22	0.21	0.19	0.17
Kontrast	-4	-16	48	189	39	-20	-88	-148
AM_{AD}	2.95	2.87	3.05	3.47	2.95	3.21	3.13	2.93
SD_{AD}	1.06	1.08	1.02	0.88	0.95	1.16	0.90	1.09
n	25	28	20	15	22	19	20	25

Anmerkungen. Die Zeile „Wörter" gibt an, aus wie vielen Wörtern die Texte jeweils bestanden; die Zeile „Argumente" gibt an, wie viele verschiedene Argumente der Text enthielt; die Zeile „AD nach Turner u. Greene" gibt an, wie viele Argumente pro Wort den Texten nach dem Verfahren von Turner und Greene (1977) zugeschrieben wurden; die Zeile „Kontrast" gibt an, welcher Kontrastwert den verschiedenen Versionen des Textes (OR bis VS+) aufgrund der *Argumentdichte* zugeordnet wurde; einigen Texten, z.B. OR und WS+ wurden verschiedene Kontraste zugeordnet, obwohl ihnen in der Zeile „AD nach Turner u. Greene" gleiche Werte für die *Argumentdichte* zugeschrieben werden. Diese Diskrepanzen sind durch das Runden auf zwei Nachkommastellen entstanden; die Zeile „AM_{AD}" enthält die arithmetischen Mittelwerte der Skala *Argumentdichte* für die Texte, die Zeile „SD_{AD}" die entsprechenden Standardabweichungen, die Zeile „n" die Zahl der Personen, von denen vollständige Datensätze zu den verschiedenen Versionen vorliegen. Die Spalte „WS+" gibt die Werte für den Text an, der auf eine erhöhte *Wortschwierigkeit* abzielte, die Spalte „SS+" die Werte für den Text, der auf eine erhöhte *Satzschwierigkeit* abzielte, die Spalte „AD+" für den Text mit erhöhter *Argumentdichte*, die Spalte „PD+" für den Text mit erhöhter *Propositionsdichte*, die Spalte „Ro+" für den Text, der einen erhöhten *Aufwand für Reorganisationen* abzielte, die Spalte „KV+" für den Text, der auf eine erhöhte *Klarheit der Vorstellung* abzielte und die Spalte „VS+" gibt die Werte für den Text an, der auf eine erhöhte *Variation der Sprache* abzielte.

Die Kontrastanalysen zeigte mit $r_{alerting}$ = .63 ($r_{effect-size}$ = .09; df = 165; t = 1.33; *n. s.*) einen positiven Zusammenhang zwischen den erwarteten und den tatsächlichen Mittelwerten der Bewertungen der *Argumentdichte*, der statistisch allerdings nicht signifikant wurde. Hypothese H_{AD03} wird daher nicht bestätigt.

Personen mit viel Vorwissen zum Thema gaben im Mittel einen Wert von AM_{AD} = 2.56 (SD_{AD} = 0.90) für die *Argumentdichte* an. Personen mit wenig Vorwissen zum Thema gaben im Mittel einen Wert von AM_{AD} = 3.10 (SD_{AD} = 1.02) für die *Argumentdichte* an. Der standardisierte Mittelwertsunterschied entspricht mit d = -0.59 (df = 171; t_{emp} = -2.15; p < .20) einem nicht erwarteten, aber mittleren und statistisch signifikanten Effekt. Hypothese H_{AD04} wird daher nicht bestätigt.

Tabelle 34 zeigt die Zusammenhänge zwischen der Skala *Argumentdichte* und den Kriterien *Verständlichkeitsempfinden* (H_{AD05}), Verstehen (H_{AD06}), positive Emotionen (H_{AD07}) und negative Emotionen (H_{AD08}).

Tabelle 34: Zusammenhänge zwischen der Skala *Argumentdichte* und dem *Verständlichkeitsempfinden*, dem Verstehen, den positiven und den negativen Emotionen beim Lesen in Studie 2 ($N = 172$)

Skala	Verständlichkeits-empfinden	Verstehen	Positive Emotionen	Negative Emotionen
$r_{AD, \bullet}$	-.23*	-.03	-.11	.14*

Anmerkungen. Die Zeile „$r_{AD, \bullet}$" zeigt die Korrelationen der Skala *Argumentdichte* mit den jeweiligen abhängigen Variablen an. Korrelationen, die auf dem 5%-Niveau statistisch signifikant geworden sind, sind mit einem „*" gekennzeichnet.

Damit zeigte sich wie erwartet ein schwacher bis mittlerer, negativer und statistisch signifikanter Zusammenhang der Skala *Argumentdichte* zum *Verständlichkeitsempfinden*, ein Nullzusammenhang zum Verstehen, ein schwacher, negativer, aber statistisch nicht signifikanter Zusammenhang zu den positiven Emotionen und ein schwacher, positiver, statistisch signifikanter Zusammenhang zu den negativen Emotionen. Die Hypothesen H_{AD05}, H_{AD06} und H_{AD08} werden damit bestätigt, die Hypothese H_{AD07} nicht.

Ergebnisse zur Skala Propositionsdichte
Personen, die den Text in der Originalversion gelesen hatten, gaben im Mittel einen Wert von $AM_{PD} = 4.00$ ($SD_{PD} = 0.50$) für die *Propositionsdichte* an. Personen, die den Text in der Version PD+ lasen, die auf eine erhöhte *Propositionsdichte* abzielte, gaben im Mittel einen Wert von $AM_{PD} = 4.21$ ($SD_{PD} = 0.65$) für die *Propositionsdichte* an. Der standardisierte Mittelwertunterschied entspricht mit $d = -0.35$ ($df = 45$; $t_{emp} = -1.23$; *n. s.*) einem schwachen bis mittleren Effekt in der erwarteten Richtung, der statistisch allerdings nicht signifikant wurde. Hypothese H_{PD02} wird daher nicht bestätigt.

Die *Propositionsdichte* ist ein Merkmal der Texte und kann u.a. mit Hilfe des Verfahrens von Turner und Greene (1977) ausgezählt werden. Tabelle 35 zeigt, aus wie vielen Wörtern die verschiedenen Versionen des Textes bestanden, wie viele Propositionen pro Wort den Texten nach dem Verfahren von Turner und Greene (1977) zugeschrieben wurden, welche *Propositionsdichte* sich daraus ergab und welche Kontraste den verschiedenen Versionen des Textes aufgrund dessen zugeordnet wurden.

Tabelle 35: Kontraste zur Prüfung der Hypothese H$_{PD03}$ zum Vergleich der verschiedenen Texte hinsichtlich der Bewertung zur *Propositionsdichte* in Studie 2

Version	OR	WS+	SS+	AD+	PD+	Ro+	KV+	VS+
Wörter	534	538	565	736	617	521	657	652
Proposi-tionen	207	208	209	315	269	200	248	225
PD nach Turner u. Greene	0.39	0.39	0.37	0.43	0.44	0.38	0.38	0.35
Kontrast	-6	-9	-65	130	157	-18	-40	-149
AM_{PD}	4.00	3.63	3.80	4.21	4.21	3.93	4.20	4.08
SD_{PD}	0.50	0.88	0.98	0.65	0.65	0.95	0.52	0.62
n	26	28	20	15	21	19	20	24

Anmerkungen. Die Zeile „Wörter" gibt an, aus wie vielen Wörtern die Texte jeweils bestanden; die Zeile „Propositionen" gibt an, wie viele verschiedene Propositionen der Text enthielt; die Zeile „PD nach Turner u. Greene" gibt an, wie viele Propositionen pro Wort den Texten nach dem Verfahren von Turner und Greene (1977) zugeschrieben wurden; die Zeile „Kontrast" gibt an, welcher Kontrastwert den verschiedenen Versionen des Textes aufgrund der *Propositionsdichte* zugeordnet wurde; einigen Texten, z.B. OR und WS+ wurden verschiedene Kontraste zugeordnet, obwohl ihnen in der Zeile „AD nach Turner u. Greene" gleiche Werte für die *Propositionsdichte* zugeschrieben werden. Diese Diskrepanzen sind durch das Runden auf zwei Nachkommastellen entstanden; die Zeile „AM_{PD}" enthält die arithmetischen Mittelwerte der Skala *Propositionsdichte* für die Texte, die Zeile „SD_{PD}" die entsprechenden Standardabweichungen, die Zeile „n" die Zahl der Personen von denen vollständige Datensätze zu den verschiedenen Versionen vorliegen. Die Spalte „WS+" gibt die Werte für den Text an, der auf eine erhöhte *Wortschwierigkeit* abzielte, die Spalte „SS+" die Werte für den Text, der auf eine erhöhte *Satzschwierigkeit* abzielte, die Spalte „AD+" für den Text mit erhöhter *Argumentdichte*, die Spalte „PD+" für den Text mit erhöhter *Propositionsdichte*, die Spalte „Ro+" für den Text, der auf einen erhöhten *Aufwand für Reorganisationen* abzielte, die Spalte „KV+" für den Text, der auf eine erhöhte *Klarheit der Vorstellung* abzielte und die Spalte „VS+" gibt die Werte für den Text an, der auf eine erhöhte *Variation der Sprache* abzielte.

Die Kontrastanalysen zeigte mit $r_{alerting}$ = .24 ($r_{effect-size}$ = .05; df = 165; t = 0.76; *n. s.*) einen schwachen bis mittleren, statistisch aber nicht signifikanten Zusammenhang zwischen den erwarteten und den tatsächlichen Bewertungen der *Propositionsdichte*. Hypothese H$_{PD03}$ wird damit nicht bestätigt.

Personen mit viel Vorwissen zum Thema gaben im Mittel einen Wert von AM_{PD} = 3.94 (SD_{PD} = 1.08) für die *Propositionsdichte* an. Personen mit wenig thematischem Vorwissen gaben im Mittel einen Wert von AM_{PD} = 3.97 (SD_{PD} = 0.68) für die *Propositionsdichte* an. Der standardisierte Mittelwertsunterschied entspricht mit d = -0.04 (df = 171; t_{emp} = -0.16; *n. s.*) dem erwarteten Nulleffekt. Hypothese H$_{PD04}$ wird damit bestätigt.

Tabelle 36 zeigt die Zusammenhänge zwischen der Skala *Propositionsdichte* und den Kriterien *Verständlichkeitsempfinden* (H_{PD05}), Verstehen (H_{PD06}), positive Emotionen (H_{PD07}) und negative Emotionen (H_{PD08}).

Tabelle 36: Zusammenhänge zwischen der Skala *Propositionsdichte* und dem *Verständlichkeitsempfinden*, dem *Verstehen*, den positiven und den negativen Emotionen beim Lesen in Studie 2 (*N* = 172)

Skala	Verständlichkeits- empfinden	Verstehen	Positive Emo- tionen	Negative Emotionen
$r_{PD, \bullet}$	.20	.11	.20*	-.01

Anmerkungen. Die Zeile „$r_{PD, \bullet}$" zeigt die Korrelationen der Skala *Propositionsdichte* mit den jeweiligen abhängigen Variablen an. Korrelationen, die auf dem 5%-Niveau statistisch signifikant geworden sind, sind mit einem „*" gekennzeichnet.

Damit zeigte sich ein schwacher bis mittlerer und positiver Zusammenhang der Skala *Propositionsdichte* zum *Verständlichkeitsempfinden*, ein schwacher, positiver Zusammenhang zum Verstehen und ein ebenfalls schwacher, positiver Zusammenhang zu den positiven Emotionen, alle drei entgegen der erwarteten Richtung. Zwischen der *Propositionsdichte* und den negativen Emotionen zeigte sich schließlich ein nicht erwarteter Nullzusammenhang. Damit werden die Hypothesen H_{PD05}, H_{PD06}, H_{PD07} und H_{PD08} nicht bestätigt.

Ergebnisse zur Skala zum Aufwand für Reorganisationen

Personen, die den Text in der Originalversion gelesen hatten, gaben im Mittel einen Wert von AM_{Ro} = 2.46 (SD_{Ro} = 0.98) zum *Aufwand für Reorganisationen* an. Personen, die den Text in der Version Ro+ lasen, die auf einen erhöhten *Aufwand für Reorganisationen* abzielte, gaben im Mittel einen Wert von AM_{Ro} = 3.25 (SD_{Ro} = 1.01) für den *Aufwand für Reorganisationen* an. Der standardisierte Mittelwertsunterschied entspricht mit d = -0.79 (df = 43; t_{emp} = -2.62; $p < .05$) einem starken und statistisch signifikanten Effekt in der erwarteten Richtung. Hypothese H_{Ro02} wird damit bestätigt.

Personen mit viel thematischem Vorwissen gaben im Mittel einen Wert von AM_{Ro} = 2.26 (SD_{Ro} = 0.82) für den *Aufwand für Reorganisationen* an. Personen mit wenig thematischem Vorwissen gaben im Mittel einen Wert von AM_{Ro} = 2.55 (SD_{Ro} = 1.02) für den *Aufwand für Reorganisationen* an. Der standardisierte Mittelwertsunterschied entspricht mit d = -0.29 (df = 170; t_{emp} = -1.16; *n. s.*) einem schwachen Effekt, der statistisch allerdings nicht signifikant wurde. Hypothese H_{Ro04} wird damit nicht bestätigt.

Tabelle 37 zeigt die Zusammenhänge zwischen der Skala *Aufwand für Reorganisationen* und den Kriterien *Verständlichkeitsempfinden* (H_{Ro05}), Verstehen (H_{Ro05}), positive Emotionen (H_{Ro05}) und negative Emotionen (H_{Ro08}).

Tabelle 37: Zusammenhänge zwischen der Skala zum *Aufwand für Reorganisationen* und dem *Verständlichkeitsempfinden*, dem Verstehen, den positiven und den negativen Emotionen beim Lesen in Studie 2 (*N* = 172)

Skala	Verständlichkeits-empfinden	Verstehen	Positive Emotionen	Negative Emotionen
$r_{Ro,\bullet}$	-.37*	-.24*	-.15*	.30*

Anmerkungen. Die Zeile „$r_{Ro,\bullet}$" zeigt die Korrelationen der Skala *Aufwand für Reorganisationen* mit den jeweiligen abhängigen Variablen an. Korrelationen, die auf dem 5%-Niveau statistisch signifikant geworden sind, sind mit einem „*" gekennzeichnet.

Damit zeigte sich wie erwartet ein mittlerer, negativer und statistisch signifikanter Zusammenhang der Skala *Aufwand für Reorganisationen* zum *Verständlichkeitsempfinden*, ein schwacher bis mittlerer, negativer und statistisch signifikanter Zusammenhang zum *Verstehen*, ein schwacher, negativer und statistisch signifikanter Zusammenhang zu den positiven Emotionen und ein mittlerer positiver, statistisch signifikanter Zusammenhang zu den negativen Emotionen. Die Hypothesen H_{Ro05}, H_{Ro06}, H_{Ro07} und H_{Ro08} werden damit bestätigt.

Ergebnisse zur Skala Klarheit der Vorstellung

Personen, die den Text in der Originalversion gelesen hatten, gaben im Mittel einen Wert von AM_{KV} = 3.19 (SD_{KV} = 0.78) für die *Klarheit der Vorstellung* an. Personen, die den Text in der Version KV+ lasen, die auf eine erhöhte *Klarheit der Vorstellung* abzielte, gaben im Mittel einen Wert von AM_{KV} = 3.33 (SD_{KV} = 0.76) für die *Klarheit der Vorstellung* an. Der standardisierte Mittelwertsunterschied entspricht mit d = -0.18 (df = 44; t_{emp} = -0.61; *n. s.*) einem schwachen Effekt, der statistisch allerdings nicht signifikant wurde. Hypothese H_{KV02} wird daher nicht bestätigt.

Personen mit viel Vorwissen zum Thema gaben im Mittel einen Wert von AM_{KV} = 3.37 (SD_{KV} = 1.14) für die *Klarheit der Vorstellung* an. Personen mit wenig Vorwissen gaben im Mittel einen Wert von AM_{KV} = 3.02 (SD_{KV} = 0.83) an. Der standardisierte Mittelwertsunterschied entspricht mit d = 0.40 (df = 171; t_{emp} = 1.63; *n. s.*) einem schwachen bis mittleren, statistisch aber nicht signifikanten Effekt in der erwarteten Richtung. Hypothese H_{KV04} wird damit nicht bestätigt.

Tabelle 38 zeigt die Zusammenhänge zwischen der Skala *Klarheit der Vorstellung* und den Kriterien *Verständlichkeitsempfinden* (H_{KV05}), Verstehen (H_{KV06}), positive Emotionen (H_{KV07}) und negative Emotionen (H_{KV08}).

Tabelle 38: Zusammenhänge zwischen der Skala *Klarheit der Vorstellung* und dem *Verständlichkeitsempfinden*, dem Verstehen, den positiven und den negativen Emotionen beim Lesen in Studie 2 ($N = 172$)

Skala	Verständlichkeits-empfinden	Verstehen	Positive Emotionen	Negative Emotionen
$r_{KV, \bullet}$	.74*	.22*	.53*	-.32*

Anmerkungen. Die Zeile „$r_{KV, \bullet}$" zeigt die Korrelationen der Skala *Klarheit der Vorstellung* mit den jeweiligen abhängigen Variablen an. Korrelationen, die auf dem 5%-Niveau statistisch signifikant geworden sind, sind mit einem „*" gekennzeichnet.

Damit zeigte sich wie erwartet ein sehr starker, positiver und statistisch signifikanter Zusammenhang der Skala *Klarheit der Vorstellung* zum *Verständlichkeitsempfinden*, ein schwacher bis mittlerer, positiver und statistisch signifikanter Zusammenhang zum Verstehen, ein starker, positiver und statistisch signifikanter Zusammenhang zu den positiven Emotionen und ein mittlerer negativer, statistisch signifikanter Zusammenhang zu den negativen Emotionen. Die Hypothesen H_{KV05}, H_{KV06}, H_{KV07} und H_{KV08} werden damit bestätigt.

Ergebnisse zur Skala Variation der Sprache

Personen, die den Text in der Originalversion gelesen hatten, gaben im Mittel einen Wert von $AM_{VS} = 2.72$ ($SD_{VS} = 0.68$) für die *Variation der Sprache* an. Personen, die den Text in der Version VS+ lasen, die auf eine erhöhte *Variation der Sprache* abzielte, gaben im Mittel einen Wert von $AM_{VS} = 2.97$ ($SD_{VS} = 0.96$) an. Der standardisierte Mittelwertunterschied entspricht mit $d = -0.31$ ($df = 48$; $t_{emp} = -1.09$; *n. s.*) einem schwachen, statistisch aber nicht signifikanten Effekt in der erwarteten Richtung. Hypothese H_{VS02} wird damit nicht bestätigt.

Personen mit viel thematischem Vorwissen gaben im Mittel einen Wert von $AM_{VS} = 2.75$ ($SD_{VS} = 0.79$) für die *Variation der Sprache* an. Personen mit wenig Vorwissen gaben im Mittel einen Wert von $AM_{VS} = 2.94$ ($SD_{VS} = 1.10$) für die *Variation der Sprache* an. Der standardisierte Mittelwerts-unterschied entspricht mit $d = -0.18$ ($df = 171$; $t_{emp} = -0.93$; $p < .20$) einem schwachen, nicht erwarteten, aber statistisch signifikanten Effekt. Hypothese H_{VS04} wird daher nicht bestätigt.

Tabelle 39 zeigt die Zusammenhänge zwischen der Skala *Variation der Sprache* und den Kriterien *Verständlichkeitsempfinden* (H_{VS05}), Verstehen (H_{VS06}), positive Emotionen (H_{VS07}) und negative Emotionen (H_{VS08}).

Tabelle 39: Zusammenhänge zwischen der Skala *Variation der Sprache* und dem *Verständlichkeitsempfinden*, dem Verstehen, den positiven und den negativen Emotionen beim Lesen in Studie 2 ($N = 172$)

Skala	Verständlichkeits-empfinden	Verstehen	Positive Emotionen	Negative Emotionen
$r_{VS, \bullet}$	.51*	.15*	.50*	-.15*

Anmerkungen. Die Zeile „$r_{VS, \bullet}$" zeigt die Korrelationen der Skala *Variation der Sprache* mit den jeweiligen abhängigen Variablen an. Korrelationen, die auf dem 5%-Niveau statistisch signifikant geworden sind, sind mit einem „*" gekennzeichnet.

Damit zeigte sich wie erwartet ein starker, positiver und statistisch signifikanter Zusammenhang der Skala *Variation der Sprache* zum *Verständlichkeitsempfinden*, ein schwacher, positiver und statistisch signifikanter Zusammenhang zum Verstehen, ein starker, positiver und statistisch signifikanter Zusammenhang zu den positiven Emotionen und ein schwacher negativer, statistisch signifikanter Zusammenhang zu den negativen Emotionen. Die Hypothesen H_{VS05}, H_{VS06}, H_{VS07} und H_{VS08} werden damit bestätigt.

Ergebnisse zur Skala Verständlichkeitsempfinden

Die Hypothesen $H_{Ve02\bullet\bullet}$ behandeln Unterschiede zwischen den manipulierten Texten und dem Originaltext hinsichtlich des *Verständlichkeitsempfindens*.

Tabelle 40: Mittelwertsvergleiche zwischen der Bewertung des Originaltextes und der manipulierten Texte hinsichtlich der Skala *Verständlichkeitsempfinden* in Studie 2

Text	AM_{OR}	SD_{OR}	n_{OR}	$AM_{man.}$	$SD_{man.}$	$n_{man.}$	df	t_{emp}	d
WS+	3.13	0.94	26	2.36	0.90	28	52	3.07*	0.84
SS+	3.13	0.94	26	2.80	0.81	20	44	1.24	0.37
AD+	3.13	0.94	26	3.60	0.76	15	39	-1.65	-0.54
PD+	3.13	0.94	26	3.30	1.02	21	45	-0.61	-0.18
Ro+	3.13	0.94	26	2.84	1.06	19	43	0.96	0.29
KV+	3.13	0.94	26	3.57	0.71	20	44	-1.73*	-0.52
VS+	3.13	0.94	26	3.40	1.09	24	48	-0.95	-0.27

Anmerkungen. „OR" steht für „Originaltext"; „man" steht für „manipulierter Text". Standardisierte Mittelwertsunterschiede, die auf dem 5%-Niveau statistisch signifikant wurden, sind mit einem „*" markiert. Die Zeilen geben die Werte für die verschiedenen Versionen des Textes an. Die Zeile „WS+" gibt die Werte für den Vergleich des Original-Textes mit dem Text „WS+" an, der auf eine erhöhte *Wortschwierigkeit* abzielte; die Zeile „SS+" gibt die entsprechenden Werte für den Text „SS+" an, der auf eine erhöhte *Satzschwierigkeit* abzielte, die Zeile „AD+" für den Text mit einer erhöhten *Argumentdichte*, die Zeile „PD+" für den Text mit einer erhöhten *Propositionsdichte*, die Zeile „Ro+" für den Text, der auf einen erhöhten *Aufwand für Reorganisationen* abzielte, die Zeile „KV+" für den Text, der auf eine erhöhte *Klarheit der Vorstellung* abzielte und die Zeile „VS+" für den Text, der auf eine erhöhte *Variation der Sprache* abzielte.

Tabelle 40 zeigt die Mittelwerte, Standardabweichungen, Stichprobengrößen, Freiheitsgrade, t-Werte und die standardisierten Mittelwertunterschiede zwischen der Bewertung des Originaltextes und der Bewertung der anderen Versionen des Textes.

Beim Vergleich des Originaltextes mit den Texten WS+, SS+, Ro+, KV+ und VS+ im Hinblick auf die Bewertung des *Verständlichkeitsempfindens* zeigten sich Mittelwertunterschiede in der erwarteten Richtung, von denen allerdings nur die Vergleiche mit den Texten WS+ und KV+ statistisch signifikant wurden; beim Vergleich des Originaltextes mit den Texten AD+ und PD+ zeigten sich ein schwacher und ein mittlerer Effekt entgegen der erwarteten Richtung, die statistisch allerdings beide nicht signifikant wurden. Daher werden die Hypothesen H_{Ve02WS} und H_{Ve02KV} bestätigt und die Hypothesen H_{Ve02SS}, H_{Ve02AD}, H_{Ve02PD}, H_{Ve02Ro} und H_{Ve02VS} nicht.

Personen mit viel thematischem Vorwissen gaben im Mittel einen Wert von $AM_{Ve} = 3.31$ ($SD_{Ve} = 1.22$) für das *Verständlichkeitsempfinden* an. Personen mit wenig thematischem Vorwissen gaben im Mittel einen Wert von $AM_{Ve} = 3.06$ ($SD_{Ve} = 0.97$) für das *Verständlichkeitsempfinden* an. Der standardisierte Mittelwertunterschied entspricht mit $d = 0.26$ ($df = 171$; $t_{emp} = 1.03$; *n. s.*) einem schwachen Effekt in der erwarteten Richtung, der statistisch aber nicht signifikant wurde. Hypothese H_{Ve04} wird daher nicht bestätigt.

Tabelle 41 zeigt die Zusammenhänge zwischen der Skala *Verständlichkeitsempfinden* und den Kriterien Verstehen (H_{Ve06}), positive Emotionen (H_{Ve07}) und negative Emotionen (H_{Ve08}).

Tabelle 41: Zusammenhänge zwischen der Skala *Verständlichkeitsempfinden* und dem Verstehen, den positiven und den negativen Emotionen beim Lesen in Studie 2 ($N = 172$)

Skala	Verstehen	Positive Emotionen	Negative Emotionen
$r_{Ve, \bullet}$	.24*	.51*	-.32*

Anmerkungen. Die Zeile „$r_{Ve, \bullet}$" zeigt die Korrelationen der Skala *Verständlichkeitsempfinden* mit den jeweiligen abhängigen Variablen an. Korrelationen, die auf dem 5%-Niveau statistisch signifikant wurden, sind mit einem „*" gekennzeichnet.

Es zeigte sich ein erwarteter, schwacher bis mittlerer, positiver und statistisch signifikanter Zusammenhang der Skala *Verständlichkeitsempfinden* zum Verstehen, ein starker, positiver und statistisch signifikanter Zusammenhang zu den positiven Emotionen und ein mittlerer negativer, statistisch signifikanter Zusammenhang zu den negativen Emotionen. Die Hypothesen H_{Ve06}, H_{Ve07} und H_{Ve08} werden damit bestätigt.

Ergebnisse zum Verstehenstest

Personen mit viel Vorwissen zum Thema erzielten im Mittel einen Wert von $AM_{TV} = 10.78$ ($SD_{TV} = 2.71$) im Verstehenstest; Personen mit wenig Vorwissen zum Thema erzielten im Mittel einen Wert von $AM_{TV} = 9.15$ ($SD_{TV} = 3.11$). Der standardisierte Mittelwertunterschied entspricht mit $d = 0.53$ ($df = 171$; $t_{emp} = 2.12$; $p < .05$) einem mittleren und statistisch signifikanten Effekt in der erwarteten Richtung. Hypothese H_{TV04} wird damit bestätigt.

Zwischen dem Verstehen und den positiven Emotionen zeigte sich ein schwacher bis mittlerer, positiver, statistisch signifikanter Zusammenhang von $r = .22$ ($N = 172$; $p < .05$). Zwischen dem Verstehen und den negativen Emotionen zeigte sich ein schwacher bis mittlerer, negativer, statistisch signifikanter Zusammenhang von $r = -.22$ ($N = 172$; $p < .05$). Die Hypothesen H_{TV07} und H_{TV08} werden damit bestätigt.

Ergebnisse zu den positiven Emotionen

Personen mit viel Vorwissen zum Thema gaben im Mittel einen Wert von $AM_{pE} = 2.78$ ($SD_{pE} = 1.27$) hinsichtlich der positiven Emotionen an; Personen mit wenig Vorwissen gaben im Mittel einen Wert von $AM_{pE} = 2.50$ ($SD_{pE} = 0.77$) hinsichtlich der positiven Emotionen an. Der standardisierte Mittelwertunterschied entspricht mit $d = 0.33$ ($df = 170$; $t_{emp} = 1.33$; $n.\ s.$) einem schwachen Effekt in der erwarteten Richtung, der statistisch aber nicht signifikant wurde. Hypothese H_{pE04} wird daher nicht bestätigt.

Zwischen den positiven und den negativen Emotionen zeigte sich ein mittlerer, negativer, statistisch signifikanter Zusammenhang von $r = -.32$ ($N = 172$; $p < .05$). Hypothese H_{pE08} wird damit bestätigt.

Ergebnisse zu den negativen Emotionen

Personen mit viel Vorwissen gaben im Mittel einen Wert von $AM_{nE} = 1.94$ ($SD_{nE} = 0.90$) hinsichtlich der negativen Emotionen an; Personen mit wenig thematischem Vorwissen gaben im Mittel einen Wert von $AM_{nE} = 1.90$ ($SD_{nE} = 0.67$) hinsichtlich der negativen Emotionen an. Der standardisierte Mittelwertunterschied entspricht mit $d = 0.05$ ($df = 170$; $t_{emp} = 0.19$) einem Nulleffekt. Hypothese H_{nE04} wird daher nicht bestätigt.

12.4 Diskussion

Die Reliabilität der Skalen war durchweg ausreichend bis sehr gut. Doch welche Hinweise auf bestehende bzw. mangelnde Validität der mit Hilfe der Skalen erfassten Daten gibt es?

Wortschwierigkeit: Zur Skala *Wortschwierigkeit* wurden sechs Validitätshypothesen geprüft. In allen sechs Hypothesen-Tests zeigten sich statistisch signifikante Effekte in der erwarteten Richtung. Damit liegen wie in Studie 1 deutliche Validitätsbelege zur Skala *Wortschwierigkeit* vor.

Satzschwierigkeit: Zur Skala *Satzschwierigkeit* wurden sechs Validitätshypothesen getestet. In vier dieser Tests zeigten sich die erwarteten (Null-)Effekte. In vier Fällen fielen die Signifikanztest-Ergebnisse wie erwartet aus. Entgegen der Erwartung gaben Personen mit viel Vorwissen niedrigere Werte für die *Satzschwierigkeit* an als Personen mit wenig Vorwissen. Dieser Befund hatte sich auch schon in Studie 1 ergeben und konnte damit in dieser Studie repliziert werden. In Kapitel 9.2 wurde die Annahme vertreten, dass die *Satzschwierigkeit* auf Seiten der Person von der Lesekompetenz, der Größe des Arbeitsgedächtnisses und der Vertrautheit mit den syntaktischen Strukturen des Textes abhängt, nicht aber vom Vorwissen oder dem Interesse der Lesenden (s. Kapitel 9.2). Es ist daher fraglich, ob die Skala von Variablen beeinflusst wird, von denen sie nicht beeinflusst werden sollte, oder ob die Annahmen falsch sind. Diese Frage kann hier nicht abschließend geklärt werden, es ist aber möglich, dass die *Satzschwierigkeit* für Personen mit wenig Vorwissen tatsächlich höher ist als für Personen mit viel Vorwissen: In Kapitel 9.2 wurde dargelegt, dass die *Satzschwierigkeit* umso höher ist, je stärker das Arbeitsgedächtnis durch die Dekodierung der Syntax belastet wird. Für Lesende mit weniger Vorwissen zum Thema eines Textes ist der Cognitive Load beim Textverstehen höher als für Lesende mit weniger Vorwissen, sodass auch weniger Arbeitsgedächtniskapazitäten zur Verfügung stehen, um die Syntax der Sätze zu dekodieren. Es ist daher vorstellbar, dass die *Satzschwierigkeit* zu einem gewissen Teil vom Vorwissen der Lesenden abhängt. Diese neue Hypothese müsste in weiteren unabhängigen Studien geprüft werden. In den folgenden Studien soll zunächst der Befund zum Zusammenhang der Bewertung der *Satzschwierigkeit* und des Vorwissens repliziert werden.

Eine weitere Validitätshypothese zur Skala *Satzschwierigkeit* betraf den Zusammenhang der *Satzschwierigkeit* zum tatsächlichen Verstehen. Entgegen der Erwartung hatte sich kein Effekt gezeigt. Es ist allerdings denkbar, dass die

Befragten einfach mehr Zeit investiert haben, um die Erschwernisse durch die Syntax auszugleichen und den Text zu verstehen. Dafür spricht auch, dass eine höhere *Satzschwierigkeit* mit weniger positiven und mehr negativen Emotionen einherging. Den stärksten Beleg stellt vermutlich die Unterscheidung zwischen dem Originaltext und dem manipulierten Text dar. Insgesamt fallen die Validitätsbelege zur *Satzschwierigkeit* eher positiv aus.

Argumentdichte: Zur Skala *Argumentdichte* wurden sieben Validitätshypothesen getestet. In sechs dieser Tests zeigten sich die erwarteten (Null-)Effekte, doch nur drei der sieben Tests zeigten statistisch signifikante Ergebnisse. Der starke Effekt zwischen Personen mit viel und wenig Vorwissen bei der Bewertung der *Argumentdichte* widerspricht der Theorie. Es ist fraglich, wie dieser Effekt zustande kommt. In Studie 1 hatte sich kein entsprechender Effekt gezeigt. Möglicherweise handelt es sich um einen α-Fehler, der auch dadurch entstanden sein kann, dass die Gruppe der Personen mit viel Vorwissen in dieser Studie lediglich $n = 18$ Personen umfasste. Die Hypothesentestung soll in Studie 3 daher repliziert werden. Den strengsten Test der Validitätshypothesen stellt die Kontrastanalyse zum Test der Hypothese H_{AD03} dar. Die Kontrastanalyse wurde zwar wie in Studie 1 statistisch nicht signifikant, doch in beiden Studien zeigte sich ein starker Zusammenhang zwischen der Bewertung der *Argumentdichte* durch die Lesenden und der Bewertung der *Argumentdichte* nach dem Verfahren von Turner und Greene (1977). Die Validitätsbelege fallen daher eher positiv aus, bedürfen aber weiterer Prüfungen.

Propositionsdichte: Es wurden sieben Validitätshypothesen zur Skala *Propositionsdichte* geprüft. In drei dieser sieben Tests zeigten sich die erwarteten (Null-)Effekte, doch nur in einem dieser Tests zeigte der Signifikanztest das erwartete Ergebnis. Entgegen der Erwartung stand die Bewertung der *Propositionsdichte* in schwach positiven Zusammenhängen zum *Verständlichkeitsempfinden*, zum Verstehen und zu den positiven Emotionen. In Kapitel 9.4 war jedoch die Annahme vertreten worden, dass eine hohe *Propositionsdichte* das Verstehen erschwert. Da es beim Textverstehen darum geht, die im Text enthaltenen Zusammenhänge zu verstehen ist die *Propositionsdichte* dem intrinsischen Cognitive Load zuzuschreiben und wird daher möglicherweise nicht als unangenehm erlebt. Inwiefern diese Deutung zutrifft, kann hier nicht geklärt werden. Es zeigt aber, dass es weiterer Forschung zum Merkmal *Propositionsdichte* und ihrer Wirkungen bedarf. Den strengsten Test der Validitätshypothesen stellt die Kontrastanalyse zum Test der Hypothese H_{PD03} dar, in dem die Bewertung der *Propositionsdichte* durch die Lesenden mit den Ergebnissen des Verfahrens von Turner und Greene (1977) in Beziehung gesetzt wurde. Der Effekt war allerdings sehr schwach. Insgesamt fallen die Validitätsbelege zur Skala *Propositionsdichte* in dieser Studie daher negativ aus.

Aufwand für Reorganisationen: Zur Skala *Aufwand für Reorganisationen* wurden sechs Validitätshypothesen geprüft. Bei allen sechs Tests zeigten sich Effekte in der erwarteten Richtung, von denen fünf statistisch signifikant wurden. Lediglich der Unterschied zwischen Personen mit viel und wenig Vorwissen wurde statistisch nicht signifikant. Die Hypothese soll daher weiter geprüft werden. Insgesamt liegen aber deutliche Validitätsbelege zur Skala *Aufwand für Reorganisationen* vor.

Klarheit der Vorstellung: Zu dieser Skala wurden sechs Validitätshypothesen getestet. In allen sechs Tests zeigten sich Effekte in der erwarteten Richtung, von denen vier statistisch signifikant wurden. Die Skala wies vor allem deutliche Zusammenhänge zum *Verständlichkeitsempfinden*, zum Verstehen und den Emotionen beim Lesen auf. Die Unterschiede zwischen Personen, die den Originaltext lasen und die den manipulierten Text lasen sowie die Unterschiede zwischen Personen mit viel und wenig Vorwissen zeigten zwar die erwarteten Richtungen wurden statistisch aber nicht signifikant. Die Hypothese zum Vorwissen soll in Studie 3 erneut getestet werden. Ein weiterer Test der Hypothese zum Vergleich zwischen einem Originaltext und einem entsprechend manipulierten Text wäre wünschenswert, zumal die Skala erst aufgrund empirischer Befunde gebildet wurde. In den folgenden Studien sollen aber erst einmal andere Arten von Validitätshypothesen getestet werden. Insgesamt fallen die Validitätsbelege zur Skala *Klarheit der Vorstellung* eher positiv aus.

Variation der Sprache: Im Hinblick auf die Skala *Variation der Sprache* wurden sechs Validitätshypothesen geprüft. In fünf der sechs Tests ergaben sich Effekte in der erwarteten Richtung. In vier Fällen zeigten die Signifikanztests die erwarteten Ergebnisse. Wie in Studie 1 zeigte sich ein schwacher bis mittlerer, statistisch nicht signifikanter Effekt in der erwarteten Richtung zwischen der Bewertung des Originaltextes und des manipulierten Textes. Aufgrund der Stichprobengröße war der Test allerdings auch nicht sensitiv genug, um Effekte dieser Größe aufzudecken. Dass der Effekt aus Studie 1 repliziert werden konnte, ist ein schwacher Beleg der entsprechenden Validitätshypothese. Entgegen der Annahme hatte sich allerdings ein schwacher und statistisch signifikanter Unterschied bei der Bewertung der *Variation der Sprache* durch Personen mit viel und wenig Vorwissen gezeigt. In Studie 1 hatte sich ebenfalls ein schwacher Effekt gezeigt. Die Effekte liegen in den beiden Studien allerdings in verschiedenen Richtungen. Es ist aber unklar, worauf die jeweiligen Effekte zurückzuführen sind. Die entsprechende Hypothese soll in Studie 3 weiter geprüft werden. Insgesamt fallen die Validitätsbelege aber eher positiv aus.

Verständlichkeitsempfinden: Zur Skala *Verständlichkeitsempfinden* wurden elf Validitätshypothesen getestet. In neun dieser elf Tests zeigten sich Effekte in der erwarteten Richtung und in sieben Fällen zeigten die Signifikanztests die erwarteten Ergebnisse. Die Skala *Verständlichkeitsempfinden* korrelierte wesentlich mit dem Verstehen und den positiven Emotionen. Überraschend ist, dass der Unterschied zwischen Personen mit viel und wenig Vorwissen die richtige Richtung aufwies, aber schwächer war als erwartet. Da die Gruppe der Personen mit Vorwissen nur $n = 18$ Personen umfasste, kann es sich hier aber auch um einen β-Fehler handeln. Die entsprechende Hypothese werden daher in Studie 3 erneut geprüft. Mangelnde Sensitivität der Signifikanztests kann auch der Grund dafür sein, dass die Vergleiche des Originaltextes mit den Texten SS+, Ro+ und KV+ statistisch nicht signifikant wurden. Zumindest im Hinblick auf die Unterscheidung von Texten mit unterschiedlich komplexer Syntax wird Studie 3 einen tieferen Einblick geben. Überraschend ist es allerdings, dass die Texte mit erhöhter *Argumentdichte* und erhöhter *Propositionsdichte* deutlich günstigere Werte hinsichtlich des *Verständlichkeitsempfindens* erhielten als der Originaltext. Über die Gründe für diese unerwarteten Effekte kann man nur spekulieren: Es ist denkbar, dass Lesende eine hohe *Argumentdichte* und eine hohe *Propositionsdichte* zumindest unter bestimmten Umständen angenehm finden. Es ist denkbar, dass die Art der Manipulation nicht nur die *Argumentdichte* und die *Propositionsdichte* erhöht, sondern auch die *Anschaulichkeit* der Texte. Dafür spricht auch, dass die *Klarheit der Vorstellung* für die Texte AD+ und PD+ deutlich positiver bewertet wurde als für den Originaltext. Schließlich ist es ferner denkbar, dass die Bewertung des *Verständlichkeitsempfindens* von anderen Merkmalen beeinflusst wird. In Studie 3 sollen daher weitere Validitätshypothesen geprüft werden.

Verstehen: Die Hypothesen H$_{\bullet\bullet 06}$ betrafen den Zusammenhang der Skalen mit dem Verstehenstest. Inwiefern die Schlüsse, die aus den entsprechenden Befunden gezogen wurden, gültig sind, hängt also unter anderem von der Güte des Verstehenstests ab. Mit $\alpha = .71$ wies der Test einen befriedigenden Wert für die interne Konsistenz auf. Da der Test einen hohen Zusammenhang mit den Inhalten des Textes aufweist und nach Informationen fragt, die aus dem Text abgeleitet werden können, aber nicht im Text stehen, weist der Test eine hohe Übereinstimmung mit dem zu messenden Konstrukt, eben dem tatsächlichen Text-verstehen auf. Wie erwartet erzielten zudem Personen, die angaben, dass sie viel Vorwissen zum Thema hatten, bessere Werte als Personen, die angaben, dass sie über wenig Vorwissen zum Thema verfügten. Dies spricht dafür, dass die Schlussfolgerungen, die aus den Zusammenhängen mit den Ergebnissen des Verstehenstests gezogen wurden, gerechtfertigt sind.

13 Studie 3

In den Studien 1 und 2 wurden eine Reihe von Validitätshypothesen zu den Skalen des Fragebogens zur Textverständlichkeit getestet. Es wurde geprüft, ob Unterschiede zwischen dem Originaltext und entsprechend manipulierten Texten auch mit Hilfe der Skalen nachgewiesen werden können, inwiefern sich die erwarteten Unterschiede bzw. Gleichartigkeiten bei der Bewertung der Skalen durch Personen mit viel und wenig Vorwissen zeigen und ob die Skalen die erwarteten Zusammenhänge zum *Verständlichkeitsempfinden*, Verstehen und den Emotionen beim Lesen zeigen. In Studie 3 werden die Hypothesen zum Unterschied zwischen Personen mit viel und wenig Vorwissen sowie zum Zusammenhang der Skalen zum *Verständlichkeitsempfinden*, Verstehen und den Emotionen beim Lesen erneut geprüft.

Studie 3 prüft darüber hinaus weitere, spezifischere Validitätshypothesen zu den Skalen *Wortschwierigkeit*, *Satzschwierigkeit* und *Verständlichkeitsempfinden*. In Studie 1 und 2 war geprüft worden, inwiefern mit Hilfe der Skalen zwischen dem Originaltext und einem im Hinblick auf die Skalen manipulierten Text unterschieden werden kann. Es wurden also jeweils zwei Texte miteinander verglichen. Inwiefern auch zwischen mehreren Texten unterschieden werden kann, die in unterschiedlichem Ausmaß manipuliert wurden, wurde nicht geprüft, würde aber eine strengere Validitätsprüfung darstellen. Dieser Test wird in Studie 3 durchgeführt: Dazu werden die Geläufigkeit der Wörter und die Komplexität der Syntax der Sätze eines Textes in jeweils fünf Stufen manipuliert. Diese Unterschiede sollten sich jeweils in den Daten zu den Skalen *Wortschwierigkeit* bzw. *Satzschwierigkeit* und in beiden Fällen in den Daten zur Skala *Verständlichkeitsempfinden* widerspiegeln. Im Folgenden werden die Hypothesen vorgestellt, die in Studie 3 geprüft werden. Zuerst werden abermals die Hypothesen aufgelistet, die erneut geprüft werden sollen. Danach werden wieder die Hypothesen vorgestellt, die in Studie 3 erstmals geprüft werden.

13.1 Hypothesen

Replikationshypothesen

Im Hinblick auf die Skala *Wortschwierigkeit* werden die Hypothesen H_{WS04}, H_{WS05}, H_{WS06}, H_{WS07} und H_{WS08} erneut geprüft, hinsichtlich der Skala *Satzschwierigkeit* die Hypothesen H_{SS04}, H_{SS05}, H_{SS06}, H_{SS07} und H_{SS08}, im Hinblick auf die Skala *Argumentdichte* die Hypothesen H_{AD04}, H_{AD05}, H_{AD06}, H_{AD07} und H_{AD08}, in Bezug auf die Skala *Propositionsdichte* die Hypothesen H_{PD04}, H_{PD05},

H_{PD06}, H_{PD07} und H_{PD08}, hinsichtlich der Skala *Aufwand für Reorganisationen* die Hypothesen H_{Ro04}, H_{Ro05}, H_{Ro06}, H_{Ro07} und H_{Ro08}, im Hinblick auf die Skala *Klarheit der Vorstellung* die Hypothesen H_{KV04}, H_{KV05}, H_{KV06}, H_{KV07} und H_{KV08}, in Bezug auf die Skala *Variation der Sprache* die Hypothesen H_{VS04}, H_{VS05}, H_{VS06}, H_{VS07} und H_{VS08} und hinsichtlich der Skala *Verständlichkeitsempfinden* die Hypothesen H_{Ve04}, H_{Ve05}, H_{Ve06}, H_{Ve07} und H_{Ve08}. Die Hypothesen H_{AD03} und H_{PD03} werden nicht erneut geprüft, da die Texte der vorliegenden Studie alle die gleiche Textbasis zum Ausdruck bringen sollen, sodass die Varianz der Merkmale *Argumentdichte* und *Propositionsdichte* stark eingeschränkt sein sollte, wodurch die entsprechenden Hypothesen-Tests unangemessen streng würden. Über die Replikationshypothesen hinaus sollen weitere, neue Validitätshypothesen zu den Skalen *Wortschwierigkeit*, *Satzschwierigkeit* und *Verständlichkeitsempfinden* geprüft werden.

Hypothese zur Skala Wortschwierigkeit
Das Merkmal *Wortschwierigkeit* gibt an, wie leicht die Lesenden den Wörtern eines Textes Bedeutung zuordnen können. Die *Wortschwierigkeit* hängt unter anderem davon ab, wie geläufig die Wörter sind, die im Text vorkommen: Je mehr ungeläufige Wörter ein Text enthält, desto höher sollte die *Wortschwierigkeit* jeweils sein (vgl. Kapitel 9.1). Im Hinblick auf die Skala *Wortschwierigkeit* wird daher folgende Hypothesen formuliert:

H_{WS03} Je weniger geläufige Wörter ein Text enthält, desto höhere Werte erhält der Text hinsichtlich der Skala *Wortschwierigkeit*.

Hypothese zur Skala Satzschwierigkeit
Das Merkmal *Satzschwierigkeit* gibt an, wie leicht die Lesenden die Syntax der Sätze dekodieren können, um eine propositionale Repräsentation des Textinhalts aufzubauen. Die *Satzschwierigkeit* hängt unter anderem von der syntaktischen Komplexität der Sätze des Textes ab: Je komplexer die Syntax der Sätze ist, desto höher sollte die *Satzschwierigkeit* sein (vgl. Kapitel 9.2). Im Hinblick auf die Skala *Satzschwierigkeit* wird daher folgende Hypothesen formuliert:

H_{SS03} Je komplexer die Syntax der Sätze eines Textes ist, desto höher wird die *Satzschwierigkeit* des Textes bewertet.

Hypothesen zur Skala Verständlichkeitsempfinden

Das Merkmal *Verständlichkeitsempfinden* gibt an, wie verständlich die Lesenden die Texte empfinden. Das *Verständlichkeitsempfinden* sollte unter anderem davon abhängen, wie geläufig die im Text vorkommenden Wörter sind und wie komplex die Syntaxen der Sätze sind (vgl. Kapitel 9). Im Hinblick auf die Skala *Verständlichkeitsempfinden* werden daher folgende Hypothesen formuliert:

H_{Ve03W} Je weniger geläufig die Wörter eines Textes, desto geringer fällt das *Verständlichkeitsempfinden* aus.

H_{Ve03S} Je komplexer die Syntax der Sätze eines Textes, desto geringer fällt das *Verständlichkeitsempfinden* aus.

13.2 Methode

Stichprobe

An der Studie nahmen 219 Studierende einer Vorlesung zur Einführung in die Psychologie teil. Die Vorlesung wendet sich vor allem an Lehramtsstudierende, Erziehungswissenschaftlerinnen, Erziehungswissenschaftler und Studierende der Geistes- und Humanwissenschaften. An der Studie nahmen 171 Frauen und 47 Männer teil; 1 Person machte keine Angabe zum Geschlecht. Tabelle 42 zeigt die Verteilung des Alters innerhalb der Stichprobe an.

Tabelle 42: Verteilung des Alters innerhalb der Stichprobe von Studie 3

Alter	<20	20-24	25-29	30-39	40-49	50-59	>60	Keine Angabe
n	81	103	21	11	0	2	1	0

Als höchsten Bildungsabschluss gab 1 Person die mittlere Reife, 24 Teilnehmende das Fachabitur, 185 das Abitur, 5 den Bachelor-Abschluss / ein Vordiplom oder einen vergleichbaren Abschluss und 4 einen Master / ein Diplom oder einen vergleichbaren Abschluss an.

Instrumente

Zur Messung der Textverständlichkeit wurde die überarbeitete Version des Fragebogens zur Textverständlichkeit mit den Skalen *Wortschwierigkeit, Satzschwierigkeit, Argumentdichte, Propositionsdichte, Aufwand für Reorganisationen, Variation der Sprache, Klarheit der Vorstellung* und *Verständlichkeitsempfinden* eingesetzt (s. Kapitel 11.9; s. Anhang B-04). Zur Messung der Emotionen während des Text-Lesens wurde wiederum die adaptierte Version der SPANE verwendet (s. Kapitel 12.2; s. Anhang C-05). Zur Messung des Textverstehens wurde der gleiche Verstehenstest wie in Studie 2 eingesetzt (s. Kapitel 12.2; Anhang C-06). Zur Messung von Alter, Geschlecht, dem höchsten erworbenen Bildungsabschluss, dem Vorwissen und dem Interesse vor dem Lesen des Textes wurde der gleiche Fragebogen verwendet wie in Studie 1 und 2 (s. Kapitel 11.2 und 12.2; s. Anhang C-03).

Manipulation der Texte
Als Text wurde der gleiche Text wie in Studie 2 zu Geofaktoren aus einem Geografie-Lehrbuch für die 11. Jahrgangsstufe verwendet (Latz, 2011; s. Anhang D-01 und D-03). Der im Hinblick auf die *Satzschwierigkeit* manipulierte Text SS+ wurde für die vorliegende Studie aus Studie 2 übernommen (Kapitel 12.2; s. Anhang D-01). Dieser Text wird in der vorliegenden Studie als die Version SS++ geführt. Um für die vorliegende Studie eine Version SS+ zu erzeugen, bei der die syntaktische Komplexität der Sätze zwischen der des Originaltextes und der der Version SS++ liegt, wurde die Hälfte der Veränderungen zurückgenommen, die zur Erzeugung der Version SS++ vorgenommen wurden. Um eine Version SS-- mit einer geringen syntaktischen Komplexität der Sätze zu erzeugen, wurde die Syntax vieler Sätze dem Schema „Subjekt – Prädikat – Objekt" angeglichen und mehrere lange Sätze in eine Reihe kurzer Sätze aufgeteilt. Zur Erzeugung der Version SS-, bei der die syntaktische Komplexität der Sätze zwischen der des Originaltextes und der Version SS- lagen, wurden wiederum die Hälfte der Veränderungen zurückgenommen, die zur Erzeugung der Version SS-- vorgenommen worden waren.

Der in Studie 2 im Hinblick auf die *Wortschwierigkeit* manipulierte Text WS+ wurde ebenfalls übernommen (Kapitel 12.2; s. Anhang D-01) und wird in der vorliegenden Studie als Version WS+++ geführt. Um für die vorliegende Studie eine Version WS++ und eine Version WS+ zu erzeugen, wurden ein Drittel bzw. zwei Drittel der Veränderungen zurückgenommen, die zur Erzeugung der Version WS+++ gegenüber dem Originaltext vorgenommen worden waren. Schließlich wurden 23 weniger geläufige Wörter des Originaltextes durch geläufige Synonyme ersetzt, um eine Version WS- zu erzeugen, die die geringsten Werte hinsichtlich der *Wortschwierigkeit* erhalten sollte. Alle verwendeten Texte sind in Anhang D-01 oder D-03 aufgeführt. Tabelle 43 gibt an, in welcher Hinsicht sich die verschiedenen Versionen des Textes unterschieden.

Tabelle 43: Unterschiede zwischen den verschiedenen Versionen des Textes in Studie 3

Version	Manipulation
WS-	Für diesen Text wurden 23 weniger geläufige Wörter des Originaltextes durch geläufigere Wörter ersetzt.
WS0	Dies ist der Originaltext.
WS+	Für diesen Text wurden 20 geläufige Wörter des Originaltextes durch weniger geläufige Wörter ersetzt.
WS++	Für diesen Text wurden 42 geläufige Wörter des Originaltextes durch weniger geläufige Wörter ersetzt.
WS+++	Für diesen Text wurden 61 geläufige Wörter des Originaltextes durch weniger geläufige Wörter ersetzt.
SS--	Für diesen Text wurden aus den 35 Sätzen des Originaltextes 68 Sätze mit sehr einfachem Satzbau erzeugt.
SS-	Für diesen Text wurden aus 35 Sätzen 45 Sätze mit einem einfachen Satzbau erzeugt.
SS0	Dies ist der Originaltext mit 35 Sätzen. Dieser Text ist identisch mit dem Text WS0.
SS+	Für diesen Text wurden aus den 35 Sätzen des Originaltextes 25 Sätze mit einem umständlicheren Satzbau erzeugt.
SS++	Für diesen Text wurden aus 35 Sätzen 19 Sätze mit einem sehr umständlichen Satzbau erzeugt.

Tabelle 44 zeigt, aus wie vielen Sätzen, Wörtern, Silben und Zeichen die verschiedenen Versionen des Textes bestanden.

Tabelle 44: Angaben zur Zahl der Sätze, Wörter, Silben und Zeichen der verschiedenen Versionen des Textes der Studie 3

Text	Sätze	Wörter	Silben	Zeichen
WS-	38	547	1 196	4 184
WS0 / SS0	38	532	1 176	4 092
WS+	38	531	1 187	4 180
WS++	38	532	1 198	4 135
WS+++	38	537	1 225	4 188
SS--	72	600	1 319	4 634
SS-	49	555	1 216	4 254
SS+	28	543	1 193	4 254
SS++	22	565	1 223	4 330

Tabelle 45 zeigt beispielhaft Unterschiede zwischen den Texten.

Tabelle 45: Beispiele für die Unterschiede zwischen den verschiedenen Versionen des Textes der Studie 3

Version	Beispieltext
Originaltext	Mopanewürmer sind in der südafrikanischen Savanne eine Delikatesse. Dieser beliebte Leckerbissen ist die Raupe der Kaisermotte. Ihren Namen haben die Würmer von dem Mopanebaum, von dessen Blättern sie sich ernähren. Eine Handvoll Raupen sind so nahrhaft wie ein Rindersteak, die Einheimischen essen sie getrocknet, gegrillt oder als Eintopf.
WS+++	Mopane**larven** sind in der südafrikanischen Savanne eine Delikatesse. Dieser **populäre** Leckerbissen ist die **Larve** des **Gonimbrasia belina**. Ihre **Bezeichnung** haben die Larven von dem Baum **Colophospermum mopane**, von dessen Blättern sie sich ernähren. Eine Handvoll **Larven** sind so nahrhaft wie ein Rindersteak, die **Ortsansässigen** essen sie gedörrt, **grilliert** oder als **Stew**.
SS--	Mopanewürmer sind in der südafrikanischen Savanne eine Delikatesse. Dieser beliebte Leckerbissen ist die Raupe der Kaisermotte. Ihren Namen haben die Würmer von dem Mopanebaum. **Die Raupen ernähren sich von seinen Blättern.** Eine Handvoll Raupen sind so nahrhaft wie ein Rindersteak. **Die** Einheimischen essen sie getrocknet, gegrillt oder als Eintopf.
SS++	Mopanewürmer, **die Raupen der Kaisermotten, die ihren Namen von dem Mopanebaum, von dessen Blättern sie sich ernähren, haben,** sind in der südafrikanischen Savanne ein beliebter Leckerbissen, eine Delikatesse. Der Nährwert einer Handvoll Raupen, **die von den Einheimischen getrocknet, gegrillt oder als Eintopf gegessen werden,** entspricht dem eines Rindersteaks.

Anmerkungen. In der Tabelle sind Textstellen durch Fettdruck hervorgehoben, hinsichtlich derer sich die manipulierten Texte vom Original-Text unterscheiden. In den Testheften selber sind diese Stellen nicht hervorgehoben (s. Anhang D-02 und D-03).

Durchführung

Die Untersuchung wurde wieder als Online-Studie durchgeführt. Die Studierenden wurden in der Vorlesung auf die Studie hingewiesen und per E-Mail um ihre Teilnahme gebeten. Die Teilnehmenden lasen zuerst eine Instruktion (s. Anhang A-03), bekamen dann per Zufall eine der neun Versionen des Textes zu lesen, bearbeiteten die adaptierte Version der SPANE, den Fragebogen zur Textverständlichkeit, den Verstehenstest und schließlich den Fragebogen zu den Personenmerkmalen. Die Teilnahme nahm insgesamt ca. 20 Minuten in Anspruch (vgl. Kapitel 12.2).

Auswertung

Die Hypothesen H_{WS03} und H_{Ve03W} behandeln den Zusammenhang der Geläufigkeit der Wörter der Texte und der Bewertung der *Wortschwierigkeit* bzw. des *Verständlicheitsempfindens* hinsichtlich der Texte. Die Hypothese H_{SS03} und H_{Ve03S} behandeln den Zusammenhang der Komplexität der Syntax der Sätze und der Bewertung der *Satzschwierigkeit* bzw. des *Verständlicheitsempfindens* hinsichtlich der Texte. Alle vier Hypothesen werden mit Hilfe von Kontrastanalysen geprüft. Das α-Niveau wurde auf 5% festgelegt.

Tabelle 46 zeigt, wie sich die Versuchspersonen auf die verschiedenen Versuchsbedingungen bzw. die verschiedenen Versionen des Textes verteilt haben. In die Kontrastanalyse zum Test der Hypothesen H_{WS03} und H_{Ve03W} gingen die Daten von $n = 132$ Personen ein. In die Kontrastanalyse zum Test der Hypothesen H_{SS03} und H_{Ve03S} gingen die Daten von $n = 134$ Personen ein. Damit konnten jeweils Effekte der Größe $\rho \geq .21$ mit $1 - \beta = .80$ nachgewiesen werden.

Tabelle 46: Verteilung der Versuchspersonen auf die verschiedenen Versionen des Textes in Studie 3

Version	WS-	WS0	WS+	WS++	WS+++	SS--	SS-	SS0	SS+	SS++
n	22	23	25	16	22	22	19	24	25	21

Anmerkungen. Die Zeile *n* gibt an, für wie viele Personen jeweils vollständige Datensätze für die verschiedenen Versuchsbedingungen bzw. Texte vorlagen.

Die Hypothesen $H_{\bullet\bullet04}$ machen Aussagen darüber, inwiefern sich Personen mit mehr oder weniger Vorwissen hinsichtlich der Bewertung der Merkmale unterscheiden bzw. gleichen. Die Hypothesen werden jeweils mit Hilfe von Cohens *d* und einseitigen *t*-Test geprüft. Um die Hypothesen $H_{\bullet\bullet04}$ zu prüfen wurden die Versuchspersonen wieder in zwei Gruppen eingeteilt, eine Gruppe mit viel und eine mit wenig Vorwissen. Dazu hatten die Versuchspersonen am Ende der Untersuchung angegeben, wie viel Vorwissen sie nach eigener Einschätzung vor dem Lesen des Textes zum Thema des Textes hatten (vgl. Kapitel 11.2; s. a. Anhang C-03). Tabelle 47 zeigt, wie häufig die Befragten die verschiedenen Antwortalternativen wählten.

Tabelle 47: Angaben der Versuchspersonen zum Vorwissen zum Thema des Textes in Studie 3

„Wie viel wussten Sie vor dem Lesen des Textes zu dem Thema des Textes?"	n
„Ich hatte keinerlei Vorwissen zu diesem Thema."	128
„Ich hatte von dem Thema schon einmal gehört."	64
„Ich wusste einiges von dem, was im Text stand, schon."	25
„Mir waren fast alle Inhalte des Textes bereits bekannt."	1
„Ich kannte diese Inhalte schon und weiß noch viel mehr zu diesem Thema."	1
Keine Angaben	0

Anmerkungen. Die Spalte „*n*" gibt an, wie viele Versuchspersonen die jeweilige Antwortkategorie gewählt haben.

Wie in den Studien 1 und 2 wurden alle Versuchspersonen, die die Kategorien „Ich hatte keinerlei Vorwissen zu diesem Thema" oder „Ich hatte von dem Thema schon einmal gehört" gewählt haben, als Personen mit wenig Vorwissen aufgefasst (n = 192). Alle Personen, die eine andere Kategorie gewählt hatten, wurden zu einer Gruppe mit viel Vorwissen zusammengefasst (n = 27). Tabelle 48 zeigt, wie sich die Personen mit viel und wenig Vorwissen auf die verschiedenen Versionen des Textes verteilt haben.

Tabelle 48: Verteilung der Versuchspersonen mit viel und wenig Vorwissen auf die verschiedenen Versionen des Textes in Studie 3

Version	WS-	WS0	WS+	WS++	WS+++	SS--	SS-	SS0	SS+	SS++
Wenig Vorwissen	19	20	21	14	18	19	18	20	24	19
Viel Vorwissen	3	3	4	2	4	3	1	4	1	2

Anmerkungen. Zwischen der Angabe zum Vorwissen und der vorgelegten Version des Textes zeigte sich ein Zusammenhang von C = .14 (χ^2 = 4.14; df = 9; $p_{zweiseitig}$ = .90).

Für die Tests der Hypothesen H_{WS04}, H_{Ro04}, H_{KV04} und H_{Ve04}, in denen jeweils behauptet wird, dass sich die Gruppen mit viel und wenig Vorwissen hinsichtlich der Bewertung der Skalen unterscheiden, wurde das Signifikanzniveau auf 5% festgelegt. Damit können Effekte der Größe $\delta' \geq 0.52$ mit einer Power von $1 - \beta$ = .80 nachgewiesen werden. Hinsichtlich der Hypothesen H_{SS04}, H_{AD04}, H_{PD04} und H_{VS04} lässt sich aus den inhaltlichen Hypothesen jeweils eine Nullhypothese ableiten. Um die Strenge der Prüfung in diesen Fällen zu erhöhen, soll daher nicht das α-Risiko, sondern das β-Risiko minimiert werden. Für diese Hypothesentests wurde das α-Niveau daher auf 20% festgelegt. Dadurch können Effekte der Größe $\delta' \geq 0.52$ mit einer größeren Power von $1 - \beta$ = .95 nachgewiesen werden.

Die Hypothesen $H_{\bullet\bullet05}$, $H_{\bullet\bullet06}$, $H_{\bullet\bullet07}$ und $H_{\bullet\bullet08}$ behandeln die Zusammenhänge der Skalen des Fragebogens auf der einen und dem *Verständlichkeitsempfinden*, dem tatsächlichen Verstehen sowie den positiven und negativen Emotionen beim Lesen auf der anderen Seite. Zum Test dieser Hypothesen wurde Pearsons r berechnet und einseitig auf Signifikanz geprüft. Das α-Niveau wurde auf 5% festgesetzt. Damit konnten Effekte ab einer Größe von $\rho = .17$ mit einer Power von $1 - \beta = .80$ nachgewiesen werden.

13.3 Ergebnisse

Deskriptive Statistiken
In einem ersten Schritt wurden die deskriptiven Statistiken und die internen Konsistenzen der Skalen berechnet. Tabelle 49 zeigt die Mittelwerte, Standardabweichungen und die entsprechenden Werte für Cronbachs α.

Tabelle 49: Skalen-Mittelwerte, Skalen-Standardabweichungen und interne Konsistenzen der Skalen in Studie 3

Skala	*AM*	*SD*	Cronbachs α
Fragebogen von Friedrich			
Wortschwierigkeit	3.22	1.08	.87
Satzschwierigkeit	2.87	0.94	.83
Argumentdichte	2.78	0.88	.84
Propositionsdichte	3.93	0.73	.65
Aufwand für Reorganisationen	2.49	0.88	.74
Klarheit der Vorstellung	2.76	0.88	.78
Variation der Sprache	2.48	0.86	.79
Verständlichkeitsempfinden	2.78	0.98	.85
SPANE			
positive Emotionen	2.51	0.68	.84
negative Emotionen	1.89	0.67	.80
Verstehen	8.05	2.99	.67

Anmerkungen. Die Spalte „*AM*" enthält die Skalenmittelwerte des Fragebogens zur Textverständlichkeit und der SPANE; sie können jeweils Werte von 1.00 bis 5.00 annehmen; ein Wert von 1.00 entspricht der Antwortstufe „stimmt nicht"; ein Wert von 5.00 entspricht der Antwortstufe „stimmt genau"; die Werte im Verstehenstest enthalten nicht den Skalenmittelwert, sondern den Summenmittelwert. Die Befragten konnten im Verstehenstest zwischen 0 und 16 Punkte erzielen.

Mit Werten von $\alpha = .65$ bis $.87$ wiesen die Skalen damit durchweg ausreichende bis gut interne Konsistenzen auf. Tabelle 50 zeigt die Interkorrelationen der Skalen des Fragebogens zur Textverständlichkeit.

Tabelle 50: Interkorrelation der Skalen des Fragebogens zur Textverständlichkeit in Studie 3

	WS	SS	AD	PD	Ro	KV	VS
Wortschwierigkeit (WS)	*.87*						
Satzschwierigkeit (SS)	.49*	*.83*					
Argumentdichte (AD)	.05	.22*	*.84*				
Propositionsdichte (PD)	-.07	-.06	.16*	*.65*			
Aufwand für Reorganisationen (Ro)	.17*	.28*	.26*	-.19*	*.74*		
Klarheit der Vorstellung (KV)	-.45*	-.42*	-.18*	.26*	-.16*	*.78*	
Variation der Sprache (VS)	-.15*	-.32*	-.11	.12*	-.03	.43*	*.79*

Anmerkungen. Korrelationen, die auf dem 5%-Niveau statistisch signifikant wurden, sind mit „*" markiert. In den Diagonalzellen sind noch einmal die Reliabilitäten der Skalen angegeben.

Die Interkorrelationen der Skalen liegen also zwischen $|r| = .03$ und $.49$. In den folgenden Abschnitten werden die Ergebnisse zu den einzelnen Skalen berichtet.

Ergebnisse zur Skala Wortschwierigkeit

Der Hypothese H_{WS03} zufolge wird die *Wortschwierigkeit* der Texte umso höher bewertet, je weniger geläufig die Wörter der jeweiligen Versionen des Textes sind. In Kapitel 13.2 war dargelegt worden, dass der Text WS- die meisten geläufigen Wörter enthielt, der Originaltext (WS0 bzw. SS0) die zweitwenigsten, der Text WS+ die drittwenigsten usw. Zur Überprüfung der Hypothese H_{WS03} wurde eine Kontrastanalyse berechnet. Tabelle 51 zeigt die Kontraste, die den verschiedenen Versionen des Textes aufgrund des Anteils geläufiger Wörter zugeordnet wurden, die Mittelwerte und Standardabweichungen der Bewertung der Texte hinsichtlich der *Wortschwierigkeit* sowie die Größe der jeweiligen Stichprobe. Da der Originaltext einmal als WS0 und einmal als SS0 verwendet wurde, tauchen zwei identische Versionen des Textes unter verschiedenen Bezeichnungen in der Tabelle auf.

Tabelle 51: Kontraste, Mittelwerte und Standardabweichungen zur *Wortschwierigkeit* zum Test der Hypothese H$_{WS03}$ in Studie 3

Text-version	WS-	WS0	SS0	WS+	WS++	WS+++
Kontrast	-12	-6	-6	1	8	15
AM_{WS}	2.85	2.65	2.96	3.79	3.65	4.23
SD_{WS}	1.17	1.08	1.01	0.89	1.00	0.63
n	22	23	24	25	16	22

Anmerkungen. Die Zeile „Kontrast" zeigt an, welche Kontraste den verschiedenen Versionen des Textes aufgrund des Anteils geläufiger Wörter im Text zugeordnet wurde; die Zeile „AM_{WS}" gibt das arithmetische Mittel der Bewertungen der *Wortschwierigkeit* der verschiedenen Versionen des Textes an; die Zeile „SD_{WS}" gibt die entsprechenden Standardabweichungen an; die Zeile „n" gibt an, wie viele vollständige Datensätze jeweils zu den verschiedenen Versionen des Textes vorlagen.

Die Kontrastanalysen zeigte mit $r_{alerting}$ = .91 ($r_{effect-size}$ = .47; df = 126; t = 5.98; $p < .05$) einen sehr starken positiven und statistisch signifikanten Zusammenhang zwischen den erwarteten und den tatsächlichen Bewertungen der *Wortschwierigkeit*. Hypothese H$_{WS03}$ wird damit bestätigt.

Personen mit viel Vorwissen zum Thema gaben im Mittel einen Wert von AM_{WS} = 2.84 (SD_{WS} = 1.12) für die *Wortschwierigkeit* an. Personen mit wenig Vorwissen gaben im Mittel einen Wert von AM_{WS} = 3.27 (SD_{WS} = 1.06) für die *Wortschwierigkeit* an. Der standardisierte Mittelwertunterschied entspricht mit d = -0.41 (df = 217; t_{emp} = -1.97; $p < .05$) einem schwachen bis mittleren und statistisch signifikanten Effekt in der erwarteten Richtung. Hypothese H$_{WS04}$ wird damit bestätigt.

Tabelle 52 zeigt die Zusammenhänge zwischen der Skala *Wortschwierigkeit* und den Kriterien *Verständlichkeitsempfinden* (H$_{WS05}$), *Verstehen* (H$_{WS06}$), positive Emotionen (H$_{WS07}$) und negative Emotionen (H$_{WS08}$).

Tabelle 52: Zusammenhänge zwischen der Skala *Wortschwierigkeit* und dem *Verständlichkeitsempfinden*, dem *Verstehen*, den positiven und den negativen Emotionen beim Lesen in Studie 3 (N = 219)

Skala	Verständlichkeits-empfinden	Verstehen	Positive Emo-tionen	Negative Emotionen
$r_{WS, \bullet}$	-.60*	-.26*	-.28*	.19*

Anmerkungen. Die Zeile „$r_{WS, \bullet}$" zeigt die Korrelationen der Skala *Wortschwierigkeit* mit den abhängigen Variablen an. Korrelationen, die auf dem 5%-Niveau statistisch signifikant geworden sind, sind mit einem „*" gekennzeichnet.

Damit zeigte sich wie erwartet ein starker, negativer und statistisch signifikanter Zusammenhang der Skala *Wortschwierigkeit* zum *Verständlichkeitsempfinden*, ein schwacher bis mittlerer, negativer und statistisch signifikanter Zusammenhang zum Verstehen, ein mittlerer, negativer und statistisch signifikanter Zusammenhang zu den positiven Emotionen und ein schwacher positiver, statistisch signifikanter Zusammenhang zu den negativen Emotionen. Die Hypothesen H_{WS05}, H_{WS06}, H_{WS07} und H_{WS08} werden damit bestätigt.

Ergebnisse zur Skala Satzschwierigkeit

Der Hypothese H_{SS03} zufolge wird die *Satzschwierigkeit* der Texte umso höher bewertet, je komplexer die Syntaxen der Sätze sind. In Kapitel 13.2 war dargelegt worden, dass die Sätze des Textes SS-- die einfachste Syntax hatten, die Sätze des Textes SS- die zweiteinfachste Syntax, der Originaltext (SS0 bzw. WS0) die dritteinfachste Syntax usw. Zur Überprüfung der Hypothese H_{SS03} wurde eine Kontrastanalyse berechnet. Tabelle 53 zeigt die Kontraste, die den verschiedenen Versionen des Textes aufgrund der Komplexität der Syntaxen der Sätze der Texte zugeordnet wurden, die Mittelwerte und Standardabweichungen der Bewertung der Texte hinsichtlich der *Satzschwierigkeit* und die Größe der jeweiligen Stichprobe. Da der Originaltext einmal als SS0 und einmal als WS0 verwendet wurde, tauchen zwei identische Versionen des Textes unter verschiedenen Bezeichnungen in der Tabelle auf.

Tabelle 53: Kontraste, Mittelwerte und Standardabweichungen zur *Satzschwierigkeit* zum Test der Hypothese H_{SS03} in Studie 3

Text-version	SS--	SS-	SS0	WS0	SS+	SS++
Kontrast	-2	-1	0	0	1	2
AM_{SS}	2.00	2.56	2.69	2.81	3.32	3.71
SD_{SS}	0.85	0.56	0.78	0.90	0.95	0.82
N	22	19	24	23	24	21

Anmerkungen. Die Zeile „Kontrast" zeigt an, welche Kontraste den verschiedenen Versionen des Textes aufgrund der Komplexität der Syntaxen der Sätze der Texte zugeordnet wurde; die Zeile „AM_{SS}" gibt das arithmetische Mittel der Bewertungen der *Satzschwierigkeit* der verschiedenen Versionen des Textes an; die Zeile „SD_{SS}" gibt die entsprechenden Standardabweichungen an; die Zeile „n" gibt an, wie viele vollständige Datensätze jeweils zu den verschiedenen Versionen des Textes vorlagen.

Die Kontrastanalysen zeigte mit $r_{alerting} = .99$ ($r_{effect-size} = .55$; $df = 128$; $t = 7.43$; $p < .05$) einen sehr starken, positiven und statistisch signifikanten Zusammenhang zwischen den erwarteten und den tatsächlichen Bewertungen der *Satzschwierigkeit*. Hypothese H_{SS03} wird damit bestätigt.

Personen, die viel Vorwissen zum Thema hatten, gaben im Mittel einen Wert von $AM_{SS} = 2.65$ ($SD_{SS} = 1.07$) für die *Satzschwierigkeit* an. Personen, die wenig Vorwissen zum Thema hatten, gaben im Mittel einen Wert von

$AM_{SS} = 2.90$ ($SD_{SS} = 0.92$) für die *Satzschwierigkeit* an. Der standardisierte Mittelwerts-unterschied entspricht mit $d = -0.27$ ($df = 217$; $t_{emp} = -1.29$; $p < .20$) einem schwachen statistisch signifikanten Effekt, der nicht erwartet worden war. Hypothese H_{SS04} wird daher nicht bestätigt.

Tabelle 54 zeigt die Zusammenhänge zwischen der Skala *Satzschwierigkeit* und den Kriterien *Verständlichkeitsempfinden* (H_{SS05}), Verstehen (H_{SS06}), positive Emotionen (H_{SS07}) und negative Emotionen (H_{SS08}).

Tabelle 54: Zusammenhänge zwischen der Skala *Satzschwierigkeit* und dem *Verständlichkeitsempfinden*, dem *Verstehen*, den positiven und den negativen Emotionen beim Lesen in Studie 3 ($N = 219$)

Skala	Verständlichkeits-empfinden	Verstehen	Positive Emotionen	Negative Emotionen
$r_{SS, \bullet}$	-.71*	-.25*	-.21*	.30*

Anmerkungen. Die Zeile „$r_{SS, \bullet}$" zeigt die Korrelationen der Skala *Satzschwierigkeit* mit den abhängigen Variablen an. Korrelationen, die auf dem 5%-Niveau statistisch signifikant geworden sind, sind mit einem „*" gekennzeichnet.

Damit zeigte sich wie erwartet ein sehr starker, negativer und statistisch signifikanter Zusammenhang der Skala *Satzschwierigkeit* zum *Verständlichkeitsempfinden*, ein schwacher bis mittlerer, negativer und statistisch signifikanter Zusammenhang zum Verstehen, ein schwacher bis mittlerer, negativer und statistisch signifikanter Zusammenhang zu den positiven Emotionen und ein mittlerer positiver, statistisch signifikanter Zusammenhang zu den negativen Emotionen. Die Hypothesen H_{SS05}, H_{SS06}, H_{SS07} und H_{SS08} werden damit bestätigt.

Ergebnisse zur Skala Argumentdichte

Personen mit viel Vorwissen zum Thema gaben im Mittel einen Wert von $AM_{AD} = 2.78$ ($SD_{AD} = 0.88$) für die *Argumentdichte* an. Personen mit wenig Vorwissen gaben im Mittel einen Wert von $AM_{AD} = 2.78$ ($SD_{AD} = 0.89$) für die *Argumentdichte* an. Der standardisierte Mittelwertsunterschied entspricht mit $d = 0.00$ ($df = 217$; $t_{emp} = -0.01$; *n. s.*) dem erwarteten Nulleffekt. Hypothese H_{AD04} wird damit bestätigt.

Tabelle 55 zeigt die Zusammenhänge zwischen der Skala *Argumentdichte* und den Kriterien *Verständlichkeitsempfinden* (H_{AD05}), Verstehen (H_{AD06}), positive Emotionen (H_{AD07}) und negative Emotionen (H_{AD08}).

Tabelle 55: Zusammenhänge zwischen der Skala *Argumentdichte* und dem *Verständlichkeitsempfinden*, dem Verstehen, den positiven und den negativen Emotionen beim Lesen in Studie 3 (N = 219)

Skala	Verständlichkeits-empfinden	Verstehen	Positive Emotionen	Negative Emotionen
$r_{AD, \bullet}$	-.22*	-.10	-.02	.00

Anmerkungen. Die Zeile „$r_{AD, \bullet}$" zeigt die Korrelationen der Skala *Argumentdichte* mit den abhängigen Variablen an. Korrelationen, die auf dem 5%-Niveau statistisch signifikant geworden sind, sind mit einem „*" gekennzeichnet.

Damit zeigte sich wie erwartet ein schwacher bis mittlerer, negativer und statistisch signifikanter Zusammenhang der Skala *Argumentdichte* zum *Verständlichkeitsempfinden*, ein schwacher negativer Zusammenhang zum Verstehen, und keine Zusammenhänge zu den positiven oder negativen Emotionen beim Lesen. Die Hypothese H_{AD05} wurde damit bestätigt, die Hypothesen H_{AD06}, H_{AD07} und H_{AD08} nicht.

Ergebnisse zur Skala Propositionsdichte

Personen mit viel thematischem Vorwissen gaben im Mittel einen Wert von AM_{PD} = 4.05 (SD_{PD} = 0.67) für die *Propositionsdichte* an. Personen mit wenig thematischem Vorwissen gaben im Mittel einen Wert von AM_{PD} = 3.91 (SD_{PD} = 0.74) an. Der standardisierte Mittelwertsunterschied entspricht mit d = 0.19 (df = 217; t_{emp} = 0.93; p < .20) einem nicht erwarteten, schwachen und statistisch signifikanten Effekt. Hypothese H_{PD04} wird damit nicht bestätigt.

Tabelle 56 zeigt die Zusammenhänge zwischen der Skala *Propositionsdichte* und den Kriterien *Verständlichkeitsempfinden* (H_{PD05}), Verstehen (H_{PD06}), positive Emotionen (H_{PD07}) und negative Emotionen (H_{PD08}).

Tabelle 56: Zusammenhänge zwischen der Skala *Propositionsdichte* und dem *Verständlichkeitsempfinden*, dem Verstehen, den positiven und den negativen Emotionen beim Lesen in Studie 3 (N = 219)

Skala	Verständlich-keitsempfinden	Verstehen	Positive Emotionen	Negative Emotionen
$r_{PD, \bullet}$	.22	.16	.16	-.09

Anmerkungen. Die Zeile „$r_{PD, \bullet}$" zeigt die Korrelationen der Skala *Propositionsdichte* mit den abhängigen Variablen an. Korrelationen, die auf dem 5%-Niveau statistisch signifikant geworden sind, sind mit einem „*" gekennzeichnet.

Damit zeigte sich ein schwacher bis mittlerer, positiver Zusammenhang der Skala *Propositionsdichte* zum *Verständlichkeitsempfinden*, ein schwacher, positiver Zusammenhang zum Verstehen, ein schwacher, positiver Zusammenhang zu den positiven Emotionen und schließlich ein schwacher, negativer

Zusammenhang zu den negativen Emotionen; all diese Zusammenhänge fielen entgegen der erwarteten Richtung aus. Damit wird keine der Hypothesen H_{PD05}, H_{PD06}, H_{PD07} und H_{PD08} bestätigt.

Ergebnisse zur Skala zum Aufwand für Reorganisationen

Personen mit viel Vorwissen zum Thema gaben im Mittel einen Wert von $AM_{Ro} = 2.27$ ($SD_{Ro} = 0.82$) für den *Aufwand für Reorganisationen* an. Personen mit wenig Vorwissen gaben im Mittel einen Wert von $AM_{Ro} = 2.52$ ($SD_{Ro} = 0.89$) für den *Aufwand für Reorganisationen* an. Der standardisierte Mittelwertsunterschied entspricht mit $d = -0.28$ ($df = 217$; $t_{emp} = -1.35$) einem schwachen Effekt in der erwarteten Richtung, der statistisch allerdings nicht signifikant wurde. Hypothese H_{Ro04} wird daher nicht bestätigt.

Tabelle 57 zeigt die Zusammenhänge zwischen der Skala *Aufwand für Reorganisationen* und den Kriterien *Verständlichkeitsempfinden* (H_{Ro05}), *Verstehen* (H_{Ro06}), positive Emotionen (H_{Ro07}) und negative Emotionen (H_{Ro08}).

Tabelle 57: Zusammenhänge zwischen der Skala zum *Aufwand für Reorganisationen* und dem Verständlichkeitsempfinden, dem Verstehen, den positiven und den negativen Emotionen beim Lesen in Studie 3 ($N = 219$)

Skala	Verständlichkeits- empfinden	Verstehen	Positive Emo- tionen	Negative Emotionen
$r_{Ro, \bullet}$	-.37*	-.13*	-.07	.14*

Anmerkungen. Die Zeile „$r_{Ro, \bullet}$" zeigt die Korrelationen der Skala *Aufwand für Reorganisationen* mit den abhängigen Variablen an. Korrelationen, die auf dem 5%-Niveau statistisch signifikant geworden sind, sind mit einem „*" gekennzeichnet.

Damit zeigte sich wie erwartet ein mittlerer bis starker, negativer und statistisch signifikanter Zusammenhang der Skala *Aufwand für Reorganisationen* zum *Verständlichkeitsempfinden*, ein schwacher, negativer und statistisch signifikanter Zusammenhang zum Verstehen, ein nicht erwarteter Nullzusammenhang zu den positiven Emotionen und ein schwacher positiver, statistisch signifikanter Zusammenhang zu den negativen Emotionen. Die Hypothesen H_{Ro05}, H_{Ro06} und H_{Ro08} werden damit bestätigt, die Hypothese H_{Ro07} hingegen nicht.

Ergebnisse zur Skala Klarheit der Vorstellung

Personen, die über viel thematisches Vorwissen verfügten, gaben im Mittel einen Wert von $AM_{KV} = 3.11$ ($SD_{KV} = 0.83$) für die *Klarheit der Vorstellung* an; Personen mit wenig thematischem Vorwissen gaben im Mittel einen Wert von $AM_{KV} = 2.71$ ($SD_{KV} = 0.88$) an. Der standardisierte Mittelwertsunterschied entspricht mit $d = -0.45$ ($df = 217$; $t_{emp} = -2.21$; $p < .05$) einem mittleren und statistisch signifikanten Effekt in der erwarteten Richtung. Damit wird die Hypothese H_{KV04} bestätigt.

Tabelle 58 zeigt die Zusammenhänge zwischen der Skala *Klarheit der Vorstellung* und den Kriterien *Verständlichkeitsempfinden* (H_{KV05}), Verstehen (H_{KV06}), positive Emotionen (H_{KV07}) und negative Emotionen (H_{KV08}).

Tabelle 58: Zusammenhänge zwischen der Skala *Klarheit der Vorstellung* und dem *Verständlichkeitsempfinden*, dem Verstehen, den positiven und den negativen Emotionen beim Lesen in Studie 3 (N = 219)

Skala	Verständlichkeits-empfinden	Verstehen	Positive Emotionen	Negative Emotionen
$r_{KV, \bullet}$	.68*	.38*	.43*	-.23*

Anmerkungen. Die Zeile „$r_{KV, \bullet}$" zeigt die Korrelationen der Skala *Klarheit der Vorstellung* mit den abhängigen Variablen an. Korrelationen, die auf dem 5%-Niveau statistisch signifikant geworden sind, sind mit einem „*" gekennzeichnet.

Damit zeigte sich wie erwartet ein sehr starker, positiver und statistisch signifikanter Zusammenhang der Skala *Klarheit der Vorstellung* zum *Verständlichkeitsempfinden*, ein mittlerer, positiver und statistisch signifikanter Zusammenhang zum Verstehen, ein mittlerer bis starker, positiver und statistisch signifikanter Zusammenhang zu den positiven Emotionen und ein schwacher bis mittlerer negativer, statistisch signifikanter Zusammenhang zu den negativen Emotionen. Die Hypothesen H_{KV05}, H_{KV06}, H_{KV07} und H_{KV08} werden damit bestätigt.

Ergebnisse zur Skala Variation der Sprache

Personen mit viel Vorwissen zum Thema gaben im Mittel einen Wert von $AM_{VS} = 2.36$ (SD_{VS} = 0.71) für die *Variation der Sprache* an. Personen mit wenig Vorwissen zum Thema gaben im Mittel einen Wert von $AM_{VS} = 2.50$ ($SD_{VS} = 0.88$) für die *Variation der Sprache* an. Der standardisierte Mittelwertsunterschied entspricht mit d = -0.16 (df = 217; t_{emp} = -0.78; *n. s.*) einem sehr schwachen und statistisch auch nicht signifikanten Effekt. Hypothese H_{VS04} wird damit bestätigt.

Tabelle 59 zeigt die Zusammenhänge zwischen der Skala *Variation der Sprache* und den Kriterien *Verständlichkeitsempfinden* (H_{VS05}), Verstehen (H_{VS06}), positive Emotionen (H_{VS07}) und negative Emotionen (H_{VS08}).

Es zeigten sich wie erwartet ein mitlerer bis starker, positiver und statistisch signifikanter Zusammenhang der Skala *Variation der Sprache* zum *Verständlichkeitsempfinden*, ein schwacher, positiver und statistisch signifikanter Zusammenhang zum Verstehen, ein mittlerer, positiver und statistisch signifikanter Zusammenhang zu den positiven Emotionen und ein schwacher bis mittlerer, negativer, statistisch signifikanter Zusammenhang zu den negativen Emotionen. Die Hypothesen H_{VS05}, H_{VS06}, H_{VS07} und H_{VS08} werden daher bestätigt.

Tabelle 59: Zusammenhänge zwischen der Skala *Variation der Sprache* und dem *Verständlichkeitsempfinden*, dem Verstehen, den positiven und den negativen Emotionen beim Lesen in Studie 3 (N = 219)

Skala	Verständlichkeits-empfinden	Verstehen	Positive Emotionen	Negative Emotionen
$r_{VS, \bullet}$	.41*	.12*	.33*	-.24*

Anmerkungen. Die Zeile „$r_{VS, \bullet}$" zeigt die Korrelationen der Skala *Variation der Sprache* mit den abhängigen Variablen an. Korrelationen, die auf dem 5%-Niveau statistisch signifikant geworden sind, sind mit einem „*" gekennzeichnet.

Ergebnisse zur Skala Verständlichkeitsempfinden

Der Hypothese H_{Ve03W} zufolge wird das *Verständlichkeitsempfinden* umso höher bewertet, je geläufiger die Wörter der verschiedenen Versionen des Textes sind. In Kapitel 13.2 war dargelegt worden, dass der Text WS- die meisten geläufigen Wörter enthielt, der Originaltext (WS0 bzw. SS0), die zweitwenigsten, der Text WS+ die drittwenigsten usw. (s. Kapitel 13.2). Zur Überprüfung der Hypothese H_{Ve03W} wurde eine Kontrastanalyse berechnet. Die Kontraste entsprechen den Kontrasten zum Test der Hypothese H_{WS03} mit umgekehrten Vorzeichen, da eine große Zahl ungeläufiger Wörter mit einer hohen *Wortschwierigkeit* und einem geringen *Verständlichkeitsempfinden* einhergehen sollten und umgekehrt (vgl. Tabelle 51). Tabelle 60 zeigt die Kontraste, die den verschiedenen Versionen des Textes zugeordnet wurden, die Mittelwerte und Standardabweichungen der Bewertung der Texte hinsichtlich des *Verständlichkeitsempfindens* und die Größe der jeweiligen Stichprobe. In der Tabelle tauchen zwei identische Versionen des Textes unter verschiedenen Bezeichnungen auf, da der Originaltext einmal als WS0 und einmal als SS0 verwendet wurde.

Die Kontrastanalyse zeigte mit $r_{alerting}$ = .91 ($r_{effect-size}$ = .41; df = 126; t = 5.02; $p < .05$) einen statistisch signifikanten positiven Zusammenhang zwischen dem erwarteten und dem tatsächlichen *Verständlichkeitsempfinden*. Hypothese H_{Ve03W} wird damit bestätigt.

Der Hypothese H_{Ve03S} zufolge wird das *Verständlichkeitsempfinden* umso höher bewertet, je einfacher die Syntaxen der Sätze sind. In Kapitel 13.2 war dargelegt worden, dass die Sätze des Textes SS-- die einfachste Syntax hatten, die Sätze des Textes SS- die zweiteinfachste Syntax, der Originaltext (SS0 bzw. WS0) die dritteinfachste Syntax usw. Zur Überprüfung der Hypothese H_{Ve03S} wurde eine weitere Kontrastanalyse berechnet.

236

Tabelle 60: Kontraste, Mittelwerte und Standardabweichungen zur *Verständlichkeitsempfinden* zum Test der Hypothese H$_{ve03w}$ in Studie 3

Text-version	WS-	WS0	SS0	WS+	WS++	WS+++
Kontrast	12	6	6	-1	-8	-15
AM_{Ve}	3.24	3.33	3.17	2.59	2.75	2.08
SD_{Ve}	0.89	1.02	0.90	0.97	0.80	0.78
n	22	23	24	25	16	22

Anmerkungen. Die Zeile „Kontrast" zeigt an, welche Kontraste den verschiedenen Versionen des Textes aufgrund des Anteils geläufiger Wörter im Text zugeordnet wurde; die Zeile „AM_{Ve}" gibt das arithmetische Mittel der Bewertungen des *Verständlichkeitsempfindens* der verschiedenen Versionen des Textes an; die Zeile „SD_{Ve}" gibt die entsprechenden Standardabweichungen an; die Zeile „n" gibt an, wie viele vollständige Datensätze jeweils zu den verschiedenen Versionen des Textes vorlagen.

Tabelle 61 zeigt die Kontraste, die den verschiedenen Versionen des Textes zugeordnet wurden, die Mittelwerte und Standardabweichungen der Bewertung der Texte hinsichtlich des *Verständlichkeitsempfindens* und die Größe der jeweiligen Stichprobe. Die Kontraste entsprechen den Kontrasten zum Test der Hypothese H$_{SS03}$ mit umgekehrten Vorzeichen, da eine große syntaktische Komplexität der Sätze mit einer hohen *Satzschwierigkeit* und einem geringen *Verständlichkeitsempfinden* einhergehen sollten und umgekehrt (vgl. Tabelle 53).

Tabelle 61: Kontraste, Mittelwerte und Standardabweichungen zur Skala *Verständlichkeitsempfinden* zum Test der Hypothese H$_{ve03s}$ in Studie 3

Text-Version	SS--	SS-	SS0	WS0	SS+	SS++
Kontrast	2	1	0	0	-1	-2
AM_{Ve}	3.12	2.91	3.17	3.33	2.49	2.13
SD_{Ve}	0.97	0.77	0.90	1.02	0.85	0.93
N	22	19	24	23	25	21

Anmerkungen. Die Zeile „Kontrast" zeigt an, welche Kontraste den verschiedenen Versionen des Textes aufgrund der syntaktischen Komplexität der Sätze der Texte zugeordnet wurden; die Zeile „AM_{Ve}" gibt das arithmetische Mittel der Bewertungen des *Verständlichkeitsempfindens* der verschiedenen Versionen des Textes an; die Zeile „SD_{Ve}" gibt die entsprechenden Standardabweichungen an; die Zeile „n" gibt an, wie viele vollständige Datensätze jeweils zu den verschiedenen Versionen des Textes vorlagen.

Die Kontrastanalysen zeigte mit $r_{alerting}$ = .74 ($r_{effect-size}$ = .31; df = 128; t = 3.88; p < .05) einen statistisch signifikant positiven Zusammenhang zwischen den erwarteten und den tatsächlichen Bewertungen des *Verständlichkeitsempfindens*. Hypothese H$_{ve03s}$ wird damit bestätigt.Personen mit viel thematischem

Vorwissen gaben im Mittel einen Wert von AM_{Ve} = 3.07 (SD_{Ve} = 0.99) für das *Verständlichkeitsempfinden* an. Personen mit wenig thematischem Vorwissen gaben im Mittel einen Wert von AM_{Ve} = 2.74 (SD_{Ve} = 0.97) für das *Verständlichkeitsempfinden* an. Der standardisierte Mittelwertunterschied entspricht mit d = 0.34 (df = 217; t_{emp} = 1.66; *n. s.*) einem schwachen bis mittleren Effekt in der erwarteten Richtung, der statistisch allerdings nicht signifikant wurde. Hypothese H_{Ve04} wird daher nicht bestätigt.

Tabelle 62 zeigt die Zusammenhänge zwischen der Skala *Verständlichkeitsempfinden* und den Kriterien Verstehen (H_{Ve06}), positive Emotionen (H_{Ve07}) und negative Emotionen (H_{Ve08}).

Tabelle 62: Zusammenhänge zwischen der Skala *Verständlichkeitsempfinden*, dem Verstehen, den positiven und den negativen Emotionen beim Lesen in Studie 3 (*N* = 219)

Skala	Verstehen	Positive Emotionen	Negative Emotionen
$r_{Ve, \bullet}$	.33*	.37*	-.34*

Anmerkungen. Die Zeile „$r_{Ve, \bullet}$" zeigt die Korrelationen der Skala *Verständlichkeitsempfinden* mit den abhängigen Variablen an. Korrelationen, die auf dem 5%-Niveau statistisch signifikant geworden sind, sind mit einem „*" gekennzeichnet.

Damit zeigte sich ein erwarteter, mittlerer, positiver und statistisch signifikanter Zusammenhang der Skala *Verständlichkeitsempfinden* zum Verstehen, ein mittlerer, positiver und statistisch signifikanter Zusammenhang zu den positiven Emotionen und ein mittlerer negativer, statistisch signifikanter Zusammenhang zu den negativen Emotionen. Die Hypothesen H_{Ve06}, H_{Ve07} und H_{Ve08} werden damit bestätigt.

Ergebnisse zum Verstehenstest
Personen mit viel Vorwissen zum Thema erzielten im Mittel einen Wert von AM_{TV} = 10.37 (SD_{TV} = 1.86) im Verstehenstest. Personen mit wenig Vorwissen zum Thema erzielten im Verstehenstest im Mittel einen Wert von AM_{TV} = 7.72 (SD_{TV} = 2.97). Der standardisierte Mittelwertunterschied entspricht mit d = 0.93 (df = 217; t_{emp} = 4.50; p < .05) einem starken Effekt in der erwarteten Richtung. Hypothese H_{TV04} wird damit bestätigt.

Zwischen dem Verstehen und den positiven Emotionen zeigte sich ein mittlerer, positiver und statistisch signifikanter Zusammenhang von r = .34 (N = 219; p < .05). Zwischen dem Verstehen und den negativen Emotionen zeigte sich ein schwacher, negativer, statistisch aber nicht signifikanter Zusammenhang von r = -.11 (N = 219; *n. s.*). Hypothese H_{TV07} wird damit bestätigt, Hypothese H_{TV08} hingegen nicht.

Ergebnisse zu den positiven Emotionen

Personen mit viel Vorwissen zum Thema gaben im Mittel einen Wert von $AM_{pE} = 2.88$ ($SD_{pE} = 0.80$) hinsichtlich der positiven Emotionen an. Personen mit wenig Vorwissen zum Thema gaben im Mittel einen Wert von $AM_{pE} = 2.46$ ($SD_{pE} = 0.64$) hinsichtlich der positiven Emotionen an. Der standardisierte Mittelwertunterschied entspricht mit $d = 0.64$ ($df = 217$; $t_{emp} = 3.13$; $p < .05$) einem mittleren Effekt in der erwarteten Richtung. Hypothese H_{pE04} wird damit bestätigt.

Zwischen den positiven und den negativen Emotionen zeigte sich zudem ein mittlerer, negativer Zusammenhang von $r = -.32$ ($N = 219$; $p < .05$). Hypothese H_{pE04} wird damit ebenfalls bestätigt.

Ergebnisse zu den negativen Emotionen

Personen, die über viel thematisches Vorwissen verfügten, gaben im Mittel einen Wert von $AM_{nE} = 2.03$ ($SD_{nE} = 0.86$) hinsichtlich der negativen Emotionen an. Personen, die über wenig thematisches Vorwissen verfügten, erzielten im Mittel einen Wert von $AM_{nE} = 1.87$ ($SD_{nE} = 0.64$) hinsichtlich der negativen Emotionen. Der standardisierte Mittelwertunterschied entspricht mit $d = 0.25$ ($df = 217$; $t_{emp} = 1.20$; *n. s.*) einem schwachen Effekt entgegen der erwarteten Richtung. Hypothese H_{nE04} wird daher nicht bestätigt.

13.4 Diskussion

Die interne Konsistenz der Skalen war wiederum durchweg ausreichend bis gut. Im Folgenden werden die Ergebnisse der Validitätsprüfungen abermals einzeln nach Skalen diskutiert.

Wortschwierigkeit: Zur Skala *Wortschwierigkeit* wurden sechs Validitätshypothesen geprüft. In allen sechs Tests zeigten sich statistisch signifikante Effekte in der erwarteten Richtung. In der Kontrastanalyse zur Prüfung der Hypothese H_{WS03} zeigte sich ein sehr starker Zusammenhang zwischen dem Ausmaß der Manipulation der Texte und der Bewertung der *Wortschwierigkeit* der Texte. Der Test der Hypothese H_{WS03} stellt bislang die strengste Validitätsprüfung zur Skala *Wortschwierigkeit* dar. Zusammen mit den anderen, durchweg positiven Prüfungen liegen in der vorliegenden Studie deutliche, positive Validitätsbelege zu dieser Skala vor.

Satzschwierigkeit: Zur Skala *Satzschwierigkeit* wurden in dieser Studie sechs Validitätshypothesen geprüft. In fünf der sechs Tests zeigten sich Effekte in der erwarteten Richtung und in fünf der sechs Tests zeigten die Signifikanztests die erwarteten Ergebnisse. Entgegen der Hypothese gaben Personen mit viel Vorwissen wieder niedrigere Werte für die *Satzschwierigkeit* an als Personen mit weniger Vorwissen. Dieser Befund hatte sich auch schon in Studie 1 und Studie 2 gezeigt und konnte also zwei Mal repliziert werden. An dieser Stelle kann nicht geklärt werden, ob die Skala von einem Merkmal beeinflusst wird, dass sie nicht messen soll, oder ob das Vorwissen der Lesenden das Arbeitsgedächtnis entlastet und sich so positive auf die *Satzschwierigkeit* auswirkt (vgl. Kapitel 12.4). Dazu bedarf es weiterer Forschung. In der Kontrastanalyse zur Prüfung der Hypothese H_{SS03} zeigte sich ein sehr starker Zusammenhang zwischen dem Ausmaß der Manipulation der Texte und der Bewertung der *Satzschwierigkeit* der Texte. Dieser Test stellt die bislang strengste Validitätsprüfung zur Skala *Satzschwierigkeit* dar. Zusammen mit den anderen, positiven Prüfungen liegen in der vorliegenden Studie insgesamt deutliche, positive Validitätsbelege zur Skala *Satzschwierigkeit* vor.

Argumentdichte: In dieser Studie wurden fünf Validitätshypothesen zur Skala *Argumentdichte* geprüft. Drei der fünf Tests zeigten statistisch signifikante Effekte in der erwarteten Richtung. In zwei der Tests blieben die erwarteten Effekte aus und auch die Signifikanztests zeigten nicht die erwarteten Ergebnisse. Die Bewertung der *Argumentdichte* korrelierte wesentlich mit dem *Verständlichkeitsempfinden* und dem Verstehen. Wie erwartet zeigten sich keine Unterschiede bei der Bewertung der *Argumentdichte* durch Personen mit mehr bzw. weniger Vorwissen. In Studie 2 hatten Personen mit wenig Vorwissen deutlich höhere Werte zur *Argumentdichte* angegeben als Personen mit viel Vorwissen. Da die Gruppe der Personen mit viel Vorwissen aber sehr klein war, schien es möglich, dass es sich bei diesem Befund um einen α-Fehler handelte. Dass der Effekt in der vorliegenden Studie nicht repliziert werden konnte, spricht für diese Vermutung. Um der Frage nach einem möglichen Effekt bei der Bewertung der *Argumentdichte* aufgrund des Vorwissens nachzugehen, werden die Ergebnisse der Studien noch einmal in einer Meta-Analyse zusammengefasst und diskutiert (s. Kapitel 15). Im Gegensatz zu Studie 2 zeigten sich in der vorliegenden Studie keine Zusammenhänge zu den Emotionen beim Lesen. Die Validitätsprüfungen in dieser Studie ergaben insgesamt kein eindeutiges Bild. Die Ergebnisse der Korrelationsanalysen könnten in dieser Studie aber auch dadurch verzerrt worden sein, dass die Texte alle die jeweils gleiche Textbasis bzw. sehr ähnliche Textbasen zum Ausdruck bringen sollten, sodass hinsichtlich der *Argumentdichte* kaum Varianz bestand. Welcher Bedeutung der *Argumentdichte* für die Emotionen beim Lesen zukommt, soll daher noch einmal in den Studien 4 und 5 und der Meta-Analyse in Kapitel 15 geprüft werden.

Propositionsdichte: In dieser Studie wurden fünf Validitätshypothesen zur Skala *Propositionsdichte* geprüft. Die Tests fielen durchweg negativ aus. Entgegen der Erwartungen korrelierte die *Propositionsdichte* positiv mit dem *Verständlichkeitsempfinden*, dem Verstehen und den positiven Emotionen beim Lesen und negativ mit den negativen Emotionen. Zudem zeigte sich ein schwacher und statistisch signifikanter Effekt bei der Bewertung der *Propositionsdichte* durch Personen mit viel und wenig Vorwissen. Insgesamt fallen die Validitätsprüfungen der Skala *Propositionsdichte* in dieser Studie also durchweg negativ aus. Diese negativen Befunde können dadurch begünstigt sein, dass alle Texte eine sehr ähnliche bzw. die gleiche Textbasis zum Ausdruck bringen sollten und etwa die gleiche Länge hatten, sodass die *Propositionsdichte* der Texte kaum variierte und die Ergebnisse der Korrelationsanalysen verfälscht haben könnte. In den Studien 4 und 5 sollen daher weitere Validitätshypothesen zur Skala *Propositionsdichte* getestet werden.

Aufwand für Reorganisationen: Zur Skala *Aufwand für Reorganisationen* wurden in dieser Studie fünf Validitätshypothesen geprüft. In allen fünf Validitätsprüfungen zeigten sich Effekte in der erwarteten Richtung. In drei der fünf Tests ergaben die Signifikanztests die erwarteten Ergebnisse. Insgesamt fallen die Validitätsprüfungen zur Skala *Aufwand für Reorganisationen* in dieser Studie eher positiv aus.

Klarheit der Vorstellung: Zur Skala *Klarheit der Vorstellung* wurden in dieser Studie fünf Validitätshypothesen geprüft. In allen fünf Tests zeigten sich statistisch signifikante Effekte in der erwarteten Richtung. Damit erbrachte die vorliegende Studie durchweg positive Validitätsbelege zu dieser Skala.
Variation der Sprache: Zu dieser Skala wurden in dieser Studie fünf Validitätshypothesen geprüft. In allen fünf Validitätsprüfungen zeigten sich die erwarteten (Null-)Effekte. In allen fünf Fällen erbrachten die Signifikanz-Tests die erwarteten Ergebnisse. Gerade aufgrund der mangelnden theoretischen Fundierung dieser Skala bedarf es aber noch anderer Validitätsprüfungen dieser Skala, z.B. durch die Korrelation der Daten mit anderen Instrumenten, die ein ähnliches Konstrukt messen sollen.

Verständlichkeitsempfinden: Zur Skala *Verständlichkeitsempfinden* wurden in dieser Studie sechs Validitätshypothesen geprüft. In allen sechs Tests zeigten sich statistisch signifikante Effekte in der erwarteten Richtung. Die Kontrastanalysen zur Prüfung der Hypothese H_{Ve03W} und H_{Ve03S} stellen die bislang strengste Validitätsprüfung zur Skala *Verständlichkeitsempfinden* dar. In beiden Analysen zeigten sich starke Zusammenhänge zwischen der Art der Manipulation der Texte und der Bewertung des *Verständlichkeitsempfindens*. Zusammen mit den anderen, durchweg positiven Prüfungen liegen in der vorliegenden Studie deutliche, positive Validitätsbelege zur Skala *Verständlichkeitsempfinden* vor.

Positive und negative Emotionen: Wie erwartet gaben Personen mit viel Vorwissen auch an, ein positiveres emotionales Erleben beim Lesen der Texte gehabt zu haben; sie gaben mehr positive Emotionen an als Personen mit wenig Vorwissen. Der Unterschied entsprach einem mittleren Effekt. Hinsichtlich der negativen Emotionen unterschieden sich die beiden Gruppen nicht. Wie erwartet zeigte sich ein negativer Zusammenhang zwischen den Skalen zu den positiven und den negativen Emotionen. Der Unterschied entsprach einem großen Effekt.

Verstehen: Der Verstehenstest wies mit $\alpha = .67$ einen ausreichenden Wert für die interne Konsistenz auf. Wie erwartet erzielten Personen mit viel Vorwissen zum Thema wie in Studie 2 bessere Werte als Personen mit wenig Vorwissen. Dies spricht wiederum dafür, dass die Schlussfolgerungen, die aus den Zusammenhängen mit den Ergebnissen des Verstehenstests gezogen wurden, gerechtfertigt sind.

14 Studien 4 und 5

In den Studien 1, 2 und 3 wurden zahlreiche Validitätshypothesen geprüft zur Unterscheidung zwischen verschiedenen Texten, von Personen mit viel und wenig Vorwissen und zur Vorhersage von Verstehen und Emotionen beim Lesen. Bislang wurde allerdings nicht geprüft, in welchem Zusammenhang die mit dem neu entwickelten Fragebogen erhobenen Daten mit Daten stehen, die mit anderen Instrumenten erhoben werden, die das gleiche bzw. ähnliche Konstrukte messen sollen. Die Studien 4 und 5 untersuchen, in welchem Zusammenhang die Daten, die mit dem neu entwickelten Fragebogen zur Textverständlichkeit (vgl. Kapitel 11.9) erhoben wurden, mit jenen Daten stehen, die mit dem Fragebogen zur Textverständlichkeit von Jucks (2001) erhoben wurden. Hypothesen zum Zusammenhang der Skalen des neu entwickelten Fragebogens mit Skalen des Fragebogens von Jucks werden mit „H$_{\bullet\bullet}$09" bezeichnet, wobei an der Stelle von „$_{\bullet\bullet}$" jeweils eine Abkürzung für die Skalen des neu entwickelten Fragebogens steht (vgl. Kapitel 11.5). Die Studien 4 und 5 sind sehr ähnlich aufgebaut und werden daher zusammen berichtet.

In Studie 5 soll zudem geprüft werden, inwiefern sich die Veränderung des Vorwissens der Lesenden auf die Bewertung der Skalen auswirkt. Hypothesen dazu, inwiefern die Bewertungen von ersten zum zweiten Messzeitpunkt gleichbleiben bzw. sich verändern, werden mit „H$_{\bullet\bullet}$10" bezeichnet. Diese Frage steht in engem Zusammenhang mit der Frage nach der Größe der Retest-Reliabilität der Skalen. Diese Hypothesen werden jeweils mit „H$_{\bullet\bullet}$11" bezeichnet. Zur Beantwortung dieser Frage bewerteten die Versuchspersonen im Abstand von einer Woche zweimal dieselben Texte mit Hilfe des neu entwickelten Fragebogens und dem Fragebogen von Jucks (2001).

Darüber hinaus werden in Studie 4 und Studie 5 einige bereits untersuchte Validitätshypothesen erneut geprüft, und zwar die Validitätshypothesen zum Zusammenhang der Skalen mit dem *Verständlichkeitsempfinden*, dem tatsächlichen Verstehen, den positiven und den negativen Emotionen beim Lesen. Im Folgenden werden zunächst die Hypothesen vorgestellt, die in Studie 4 und Studie 5 erneut getestet werden sollen. Danach werden jene Hypothesen vorgestellt, die nur in den Studien 4 und 5 getestet werden.

14.1 Hypothesen

Replikationshypothesen

Hinsichtlich der Skalen *Wortschwierigkeit, Satzschwierigkeit, Argumentdichte, Propositionsdichte, Aufwand für Reorganisationen, Klarheit der Vorstellung* und *Variation der Sprache* werden die Hypothesen $H_{\bullet\bullet 05}$ (zum Zusammenhang mit dem *Verständlichkeitsempfinden*), $H_{\bullet\bullet 06}$ (zum Zusammenhang mit dem tatsächlichen Textverstehen), $H_{\bullet\bullet 07}$ (zum Zusammenhang mit den positiven Emotionen beim Lesen) und $H_{\bullet\bullet 08}$ (zum Zusammenhang mit den negativen Emotionen beim Lesen) erneut geprüft. Diese Hypothesen werden auch hinsichtlich der Skala *Verständlichkeitsempfinden* geprüft, außer natürlich der Hypothese $H_{\bullet\bullet 05}$, in der es ja um Zusammenhänge zum *Verständlichkeitsempfinden* geht. Darüber hinaus werden in Studie 4 und Studie 5 weitere Validitätshypothesen zu den einzelnen Skalen geprüft, die im Folgenden nach den einzelnen Skalen geordnet vorgestellt werden.

Hypothesen zur Skala Wortschwierigkeit

Die *Wortschwierigkeit* gibt an, wie leicht die Lesenden den Wörtern des Textes Bedeutung zuordnen können. Das Merkmal *Wortschwierigkeit* hat eine wesentliche inhaltliche Übereinstimmung mit dem Merkmal *Einfachheit* von Langer et al. (2006): Der Hamburger Textverständlichkeitsgruppe zufolge hat ein Text eine hohe *Einfachheit*, wenn die im Text verwendeten Wörter geläufig und anschaulich sind, wenn wenig geläufige Wörter erklärt werden und wenn die Sätze eine einfache Syntax haben (Langer et al., 2006). Die beiden Merkmale sind entgegengesetzt formuliert, stimmen inhaltlich aber wesentlich überein: Eine hohe *Wortschwierigkeit* bedeutet stets eine geringe *Einfachheit* (vgl. Kapitel 9.1). Da der Fragebogen zur Textverständlichkeit von Jucks (2001) auf dem Verständlichkeitskonzept von Langer et al. basiert, sollte die Bewertung der *Wortschwierigkeit* negativ mit der Bewertung der *Einfachheit* durch den Fragebogen von Jucks (2001) korrelieren. Wie leicht die Lesenden den Wörtern Bedeutung zuordnen können, hängt wesentlich vom Vorwissen der Lesenden ab. Wird ein Text mehrmals gelesen, sollte die *Wortschwierigkeit* beim wiederholten Lesen geringer sein, da die Wörter des Textes, sein Inhalt und der Text selbst beim zweiten Lesen bereits bekannt sind. Da sich das Vorwissen aller Lesenden durch mehrmaliges Lesen in ähnlichem Ausmaß und auch nur begrenzt verändern sollte, sollte es einen wesentlichen und positiven Zusammenhang zwischen den Bewertungen der *Wortschwierigkeit* beim ersten und zweiten Lesen geben. Im Hinblick auf die Skala *Wortschwierigkeit* werden daher folgende Hypothesen formuliert:

H_{WS09} Es besteht ein negativer Zusammenhang zwischen der Skala *Wortschwierigkeit* und der Skala *Einfachheit* des Fragebogens von Jucks.

H_{WS10} Die Bewertung der *Wortschwierigkeit* fällt bei einem zweiten Lesen eine Woche später günstiger aus als beim ersten Lesen.

H_{WS11} Es besteht ein positiver Zusammenhang zwischen der Bewertung der *Wortschwierigkeit* eines Textes durch die gleichen Lesenden im Abstand von einer Woche.

Hypothesen zur Skala Satzschwierigkeit

Das Merkmal *Satzschwierigkeit* gibt an, wie leicht die Lesenden die Syntax der Sätze dekodieren und in eine propositionale Repräsentation übersetzen können. Die *Satzschwierigkeit* weist damit ebenfalls eine wesentliche inhaltliche Übereinstimmung mit dem Merkmal *Einfachheit* von Langer et al. (2006) auf: Der Hamburger Textverständlichkeitsgruppe zufolge hat ein Text eine hohe *Einfachheit*, wenn die im Text verwendeten Wörter geläufig und anschaulich sind, wenn wenig geläufige Wörter erklärt werden und wenn die Sätze über eine einfache Syntax verfügen (Langer et al., 2006). Die beiden Merkmale sind entgegengesetzt formuliert, eine hohe *Satzschwierigkeit* bedeutet aber stets eine geringe *Einfachheit* (vgl. Kapitel 9.2). Da der Fragebogen zur Textverständlichkeit von Jucks (2001) auf dem Verständlichkeitskonzept von Langer et al. basiert, sollte die Bewertung der *Satzschwierigkeit* negativ mit der Bewertung der *Einfachheit* durch den Fragebogen von Jucks (2001) korrelieren. Wie leicht die Lesenden die Syntax der Sätze dekodieren können, sollte auch davon abhängen, wie viel Erfahrung sie mit bestimmten syntaktischen Strukturen gemacht haben (s. a. Kapitel 9.2). Wird ein Text mehrmals gelesen, sollte die *Satzschwierigkeit* beim wiederholten Lesen daher geringer sein, da die Syntax ja bereits bekannt ist. Da sich dieses Vorwissen durch mehrmaliges Lesen bei allen Lesenden in ähnlichem Ausmaß und auch nur begrenzt verändern sollte, sollte es einen wesentlichen und positiven Zusammenhang zwischen den Bewertungen der *Satzschwierigkeit* beim ersten und zweiten Lesen geben. Zur Skala *Satzschwierigkeit* werden daher folgende Hypothesen formuliert:

H_{SS09} Es besteht ein negativer Zusammenhang zwischen der Skala *Satzschwierigkeit* und der Skala *Einfachheit* des Fragebogens von Jucks.

H_{SS10} Die Bewertung der *Satzschwierigkeit* fällt bei einem zweiten Lesen eine Woche später günstiger aus als beim ersten Lesen.

H_{SS11} Es besteht ein positiver Zusammenhang zwischen der Bewertung der *Satzschwierigkeit* eines Textes durch die gleichen Lesenden im Abstand von einer Woche.

Hypothesen zur Skala Argumentdichte

Das Merkmal *Argumentdichte* gibt an, wie viele verschiedene Argumente ein Text im Verhältnis zur Zahl der Wörter des Textes enthält. Die *Argumentdichte* weist damit eine wesentliche Übereinstimmung mit dem Merkmal *Kürze-Prägnanz* von Langer et al. (2006) auf (vgl. Kapitel 9.3): Das Merkmal *Kürze-Prägnanz* beschreibt das Verhältnis der Textlänge zur Menge der vermittelten Informationen (s. Kapitel 6.2). Der Hamburger Textverständlichkeitsgruppe zufolge hat ein Text eine hohe *Kürze-Prägnanz*, wenn er nur Informationen enthält, die für das Ziel der Kommunikation wesentlich sind, wenn Informationen nicht wiederholt werden und wenn Füllwörter, Phrasen und unnötige Einzelheiten vermieden werden (Langer et al., 2006; s. a. Kapitel 6.2). Die Bewertung der *Kürze-Prägnanz* hängt damit wesentlich vom Kommunikationsziel ab. Ein solcher Aspekt fehlt bei der Bewertung der *Argumentdichte*. Tendenziell sollten Texte, in denen Füllwörter, Wiederholungen und viele Einzelheiten fehlen, aber auch eine höhere *Argumentdichte* haben. Da der Fragebogen zur Textverständlichkeit von Jucks (2001) auf dem Verständlichkeitskonzept von Langer et al. basiert, sollte die Bewertung der *Argumentdichte* daher positiv mit der Bewertung der *Kürze-Prägnanz* durch den Fragebogen von Jucks (2001) korrelieren. Da es sich bei der *Argumentdichte* um ein Merkmal der Texte handelt, sollte die Bewertung der *Argumentdichte* bei wiederholtem Lesen jeweils die gleichen Werte erbringen. Im Hinblick auf die Skala *Argumentdichte* werden daher folgende Hypothesen formuliert:

H_{AD09} Es besteht ein positiver Zusammenhang zwischen der Skala *Argumentdichte* und der Skala *Kürze-Prägnanz* des Fragebogens von Jucks.

H_{AD10} Die Bewertung der *Argumentdichte* unterscheidet sich zu den beiden Messzeitpunkten nicht.

H_{AD11} Es besteht ein positiver Zusammenhang zwischen der Bewertung der *Argumentdichte* eines Textes durch die gleichen Lesenden im Abstand von einer Woche.

Hypothesen zur Skala Propositionsdichte

Das Merkmal *Propositionsdichte* gibt an, wie viele verschiedene Propositionen ein Text im Verhältnis zur Zahl der Wörter des Textes enthält. Die *Propositionsdichte* hat damit ebenfalls inhaltliche Übereinstimmung mit dem Merkmal *Kürze-Prägnanz* von Langer et al. (2006): Das Merkmal *Kürze-Prägnanz* beschreibt das Verhältnis der Textlänge zur Menge der vermittelten Informationen (s. Kapitel 6.2). Wie bereits im vorherigen Abschnitt ausgeführt wurde, hat ein Text der Hamburger Textverständlichkeitsgruppe zufolge eine hohe *Kürze-*

Prägnanz, wenn er nur Informationen enthält, die für das Ziel der Kommunikation wesentlich sind, wenn Informationen nicht wiederholt werden und wenn Füllwörter, Phrasen und unnötige Einzelheiten vermieden werden (Langer et al., 2006). Die Bewertung der *Kürze-Prägnanz* hängt damit wesentlich vom Kommunikationsziel ab. Ein solcher Aspekt fehlt bei der Bewertung der *Propositionsdichte*. Tendenziell sollten Texte, in denen Füllwörter und Wiederholungen fehlen, aber über eine höhere *Propositionsdichte* verfügen (vgl. Kapitel 9.4). Da der Fragebogen zur Textverständlichkeit von Jucks (2001) auf dem Verständlichkeitskonzept von Langer et al. basiert, sollte die Bewertung der *Propositionsdichte* positiv mit der Bewertung der *Kürze-Prägnanz* durch den Fragebogen von Jucks (2001) korrelieren. Da es sich bei der *Propositionsdichte* um ein Merkmal der Texte handelt, sollte die Bewertung der *Propositionsdichte* bei wiederholtem Lesen jeweils die gleichen Werte erbringen. Im Hinblick auf die Skala *Propositionsdichte* werden daher folgende Hypothesen formuliert:

H_{PD09} Es besteht ein positiver Zusammenhang zwischen der Skala *Propositionsdichte* und der Skala *Kürze-Prägnanz* des Fragebogens von Jucks.

H_{PD10} Die Bewertung der *Propositionsdichte* unterscheidet sich zu den beiden Messzeitpunkten nicht.

H_{PD11} Es besteht ein positiver Zusammenhang zwischen der Bewertung der *Propositionsdichte* eines Textes durch die gleichen Lesenden im Abstand von einer Woche.

Hypothesen zur Skala Aufwand für Reorganisationen
Das Merkmal *Aufwand für Reorganisationen* gibt an, wie viel Aufwand ein Leserin oder ein Leser aufbringen muss, um falsche Vorstellungen vom Inhalt oder dem weiteren Verlauf eines Textes zu korrigieren. Das Merkmal *Aufwand für Reorganisationen* hat damit einen wesentlichen inhaltlichen Zusammenhang mit dem Merkmal *Gliederung-Ordnung* von Langer et al. (2006): Der Hamburger Textverständlichkeitsgruppe zufolge hat ein Text eine hohe *Gliederung-Ordnung*, wenn der Text lokal und global kohärent ist, wenn die Absätze eines Textes sinnvoll gewählt sind, wenn der Text sinnvolle (Zwischen-)Überschriften, Vorbemerkungen, Zwischenbemerkungen und Zusammenfassungen enthält und wenn wesentliche Inhalte sprachlich oder optisch hervorgehoben sind (Langer et al., 2006; s. Kapitel 6.2). Durch Vorbemerkungen, eine sinnvolle Strukturierung, hohe lokale und globale Kohärenz und das Hervorheben von Informationen, die für die weitere Verarbeitung wichtig sind, sollte eine hoch ausgeprägte *Gliederung-Ordnung* zu einem geringeren *Aufwand für Reorganisationen* führen (vgl. Kapitel 9.7). Da der Fragebogen zur Textverständlichkeit

von Jucks (2001) auf dem Verständlichkeitskonzept von Langer et al. basiert, sollte die Bewertung des *Aufwands für Reorganisationen* negativ mit der Bewertung der *Gliederung-Ordnung* durch den Fragebogen von Jucks (2001) korrelieren. Wie viel *Aufwand für Reorganisationen* die Lesenden betreiben müssen, hängt wesentlich vom thematischen Vorwissen der Lesenden und den Erwartungen der Lesenden über den weiteren Verlauf des Textes ab. Wird ein Text mehrmals gelesen, sollte der *Aufwand für Reorganisationen* beim wiederholten Lesen geringer sein, da der Inhalt und die Reihenfolge der Informationen im Text beim zweiten Lesen bereits bekannt sind. Da sich dieses Wissen bei allen Lesenden durch mehrmaliges Lesen in ähnlichem Ausmaß und auch nur begrenzt verändern sollte, sollte es einen wesentlichen und positiven Zusammenhang zwischen den Bewertungen des *Aufwands für Reorganisationen* beim ersten und zweiten Lesen geben. Im Hinblick auf die Skala *Aufwand für Reorganisationen* werden daher folgende Hypothesen formuliert:

H_{Ro09} Es besteht ein negativer Zusammenhang zwischen der Skala *Aufwand für Reorganisationen* und der Skala *Gliederung-Ordnung* des Fragebogens von Jucks.

H_{Ro10} Die Bewertung des *Aufwands für Reorganisationen* fällt bei einem zweiten Lesen eine Woche später günstiger aus als beim ersten Lesen.

H_{Ro11} Es besteht ein positiver Zusammenhang zwischen der Bewertung der *Aufwand für Reorganisationen* eines Textes durch die gleichen Lesenden im Abstand von einer Woche.

Hypothesen zur Skala Klarheit der Vorstellung

Das Merkmal *Klarheit der Vorstellung* gibt an, wie leicht es den Lesenden fällt, ein mentales Modell des Textinhalts aufzubauen. Wie leicht dies gelingt, hängt auf Seiten des Textes von der lokalen und globalen Kohärenz, den angebotenen Kohärenzbildungshilfen und der Anschaulichkeit der Inhalte ab. Das Merkmal *Klarheit der Vorstellung* hat damit einen wesentlichen inhaltlichen Zusammenhang mit dem Merkmal *Gliederung-Ordnung* von Langer et al. (2006). Der Hamburger Textverständlichkeitsgruppe zufolge hat ein Text eine hohe *Gliederung-Ordnung*, wenn der Text lokal und global kohärent ist, wenn die Absätze eines Textes sinnvoll gewählt sind, wenn der Text sinnvolle (Zwischen-)Überschriften, Vorbemerkungen, Zwischenbemerkungen und Zusammenfassungen enthält und wenn wesentliche Inhalte sprachlich oder optisch hervorgehoben sind, wenn also viele Kohärenzbildungshilfen vorliegen (Langer et al., 2006; s. Kapitel 6.2). All diese Merkmale der Texte sollten den Aufbau eines mentalen Modells erleichtern. Daher sollte eine hoch ausgeprägte *Gliederung-Ordnung* mit einer großen *Klarheit der Vorstellung* einhergehen (vgl.

Kapitel 9.8, 9.9, 11.5 und 11.9). Da der Fragebogen zur Textverständlichkeit von Jucks (2001) auf dem Verständlichkeitskonzept von Langer et al. basiert, sollte die Bewertung der *Klarheit der Vorstellung* positiv mit der Bewertung der *Gliederung-Ordnung* durch den Fragebogen von Jucks (2001) korrelieren. Wie leicht den Lesenden der Aufbau eines mentalen Modells fällt, hängt wesentlich vom thematischen Vorwissen der Lesenden ab: Wird ein Text mehrmals gelesen, so sollte die *Klarheit der Vorstellung* beim wiederholten Lesen größer sein, da der Inhalt des Textes beim zweiten Lesen bereits bekannt ist. Da sich dieses Wissen bei allen Lesenden durch mehrmaliges Lesen in ähnlichem Ausmaß und auch nur begrenzt verändern sollte, sollte es einen wesentlichen und positiven Zusammenhang zwischen den Bewertungen der *Klarheit der Vorstellung* beim ersten und zweiten Lesen geben. Im Hinblick auf die Skala *Klarheit der Vorstellung* werden daher folgende Hypothesen formuliert:

H_{KV09} Es besteht ein positiver Zusammenhang zwischen der Skala *Klarheit der Vorstellung* und der Skala *Gliederung-Ordnung* des Fragebogens von Jucks.

H_{KV10} Die Bewertung der *Klarheit der Vorstellung* fällt bei einem zweiten Lesen eine Woche später günstiger aus als beim ersten Lesen.

H_{KV11} Es besteht ein positiver Zusammenhang zwischen der Bewertung der *Klarheit der Vorstellung* eines Textes durch die gleichen Lesenden im Abstand von einer Woche.

Hypothesen zur Skala Variation der Sprache

Das Merkmal *Variation der Sprache* gibt an, wie abwechslungsreich die Lesenden die Sprache des Textes empfinden. Dieses Merkmal wurde aus dem Merkmal *zusätzliche Anregung* des Verständlichkeitskonzepts von Langer et al. (2006) abgeleitet (s. Kapitel 9.10). Der Hamburger Textverständlichkeitsgruppe zufolge hat ein Text eine hohe *zusätzliche Anregung*, wenn er viele anregende Beispiele, wörtliche Rede, rhetorische Figuren, Fragen an die Lesenden und Humor enthält oder die Informationen des Textes in eine Geschichte eingebettet werden (Langer et al., 2006; s. a. Kapitel 9.10). Die beiden Merkmale weisen daher wesentliche inhaltliche Überschneidung auf: Eine hohe *Variation der Sprache* bedeutet stets eine hohe *zusätzliche Anregung*. Da der Fragebogen zur Textverständlichkeit von Jucks (2001) auf dem *Verständlichkeitskonzept* von Langer et al. basiert, sollte die Bewertung der *Variation der Sprache* positiv mit der Bewertung der *zusätzlichen Anregung* aus dem Fragebogen von Jucks (2001) korrelieren.

Die Bewertung der *Variation der Sprache* sollte nicht vom Vorwissen der Lesenden abhängen. Daher sollte die Bewertung der *Variation der Sprache* bei wiederholtem Lesen jeweils die gleichen Werte erbringen. Im Hinblick auf die Skala *Variation der Sprache* werden daher folgende Hypothesen formuliert:

H_{VS09} Es besteht ein positiver Zusammenhang zwischen der Skala *Variation der Sprache* und der Skala *zusätzliche Anregung* des Fragebogens von Jucks.

H_{VS10} Es besteht ein negativer Zusammenhang zwischen der Bewertung der *Variation der Sprache* eines Textes durch die gleichen Lesenden im Abstand von einer Woche.

H_{VS11} Die Bewertung der *Variation der Sprache* unterscheidet sich zu den beiden Messzeitpunkten nicht.

Hypothesen zur Skala Verständlichkeitsempfinden

Das *Verständlichkeitsempfinden* gibt an, wie verständlich die Lesenden einen Text insgesamt empfinden. Die Skala *Verständlichkeitsempfinden* soll damit dasselbe messen wie das Item *Gesamturteil* des Fragebogens von Jucks (2001).

Die Verständlichkeit hängt wesentlich vom Vorwissen der Lesenden ab (vgl. Kapitel 5). Daher sollte auch das *Verständlichkeitsempfinden* wesentlich vom thematischen Vorwissen der Lesenden abhängen. Wird ein Text mehrmals gelesen, sollte das *Verständlichkeitsempfinden* beim wiederholten Lesen stärker sein, da der Inhalt des Textes beim wiederholten Lesen bereits bekannt sein sollte. Da sich das Vorwissen aller Lesenden durch mehrmaliges Lesen in ähnlichem Ausmaß und auch nur begrenzt verändern sollte, sollte es einen wesentlichen und positiven Zusammenhang zwischen den Bewertungen des *Verständlichkeitsempfindens* beim ersten und zweiten Lesen geben. Im Hinblick auf die Skala *Verständlichkeitsempfinden* werden daher folgende Hypothesen formuliert:

H_{Ve09} Es besteht ein positiver Zusammenhang zwischen der Skala *Verständlichkeitsempfinden* und dem Item *Gesamteindruck* des Fragebogens von Jucks.

H_{Ve10} Die Bewertung des *Verständlichkeitsempfindens* fällt bei einem zweiten Lesen eine Woche später günstiger aus als beim ersten Lesen.

H_{Ve11} Es besteht ein positiver Zusammenhang zwischen der Bewertung des *Verständlichkeitsempfindens* eines Textes durch die gleichen Lesenden im Abstand von einer Woche.

Hypothesen zum tatsächlichen Textverstehen
Der Verstehenstest soll erfassen, wie gut die Lesenden den Text verstanden haben. Das Verstehen wird wesentlich vom Vorwissen beeinflusst (vgl. Kapitel 5). Daher sollten die Lesenden beim wiederholten Lesen bessere Werte im Verstehenstest erzielen als beim ersten Lesen. Es wird daher folgende Hypothese zum Textverstehen formuliert:

H_{TV10} Die Lesenden erzielen nach dem zweiten Lesen bessere Werte im Verstehenstest als nach dem ersten Lesen.

14.2 Methode

Stichprobe der Studie 4
An Studie 4 nahmen 39 Studierende der Studiengänge Erziehungswissenschaft und Lehramt sowie Mitarbeiter/innen der Universität teil. Von den 39 Teilnehmenden waren 27 weiblich, 11 männlich und 1 Person machte keine Angabe zu ihrem Geschlecht. Tabelle 63 zeigt die Verteilung des Alters innerhalb der Stichprobe an.

Tabelle 63: Verteilung des Alters innerhalb der Stichprobe von Studie 4

Alter	<20	20-24	25-29	> 30	Keine Angabe
N	1	26	8	3	1

Als höchsten Bildungsabschluss gaben 4 Teilnehmende das Fachabitur, 20 das Abitur, 11 den Bachelor-Grad und 3 den Master-Abschluss an; 1 Person machte keine Angabe zum höchsten erworbenen Bildungsabschluss.

Stichprobe der Studie 5
An Studie 5 nahmen 41 Studierende eines Diagnostik-Seminars für Erziehungswissenschaftlerinnen, Erziehungswissenschaftler und Lehramtsstudierende teil. Davon waren 34 weiblich, 6 männlich und 1 Person machte keine Angabe zu ihrem Geschlecht. Tabelle 64 zeigt die Verteilung des Alters innerhalb der Stichprobe an.

Tabelle 64: Verteilung des Alters innerhalb der Stichprobe von Studie 5

Alter	<20	20-24	25-29	30-39	Keine Angabe
N	3	28	9	1	0

Als höchsten Bildungsabschluss gaben 3 Teilnehmende das Fachabitur, 31 das Abitur und 7 den Bachelor-Abschluss an. Am ersten Messzeitpunkt nahmen 38 Personen teil. Am zweiten Messzeitpunkt nahmen 34 Personen teil. 30 Personen nahmen an beiden Messzeitpunkten teil.

Instrumente der Studie 4

Für Studie 4 wurden vier Versionen des Textes zu Geofaktoren aus einem Erdkunde-Lehrbuch für die 11. Jahrgangsstufe verwendet, die auch schon in Studie 2 verwendet wurden, und zwar die Version WS+, die auf eine erhöhte *Wortschwierigkeit* abzielte, die Version PD+, die auf eine erhöhte *Propositionsdichte* abzielte, die Version Ro+, die auf einen erhöhten *Aufwand für Reorganisationen* abzielte und die Version VS+, die auf eine erhöhte *Variation der Sprache* abzielte. Da die Merkmale der Textverständlichkeit nicht unabhängig voneinander sind (vgl. Kapitel 9.11), sollte durch die Manipulation dieser Merkmale auch Varianz hinsichtlich der Merkmale *Satzschwierigkeit, Argumentdichte* und *Klarheit der Vorstellung* bestehen.

Als Instrumente wurden neben dem neu entwickelten Fragebogen zur Textverständlichkeit mit den Skalen *Wortschwierigkeit, Satzschwierigkeit, Argumentdichte, Propositionsdichte, Aufwand für Reorganisationen, Variation der Sprache, Klarheit der Vorstellung* und *Verständlichkeitsempfinden* (s. Anhang B-04) außerdem der Fragebogen von Jucks (2001) mit den Skalen *Einfachheit, Gliederung-Ordnung, Kürze-Prägnanz, Zusätzliche Anregung* und dem Item *Gesamteindruck* eingesetzt, sowie die SPANE zur Messung des positiven Affekts und des negativen Affekts (s. Studie 2 und Anhang C-05). Die Befragten bearbeiteten zudem den Verstehenstest zum Inhalt des Textes aus Studie 2 und einen Fragebogen zu Personenmerkmalen.

Der Verstehenstest (s. a. Anhang C-06) bestand aus acht Aufgaben. Sechs der acht Aufgaben waren Mehrfachwahl-Aufgaben, die aus einer Frage bzw. einer Aufgabe mit vier Antwortmöglichkeiten bestanden, von denen jeweils eine als richtig gewertet wurde. Zwei der acht Aufgaben bestanden aus vier bzw. sechs Aussagen, bei denen jeweils entschieden werden musste, ob sie wahr oder falsch sind (Forced-Choice-Aufgaben). Zu jeder Aufgabe gab es außerdem die Möglichkeit „weiß ich nicht" anzukreuzen. Bei allen Aufgaben mussten Informationen generiert werden, die aus dem Text abgeleitet werden können, aber über den Text hinausgehen. Insgesamt konnten in dem Verstehenstest 16 Punkte erzielt werden.

Der Fragebogen zu den Hintergrundvariablen enthielt Fragen zum Vorwissen, zum Interesse vor dem Lesen des Textes, zum Alter, Geschlecht und zum Bildungsabschluss (s. Anhang C-04).

Instrumente der Studie 5

Für Studie 5 wurden vier Versionen des Textes zu den Gütekriterien der klassischen Testtheorie verwendet, die auch schon in Studie 1 Verwendung fanden, und zwar die Version WS+, die auf eine erhöhte *Wortschwierigkeit* abzielte, die Version SS+, die auf eine erhöhte *Satzschwierigkeit* abzielte, die Version AD+ mit einer erhöhter *Argumentdichte* und die Version Ro+, die auf einen erhöhten *Aufwand für Reorganisationen* abzielte (s. Anhang D-02). Da die Merkmale der Textverständlichkeit nicht unabhängig voneinander sind (vgl. Kapitel 9.11), sollte durch die Manipulation dieser Merkmale auch einige Varianz hinsichtlich der Merkmale *Propositionsdichte*, *Klarheit der Vorstellung* und *Variation der Sprache* bestehen, sodass es hinsichtlich aller Merkmale, die im Fragebogen erfasst werden sollen, ausreichend Varianz geben sollte.

Als Instrumente wurden neben dem neu entwickelten Fragebogen zur Textverständlichkeit mit den Skalen *Wortschwierigkeit, Satzschwierigkeit, Argumentdichte, Propositionsdichte, Aufwand für Reorganisationen, Variation der Sprache, Klarheit der Vorstellung* und *Verständlichkeitsempfinden* (s. Anhang B-04) außerdem wieder der Fragebogen von Jucks (2001) mit den Skalen *Einfachheit, Gliederung-Ordnung, Kürze-Prägnanz, Zusätzliche Anregung* und dem Item *Gesamteindruck* eingesetzt sowie die adaptierte Version der SPANE zur Messung des positiven und negativen Affekts; die Befragten bearbeiteten schließlich einen Verstehenstest zu den Gütekriterien der klassischen Testtheorie und einen Fragebogen zu Personenmerkmalen.

Der Verstehenstest (s. Anhang C-07) bestand aus 10 Aufgaben. Zu jeder Aufgabe gab es 7 Antwortmöglichkeiten und die Möglichkeit „weiß ich nicht" anzukreuzen. Von den Antwortmöglichkeiten konnten jeweils mehrere Antworten richtig sein. Alle Aufgaben bestanden aus der Beschreibung einer Situation. in der ein diagnostisches Instrument eingesetzt wurde und aus der sich ableiten ließ, inwiefern die mit Hilfe des Instruments gewonnen Daten den Gütekriterien Objektivität, Reliabilität und Validität entsprachen. Die Befragten mussten aufgrund dieser Beschreibung jeweils beurteilen, ob die mit dem Instrument gewonnen Daten als objektiv oder nicht objektiv, als reliabel oder nicht reliabel und als valide oder nicht valide betrachtet werden können. Es wurde jeweils bewertet, ob die Befragten die Optimal-Antwort gewählt hatten oder nicht, sodass im Verstehenstest insgesamt 10 Punkte erzielt werden konnten.

Der Fragebogen zu den Hintergrundvariablen (s. Anhang C-04) enthielt Fragen zum Vorwissen, zum Interesse vor dem Lesen des Textes, zum Alter, Geschlecht und zum Bildungsabschluss.

Durchführung von Studie 4

Die Versuchsteilnehmerinnen und -teilnehmer bekamen per Zufall eines von acht Testheften. Die Testhefte bestanden aus einer Instruktion (s. Anhang A-04), einer der vier Versionen des Textes zu Geofaktoren, der SPANE, dem neu entwickelten Fragebogen zur Textverständlichkeit, dem Fragebogen zur Textverständlichkeit von Jucks (2001), dem Verstehenstest und schließlich dem Fragebogen zu Merkmalen der Person. Die Reihenfolge der beiden Fragebögen zur Textverständlichkeit war in den Testheften ausbalanciert. Die Teilnahme nahm insgesamt ca. 20 Minuten in Anspruch.

Durchführung von Studie 5

Die Versuchsteilnehmerinnen und -teilnehmer bekamen in dieser Studie per Zufall eines von acht Testheften. Die Testhefte bestanden aus einer Instruktion (s. Anhang A-05), einem der vier Versionen des Textes zu den Gütekriterien der klassischen Testtheorie, der adaptierten Version der SPANE, dem neu entwickelten Fragebogen zur Textverständlichkeit, dem Fragebogen zur Textverständlichkeit von Jucks, einem Verstehenstest und schließlich einem Fragebogen zu Merkmalen der Person; die Reihenfolge der beiden Fragebögen zur Textverständlichkeit war in den Testheften auch hier ausbalanciert. Die Teilnahme nahm insgesamt ca. 20 Minuten in Anspruch. Die Versuchspersonen beschrifteten die Testhefte zum ersten Messzeitpunkt mit einem persönlichen Code. Mit dessen Hilfe wurde ihnen eine Woche später jeweils das gleiche Testheft ein zweites Mal zur Bearbeitung vorgelegt.

Auswertung von Studie 4

Die Hypothesen $H_{\bullet\bullet05}$, $H_{\bullet\bullet06}$, $H_{\bullet\bullet07}$, $H_{\bullet\bullet08}$ und $H_{\bullet\bullet09}$ machen Angaben zum Zusammenhang der Skalen zu anderen Variablen. Zur Prüfung dieser Hypothesen wurde jeweils Pearsons r berechnet und einseitig auf Signifikanz geprüft. Das α-Niveau wurde für all diese Tests auf 5% festgesetzt. Damit können bei $n = 39$ Effekte der Größe $\rho = .39$ mit einer Power von $1-\beta = .80$ nachgewiesen werden.

Auswertung von Studie 5

Die Hypothesen $H_{\bullet\bullet05}$, $H_{\bullet\bullet06}$, $H_{\bullet\bullet07}$, $H_{\bullet\bullet08}$, $H_{\bullet\bullet09}$ und $H_{\bullet\bullet11}$ machen Angaben zum Zusammenhang der Skalen zu anderen Variablen bzw. zur Retest-Reliabilität der Skalen. Zur Prüfung dieser Skalen wurde jeweils Pearsons r berechnet und einseitig auf Signifikanz geprüft. Das α-Niveau wurde für all diese Tests auf 5% festgesetzt. Bei einer Stichprobengröße von 38 zu t_1 können damit Zusammenhänge der Größe $\rho \geq .39$ mit einer Power von $1 - \beta = .80$ nachgewiesen werden. Bei einer Stichprobengröße von 34 zu t_2 ist es möglich,

Zusammenhänge der Größe $\rho \geq .41$ mit einer Power von $1 - \beta = .80$ nachzuweisen. Bei $n = 30$ können Korrelationen zwischen den Messzeitpunkten der Größe $\rho = .44$ mit einer Power von $1 - \beta = .80$ nachgewiesen werden.

Zur Bewertung der Hypothesen $H_{\bullet\bullet 10}$, die die Veränderung bzw. Konstanz der Skalenwerte von t_1 zu t_2 behandeln, wurden Cohens d und einseitige t-Tests für abhängige Stichproben berechnet. Den Hypothesen H_{WS10}, H_{SS10}, H_{Ro10}, H_{KV10}, H_{Ve10} und H_{TV10} zufolge unterscheiden sich die Bewertungen der jeweiligen Skalen zu den beiden Messzeitpunkten. Für die Tests dieser Hypothesen wurde das α-Niveau auf 5% festgesetzt. Damit können Effekte der Größe $\delta' \geq 0.46$ mit einer Power von $1 - \beta = .80$ nachgewiesen werden. Hinsichtlich der Hypothesen H_{AD10}, H_{PD10} und H_{VS10} lässt sich aus den inhaltlichen Hypothesen jeweils eine Nullhypothese ableiten. Um die Strenge der Prüfung in diesen Fällen zu erhöhen, soll nicht das α-Risiko, sondern das β-Risiko minimiert werden. Für diese Hypothesentests wurde das α-Niveau daher auf 20% festgelegt. Dadurch können Effekte der Größe $\delta' \geq 0.46$ mit einer größeren Power von $1 - \beta = .95$ nachgewiesen werden.

14.3 Ergebnisse

Interne Konsistenzen der Skalen

In einem ersten Schritt wurden die Mittelwerte, Standardabweichungen und internen Konsistenzen der Skalen berechnet. Die Ergebnisse können Tabelle 65 entnommen werden.

Damit waren die internen Konsistenzen der Skalen durchweg ausreichend bis sehr gut; lediglich die Skala *Propositionsdichte* wies sowohl in Studie 4 als auch zu beiden Messzeitpunkten von Studie 5 nicht ausreichende Werte für die interne Konsistenz auf. Die Skala *Kürze-Prägnanz* wies in Studie 4 und zum ersten Messzeitpunkt in Studie 5 nicht ausreichende Werte auf. Tabelle 66 zeigt die Interkorrelationen der Skalen des neu entwickelten Fragebogens untereinander in Studien 4 und zu den beiden Messzeitpunkten von Studie 5.

Tabelle 65: Mittelwerte, Standardabweichungen und interne Konsistenzen der Skalen in den Studien 4 und 5

	Studie 4 (n = 39)			Studie 5 t_1 (n = 38)			t_2 (n = 34)		
	AM	SD	α	AM	SD	α	AM	SD	α
Fragebogen von Friedrich									
Wort-schwierigkeit	2.82	1.19	.90	3.03	1.03	.86	2.62	1.04	.88
Satz-schwierigkeit	2.64	0.83	.80	2.57	0.86	.81	2.24	0.71	.83
Argumentdichte	2.78	0.84	.83	2.50	0.73	.85	2.38	0.84	.88
Propositions-dichte	3.63	0.58	.45	3.82	0.62	.44	3.84	0.49	.24
Aufwand für Reorganisationen	2.68	1.12	.84	1.85	0.68	.78	1.60	0.55	.76
Klarheit der Vorstellung	2.92	1.01	.84	2.72	0.94	.86	3.02	0.82	.75
Variation der Sprache	2.65	0.81	.71	2.80	0.70	.72	2.80	0.67	.65
Verständlichkeits-empfinden	3.09	1.13	.92	3.23	0.96	.85	3.54	0.83	.85
Fragebogen von Jucks (2001)									
Einfachheit	3.12	0.80	.79	3.24	0.85	.80	3.58	0.68	.85
Gliederung-Ordnung	2.74	0.89	.89	4.03	0.85	.87	4.17	0.68	.92
Kürze-Prägnanz	2.67	0.50	.33	3.26	0.56	.56	3.32	0.44	.76
Zusätzliche Anre-gung	2.67	1.02	.85	2.84	0.81	.79	3.03	0.65	.86
SPANE									
positiver Affekt	2.52	0.75	.89	2.95	0.62	.87	2.93	0.60	.88
negativer Affekt	1.83	0.59	.80	1.61	0.61	.88	1.58	0.57	.83
Verstehenstest	8.97	3.48	.76	4.40	2.66	.89	6.00	2.80	.75

Anmerkungen. Die Spalten „*AM*" enthalten jeweils die Skalenmittelwerte der Skalen des neu entwickelten Fragebogens zur Textverständlichkeit, des Fragebogens von Jucks und der SPANE; sie können jeweils Werte von 1.00 bis 5.00 annehmen; die Werte zu den Verstehenstests geben nicht das Skalenmittel, sondern die Skalensumme wieder. In Studie 4 konnten die Befragten zwischen 0 und 16 Punkte im Verstehenstest erzielen, in Studie 5 konnten sie zu beiden Messzeitpunkten jeweils zwischen 0 und 10 Punkte im Verstehenstest erreichen.

Tabelle 66: Interkorrelation der Skalen des neu entwickelten Fragebogens untereinander in Studie 4 und zu den beiden Messzeitpunkten von Studie 5

	Erhebung	WS	SS	AD	PD	Ro	KV	VS
Wortschwierigkeit	IV	*.90*						
(WS)	V_{t1}	*.86*						
	V_{t2}	*.88*						
Satzschwierigkeit (SS)	IV	.52*	*.80*					
	V_{t1}	.50*	*.81*					
	V_{t2}	.77*	*.83*					
Argumentdichte (AD)	IV	.40*	.24	*.83*				
	V_{t1}	.34*	.25	*.85*				
	V_{t2}	.43*	.45*	*.88*				
Propositionsdichte	IV	-.12	-.04	.14	*.45*			
(PD)	V_{t1}	-.14	-.31*	.18	*.44*			
	V_{t2}	-.25	-.25	-.02	*.24*			
Aufwand für	IV	.33*	.25	.07	-.52*	*.84*		
Reorganisationen (Ro)	V_{t1}	.10	.17	.20	-.08	*.78*		
	V_{t2}	.22	.33*	.30*	-.15	*.76*		
Klarheit der	IV	-.70*	-.64*	-.31*	.41*	-.42*	*.84*	
Vorstellung (KV)	V_{t1}	-.48*	-.39*	-.17	.44*	-.21	*.86*	
	V_{t2}	-.45*	-.48*	-.33*	.41*	-.27	*.75*	
Variation der Sprache	IV	-.28*	-.42*	-.19	.43*	-.30*	.53*	*.71*
(VS)	V_{t1}	-.31*	-.36*	-.00	.34*	-.28	.49*	*.72*
	V_{t2}	-.27	-.19	-.09	.33*	.08	.59*	*.65*

Anmerkungen. Korrelationen, die auf dem 5%-Niveau statistisch signifikant wurden, sind mit „*"
markiert. In den Diagonalzellen sind noch einmal die Reliabilitäten der Skalen angegeben. Die
Spalte „Erhebung" gibt an, auf welcher Erhebung die Daten basieren, der Erhebung in Studie 4
(IV), der Erhebung zum 1. Messzeitpunkt von Studie 5 (V_{t1}) oder dem 2. Messzeitpunkt von Studie
5 (V_{t2}).

Die Korrelationen haben sowohl in Studie 4 als auch zu beiden Messzeitpunkten von Studie 5 jeweils das gleiche Vorzeichen und jeweils etwa die gleiche Größe. Die Interkorrelationen liegen zwischen $|r|$ = .00 und .77. Die Berechnung der minderungskorrigierten Korrelationen zeigt, dass sich auch dann keine perfekten Zusammenhänge zeigen könnten, wenn die Skalen jeweils messfehlerfrei gemessen würden. Tabelle 67 zeigt die Interkorrelationen der Skalen des Fragebogens von Jucks (2001) in Studie 4 sowie zu den beiden Messzeitpunkten in Studie 5.

Die Korrelationen haben sowohl in Studie 4 als auch zu beiden Messzeitpunkten in Studie 5 jeweils das gleiche Vorzeichen und jeweils etwa die gleiche Größe. Die Interkorrelationen liegen zwischen r = .12 und .82.

Tabelle 67: Korrelation der Skalen des Fragebogens von Jucks (2001) untereinander in Studie 4 und zu den beiden Messzeitpunkten von Studie 5

	Erhebung	Ein	G-O	K-P	z A	Ges
Einfachheit (Ein)	IV	*.79*				
	V_{t1}	*.80*				
	V_{t2}	*.85*				
Gliederung-Ordnung (G-O)	IV	.50*	*.89*			
	V_{t1}	.53*	*.87*			
	V_{t2}	.51*	*.92*			
Kürze-Prägnanz (K-P)	IV	.29*	.55*	*.33*		
	V_{t1}	.52*	.75*	*.56*		
	V_{t2}	.29	.46*	*.76*		
Zusätzliche Anregung (z A)	IV	.74*	.53*	.29*	*.85*	
	V_{t1}	.81*	.53*	.47*	*.79*	
	V_{t2}	.58*	.34*	.31*	*.86*	
Gesamteindruck (Ges)	IV	.77*	.58*	.41*	.68*	---
	V_{t1}	.82*	.50*	.48*	.65*	---
	V_{t2}	.49*	.12	.20	.27	---

Anmerkungen. Korrelationen, die auf dem 5%-Niveau statistisch signifikant wurden, sind mit „*" markiert. In den Diagonalzellen sind noch einmal die Reliabilitäten der Skalen angegeben. Die Spalte „Erhebung" gibt an, auf welcher Erhebung die Daten basieren, der Erhebung in Studie 4 (IV), der Erhebung zum 1. Messzeitpunkt von Studie 5 (V_{t1}) oder dem 2. Messzeitpunkt von Studie 5 (V_{t2}).

Zunächst werden die Korrelationen zwischen den Skalen der beiden Fragebögen dargestellt. Daran schließt sich die Darstellung der Befunde zu den einzelnen Skalen an.

Korrelationen zwischen dem neu entwickelten Fragebogen und dem Fragebogen von Jucks (2001)

Die Hypothesen $H_{\bullet\bullet 09}$ behandeln den Zusammenhang der Skalen des neu entwickelten Fragebogens mit den Skalen des Fragebogens von Jucks (2001). Tabelle 68 zeigt die Zusammenhänge zwischen den Skalen der beiden Fragebögen.

Die Korrelationen haben sowohl in Studie 4 als auch zu beiden Messzeitpunkten in Studie 5 jeweils die gleichen Vorzeichen und überwiegend jeweils die gleiche Größe. Am häufigsten weicht die Größe der Korrelationen zum Zeitpunkt t_2 in Studie 5 von den anderen beiden Korrelationen ab.

Tabelle 68: Korrelationen zwischen den Skalen des neu entwickelten Fragebogens zur Textverständlichkeit und den Skalen des Fragebogens von Jucks (2001) in Studie 4 und zu den beiden Messzeitpunkten in Studie 5

Skala	Studie	Einfachheit	Gliederung-Ordnung	Kürze-Prägnanz	Zusätzliche Anregungen	Gesamteindruck
Wortschwierigkeit	IV (n = 39)	-.70*	-.25	-.09	-.48*	-.59*
	V_{t1} (n = 38)	-.53*	-.06	-.12	-.34*	-.52*
	V_{t2} (n = 34)	-.75*	-.22	-.15	-.36*	-.72*
Satzschwierigkeit	IV (n = 39)	-.70*	-,27	-.28*	-.53*	-.64*
	V_{t1} (n = 38)	-.70*	-.44*	-.43*	-.48*	-.44*
	V_{t2} (n = 34)	-.73*	-.22	-.21	-.28	-.64*
Argumentdichte	IV (n = 39)	-.32*	.08	-.19	-.12	-.23
	V_{t1} (n = 38)	-.24	-.16	-.34	.05	-.20
	V_{t2} (n = 34)	-.51*	-.43*	-.18	-.15	-.40*
Propositionsdichte	IV (n = 39)	.38*	.46*	.14	.52*	.36*
	V_{t1} (n = 38)	.55*	.38*	.40*	.66*	.39*
	V_{t2} (n = 34)	.52*	.33*	.10	.45*	.01
Aufwand für Reorganisationen	IV (n = 39)	-.38*	-.58*	-.29*	-.39*	-.31*
	V_{t1} (n = 38)	-.21	-.45*	-.20	-.09	-.21
	V_{t2} (n = 34)	-.17	-.40*	-.31*	.02	-.37*
Klarheit der Vorstellung	IV (n = 39)	.83*	.51*	.19	.67*	.77*
	V_{t1} (n = 38)	.66*	.41*	.42*	.68*	.68*
	V_{t2} (n = 34)	.58*	.52*	.22	.61*	.42*
Variation der Sprache	IV (n = 39)	.48*	.33*	.05	.54*	.47*
	V_{t1} (n = 38)	.50*	.32*	.13	.54*	.42*
	V_{t2} (n = 34)	.43*	.21	.09	.62*	.10
Verständlichkeitsempfinden	IV (n = 39)	.82*	.58*	.38*	.71*	.83*
	V_{t1} (n = 38)	.80*	.56*	.53*	.66*	.77*
	V_{t2} (n = 34)	.74*	.40*	.11	.36*	.68*

Anmerkungen. Korrelationen, die auf dem 5%-Niveau statistisch signifikant wurden, sind mit „*" markiert.

Die Korrelationen zwischen den Skalen der beiden Fragebögen werden in den folgenden Abschnitten bewertet, wenn die Ergebnisse nach den einzelnen Skalen geordnet vorgestellt werden.

Ergebnisse zur Skala Wortschwierigkeit

Die Hypothesen H_{WS05}, H_{WS06}, H_{WS07} und H_{WS08} machen jeweils Aussagen über den Zusammenhang zwischen der Skala *Wortschwierigkeit* und der Skala *Verständlichkeitsempfinden*, den Ergebnissen im Verstehenstest bzw. den positiven und negativen Emotionen beim Lesen. Tabelle 69 zeigt die jeweiligen statistischen Hypothesen, die entsprechenden Kriterien und welche Zusammenhänge sich in Studie 4 und zu den beiden Messzeitpunkten von Studie 5 gezeigt haben.

Tabelle 69: Zusammenhänge zwischen der Skala *Wortschwierigkeit* und den abhängigen Variablen in den Studien 4 und 5

Kriterium	Hypothese	Statistische Hypothese	Studie 4 (n = 39)	Studie 5 t_1 (n = 38)	Studie 5 t_2 (n = 34)
Verständlichkeitsempfinden	H_{WS05}	$r_{WS,Ve} < .00$	-.56*	-.58*	-.82*
Verstehen	H_{WS06}	$r_{WS,TV} < .00$	-.14	-.12	.02
positive Emotionen	H_{WS07}	$r_{WS,pE} < .00$	-.14	-.17	-.01
negative Emotionen	H_{WS08}	$r_{WS,nE} > .00$	.34*	.24	-.12

Anmerkungen. Die Spalte „Kriterium" gibt an, mit welcher Variable die Skala *Wortschwierigkeit* jeweils korreliert wurde; die Spalte „Hypothese" gibt an, welche Hypothese getestet wird; die Spalte „Statistische Hypothese" gibt an, in welche statistische Hypothese die inhaltliche Hypothese jeweils übersetzt wurde; die letzten drei Spalten zeigen den Zusammenhang zwischen der Skala *Wortschwierigkeit* und den Kriterien in den verschiedenen Erhebungen der Studien 4 und 5. Korrelationen, die auf dem 5%-Niveau statistisch signifikant wurden, sind mit „*" markiert.

Tabelle 69 zeigt, dass in allen drei Erhebungen starke bis sehr starke, statistisch signifikante Zusammenhänge zwischen der Skala *Wortschwierigkeit* und dem *Verständlichkeitsempfinden* bestanden. Damit konnte die Hypothese H_{WS05} in allen drei Fällen bestätigt werden.

Zwischen der Skala *Wortschwierigkeit* und dem Verstehen zeigten sich in Studie 4 und zu t_1 in Studie 5 schwache, negative, statistisch aber nicht signifikante Zusammenhänge. Zu t_2 in Studie 5 zeigte sich ein Nullzusammenhang. Damit wurde die Hypothesen H_{WS06} in keiner der drei Tests bestätigt.

Zwischen der Skala *Wortschwierigkeit* und den positiven Emotionen zeigten sich in Studie 4 und zu t_1 in Studie 5 schwache, negative, statistisch aber nicht signifikante Zusammenhänge. Zu t_2 in Studie 5 zeigte sich ein Nullzusammenhang. Damit wurde die Hypothesen H_{WS07} ebenfalls in keiner der drei Tests bestätigt.

In Studie 4 zeigte sich ein mittlerer, positiver und statistisch signifikanter Zusammenhang zwischen der Skala *Wortschwierigkeit* und den negativen Emotionen. In Studie 5 zeigte sich zu t_1 ein schwacher bis mittlerer, positiver, aber statistisch nicht signifikanter Zusammenhang zu den negativen Emotionen. Zu t_2 zeigte sich ein schwacher, negativer, statistisch nicht signifikanter Zusammenhang zu den negativen Emotionen. Damit konnte die Hypothese H_{WS08} in Studie 4 bestätigt werden, in Studie 5 hingegen nicht.

Wie in Tabelle 68 dargestellt, zeigten sich in allen drei Erhebungen starke bis sehr starke, statistisch signifikante Zusammenhänge der Skala *Wortschwierigkeit* zur Skala *Einfachheit* von Jucks (2001). Es handelte sich jeweils um die höchsten Zusammenhänge der Skala *Wortschwierigkeit* zu den Skalen des Fragebogens von Jucks. Hypothese H_{WS09} wird damit sowohl in Studie 4 als auch zu beiden Messzeitpunkten in Studie 5 bestätigt.

In Studie 5 gaben die Versuchspersonen zum ersten Messzeitpunkt im Mittel einen Wert von AM_{WS} = 2.96 (SD_{WS} = 1.00) für die *Wortschwierigkeit* an; zum zweiten Messzeitpunkt gaben die Befragten im Mittel einen Wert von AM_{WS} = 2.48 (SD_{WS} = 1.00) an. Der standardisierte Mittelwertsunterschied entspricht mit d = -0.60 (df = 27; t_{emp} = -3.19; p < .05) einem mittleren, statistisch signifikanten Effekt in der erwarteten Richtung. Hypothese H_{WS10} wird damit bestätigt.

Die Skala *Wortschwierigkeit* korrelierte in Studie 5 zu den beiden Messzeitpunkten mit r = .68 (n = 28; p < .05) miteinander. Dies entspricht einem starken Effekt in der erwarteten Richtung. Die Hypothese H_{WS11} wird damit bestätigt.

Ergebnisse zur Skala Satzschwierigkeit

Die Hypothesen H_{SS05}, H_{SS06}, H_{SS07} und H_{SS08} machen jeweils Aussagen über den Zusammenhang der zwischen der Skala *Satzschwierigkeit* und der Skala *Verständlichkeitsempfinden*, den Ergebnissen im Verstehenstest bzw. den positiven und negativen Emotionen beim Lesen. Tabelle 70 zeigt die jeweiligen statistischen Hypothesen, die entsprechenden Kriterien und welche Zusammenhänge sich in Studie 4 und zu den beiden Messzeitpunkten von Studie 5 gezeigt haben.

Tabelle 70 zeigt, dass in allen drei Erhebungen sehr starke, statistisch signifikante Zusammenhänge zwischen der Skala *Satzschwierigkeit* und dem *Verständlichkeitsempfinden* bestanden. Damit konnte die Hypothese H_{SS05} sowohl in Studie 4 als auch zu beiden Messzeitpunkten in Studie 5 bestätigt werden.

Tabelle 70: Zusammenhänge zwischen der Skala *Satzschwierigkeit* und den abhängigen Variablen in den Studien 4 und 5

Kriterium	Hypothese	Statistische Hypothese	Studie 4 (*n* = 39)	Studie 5 t_1 (*n* = 38)	Studie 5 t_2 (*n* = 34)
Verständlich-keitsempfinden	H_{SS05}	$r_{SS,Ve} < .00$	-.76*	-.64*	-.83*
Verstehen	H_{SS06}	$r_{SS,TV} < .00$	-.04	.08	.01
positive Emotionen	H_{SS07}	$r_{SS,pE} < .00$	-.07	-.27	.10
negative Emotionen	H_{SS08}	$r_{SS,nE} > .00$	.48*	.34*	-.24

Anmerkungen. Die Spalte „Kriterium" gibt an, mit welcher Variable die Skala *Satzschwierigkeit* jeweils korreliert wurde; die Spalte „Hypothese" gibt an, welche Hypothese getestet wird; die Spalte „Statistische Hypothese" gibt an, in welche statistische Hypothese die inhaltliche Hypothese jeweils übersetzt wurde; die letzten drei Spalten zeigen den Zusammenhang zwischen der Skala *Satzschwierigkeit* und den Kriterien in den verschiedenen Tests der Studien 4 und 5. Korrelationen, die auf dem 5%-Niveau statistisch signifikant wurden, sind mit „*" markiert.

Zwischen der Skala *Satzschwierigkeit* und dem Verstehen zeigten sich sowohl in Studie 4 als auch zu beiden Messzeitpunkten in Studie 5 Nullzusammenhänge. Damit wurde die Hypothesen H_{SS06} in keiner der drei Tests bestätigt.

Zwischen der Skala *Satzschwierigkeit* und den positiven Emotionen zeigten sich in Studie 4 ein Nullzusammenhang, zu t_1 in Studie 5 ein mittlerer, negativer, statistisch nicht signifikanter Zusammenhang und zu t_2 in Studie 5 ein schwach positiver Zusammenhang. Damit wurde die Hypothesen H_{SS07} ebenfalls in keinem der drei Tests bestätigt.

In Studie 4 zeigte sich ein starker, positiver und statistisch signifikanter Zusammenhang zwischen der Skala *Satzschwierigkeit* und den negativen Emotionen. In Studie 5 zeigte sich zu t_1 ein mittlerer, positiver, statistisch aber nicht signifikanter Zusammenhang zu den negativen Emotionen. Zu t_2 zeigte sich ein schwacher bis mittlerer, negativer, statistisch nicht signifikanter Zusammenhang zu den negativen Emotionen. Damit konnte die Hypothese H_{SS08} in zwei Tests bestätigt werden, im dritten hingegen nicht.

Wie Tabelle 68 gezeigt hat, zeigten sich in allen drei Erhebungen sehr starke, statistisch signifikante Zusammenhänge der Skala *Satzschwierigkeit* zur Skala *Einfachheit* von Jucks (2001). Es handelte sich jeweils um die höchsten Zusammenhänge der Skala *Satzschwierigkeit* zu den Skalen des Fragebogens von Jucks. Hypothese H_{SS09} wird damit in allen drei Tests bestätigt.

Zum ersten Messzeitpunkt von Studie 5 gaben die Versuchspersonen im Mittel einen Wert von $AM_{SS} = 2.56$ ($SD_{SS} = 0.88$) für die *Satzschwierigkeit* an;

zum zweiten Messzeitpunkt gaben sie im Mittel einen Wert von $AM_{SS} = 2.17$ ($SD_{SS} = 0.72$) an. Der standardisierte Mittelwertunterschied entspricht mit $d = -0.48$ ($df = 27$; $t_{emp} = -2.93$; $p < .05$) einem mittleren, statistisch signifikanten Effekt in der erwarteten Richtung. Hypothese H_{SS10} wird damit bestätigt.

Die Skala *Satzschwierigkeit* korrelierte in Studie 5 zu den beiden Messzeitpunkten mit $r = .62$ ($n = 28$; $p < .05$) miteinander. Dies entspricht einem starken Effekt in der erwarteten Richtung. Die Hypothese H_{SS11} wird damit bestätigt.

Ergebnisse zur Skala Argumentdichte

Die Hypothesen H_{AD05}, H_{AD06}, H_{AD07} und H_{AD08} machen jeweils Aussagen über den Zusammenhang der Skala *Argumentdichte* zur Skala *Verständlichkeitsempfinden*, den Ergebnissen im Verstehenstest bzw. den positiven und negativen Emotionen beim Lesen. Tabelle 71 zeigt die jeweiligen statistischen Hypothesen, die entsprechenden Kriterien und welche Zusammenhänge sich in Studie 4 und zu den beiden Messzeitpunkten von Studie 5 gezeigt haben.

Tabelle 71: Zusammenhänge zwischen der Skala *Argumentdichte* und den abhängigen Variablen in den Studien 4 und 5

Kriterium	Hypothese	Statistische Hypothese	Studie 4 ($n = 39$)	Studie 5 t_1 ($n = 38$)	Studie 5 t_2 ($n = 34$)
Verständlich-keitsempfinden	H_{AD05}	$r_{AD,Ve} < .00$	-.17	-.12	-.50*
Verstehen	H_{AD06}	$r_{AD,TV} < .00$	-.12	-.04	.09
positive Emotionen	H_{AD07}	$r_{AD,pE} < .00$	-.16	-.03	-.12
negative Emotionen	H_{AD08}	$r_{AD,nE} > .00$	.13	.18	-.03

Anmerkungen. Die Spalte „Kriterium" gibt an, mit welcher Variable die Skala *Argumentdichte* jeweils korreliert wurde; die Spalte „Hypothese" gibt an, welche Hypothese getestet wird; die Spalte „Statistische Hypothese" gibt an, in welche statistische Hypothese die inhaltliche Hypothese jeweils übersetzt wurde; die letzten drei Spalten zeigen den Zusammenhang zwischen der Skala *Argumentdichte* und den Kriterien in den verschiedenen Tests der Studien 4 und 5. Korrelationen, die auf dem 5%-Niveau statistisch signifikant wurden, sind mit „*" markiert.

Tabelle 71 zeigt, dass in Studie 4 und zu t_1 in Studie 5 jeweils schwache, negative Zusammenhänge der Skala *Argumentdichte* zum *Verständlichkeitsempfinden* bestanden. In Studie 5 zeigte sich zu t_2 ein starker, negativer und statistisch signifikanter Zusammenhang zum *Verständlichkeitsempfinden*. Die Hypothese H_{AD05} konnte damit in einem Test bestätigt werden, in den anderen zwei jedoch nicht.

Zwischen der Skala *Argumentdichte* und dem Verstehen zeigten sich ein Null-zusammenhang, ein schwacher, positiver Effekt und ein schwacher, negativer Effekt. Keiner der Effekte wurde statistisch signifikant. Damit wurde die Hypothesen H_{AD06} in keiner der drei Tests bestätigt.

Zwischen der Skala *Argumentdichte* und den positiven Emotionen zeigten sich ein Nullzusammenhang und zwei schwache, negative, statistisch aber nicht signifikante Effekte. Damit wurde die Hypothesen H_{AD07} ebenfalls in keiner der drei Tests bestätigt.

Zwischen der Skala *Argumentdichte* und den negativen Emotionen zeigten sich ein Nullzusammenhang und zwei schwache, positive, statistisch aber nicht signifikante Effekte. Damit wurde die Hypothesen H_{AD08} ebenfalls in keiner der drei Tests bestätigt.

Wie Tabelle 68 zu entnehmen ist, zeigten sich in Studie 4 und zu den beiden Messzeitpunkten in Studie 5 schwache bis mittlere Zusammenhänge zwischen der Skala *Argumentdichte* und der Skala *Kürze-Prägnanz* von Jucks (2001) entgegen der erwarteten Richtung. Hypothese H_{AD09} wird damit nicht bestätigt.

Zum ersten Messzeitpunkt gaben die Versuchspersonen in Studie 5 im Mittel einen Wert von $AM_{AD} = 2.37$ ($SD_{AD} = 0.67$) für die *Argumentdichte* an; zum zweiten Messzeitpunkt gaben die Befragten im Mittel einen Wert von $AM_{AD} = 2.36$ ($SD_{AD} = 0.81$) an. Der standardisierte Mittelwertsunterschied entspricht mit $d = -0.02$ ($df = 26$; $t_{emp} = -0.09$; *n. s.*) dem erwarteten Nulleffekt. Die Hypothese H_{AD10} wird damit bestätigt.

Die Skala *Argumentdichte* korrelierte in Studie 5 zu den beiden Messzeitpunkten mit $r = .56$ ($n = 28$; $p < .05$) miteinander. Dies entspricht einem starken Effekt in der erwarteten Richtung. Die Hypothese H_{AD11} wird damit bestätigt.

Ergebnisse zur Skala Propositionsdichte

Die Hypothesen H_{PD05}, H_{PD06}, H_{PD07} und H_{PD08} machen jeweils Aussagen über den Zusammenhang zwischen der Skala *Propositionsdichte* und der Skala *Verständlichkeitsempfinden*, den Ergebnissen im Verstehenstest bzw. den positiven und negativen Emotionen beim Lesen. Tabelle 72 zeigt die jeweiligen statistischen Hypothesen, die entsprechenden Kriterien und welche Zusammenhänge sich in Studie 4 und zu den beiden Messzeitpunkten von Studie 5 gezeigt haben.

Tabelle 72: Zusammenhänge zwischen der Skala *Propositionsdichte* und den abhängigen Variablen in den Studien 4 und 5

Kriterium	Hypothese	Statistische Hypothese	Studie 4 (n = 39)	Studie 5 t_1 (n = 38)	Studie 5 t_2 (n = 34)
Verständlichkeitsempfinden	H_{PD05}	$r_{PD,Ve} < .00$	.38*	.53*	.37*
Verstehen	H_{PD06}	$r_{PD,TV} < .00$	.15	.08	-.17
positive Emotionen	H_{PD07}	$r_{PD,pE} < .00$	.37*	.33*	.28
negative Emotionen	H_{PD08}	$r_{PD,nE} > .00$	-.37*	-.06	-.08

Anmerkungen. Die Spalte „Kriterium" gibt an, mit welcher Variable die Skala *Propositionsdichte* jeweils korreliert wurde; die Spalte „Hypothese" gibt an, welche Hypothese getestet wird; die Spalte „Statistische Hypothese" gibt an, in welche statistische Hypothese die inhaltliche Hypothese jeweils übersetzt wurde; die letzten drei Spalten zeigen den Zusammenhang zwischen der Skala *Propositionsdichte* und den Kriterien in den verschiedenen Tests der Studien 4 und 5. Korrelationen, die auf dem 5%-Niveau statistisch signifikant wurden, sind mit „*" markiert.

Tabelle 72 zeigt, dass sowohl in Studie 4 als auch zu beiden Messzeitpunkten in Studie 5 mittlere bis starke positive, statistisch signifikante Zusammenhänge zwischen der Skala *Propositionsdichte* und dem *Verständlichkeitsempfinden* bestanden. Damit konnte die Hypothese H_{PD05} in allen drei Tests bestätigt werden.

Zwischen der Skala *Propositionsdichte* und dem Verstehen zeigten sich in Studie 4 und in den beiden Erhebungen in Studie 5 ein schwacher, positiver Zusammenhang, ein Nullzusammenhang und ein schwach negativer Zusammenhang. In keiner Erhebung zeigte sich ein statistisch signifikanter Effekt. Damit wurde die Hypothesen H_{PD06} in keinem der drei Tests bestätigt.

Zwischen der Skala *Propositionsdichte* zeigten sich sowohl in Studie 4 als auch zu beiden Messzeitpunkten in Studie 5 mittlere Zusammenhänge zu den positiven Emotionen entgegen der erwarteten Richtung. Damit wurde die Hypothesen H_{PD07} weder in Studie 4 noch in Studie 5 bestätigt.

In Studie 4 zeigte sich ein mittlerer Zusammenhang zwischen der Skala *Propositionsdichte* und den negativen Emotionen entgegen der erwarteten Richtung. In Studie 5 zeigte sich zu t_1 ein Nullzusammenhang zu den negativen Emotionen und zu t_2 ein schwacher, negativer Zusammenhang. Damit konnte die Hypothese H_{PD08} in keiner der drei Tests bestätigt werden.

Wie Tabelle 68 gezeigt hat, ergaben sich sowohl in Studie 4 und in beiden Messzeitpunkten in Studie 5 schwache bis mittlere Zusammenhänge zwischen der Skala *Propositionsdichte* und der Skala *Kürze-Prägnanz* von Jucks (2001), von denen allerdings nur einer statistisch signifikant wurde. Es handelte sich jedoch in keiner der drei Erhebungen um die höchsten Zusammenhänge zwischen der Skala *Propositionsdichte* und den Skalen des Fragebogens von Jucks. Hypothese H_{PD09} wird damit in keinem der drei Tests bestätigt.

Zum ersten Messzeitpunkt gaben die Versuchspersonen in Studie 5 im Mittel einen Wert von AM_{PD} = 3.76 (SD_{PD} = 0.65) für die *Propositionsdichte* an; zum zweiten Messzeitpunkt gaben die Befragten im Mittel einen Wert von AM_{PD} = 3.80 (SD_{PD} = 0.50) an. Der standardisierte Mittelwertsunterschied entspricht mit d = 0.06 (df = 26; t_{emp} = 0.34; *n. s.*) dem erwarteten Nulleffekt. Hypothese H_{PD10} wird damit bestätigt.

Die Skala *Propositionsdichte* korrelierte in Studie 5 zu den beiden Messzeitpunkten mit r = .54 (n = 27; p < .05) miteinander. Dies entspricht einem starken Effekt in der erwarteten Richtung. Die Hypothese H_{PD11} wird damit bestätigt.

Ergebnisse zur Skala Aufwand für Reorganisationen

Die Hypothesen H_{Ro05}, H_{Ro06}, H_{Ro07} und H_{Ro08} machen jeweils Aussagen über den Zusammenhang zwischen der Skala *Aufwand für Reorganisationen* und der Skala *Verständlichkeitsempfinden*, den Ergebnissen im Verstehenstest bzw. den positiven und negativen Emotionen beim Lesen. Tabelle 73 zeigt die jeweiligen statistischen Hypothesen, die entsprechenden Kriterien und welche Zusammenhänge sich in Studie 4 und zu den beiden Messzeitpunkten von Studie 5 gezeigt haben.

Tabelle 73 zeigt, dass sowohl in Studie 4 als auch zu beiden Messzeitpunkten in Studie 5 mittlere, statistisch signifikante Zusammenhänge in der erwarteten Richtung zwischen der Skala *Aufwand für Reorganisationen* und dem *Verständlichkeitsempfinden* bestanden. Damit konnte die Hypothese H_{Ro05} in allen drei Tests bestätigt werden.

Zwischen der Skala *Aufwand für Reorganisationen* und dem Verstehen zeigten sich in Studie 4 ein Nullzusammenhang und zu t_1 in Studie 5 ein schwacher, negativer, statistisch nicht signifikanter Zusammenhang. Zu t_2 in Studie 5 zeigte sich ein mittlerer, negativer und statistisch signifikanter Zusammenhang. Damit wurde die Hypothesen H_{Ro06} nur in einem der drei Tests bestätigt.

Zwischen der Skala *Aufwand für Reorganisationen* und den positiven Emotionen zeigten sich in den drei Erhebungen ein schwach negativer, ein schwach positiver und ein Nullzusammenhang. Keiner der Zusammenhänge wurde statistisch signifikant. Damit wurde die Hypothesen H_{Ro07} in keinem der drei Hypothesen-Tests bestätigt.

Tabelle 73: Zusammenhänge zwischen der Skala *Aufwand für Reorganisationen* und den abhängigen Variablen in den Studien 4 und 5

Kriterium	Hypothese	Statistische Hypothese	Studie 4 (n = 39)	Studie 5 t_1 (n = 38)	Studie 5 t_2 (n = 34)
Verständlich-keitsempfinden	H_{Ro05}	$r_{Ro,Ve} < .00$	-.38*	-.34*	-.42*
Verstehen	H_{Ro06}	$r_{Ro,TV} < .00$	-.06	-.14	-.41*
positive Emotionen	H_{Ro07}	$r_{Ro,pE} < .00$	-.11	-.05	.15
negative Emotionen	H_{Ro08}	$r_{Ro,nE} > .00$	.52*	.12	-.04

Anmerkungen. Die Spalte „Kriterium" gibt an, mit welcher Variable die Skala *Aufwand für Reorganisationen* jeweils korreliert wurde; die Spalte „Hypothese" gibt an, welche Hypothese getestet wird; die Spalte „Statistische Hypothese" gibt an, in welche statistische Hypothese die inhaltliche Hypothese jeweils übersetzt wurde; die letzten drei Spalten zeigen den Zusammenhang zwischen der Skala *Aufwand für Reorganisationen* und den Kriterien in den verschiedenen Tests der Studien 4 und 5. Korrelationen, die auf dem 5%-Niveau statistisch signifikant wurden, sind mit „*" markiert.

In Studie 4 zeigte sich ein starker, positiver und statistisch signifikanter Zusammenhang zwischen der Skala *Aufwand für Reorganisationen* und den negativen Emotionen. In Studie 5 zeigte sich zu t_1 ein schwacher, positiver, statistisch aber nicht signifikanter Zusammenhang zu den negativen Emotionen und zu t2 ein Nullzusammenhang. Damit konnte die Hypothese H_{Ro08} nur in Studie 4 bestätigt werden, in Studie 5 jedoch nicht.

Wie Tabelle 68 zu entnehmen ist, zeigten sich sowohl in Studie 4 als auch zu beiden Messzeitpunkten in Studie 5 mittlere bis starke, statistisch signifikante Korrelationen zwischen der Skala *Aufwand für Reorganisationen* und der Skala *Gliederung-Ordnung* von Jucks (2001). Es handelte sich jeweils um die höchsten Zusammenhänge zwischen der Skala *Aufwand für Reorganisationen* und den Skalen des Fragebogens von Jucks. Hypothese H_{Ro09} wird damit in allen drei Tests bestätigt.

In Studie 5 gaben die Versuchspersonen zum ersten Messzeitpunkt im Mittel einen Wert von $AM_{Ro} = 1.87$ ($SD_{Ro} = 0.73$) für den *Aufwand für Reorganisationen* an und zum zweiten Messzeitpunkt im Mittel einen Wert von $AM_{Ro} = 1.52$ ($SD_{Ro} = 0.56$). Der standardisierte Mittelwertunterschied entspricht mit $d = -0.53$ ($df = 27$; $t_{emp} = -2.83$; $p < .05$) einem mittleren, statistisch signifikanten Effekt in der erwarteten Richtung. Hypothese H_{Ro10} wird damit bestätigt.

Die Skala *Aufwand für Reorganisationen* korrelierte in Studie 5 zu den beiden Messzeitpunkten mit $r = .53$ ($n = 28$; $p < .05$) miteinander. Dies entspricht einem starken Effekt in der erwarteten Richtung. Die Hypothese H_{Roll} wird damit bestätigt.

Ergebnisse zur Skala Klarheit der Vorstellung

Die Hypothesen H_{KV05}, H_{KV06}, H_{KV07} und H_{KV08} machen jeweils Aussagen über den Zusammenhang der Skala *Klarheit der Vorstellung* mit der Skala *Verständlichkeitsempfinden*, den Ergebnissen im Verstehenstest bzw. den positiven und negativen Emotionen beim Lesen. Tabelle 74 enthält die jeweiligen statistischen Hypothesen, die entsprechenden Kriterien und welche Zusammenhänge sich in Studie 4 und zu den beiden Messzeitpunkten von Studie 5 gezeigt haben.

Tabelle 74: Zusammenhänge zwischen der Skala *Klarheit der Vorstellung* und den abhängigen Variablen in den Studien 4 und 5

Kriterium	Hypothese	Statistische Hypothese	Studie 4 ($n = 39$)	Studie 5 t_1 ($n = 38$)	Studie 5 t_2 ($n = 34$)
Verständlich-keitsempfinden	H_{KV05}	$r_{KV,Ve} > .00$	.78*	.70*	.58*
Verstehen	H_{KV06}	$r_{KV,TV} > .00$	.26	.16	.20
positive Emotionen	H_{KV07}	$r_{KV,pE} > .00$	.19	.48*	.31*
negative Emotionen	H_{KV08}	$r_{KV,nE} < .00$	-.53*	-.22	.20

Anmerkungen. Die Spalte „Kriterium" gibt an, mit welcher Variable die Skala *Klarheit der Vorstellung* jeweils korreliert wurde; die Spalte „Hypothese" gibt an, welche Hypothese getestet wird; die Spalte „Statistische Hypothese" gibt an, in welche statistische Hypothese die inhaltliche Hypothese jeweils übersetzt wurde; die letzten drei Spalten zeigen den Zusammenhang zwischen der Skala *Klarheit der Vorstellung* und den Kriterien in den verschiedenen Tests der Studien 4 und 5. Korrelationen, die auf dem 5%-Niveau statistisch signifikant wurden, sind mit „*" markiert.

Tabelle 74 zeigt, dass sich sowohl in der Erhebung von Studie 4 als auch in den beiden Erhebungen von Studie 5 starke bis sehr starke, statistisch signifikante Zusammenhänge zwischen der Skala *Klarheit der Vorstellung* und dem *Verständlichkeitsempfinden* zeigten. Damit konnte die Hypothese H_{KV05} in allen drei Erhebungen bestätigt werden.

Zwischen der Skala *Klarheit der Vorstellung* und dem Verstehen zeigten sich in allen drei Tests schwache bis mittlere, positive Zusammenhänge zum

Verstehen, die allerdings alle statistisch nicht signifikant wurden. Damit wurde die Hypothesen H_{KV06} in keiner der drei Hypothesen-Tests bestätigt.

Zwischen der Skala *Klarheit der Vorstellung* und den positiven Emotionen zeigten sich sowohl in Studie 4 als auch in den beiden Messzeitpunkten in Studie 5 schwache bis starke, positive und in zwei dieser Fälle auch statistisch signifikante Zusammenhänge zu den positiven Emotionen. Damit wurde die Hypothesen H_{KV07} in zwei der drei Tests bestätigt.

Zwischen der Skala *Klarheit der Vorstellung* und den negativen Emotionen zeigte sich in Studie 4 ein starker negativer und statistisch signifikanter Zusammenhang zu den negativen Emotionen, zu t_1 in Studie 5 ein schwacher bis mittlerer, negativer, statistisch aber nicht signifikanter Zusammenhang und zu t_2 ein schwacher bis mittlerer, positiver Zusammenhang. Damit konnte die Hypothese H_{KV08} in Studie 4 bestätigt werden, in Studie 5 jedoch nicht.

Wie in Tabelle 68 dargestellt, zeigten sich sowohl in Studie 4 als auch in den beiden Erhebungen von Studie 5 jeweils starke und statistisch signifikante Zusammenhänge der Skala *Klarheit der Vorstellung* zur Skala *Gliederung-Ordnung* von Jucks (2001). Es handelte sich aber jeweils nicht um die höchsten Zusammenhänge zwischen der Skala *Klarheit der Vorstellung* und den Skalen des Fragebogens von Jucks. Hypothese HK_{V09} wird damit nur teilweise bestätigt.

Zum ersten Messzeitpunkt gaben die Versuchspersonen in Studie 5 im Mittel einen Wert von $AM_{KV} = 2.63$ ($SD_{KV} = 0.95$) für die *Klarheit der Vorstellung* an; zum zweiten Messzeitpunkt gaben sie im Mittel einen Wert von $AM_{KV} = 3.08$ ($SD_{KV} = 0.79$) an. Der standardisierte Mittelwertsunterschied entspricht mit $d = 0.52$ ($df = 27$; $t_{emp} = 3.52$; $p < .05$) einem mittleren, statistisch signifikanten Effekt in der erwarteten Richtung, sodass Hypothese H_{KV10} dementsprechend bestätigt wird.

Die Skala *Klarheit der Vorstellung* korrelierte in Studie 5 zu den beiden Messzeitpunkten mit $r = .71$ ($n = 28$; $p < .05$) miteinander. Dies entspricht einem starken Effekt in der erwarteten Richtung. Die Hypothese H_{KV11} wird damit bestätigt.

Ergebnisse zur Skala Variation der Sprache

Die Hypothesen H_{VS05}, H_{VS06}, H_{VS07} und H_{VS08} machen jeweils Aussagen über den Zusammenhang zwischen der Skala *Variation der Sprache* und der Skala *Verständlichkeitsempfinden*, den Ergebnissen im Verstehenstest bzw. den positiven und negativen Emotionen beim Lesen. Tabelle 75 zeigt die jeweiligen statistischen Hypothesen, die entsprechenden Kriterien und welche Zusammenhänge sich in Studie 4 und zu den beiden Messzeitpunkten von Studie 5 gezeigt haben.

Tabelle 75: Zusammenhänge zwischen der Skala *Variation der Sprache* und den abhängigen Variablen in den Studien 4 und 5

Kriterium	Hypothese	Statistische Hypothese	Studie 4 ($n = 39$)	Studie 5 t_1 ($n = 38$)	Studie 5 t_2 ($n = 34$)
Verständlich-keitsempfinden	H_{VS05}	$r_{VS,Ve} > .00$	.68*	.42*	.18
Verstehen	H_{VS06}	$r_{VS,TV} > .00$	.09	-.08	.00
positive Emotionen	H_{VS07}	$r_{VS,pE} > .00$	.36*	.55*	.52*
negative Emotionen	H_{VS08}	$r_{VS,nE} < .00$	-.49*	-.52*	-.31*

Anmerkungen. Die Spalte „Kriterium" gibt an, mit welcher Variable die Skala *Variation der Sprache* jeweils korreliert wurde; die Spalte „Hypothese" gibt an, welche Hypothese getestet wird; die Spalte „Statistische Hypothese" gibt an, in welche statistische Hypothese die inhaltliche Hypothese jeweils übersetzt wurde; die letzten drei Spalten zeigen den Zusammenhang zwischen der Skala *Variation der Sprache* und den Kriterien in den verschiedenen Tests der Studien 4 und 5. Korrelationen, die auf dem 5%-Niveau statistisch signifikant wurden, sind mit „*" markiert.

Tabelle 75 zeigt, dass in Studie 4 und in den beiden Erhebungen in Studie 5 schwache bis sehr starke Zusammenhänge zwischen der Skala *Variation der Sprache* und dem *Verständlichkeitsempfinden* bestanden, von denen zwei statistisch signifikant wurden. Damit konnte die Hypothese H_{VS05} in Studie 4 und zu t_1 in Studie 5 bestätigt werden, zu t_2 in Studie 5 aber nicht.

Zwischen der Skala *Variation der Sprache* und dem Verstehen zeigten sich in Studie 4 und zu beiden Messzeitpunkten von Studie 5 ein schwacher, negativer Zusammenhang, ein schwacher, positiver Zusammenhang und ein Nullzusammenhang. Keiner dieser Zusammenhänge wurde statistisch signifikant. Damit wurde die Hypothesen H_{VS06} in keiner der drei Tests bestätigt.

Zwischen der Skala *Variation der Sprache* und den positiven Emotionen zeigten sich ein mittlerer, positiver und zwei starke, positive Zusammenhänge. Alle drei Zusammenhänge wurden statistisch signifikant. Damit wurde die Hypothesen H_{VS07} in allen drei Tests bestätigt.

In Studie 4 und in Studie 5 zu t_1 zeigten sich jeweils starke, negative und statistisch signifikante Zusammenhänge zwischen der *Variation der Sprache* und den negativen Emotionen beim Lesen. In Studie 5 zeigte sich zu t_2 ein mittlerer, negativer und ebenfalls statistisch signifikanter Zusammenhang. Damit konnte die Hypothese H_{VS08} sowohl in Studie 4 als auch zu beiden Messzeitpunkten in Studie 5 bestätigt werden.

Wie in Tabelle 68 dargestellt, zeigten sich sowohl in Studie 4 als auch in den beiden Erhebungen von Studie 5 jeweils sehr starke und statistisch signifikante Zusammenhänge der Skala *Variation der Sprache* zur Skala *Zusätzliche Anregung* von Jucks (2001). Es handelte sich jeweils um die höchsten Zusammenhänge zwischen der Skala *Variation der Sprache* und den Skalen des Fragebogens von Jucks. Hypothese H_{VS09} wurde damit in allen drei Tests bestätigt. Die Versuchspersonen gaben zum ersten Messzeitpunkt in Studie 5 im Mittel einen Wert von AM_{VS} = 2.77 (SD_{VS} = 0.65) für die *Variation der Sprache* an und zum zweiten Messzeitpunkt im Mittel einen Wert von AM_{VS} = 2.88 (SD_{VS} = 0.67). Der standardisierte Mittelwertunterschied entspricht mit d = 0.17 (df = 26; t_{emp} = 1.03; *n. s.*) einem schwachen, statistisch aber nicht signifikanten Effekt. Hypothese H_{VS10} wird damit bestätigt.

Die Skala *Variation der Sprache* korrelierte in Studie 5 zu den beiden Messzeitpunkten mit r = .63 (n = 27; p < .05) miteinander. Dies entspricht einem starken Effekt in der erwarteten Richtung. Die Hypothese H_{VS11} wird damit bestätigt.

Ergebnisse zur Skala Verständlichkeitsempfinden
Die Hypothesen H_{Ve06}, H_{Ve07} und H_{Ve08} machen jeweils Aussagen über den Zusammenhang der Skala *Verständlichkeitsempfinden* mit den Ergebnissen im Verstehenstest bzw. den positiven und negativen Emotionen beim Lesen. Tabelle 76 zeigt die jeweiligen statistischen Hypothesen, die in den Hypothesen benannten Kriterien und welche Zusammenhänge sich in Studie 4 und zu den beiden Messzeitpunkten von Studie 5 gezeigt haben.

Zwischen der Skala *Verständlichkeitsempfinden* und dem Verstehen zeigten sich in Studie 4 und in den beiden Erhebungen von Studie 5 zwei schwache bis mittlere, positive, statistisch aber nicht signifikante Zusammenhänge und ein Nullzusammenhang. Damit wurde die Hypothese H_{Ve06} in keiner der drei Hypothesen-Tests bestätigt.

Die Skala *Verständlichkeitsempfinden* wies in Studie 4 einen mittleren, positiven und statistisch signifikanten und zu t_1 in Studie 5 einen starken, positiven und statistisch signifikanten Zusammenhang zu den positiven Emotionen auf. In Studie 5 zeigte sich zu t_2 ein Nullzusammenhang. Damit wurde die Hypothese H_{Ve07} in zwei der drei Tests bestätigt, im dritten allerdings nicht.

Zwischen der Skala *Verständlichkeitsempfinden* und den negativen Emotionen zeigte sich in Studie 4 ein starker, negativer und statistisch signifikanter Zusammenhang; in Studie 5 zeigte sich zu t_1 ein mittlerer, negativer und statistisch signifikanter Zusammenhang zu den negativen Emotionen und zu t_2 zeigte sich ein schwacher bis mittlerer positiver, statistisch nicht signifikanter Zusammenhang zu den negativen Emotionen. Damit konnte die Hypothese H_{Ve08} in zwei Tests bestätigt werden, im dritten Test jedoch nicht.

Tabelle 76: Zusammenhänge zwischen der Skala *Verständlichkeitsempfinden* und den abhängigen Variablen in den Studien 4 und 5

Kriterium	Hypothese	Statistische Hypothese	Studie 4 (*n* = 39)	Studie 5 t_1 (*n* = 38)	Studie 5 t_2 (*n* = 34)
Verstehen	H_{Ve06}	$r_{Ve,TV} > .00$	.13	.20	-.01
positive Emotionen	H_{Ve07}	$r_{Ve,pE} > .00$	.33*	.45*	.03
negative Emotionen	H_{Ve08}	$r_{Ve,nE} < .00$	-.61*	-.31*	.22

Anmerkungen. Die Spalte „Kriterium" gibt an, mit welcher Variable die Skala *Verständlichkeits-empfinden* jeweils korreliert wurde; die Spalte „Hypothese" gibt an, welche Hypothese getestet wurden; die Spalte „Statistische Hypothese" gibt an, in welche statistische Hypothese die inhaltli-che Hypothese jeweils übersetzt wurde; die letzten drei Spalten zeigen den Zusammenhang zwi-schen der Skala *Verständlichkeitsempfinden* und den Kriterien in den verschiedenen Tests der Studien 4 und 5 auf. Korrelationen, die auf dem 5%-Niveau statistisch signifikant wurden, sind mit „*" markiert.

Wie Tabelle 68 gezeigt hat, ergaben sich in allen drei Erhebungen sehr starke, statistisch signifikante Zusammenhänge in der erwarteten Richtung zwischen der Skala *Verständlichkeitsempfinden* und dem Item *Gesamteindruck* von Jucks (2001). Hypothese H_{Ve09} wird demnach in allen drei Tests bestätigt. Zur Skala *Einfachheit* von Jucks zeigten sich allerdings ähnlich große oder noch größere Zusammenhänge.

Zum ersten Messzeitpunkt gaben die Versuchspersonen in Studie 5 im Mit-tel einen Wert von AM_{Ve} = 3.17 (SD_{Ve} = 0.93) für das *Verständlichkeitsempfin-den* an; zum zweiten Messzeitpunkt gaben die Befragten im Mittel einen Wert von AM_{Ve} = 3.60 (SD_{Ve} = 0.82) an. Der standardisierte Mittelwertunterschied entspricht mit *d* = 0.48 (*df* = 27; t_{emp} = 4.43; *p* < .05) einem mittleren, statistisch signifikanten Effekt in der erwarteten Richtung. Hypothese H_{Ve10} wird damit bestätigt.

Die Skala *Verständlichkeitsempfinden* korrelierte in Studie 5 zu den beiden Messzeitpunkten mit *r* = .84 (*n* = 28; *p* < .05) miteinander. Dies entspricht einem sehr starken Zusammenhang in der erwarteten Richtung. Die Hypothese H_{Ve11} wird damit bestätigt.

Ergebnisse zum Textverstehen

Die Hypothesen H_{TV07} und H_{TV08} machen jeweils Aussagen über den Zusam-menhang zwischen den Leistungen im Verstehenstest und den positiven und negativen Emotionen beim Lesen. Tabelle 77 zeigt die jeweiligen statistischen Hypothesen, die dazugehörigen Kriterien und welche Zusammenhänge sich in Studie 4 und zu den beiden Messzeitpunkten von Studie 5 gezeigt haben.

Tabelle 77: Zusammenhänge zwischen dem Verstehenstest und den Emotionen beim Lesen in den Studien 4 und 5

Kriterium	Hypothese	Statistische Hypothese	Studie 4 (n = 39)	Studie 5 t_1 (n = 38)	Studie 5 t_2 (n = 34)
positive Emotionen	H_{TV07}	$r_{TV,pE} > .00$	.25	.22	.01
negative Emotionen	H_{TV08}	$r_{TV,nE} < .00$	-.30*	.04	.13

Anmerkungen. Die Spalte „Kriterium" gibt an, mit welcher Variable die Werte des Verstehenstests jeweils korreliert wurde; die Spalte „Hypothese" gibt an, welche Hypothese getestet wird; die Spalte „Statistische Hypothese" gibt an, in welche statistische Hypothese die inhaltliche Hypothese jeweils übersetzt wurde; die letzten drei Spalten zeigen den Zusammenhang zwischen dem Verstehenstest und den Emotionen beim Lesen in den verschiedenen Tests der Studien 4 und 5. Korrelationen, die auf dem 5%-Niveau statistisch signifikant wurden, sind mit „*" markiert.

Zwischen dem Verstehenstest und den positiven Emotionen zeigten sich in Studie 4 und zu t_1 in Studie 5 schwache bis mittlere, positive, statistisch aber nicht signifikante Zusammenhänge. Zu t_2 in Studie 5 zeigte sich ein Nullzusammenhang. Damit wurde die Hypothesen H_{TV07} in keiner der drei Hypothesen-Tests bestätigt.

In Studie 4 zeigte sich ein mittlerer, negativer und statistisch signifikanter Zusammenhang zwischen dem Verstehenstest und den negativen Emotionen; in Studie 5 zeigte sich zu t_1 ein Nullzusammenhang; zu t_2 zeigte sich ein schwacher, positiver, statistisch aber nicht signifikanter Zusammenhang zu den negativen Emotionen. Damit konnte die Hypothese H_{TV08} nur in Studie 4 bestätigt werden, in Studie 5 aber nicht.

In Studie 5 erzielten die Versuchspersonen zum ersten Messzeitpunkt im Mittel $AM_{TV} = 4.45$ ($SD_{TV} = 2.68$) Punkte im Verstehenstest und zum zweiten Messzeitpunkt im Mittel $AM_{TV} = 6.00$ ($SD_{TV} = 2.80$) Punkte. Der standardisierte Mittelwertunterschied entspricht mit $d = 0.60$ ($df = 29$; $t_{emp} = 4.97$; $p < .05$) einem mittleren und statistisch signifikanten Effekt in der erwarteten Richtung. Hypothese H_{TV10} wird damit bestätigt.

Der Verstehenstest korrelierte in Studie 5 zu den beiden Messzeitpunkten mit $r = .79$ ($n = 30$; $p < .05$) miteinander. Dies entspricht einem sehr starken Zusammenhang in der erwarteten Richtung. Die Hypothese H_{TV11} wird damit ebenfalls bestätigt.

Ergebnisse zu den Emotionen beim Lesen

Der Hypothese H_{pE08} zufolge korrelieren die positiven und negativen Emotionen beim Lesen negativ miteinander. Tabelle 78 zeigt die statistische Hypothese und welche Zusammenhänge sich in Studie 4 und zu den beiden Messzeitpunkten von Studie 5 ergaben.

Tabelle 78: Zusammenhänge zwischen den positiven und negativen Emotionen beim Lesen in den Studien 4 und 5

Hypothese	Statistische Hypothese	Studie 4 (n = 39)	Studie 5 t_1 (n = 38)	Studie 5 t_2 (n = 34)
H_{pE08}	$r_{pE,nE} < .00$	-.44*	-.39*	-.22

Anmerkungen. Die Spalte „Hypothese" gibt an, welche Hypothese getestet wurde; die Spalte „Statistische Hypothese" gibt an, in welche statistische Hypothese die inhaltliche Hypothese übersetzt wurde; die letzten drei Spalten zeigen den Zusammenhang zwischen den positiven Emotionen und den negativen Emotionen beim Lesen in den verschiedenen Tests der Studien 4 und 5 an. Korrelationen, die auf dem 5%-Niveau statistisch signifikant wurden, sind mit „*" markiert.

In Studie 4 und zu t_1 in Studie 5 zeigten sich mittlere bis starke, negative und statistisch signifikante Zusammenhänge zwischen den positiven und den negativen Emotionen. In Studie 5 zeigte sich zu t_2 ein schwacher bis mittlerer, negativer Zusammenhang, der statistisch allerdings nicht signifikant wurde. In zwei Fällen wird die Hypothese H_{pE08} daher bestätigt, im dritten allerdings nicht.

14.4 Diskussion

Die internen Konsistenzen der Skalen waren mit α = .71 bis .90 befriedigend bis sehr gut; nur die internen Konsistenzen der Skalen *Propositionsdichte* und *Kürze-Prägnanz* waren mit .45 und .33 unzureichend. Die Retest-Reliabilitäten waren mit r_{tt} = .53 bis .84 ausreichend bis gut. Doch welche Hinweise lieferte die Studie zur Validität der mit Hilfe der Skalen erhobenen Daten?

Wortschwierigkeit: In den Studien 4 und 5 wurden insgesamt 16 Validitätsprüfungen zur Skala *Wortschwierigkeit* durchgeführt. In 13 dieser Tests zeigten sich Effekte in der erwarteten Richtung, von denen acht statistisch signifikant wurden. Die Skala wies in allen drei Tests wesentliche Zusammenhänge mit dem *Verständlichkeitsempfinden* und der Skala *Einfachheit* des Fragebogens von Jucks auf. Die *Wortschwierigkeit* wurde in Studie 5 zu t_2 wie erwartet geringer bewertet als zu t_1. Die Retest-Reliabilität war mit r_{tt} = .68 ausreichend groß. Die erwarteten Zusammenhänge zum Verstehen und den negativen Emotionen beim Lesen blieben allerdings wider Erwarten aus: Die Effekte waren kleiner als in den anderen Studien und wurden statistisch nicht signifikant, möglicherweise auch, weil die Stichproben in allen drei Tests jeweils sehr klein waren. Jene Hypothesen-Tests, die nur in diesen Studien geprüft wurden, fielen also positiv aus, über die anderen Hypothesen soll die Meta-Analyse in Kapitel 15 näheren Aufschluss geben.

Satzschwierigkeit: Zu dieser Skala wurden in den beiden Studien ebenfalls insgesamt 16 Validitätsprüfungen durchgeführt. In 11 Fällen zeigten sich Effekte in der erwarteten Richtung, von denen 9 auch wie erwartet statistisch signifikant wurden. Die Skala wies zu beiden Messzeitpunkten wie erwartet den höchsten und negativen Zusammenhang mit der Skala *Einfachheit* des Fragebogens von Jucks auf. Der Zusammenhang entspricht beide Male einem sehr großen Effekt. Die *Satzschwierigkeit* erhielt beim zweiten Lesen wie erwartet niedrigere Werte als beim ersten Lesen. Die Retest-Reliabilität wies einen Wert von r_{tt} = .62 auf. Als Wert für die Reliabilität ist dieser Wert knapp ausreichend. Die Höhe der Retest-Reliabilität hängt allerdings nicht nur von der Reliabilität der Skala, sondern auch von der Stabilität des Merkmals ab (Lienert & Raatz, 1998; Rost, 2004). Der geringe Wert für die Retest-Reliabilität kann also auch dadurch begründet sein, dass die *Satzschwierigkeit* für verschiedene Lesende in unterschiedlichem Maße abnahm. Inwiefern dies möglich bzw. der Fall ist, müsste in weiteren Studien geprüft werden. Zwischen der Skala und dem *Verständlichkeitsempfinden* zeigten sich die erwarteten, starken, negativen Zusammenhänge. Die Skala wies allerdings nur in einem von drei Tests die erwarteten negativen Zusammenhänge zu den positiven Emotionen und nur in zwei von drei Tests die erwarteten positiven Zusammenhänge zu den negativen Emotionen auf. Dies kann wiederum durch die relativ kleinen Stichproben in den drei Tests begründet sein. Hinsichtlich des zweiten Messzeitpunkts in Studie 5 ist es darüber hinaus denkbar, dass die Emotionen nicht nur dadurch beeinflusst werden, wie leicht der Text verstanden wird. Es ist denkbar, dass die Tatsache, dass derselbe Text zum wiederholten Lesen vorgelegt wurde, selbst Einfluss auf das emotionale Erleben nimmt. Es ist aber unklar, wie dieser Einfluss aussehen könnte.

Argumentdichte: In Studie 4 und Studie 5 wurden insgesamt 16 Validitätsprüfungen durchgeführt in denen sich in 9 Tests (Null-)Effekte in der erwarteten Richtung ergaben. Die Signifikanztests ergaben allerdings nur in 2 Fällen die erwarteten Ergebnisse. Die Skala wies weder zum Verstehen noch zu den Emotionen beim Lesen wesentliche Zusammenhänge auf. Dies entspricht allerdings auch den Ergebnissen der Studie 2 und 3. Die Meta-Analyse in Kapitel 15 wird dazu weiteren Aufschluss geben. Die Skala zeigte allerdings nicht die erwarteten Zusammenhänge zur Skala *Kürze-Prägnanz* des Fragebogens von Jucks (2001). Bereits in Kapitel 6.2 und bei der Formulierung der Hypothesen in Kapitel 14.1 war dargelegt worden, dass die Konstrukte *Argumentdichte* und *Kürze-Prägnanz* inhaltliche Gemeinsamkeiten, aber auch Unterschiede haben. Die Daten sprechen nun dafür, dass die Skalen tatsächlich verschiedene Merkmale messen. Für die Validität der Skala spricht, dass die Bewertung der *Argumentdichte* der Texte sich vom ersten zum zweiten Messzeitpunkt nicht verändert hat. Mit r_{tt} = .56 zeigte sich allerdings ein überraschend geringer Wert, der einzig auf die Reliabilität der Skala zurückgeführt werden kann, denn da die Befragten beide Male jeweils den gleichen Text bewerteten, ist das Merkmal stabil geblieben.

Propositionsdichte: Zur Skala *Propositionsdichte* wurden in den beiden Studien insgesamt 16 Validitätsprüfungen durchgeführt. Allerdings zeigten sich nur in 5 dieser Tests die erwarteten (Null-)Effekte und nur in zwei dieser Tests zeigten die Signifikanztests die erwarteten Ergebnisse. Die Skala wies weder zum Verstehen noch zu den Emotionen beim Lesen wesentliche Zusammenhänge auf. Dies entspricht allerdings auch den Ergebnissen der Studie 2 und 3. Die Meta-Analyse in Kapitel 15 wird dazu weiteren Aufschluss geben. Die Skala zeigte allerdings die erwarteten Zusammenhänge zur Skala *Kürze-Prägnanz* des Fragebogens von Jucks (2001). Mit r = .14, .40 und .10 fielen die Zusammenhänge allerdings deutlich geringer aus als erwartet. Die geringen Zusammenhänge sind z. T. sicherlich auch durch die geringe interne Konsistenz der Skalen in Studie 4 und Studie 5 begründet. In Kapitel 9.4 und bei der Formulierung der Hypothesen in Kapitel 14.1 war darüber hinaus dargelegt worden, dass die Konstrukte *Propositionsdichte* und *Kürze-Prägnanz* inhaltliche Gemeinsamkeiten, aber auch Unterschiede aufweisen. Die Daten sprechen nun dafür, dass die Skalen insgesamt eher verschiedene Merkmale messen. Für die Validität der mit Hilfe der Skala erhobenen Daten spricht, dass die Bewertung der *Propositionsdichte* der Texte sich vom ersten zum zweiten Messzeitpunkt nicht verändert hat. Mit r_{tt} = .54 zeigte sich allerdings ein überraschend geringer Wert, der einzig auf die Reliabilität der Skala zurückgeführt werden kann, denn da die Befragten beide Male jeweils den gleichen Text bewerteten, blieb das Merkmal jeweils stabil.

Aufwand für Reorganisationen: In den Studien 4 und 5 wurden insgesamt 16 Validitätsprüfungen zur Skala *Aufwand für Reorganisationen* durchgeführt. 12 dieser Tests zeigten Effekte in der erwarteten Richtung, von denen 9 statistisch signifikant wurden. Die Skala wies in allen drei Tests die statistisch signifikanten negativen Zusammenhänge mit dem *Verständlichkeitsempfinden* und der Skala *Gliederung-Ordnung* des Fragebogens von Jucks auf. Die Befragten gaben in Studie 5 zu t_2 wie erwartet niedrigere Werte zum *Aufwand für Reorganisationen* an als zu t_1. Die Retest-Reliabilität war mit $r_{tt} = .53$ sehr gering. Dies kann aber auch dadurch verursacht worden sein, dass der *Aufwand für Reorganisationen* für verschiedene Lesende in unterschiedlichem Maße abnahm. Inwiefern dies möglich bzw. der Fall ist, müsste in weiteren Studien geprüft werden. Die Skala *Aufwand für Reorganisationen* wies in Studie 4 und zu t_1 in Studie 5 die erwarteten Zusammenhänge zu den positiven und den negativen Emotionen beim Lesen auf. Die Zusammenhänge waren aber zu klein, um mit einer ausreichenden Power nachgewiesen zu werden; unter anderem weil die Stichproben in allen drei Tests jeweils sehr klein waren. Jene Hypothesen-Tests, die nur in diesen Studien geprüft wurden, fielen also positiv aus. Über die anderen Hypothesen soll die Meta-Analyse in Kapitel 15 näheren Aufschluss geben.

Klarheit der Vorstellung: Zur Skala *Klarheit der Vorstellung* wurden in den Studien 4 und 5 insgesamt 16 Validitätsprüfungen durchgeführt. In allen 16 Tests zeigten sich Effekte in der erwarteten Richtung, von denen 7 statistisch signifikant wurden. Damit fallen die Validitätsprüfungen – insbesondere im Angesicht der kleinen Stichproben in den Studien – deutlich positiv aus. Entgegen der Erwartungen wies die Skala *Klarheit der Vorstellung* nicht nur wesentliche Zusammenhänge zur Skala *Gliederung-Ordnung* von Jucks auf, sondern auch zur Skala *Einfachheit*. Dieser Zusammenhang war nicht erwartet worden, lässt sich aber durch die semantische Ähnlichkeit der Items der Skalen erklären. Die Skala *Einfachheit* des Fragebogens von Jucks umfasst sechs Items, unter anderem die Items „Der Text war anschaulich" und „Der Text war konkret". Die Skala *Klarheit der Vorstellung* umfasst drei Items, unter anderem die Items „Es fiel mir leicht, mir den Inhalt bildlich vorzustellen" und „Beim Lesen hatte ich immer gleich ein Bild vom Gesagten vor Augen". Die Items der Skalen sollen verschiedene Konstrukte repräsentieren, sind semantisch aber so ähnlich formuliert, dass hohe Korrelationen nicht überraschend sind. Da die Skala *Einfachheit* zudem Items zur Geläufigkeit der Wörter und zur syntaktischen Komplexität der Sätze umfasst, spricht dies insgesamt dafür, dass die Skalen des neu entwickelten Fragebogens zur Textverständlichkeit weniger heterogene Konstrukte repräsentieren.

Variation der Sprache: In den Studien 4 und 5 wurden insgesamt 16 Validitäts-prüfungen zur Skala *Variation der Sprache* durchgeführt. In 12 dieser Tests zeigten sich die erwarteten Effekte und in 12 dieser Tests zeigten die Signifikanztests die erwarteten Ergebnisse. Entgegen der Erwartungen zeigten sich keine wesentlichen Zusammenhänge der Skala zum Verstehen, wohl aber zu den Emotionen beim Lesen. Insgesamt fallen die Validitätsbelege zu dieser Skala in diesen Studien also positiv aus.

Verständlichkeitsempfinden: In den Studien 4 und 5 wurden 13 Validitäts-prüfungen zur Skala *Verständlichkeitsempfinden* durchgeführt. In zehn dieser Tests zeigten sich Effekte in der erwarteten Richtung, von denen acht auch statistisch signifikant wurden. Die Zusammenhänge zum Verstehen waren wie erwartet positiv, die Stichproben jedoch zu klein, um diese Zusammenhänge mit einer ausreichenden Power nachzuweisen. Zum zweiten Messzeitpunkt von Studie 5 zeigten sich durchweg erwartungswidrige Zusammenhänge zum Ver-stehen und den Emotionen beim Lesen. Die Skala wies allerdings in allen drei Tests wie erwartet wesentliche positive Zusammenhänge mit dem Item Ge-samturteil von Jucks (2001) auf. Mit r_{tt} = .84 wies die Skala einen guten Wert für die Retest-Reliabilität auf, während die Bewertung der Verständlichkeit zum zweiten Messzeitpunkt deutlich höher ausfiel als zum ersten Messzeit-punkt. Damit fielen die Validitätsprüfungen zur Skala *Verständlichkeitsempfin-den* in diesen Studien insgesamt deutlich positiv aus.

15 Meta-Analysen

Der Fragebogen zur Textverständlichkeit ist in fünf Studien erprobt worden. Insgesamt wurden zu den acht Skalen des Fragebogens über 250 Tests zu den verschiedenen Validitätshypothesen durchgeführt. Tabelle 79 gibt einen Überblick über die Hypothesen und in welchen Studien sie jeweils getestet wurden.

Aus dieser großen Zahl von Hypothesentests ergibt sich eine schwer zu überblickende Fülle an Einzelbefunden. Daher wurden alle Tests, in denen die gleiche Hypothese getestet wurde, in Meta-Analysen zusammengefasst. In die Meta-Analysen gingen die Werte aller fünf Studien ein, also auch Werte, die aufgrund zu geringer Stichprobengrößen bislang nicht berichtet wurden, z.b. Unterschiede zwischen Personen mit viel und wenig Vorwissen in den Studien 4 und 5. Für die Meta-Analysen wurde jeweils die mittlere Effektstärke berechnet. Werte von Pearsons r wurden dazu jeweils in Fisher-z-Werte umgerechnet. Die Effektstärken der einzelnen Studien wurden dann mit der jeweiligen Größe der Stichproben multipliziert, aufsummiert und durch die Summe der Stichprobengrößen dividiert (Sedlmeier & Renkewitz, 2008). Anschließend wurden die entsprechenden Werte wieder von Fisher-z-Werten in Werte von Pearsons r zurücktransformiert. Die Ergebnisse der einzelnen Studien und die Ergebnisse der Meta-Analysen für die einzelnen Skalen werden in Folgenden dargestellt.

Wortschwierigkeit

Die Ergebnisse der fünf Studien zur Skala *Wortschwierigkeit* werden in Anhang E-04 zusammengefasst. Die Meta-Analysen ergaben die folgenden Ergebnisse.

In den Studie 1 und 2 wurde die Bewertung der *Wortschwierigkeit* des Originaltextes mit der Bewertung manipulierter Texte verglichen, in denen geläufige Wörter durch weniger geläufige Wörter ersetzt worden waren (Hypothese H_{WS02}). Die Meta-Analyse zeigte, dass die Bewertung der *Wortschwierigkeit* der manipulierten Texte im Mittel um $d = 0.67$ über den Bewertungen der Originaltexte lag.

In allen fünf Studien gaben Versuchspersonen mit viel Vorwissen niedrigere Werte zur *Wortschwierigkeit* an als Personen mit wenig Vorwissen (Hypothese H_{WS04}); die Werte waren im Mittel um $d = 0.62$ niedriger.

Tabelle 79: Überblick darüber, in welchen Studien welche Validitätshypothesen zu den Skalen des Fragebogens geprüft wurden

Skala	Hypo-thesen	Wortschwierigkeit (WS) $H_{WS••}$	Satzschwierigkeit (SS) $H_{SS••}$	Argumentdichte (AD) $H_{AD••}$	Propositionsdichte (PD) $H_{PD••}$	Aufwand für Reorganisationen (Ro) $H_{Ro••}$	Klarheit der Vorstellung (KV) $H_{KV••}$	Variation der Sprache (VS) $H_{VS••}$	Verständlichkeits-empfinden (Ve) $H_{Ve••}$
Vgl. Originaltext und manipulierter Text	$H_{••02}$	1, 2	1, 2	1, 2	1, 2	1, 2	1, 2	1, 2	1, 2
Kontrastanalyse mit mehreren Texten	$H_{••03}$	3	3	1, 2	1, 2	---	---	---	3
Vgl. Personen mit viel und wenig Vorwissen	$H_{••04}$	1, 2, 3	1, 2, 3	1, 2, 3	1, 2, 3	1, 2, 3	1, 2, 3	1, 2, 3	1, 2, 3
Zusammenhang zum Verständlichkeits-empfinden	$H_{••05}$	1, 2, 3, 4, 5	1, 2, 3, 4, 5	1, 2, 3, 4, 5	1, 2, 3, 4, 5	1, 2, 3, 4, 5	1, 2, 3, 4, 5	1, 2, 3, 4, 5	---
Zusammenhang zum Verstehen	$H_{••06}$	2, 3, 4, 5	2, 3, 4, 5	2, 3, 4, 5	2, 3, 4, 5	2, 3, 4, 5	2, 3, 4, 5	2, 3, 4, 5	2, 3, 4, 5
Zusammenhang zu positiven Emotionen	$H_{••07}$	2, 3, 4, 5	2, 3, 4, 5	2, 3, 4, 5	2, 3, 4, 5	2, 3, 4, 5	2, 3, 4, 5	2, 3, 4, 5	2, 3, 4, 5
Zusammenhang zu negativen Emotionen	$H_{••08}$	2, 3, 4, 5	2, 3, 4, 5	2, 3, 4, 5	2, 3, 4, 5	2, 3, 4, 5	2, 3, 4, 5	2, 3, 4, 5	2, 3, 4, 5
Zusammenhang zum Fragebogen von Jucks	$H_{••09}$	4, 5	4, 5	4, 5	4, 5	4, 5	4, 5	4, 5	4, 5
Veränderung von t1 zu t2	$H_{••10}$	5	5	5	5	5	5	5	5
Zusammenhang zwischen t1 und t2	$H_{••11}$	5	5	5	5	5	5	5	5

Anmerkungen. Die Zellen geben an, in welchen Studien die Validitätshypothesen jeweils getestet wurden.

Die Skala *Wortschwierigkeit* zeigte in den Meta-Analysen einen starken negativen Zusammenhang von $r_{WS,Ve}$ = -.56 zu den Angaben zum *Verständlichkeitsempfinden* (Hypothese H_{WS05}), einen schwachen bis mittleren negativen Zusammenhang von $r_{WS,TV}$ = -.20 zu den Leistungen im Verstehenstest (Hypothese H_{WS06}) und einen mittleren negativen Zusammenhang von $r_{WS,pE}$ = -.25 zu den positiven Emotionen beim Lesen (Hypothese H_{WS07}), einen schwachen positiven Zusammenhang von $r_{WS,nE}$ = .17 zu den negativen Emotionen beim Lesen (Hypothese H_{WS08}) und schließlich einen sehr starken und negativen Zusammenhang von $r_{WS,Einfachheit}$ = -.67 zur Skala *Einfachheit* des Fragebogens von Jucks (Hypothese H_{WS09}).

Satzschwierigkeit

Die Ergebnisse der fünf Studien zur Skala *Satzschwierigkeit* werden in Anhang E-05 zusammengefasst. Die Ergebnisse der Meta-Analysen werden im Folgenden aufgeführt.

In Studie 1 und Studie 2 wurde die Bewertung der *Satzschwierigkeit* des Originaltextes mit der Bewertung von manipulierten Texten verglichen, in denen die Syntax mit Hilfe von Paranthesen, Nominalisierungen, Passiv- und Infinitiv-Konstruktionen komplexer gestaltet worden war (Hypothese H_{SS02}). Die Meta-Analyse zeigt einen Effekt von $d = 0.44$ in der erwarteten Richtung.

In den Studien 2 und 3 gaben Versuchspersonen mit viel Vorwissen niedrigere Werte zur *Satzschwierigkeit* an als Personen mit wenig Vorwissen. Dieser Effekt war nicht erwartet worden (Hypothese H_{SS04}) und sollte in der Meta-Analyse daher noch einmal geprüft werden. Über alle Erhebungen hinweg gaben die Personen mit viel Vorwissen um $d = 0.23$ niedrigere Werte an als die Personen mit wenig Vorwissen. Dies entspricht einem schwachen Effekt.

Die Skala *Satzschwierigkeit* zeigte in den Meta-Analysen einen sehr starken, negativen Zusammenhang von $r_{SS,Ve}$ = -.70 zu den Angaben zum *Verständlichkeitsempfinden* (Hypothese H_{SS05}), einen schwachen, negativen Zusammenhang von $r_{SS,TV}$ = -.12 zu den Leistungen im Verstehenstest (Hypothese H_{SS06}) und einen schwachen bis mittleren negativen Zusammenhang von $r_{SS,pE}$ = -.21 zu den positiven Emotionen beim Lesen (Hypothese H_{SS07}), einen mittleren positiven Zusammenhang $r_{SS,nE}$ = .28 zu den negativen Emotionen beim Lesen (Hypothese H_{SS08}) und schließlich einen starken und negativen Zusammenhang von $r_{SS,Einfachheit}$ = -.71 zur Skala *Einfachheit* des Fragebogens von Jucks (Hypothese H_{SS09}).

Argumentdichte

In Anhang E-06 sind die Ergebnisse aller Studien zur Skala *Argumentdichte* zusammengefasst. Die Ergebnisse der entsprechenden Meta-Analysen werden im Folgenden vorgestellt.

In Studie 1 und Studie 2 wurde die *Argumentdichte* des Originaltextes wie erwartet jeweils niedriger bewertet als die der Texte mit erhöhter *Argumentdichte* (Hypothese H_{AD02}). Die Meta-Analyse zeigt einen mittleren Effekt von $d = 0.48$.

In Studie 1 und Studie 3 zeigten sich keine Unterschiede bei der Bewertung der *Argumentdichte* zwischen Personen mit viel und wenig Vorwissen (Hypothese H_{AD04}). In Studie 2 hatte sich allerdings entgegen der Erwartung ein mittlerer Effekt gezeigt (s. Kapitel 12.3): Dort hatten Personen mit viel Vorwissen jeweils geringere Werte für die *Argumentdichte* angegeben als Personen mit wenig Vorwissen. Die Meta-Analyse zeigt mit $d = 0.20$ über alle Studien hinweg einen schwachen Effekt, der nicht erwartet worden war.

Die Skala *Argumentdichte* wies in den Meta-Analysen einen schwachen bis mittleren negativen Zusammenhang von $r_{AD,Ve} = -.21$ zu den Angaben zum *Verständlichkeitsempfinden* auf (Hypothese H_{AD05}), mit $r_{AD,TV} = -.03$ einen Nullzusammenhang zu den Leistungen im Verstehenstest (Hypothese H_{AD06}) und mit $r_{AD,pE} = -.07$ einen Nullzusammenhang zu den positiven Emotionen beim Lesen (Hypothese H_{AD07}), mit $r_{AD,nE} = .07$ einen Nullzusammenhang zu den negativen Emotionen beim Lesen (Hypothese H_{AD08}) und schließlich einen schwachen negativen Zusammenhang von $r_{AD,Kürze\_Prägnanz} = -.24$ zur Skala *Kürze-Prägnanz* des Fragebogens von Jucks (Hypothese H_{AD09}).

Propositionsdichte

Die Ergebnisse der fünf Studien zur Skala *Propositionsdichte* werden in Anhang E-07 aufgeführt. Die Ergebnisse der entsprechenden Meta-Analysen werden im Folgenden aufgeführt.

In Studie 1 und Studie 2 wurden jeweils die Bewertung des Originaltextes mit der Bewertung eines Textes mit erhöhter *Propositionsdichte* hinsichtlich der Skala *Propositionsdichte* verglichen. Die Meta-Analyse zeigt einen nicht erwarteten Nulleffekt von $d = 0.02$.

Der Meta-Analyse zum Vergleich der Bewertungen der *Propositionsdichte* durch Personen mit viel und wenig Vorwissen zeigt mit $d = 0.12$ einen erwarteten Nulleffekt.

Die Skala *Propositionsdichte* zeigte in den Meta-Analysen einen schwachen positiven Zusammenhang von $r_{PD,Ve} = .15$ zu den Angaben zum *Verständlichkeitsempfinden* (Hypothese H_{PD05}), einen schwachen positiven Zusammenhang von $r_{PD,TV} = .12$ zu den Leistungen im Verstehenstest (Hypothese H_{PD06}), einen schwachen bis mittleren positiven Zusammenhang von $r_{PD,pE} = .21$ zu den positiven Emotionen beim Lesen (Hypothese H_{PD07}), einen schwachen, negativen Zusammenhang von $r_{PD,nE} = -.08$ zu den negativen Emotionen beim Lesen (Hypothese H_{PD08}) und schließlich einen schwachen bis mittleren positiven Zusammenhang von $r_{PD,Kürze\_Prägnanz} = .22$ zur Skala *Kürze-Prägnanz* des Fragebogens von Jucks (Hypothese H_{PD09}).

Aufwand für Reorganisationen

In Anhang E-08 sind die Ergebnisse aller Studien zur Skala *Aufwand für Reorganisationen* zusammengefasst. Die Ergebnisse der entsprechenden Meta-Analysen werden im Folgenden vorgestellt.

Die Meta-Analyse zum Vergleich des Originaltextes mit den manipulierten Texten, die auf einen erhöhten *Aufwand für Reorganisationen* abzielten (Hypothese H_{Ro02}) zeigte mit $d = 0.55$ einen mittleren Effekt in der erwarteten Richtung.

Die Meta-Analyse zum Vergleich der Personen mit viel und wenig Vorwissen (Hypothese H_{Ro04}) zeigte einen mittleren Effekt von $d = -0.39$.

Die Skala *Aufwand für Reorganisationen* zeigte in den Meta-Analysen einen mittleren bis starken, negativem Zusammenhang von $r_{Ro,Ve} = -.43$ zum *Verständlichkeitsempfinden* (Hypothese H_{Ro05}), einen schwachen bis mittleren negativen Zusammenhang von $r_{Ro,TV} = -.18$ zum Verstehen (Hypothese H_{Ro06}), einen schwachen negativen Zusammenhang von $r_{Ro,pE} = -.08$ zu den positiven Emotionen beim Lesen auf (Hypothese H_{Ro07}), einen schwachen bis mittleren positiven Zusammenhang von $r_{Ro,nE} = .22$ zu den negativen Emotionen beim Lesen (Hypothese H_{Ro08}) und schließlich einen starken und negativen Zusammenhang von $r_{Ro,Gliederung-Ordnung} = -.48$ zur Skala *Gliederung-Ordnung* des Fragebogens von Jucks (Hypothese H_{Ro09}).

Klarheit der Vorstellung

Die Ergebnisse der Studien zur Skala *Klarheit der Vorstellung* werden in Anhang E-09 zusammengefasst. Die Ergebnisse der entsprechenden Meta-Analysen werden im Folgenden vorgestellt.

Die Unterschiede zwischen der Bewertung der Originaltexte und der im Hinblick auf die *Klarheit der Vorstellung* manipulierten Texte in Studie 1 und Studie 2 (Hypothese H_{KV02}) entsprachen in der Meta-Analyse mit $d = 0.17$ einem schwachen Effekt.

Die Versuchspersonen mit viel Vorwissen gaben in allen Studien wie erwartet höhere Werte zur *Klarheit der Vorstellung* an als Personen mit wenig Vorwissen (Hypothese H_{KV04}). Die Meta-Analyse zeigt einen Effekt von $d = 0.44$.

Die Skala *Klarheit der Vorstellung* zeigte in den Meta-Analysen einen sehr starken, positiven Zusammenhang von $r_{KV,Ve} = .71$ zum *Verständlichkeitsempfinden* (Hypothese H_{KV05}), einen mittleren positiven Zusammenhang von $r_{KV,TV} = .29$ zum Verstehen (Hypothese H_{KV06}) und einen starken positiven Zusammenhang von $r_{KV,pE} = .44$ zu den positiven Emotionen beim Lesen (Hypothese H_{KV07}), einen mittleren negativen Zusammenhang von $r_{KV,nE} = -.26$ zu den negativen Emotionen beim Lesen (Hypothese H_{KV08}) und schließlich einen starken und positiven Zusammenhang von $r_{KV,Gliederung\text{-}Ordnung} = .48$ zur Skala *Gliederung-Ordnung* des Fragebogens von Jucks (Hypothese H_{KV09}).

Variation der Sprache
Die Ergebnisse der fünf Studien zur Skala *Variation der Sprache* sind in Anhang E-10 aufgeführt. Die zentralen Ergebnisse der Meta-Analyse werden im Folgenden zusammengefasst.

In den Studie 1 und 2 wurde die Bewertung der *Variation der Sprache* des Originaltextes mit der Bewertung manipulierter Texte verglichen (Hypothese H_{VS02}). Die Meta-Analyse zeigte einen mittleren Mittelwertsunterschied von $d = 0.37$ in der erwarteten Richtung.

Entgegen den Erwartungen zeigten sich in den Studien 1, 2 und 3 jeweils Unterschiede zwischen den Personen mit viel und denen mit wenig Vorwissen (Hypothese H_{VS04}). Die Unterschiede entsprachen jeweils schwachen Effekten, fielen in Studie 1 aber zugunsten der Personen mit viel Vorwissen und in den Studie 2 und 3 zugunsten der Personen mit wenig Vorwissen aus. Die Meta-Analyse zeigt einen Effekt von $d = 0.00$.

Die Skala *Variation der Sprache* zeigte in den Meta-Analysen einen starken, positiven Zusammenhang von $r_{VS,Ve} = .46$ zum *Verständlichkeitsempfinden* (Hypothese H_{VS05}), einen schwachen positiven Zusammenhang von $r_{VS,TV} = .11$ zum Verstehen (Hypothese H_{VS06}), einen mittleren bis starken positiven Zusammenhang von $r_{VS,pE} = .42$ zu den positiven Emotionen beim Lesen auf (Hypothese H_{VS07}), einen schwachen bis mittleren negativen Zusammenhang von $r_{VS,nE} = -.25$ zu den negativen Emotionen beim Lesen (Hypothese H_{VS08}) und schließlich einen starken und positiven Zusammenhang von $r_{VS,zusätzliche\_Anregung} = .57$ zur Skala *zusätzliche Anregung* des Fragebogens von Jucks (Hypothese H_{VS09}).

Verständlichkeitsempfinden

In Anhang E-11 sind die Ergebnisse aller Studien zur Skala *Verständlichkeits-empfinden* aufgeführt. Die Ergebnisse der Meta-Analysen werden im Folgenden vorgestellt.

In Studie 1 und Studie 2 wurde das *Verständlichkeitsempfinden* jeweils zwischen dem Originaltext und allen manipulierten Texten verglichen (Hypothese $H_{Ve02\bullet\bullet}$; s. Kapitel 11 und 12). Die Meta-Analyse zeigte einen Effekt von $d = 0.26$ in der erwarteten Richtung.

Die Versuchspersonen mit viel Vorwissen gaben in allen Studien wie erwartet höhere Werte zum *Verständlichkeitsempfinden* an als die Personen mit wenig Vorwissen (Hypothese H_{Ve04}). Die Meta-Analyse zeigt einen Effekt von $d = 0.40$.

Die Skala *Verständlichkeitsempfinden* zeigte in den Meta-Analysen einen mittleren positiven Zusammenhang von $r_{Ve,TV} = .25$ zum Verstehen (Hypothese H_{Ve06}), einen mittleren bis starken positiven Zusammenhang von $r_{VE,pE} = .41$ zu den positiven Emotionen beim Lesen (Hypothese H_{Ve07}) und einen schwachen bis mittleren negativen Zusammenhang von $r_{Ve,nE} = -.32$ zu den negativen Emotionen beim Lesen (Hypothese H_{Ve08}) und schließlich einen starken und positiven Zusammenhang von $r_{Ve,Gesamturteil} = .77$ zum Item Gesamturteil des Fragebogens von Jucks (Hypothese H_{Ve09}).

Überblick über die Interkorrelationen der Skalen

Tabelle 80 zeigt die Ergebnisse der Meta-Analysen zur Interkorrelation der Skalen. Die Meta-Analysen zeigen, dass die Korrelationen zwischen $|r| = .03$ und .46 lagen. Wie bereits in den Einzelstudien gezeigt wurde, würden sich zwischen den Skalen auch dann keine perfekten Korrelationen zeigen können, wenn die Messung der Skalen jeweils messfehlerfrei gewesen wären.

Tabelle 80: Ergebnisse der Meta-Analysen zu den Interkorrelationen der Skalen des Fragebogens zur Textverständlichkeit

Skala	WS	SS	AD	PD	Ro	KV
Wortschwierigkeit (WS)	---					
Satzschwierigkeit (SS)	.39	---				
Argumentdichte (AD)	.19	.25	---			
Propositionsdichte (PD)	-.10	-.05	.03	---		
Aufwand für Reorganisationen (Ro)	.27	.34	.23	-.11	---	
Klarheit der Vorstellung (KV)	-.46	-.46	-.17	.16	-.27	---
Variation der Sprache (VS)	-.15	-.32	-.08	.08	-.14	.44

Überblick über die Zusammenhänge der Skalen mit den Variablen Vorwissen, Verständlichkeitsmpfinden, Verstehen und Emotionen beim Lesen

In den vorherigen Abschnitten wurden die Zusammenhänge zwischen den Skalen des Fragebogens, dem Vorwissen, dem *Verständlichkeitsempfinden*, dem Verstehen und den Emotionen beim Lesen nach den Skalen zur Textverständlichkeit geordnet vorgestellt.

Tabelle 81 zeigt den Zusammenhang zwischen den Skalen und den Variablen, um die Bedeutung der verschiedenen Skalen für diese Variablen ermessen zu können.

Tabelle 81: Überblick über die Zusammenhänge der Skalen mit den Variablen Vorwissen, *Verständlichkeitsempfinden*, Verstehen und Emotionen beim Lesen

Skala Textverständlichkeit	d_{vV-wV}	$r_{Ve,••}$	$r_{TV,••}$	$r_{pE,••}$	$r_{nE,••}$
Wortschwierigkeit	-0.62	-.56	-.20	-.25	.17
Satzschwierigkeit	-0.23	-.70	-.12	-.21	.28
Argumentdichte	-0.09	-.21	-.03	-.07	.07
Propositionsdichte	0.12	.15	.12	.21	-.08
Aufwand für Reorganisationen	-0.39	-.43	-.18	-.08	.22
Klarheit der Vorstellung	0.44	.71	.29	.44	-.26
Variation der Sprache	0.00	.46	.11	.42	-.25
Verständlichkeitsempfinden	0.40	---	.25	.41	-.32

Anmerkungen. Die Spalte „d_{vV-wV}" zeigt die standardisierten Mittelwertsunterschiede d zwischen den Personen mit viel und wenig Vorwissen hinsichtlich der Bewertung der Skalen zur Textverständlichkeit; positive Werte zeigen dabei an, dass die Personen mit viel Vorwissen höhere Werte angaben. Die Spalte „$r_{Ve,••}$" zeigt die Zusammenhänge der Skalen mit dem *Verständlichkeitsempfinden*, die Spalte „$r_{TV,••}$" die Zusammenhänge der Skalen mit dem Verstehen, die Spalte „$r_{pE,••}$" mit den positiven Emotionen und die Spalte „$r_{nE,••}$" mit den negativen Emotionen.

Die größten Unterschiede zwischen Personen mit viel und wenig Vorwissen zeigten sich hinsichtlich der Skalen *Wortschwierigkeit, Klarheit der Vorstellung, Verständlichkeitsempfinden* und dem *Aufwand für Reorganisationen*. Die stärksten Zusammenhänge mit dem *Verständlichkeitsempfinden* wiesen die Skalen *Klarheit der Vorstellung, Satzschwierigkeit, Wortschwierigkeit, Variation der Sprache* und *Aufwand für Reorganisationen* auf. Die Skalen *Klarheit der Vorstellung, Variation der Sprache* und *Verständlichkeitsempfinden* wiesen die stärksten Zusammenhänge zu den positiven Emotionen beim Lesen auf. Die stärksten Zusammenhänge mit den negativen Emotionen beim Lesen wiesen die Skalen *Verständlichkeitsempfinden, Satzschwierigkeit, Klarheit der Vorstellung, Variation der Sprache* und *Aufwand für Reorganisationen* auf. Die Zusammenhänge zu den negativen Emotionen fielen dabei allerdings geringer aus als die Zusammenhänge zu den positiven Emotionen.

16 Gesamtdiskussion

Die vorliegende Arbeit ging der Frage nach, was Texte verständlich macht und wie sich Textverständlichkeit messen lässt. Vor dem Hintergrund der aktuellen Theorien des Textverstehens und der bestehenden Konzepte der Textverständlichkeit wurde dann ein eigenes Konzept zur Textverständlichkeit und darauf aufbauend ein Fragebogen zur Erfassung der Textverständlichkeit entwickelt und in fünf Studien erprobt. Die Ergebnisse der fünf Studien wurden in Kapitel 15 in einer Reihe von Meta-Analysen zusammengefasst. In Kapitel 16.1 werden die Ergebnisse im Hinblick auf die einzelnen Skalen des Fragebogens diskutiert. In Kapitel 16.2 werden die über die einzelnen Skalen hinausgehenden Ergebnisse der vorliegenden Arbeit in den aktuellen Forschungsstand eingeordnet. Kapitel 16.3 diskutiert die in den Studien eingesetzten Methoden bevor in Kapitel 16.4 darauf aufbauend die Grenzen der durchgeführten Untersuchungen diskutiert werden. Kapitel 16.5 gibt schließlich einen Ausblick auf die praktischen Anwendungsmöglichkeiten des Fragebogens und des hier vertretenen Konzepts der Textverständlichkeit, bevor in Kapitel 16.6 ein abschließendes Fazit der vorliegenden Arbeit gezogen wird.

16.1 Diskussion der einzelnen Skalen

Wortschwierigkeit

Die *Wortschwierigkeit* gibt an, wie leicht die Lesenden den Wörtern des Textes Bedeutung zuordnen können. Die Skala zum Merkmal *Wortschwierigkeit* wurde aus drei Items gebildet, von denen eines vor den Analysen rekodiert wird; dieses Item ist mit einem „(r)" gekennzeichnet:

Item **Formulierung**
WS1   Bei manchen Wörtern war ich mir nicht sicher, was sie bedeuten.
WS2   Ich kannte viele Wörter nicht.
WS3   Ich wusste bei allen Wörtern sofort, was sie bedeuten. (r)

Die interne Konsistenz der Skala lag in den Studien zwischen .80 und .90. Die Retest-Reliabilität der Skala betrug in Studie 5 $r_{tt} = .68$ (Hypothese H_{WS11}). Die Reliabilität der Skala war also durchweg gut bis sehr gut.

Zur Skala *Wortschwierigkeit* wurden insgesamt 31 Tests der neun verschiedenen Validitätshypothesen durchgeführt. In 28 dieser Tests zeigten sich Effekte in der erwarteten Richtung, von denen 23 statistisch signifikant wurden.

Zudem zeigten alle sieben Meta-Analysen die erwarteten Effekte. Da also bereits die meisten Einzeltests in diese Richtung wiesen, liegen damit sehr deutliche und einheitliche Validitätsbelege zur Skala *Wortschwierigkeit* vor.

Satzschwierigkeit

Die *Satzschwierigkeit* gibt an, wie leicht die Lesenden die Syntax der Sätze dekodieren können, um eine propositionale Repräsentation des Textes aufzubauen. Die Skala *Satzschwierigkeit* wurde aus drei Items gebildet:

Item   Formulierung
SS1   Die Sätze waren kompliziert gebaut.
SS2   Ich fand den Satzbau oft zu kompliziert.
SS3   Viele Sätze waren sehr lang.

Die interne Konsistenz der Skala lag in den Studien zwischen .80 und .91. In Studie 5 betrug die Retest-Reliabilität der Skala r_{tt} = .62 (Hypothese H_{SS11}). Die Reliabilität der Skala war also durchweg gut bis sehr gut.

Zur Skala *Satzschwierigkeit* wurden insgesamt 31 Tests der neun verschiedenen Validitätshypothesen durchgeführt. In 22 dieser Tests zeigten sich Effekte in der erwarteten Richtung. In 19 dieser Tests zeigten die Signifikanztests die erwarteten Ergebnisse.

Erwartungswidrig fielen die Zusammenhänge der Skala mit dem Vorwissen aus: Entgegen der Erwartungen zeigten sich, dass Personen mit viel thematischem Vorwissen niedrigere Werte für die *Satzschwierigkeit* angaben als Personen mit wenig Vorwissen. Über alle Studien hinweg entsprach der Unterschied einem schwachen Effekt. Wie bereits in Kapitel 12.4 diskutiert, sind mehrere Erklärungen für diesen Effekt möglich: Es ist möglich, dass die Skala *Satzschwierigkeit* von Merkmalen beeinflusst wird, die sie nicht messen soll. Es ist aber auch möglich, dass die *Satzschwierigkeit* entgegen den ursprünglichen Annahmen auf Seiten der Person nicht nur von der Lesekompetenz, der Größe des Arbeitsgedächtnisses und der Vertrautheit mit den syntaktischen Strukturen des Textes beeinflusst wird, sondern auch vom Vorwissen der Lesenden. Durch Vorwissen wird das Arbeitsgedächtnis entlastet, sodass mehr Ressourcen zur Dekodierung der Syntax zur Verfügung stehen. Diese Möglichkeit müsste in weiteren Studien geprüft werden.

Die Zusammenhänge der *Satzschwierigkeit* mit dem Verstehen fielen geringer aus als erwartet: Entgegen der Erwartung wies die *Satzschwierigkeit* in drei der vier Untersuchung einen Nullzusammenhang zum Verstehen und lediglich in Studie 3 einen schwachen bis mittleren negativen Zusammenhang zum Verstehen auf. Die Meta-Analyse zeigte einen insgesamt schwach negativen

Zusammenhang der beiden Variablen auf. Eine naheliegende Erklärung für diesen geringen Zusammenhang besteht darin, dass eine hohe *Satzschwierigkeit* zu längeren Lesezeiten führte, mit deren Hilfe das gleiche Verstehen erreicht wurde (s. a. Kintsch & Vipond, 1979). Für diese Vermutung spricht auch, dass die *Satzschwierigkeit* in einem mittleren und positiven Zusammenhang zu den negativen Emotionen steht.

Der unerwartete Zusammenhang der Skala *Satzschwierigkeit* mit dem Vorwissen und der geringe Zusammenhang mit dem tatsächlichen Verstehen bedürfen weiterer Klärung. Insgesamt fielen die Validitätstests aber sehr positiv aus: Sechs der sieben Meta-Analysen zeigten die erwarteten Effekte. Der strengste Validitätstest zur Skala *Satzschwierigkeit*, die Prüfung der Hypothese H_{SS03} in Studie 3 fiel zudem äußerst positiv aus und zeigte einen fast perfekten Zusammenhang zwischen der Komplexität der Syntax der Sätze und den Mittelwerten der Bewertung der *Satzschwierigkeit* der Texte. Zusammen mit den Ergebnissen der Meta-Analysen und dem Umstand, dass auch die meisten Einzeltests die erwarteten Ergebnisse zeigten, liegen insgesamt sehr deutliche Validitätsbelege zur Skala *Satzschwierigkeit* vor.

Argumentdichte

Die *Argumentdichte* gibt an, wie viele verschiedene Argumente der Text im Verhältnis zur Länge des Textes enthält. Die Skala *Argumentdichte* wurde aus drei Items gebildet:

Item	Formulierung
AD1	Eine Liste aller Personen, Gegenstände oder Themen, die im Text vorkamen, wäre sehr lang.
AD2	Der Text enthielt Aussagen über viele verschiedene Personen, Gegenstände oder Themen.
AD3	Im Text kamen viele verschiedene Personen, Gegenstände oder Themen vor.

Die interne Konsistenz der Skala lag in den Studien zwischen .83 und .89. In Studie 5 betrug die Retest-Reliabilität der Skala r_{tt} = .56 (Hypothese H_{AD11}). Die Reliabilität der Skala war also durchweg gut.

Zur Skala *Argumentdichte* wurden insgesamt 31 Tests der neun verschiedenen Validitätshypothesen durchgeführt. In 20 dieser Tests zeigten die Effektstärken die erwarteten Ergebnisse. Die Signifikanztests zeigten allerdings nur in 9 der 31 Tests die erwarteten Ergebnisse. Negativ fielen vor allem die Tests zum Verstehen und den positiven und negativen Emotionen beim Lesen aus. Entgegen der Erwartung stand die *Argumentdichte* jeweils in einem Nullzusammenhang zu diesen Variablen. Im Hinblick auf den geringen Zusammenhang mit dem Verstehen ist denkbar, dass eine hohe *Argumentdichte* sich auf die Lesezeit, nicht aber auf das Verstehen auswirkt (Ballstaedt et al., 1981). Im Hinblick auf das emotionale Erleben beim Lesen der Texte ist es denkbar, dass der höhere Aufwand für das Textverstehen unbewusst aufgebracht wurde und sich daher nicht auf die Emotionen ausgewirkt hat. Es ist aber auch denkbar, dass sich nur extremere Werte der *Argumentdichte* auf das emotionale Erleben beim Lesen auswirken, die in den durchgeführten Studien aber nicht realisiert wurden.

Entgegen den Erwartungen zeigte sich zwischen der Skala *Argumentdichte* und der Skala *Kürze-Prägnanz* des Fragebogens von Jucks (2001) ein negativer Zusammenhang. Wie bereits in Kapitel 14.1 erörtert, betreffen beide Konstrukte die Frage, wie viele Informationen der Text enthält. Anders als das Konstrukt *Argumentdichte* bezieht das Konstrukt *Kürze-Prägnanz* nicht nur die Menge an Informationen im Text mit ein, sondern auch inwiefern sie dem Ziel der Kommunikation dienen; diese Unterschiede zwischen den Konstrukten könnten für die geringen und negativen Zusammenhänge zwischen den entsprechenden Skalen ursächlich sein.

Wie erwartet stand die Skala *Argumentdichte* über alle Studien hinweg in einem Nullzusammenhang mit dem Vorwissen. Nur in Studie 2 hatte sich entgegen der Erwartungen ein deutlicher Unterschied zwischen den Personen mit viel und wenig Vorwissen hinsichtlich der Bewertung der *Argumentdichte* gezeigt. Der Effekt wurde in den anderen Studien nicht repliziert, es scheint aber möglich, dass die Skala entgegen dem Ziel vom Vorwissen beeinflusst wird. Gegen diese Möglichkeit spricht, dass sich beim Test der Hypothese H_{AD10} in Studie 5 sich wieder der erwartete Nulleffekt zeigte: Dort hatten die Befragten die *Argumentdichte* derselben Texte zu beiden Messzeitpunkten gleich bewertet. Diese Möglichkeit sollte in zukünftigen Studien weiter geprüft werden.

Die Vergleiche der Originaltexte mit den Texten mit erhöhter *Argumentdichte* in den Studie 1 und 2 zeigten jeweils statistisch nicht signifikante Effekte in der erwarteten Richtung. Die Ergebnisse der Tests der Hypothese H_{AD03} in Studie 1 und Studie 2 wiesen in die gleiche Richtung; dort hatte die Kontrastanalyse einen mittleren und einen starken Zusammenhänge von $r_{alerting} = .39$ und .62 zwischen den Mittelwerten der Bewertung der *Argumentdichte* durch die Lesenden und der Bewertung der *Argumentdichte* nach dem Verfahren von Turner und Greene (1977) ergeben – doch auch diese beiden Tests wurden statistisch nicht signifikant. Es zeigten sich also in all diesen Tests Effekte in der erwarteten Richtung, die jedoch trotz ausreichender Power statistisch nicht signifikant wurden.

Insgesamt zeigten also drei der sieben Meta-Analysen die erwarteten (Null-)Effekte. Da die Skala *Argumentdichte* – die ja tatsächlich ein Merkmal der Texte messen soll – jeweils mittlere Effekte zwischen verschiedenen Texten mit objektiv unterschiedlicher *Argumentdichte* nachweisen konnte, ist die Skala womöglich für jene praktischen Zwecke angemessen, die keine perfekte, sondern nur eine näherungsweise Ermittlung der *Argumentdichte* erfordern. Die Daten sprechen aber dafür, dass rechnergestützte Verfahren wie Coh-Metrix (McNamara et al., 2012) und DeLite (vor der Brück & Hartrumpf, 2009) oder das deutlich aufwendigere Verfahren von Turner und Greene (1977) die angemesseneren Verfahren sind.

Propositionsdichte

Die *Propositionsdichte* gibt an, wie viele Propositionen der Text im Verhältnis zur Länge des Textes enthält. Die Skala *Propositionsdichte* wurde aus drei Items gebildet, von denen eines vor den Analysen rekodiert wird; dieses Item ist mit einem „(r)" gekennzeichnet:

Item	**Formulierung**
PD1	Im Text wurden viele Zusammenhänge dargestellt.
PD2	Im Text wurden nur wenige Zusammenhänge dargestellt. (r)
PD3	Der Text enthielt sehr viele Informationen.

Die interne Konsistenz der Skala lag in den Studien zwischen .24 und .69. In Studie 5 betrug die Retest-Reliabilität der Skala $r_{tt} = .54$ (Hypothese H_{PD11}). Die Reliabilität der Skala war in den Studien 1, 2 und 3 ausreichend, in Studie 4 und zu beiden Messzeitpunkten der Studie 5 hingegen nicht.

Zur Skala *Propositionsdichte* wurden insgesamt 31 Tests der neun verschiedenen Validitätshypothesen durchgeführt. In 10 dieser 31 Tests zeigten sich Effekte in der erwarteten Richtung. In 5 dieser Tests zeigten die Signifikanztests die erwarteten Ergebnisse.

Die Skala *Propositionsdichte* wies zu keiner der Variablen *Verständlichkeitsempfinden*, Verstehen, positive Emotionen oder negative Emotionen die erwarteten Zusammenhänge auf. In den Tests zeigten sich zwar schwache Zusammenhänge, diese fielen allerdings entgegen der erwarteten Richtung aus. In Kapitel 9.4 war die Annahme vertreten worden, dass eine hohe *Propositionsdichte* das Verstehen erschwert. Ein hoher Wert hinsichtlich der Skala *Propositionsdichte* hing aber positiv mit dem *Verständlichkeitsempfinden*, dem Verstehen und den positiven Emotionen und negativ mit den negativen Emotionen einher. Es ist daher fraglich, ob die Annahmen über die Bedeutung der *Proposi-tionsdichte* für die Textverständlichkeit falsch waren oder ob die Daten der Skala von anderen Konstrukten beeinflusst werden als beabsichtigt. Die Daten sprechen eher für die zweite Möglichkeit: In Studie 1 erhielt der Originaltext höhere Werte für die *Propositionsdichte* als der Text mit erhöhter *Propositi-onsdichte*. In Studie 2 zeigte sich zwar ein schwacher bis mittlerer Unterschied zwischen den beiden Texten in der erwarteten Richtung, doch die Kontrastana-lysen zur Prüfung der Hypothese H_{PD03} zeigte in Studie 1 mit $r_{alerting}$ = .35 einen mittleren, positiven statistisch aber nicht signifikanten Zusammenhang und in Studie 2 mit $r_{alerting}$ = .24 einen schwachen positiven aber ebenfalls statistisch nicht signifikanten Zusammenhang zwischen der Skala *Propositionsdichte* und der Bewertung der *Propositionsdichte* nach dem Verfahren von Turner und Greene (1977). Die Skala *Propositionsdichte* gibt die tatsächliche *Propositi-onsdichte* demnach vermutlich nur sehr vage wider. Insgesamt zeigten damit nur zwei der sieben Meta-Analysen die erwarteten Effekte wie auch fast alle Einzeltests erwartungswidrige Ergebnisse erzielten. Die Validitätsbelege zur Skala *Propositionsdichte* fallen damit deutlich negativ aus und die Skala kann in künftigen Studien vermutlich weggelassen werden. Die Skala *Proposotions-dichte* wird daher auch in den folgenden Diskussionen nicht weiter berücksich-tigt.

Aufwand für Reorganisationen

Der *Aufwand für Reorganisationen* gibt an, wie viele Ressourcen die Lesenden aufbringen müssen, um Vorstellungen vom Inhalt oder dem weiteren Verlauf des Textes zu korrigieren. Die Skala *Aufwand für Reorganisationen* wurde aus drei Items gebildet:

Item	Formulierung
Ro1	Der Text widersprach an mehreren Stellen dem, was ich erwartet hatte.
Ro2	Der Text ging an mehreren Stellen anders weiter, als ich es erwartet hatte.
Ro3	Ich war manchmal überrascht, wie der Text weiterging.

Die interne Konsistenz der Skala lag in den Studien zwischen .74 und .84. In Studie 5 betrug die Retest-Reliabilität der Skala r_{tt} = .53 (Hypothese H_{Ro11}). Die Reliabilität der Skala war also durchweg befriedigend bis gut.

Zur Skala *Aufwand für Reorganisationen* wurden insgesamt 29 Tests der neun verschiedenen Validitätshypothesen durchgeführt. In 24 dieser Tests zeigten sich Effekte in der erwarteten Richtung, von denen 18 statistisch signifikant wurden.

Auffällig sind vor allem die mehrfach unerwartet geringen Zusammenhänge zwischen dem *Aufwand für Reorganisationen* und den positiven Emotionen: Zwischen beiden Variablen zeigten sich nur sehr schwache negative oder keine Zusammenhänge. Die Meta-Analyse ergab einen Wert von $r = -.08$. Wie erwartet zeigten sich deutlich stärkere, positive Zusammenhänge zwischen dem *Aufwand für Reorganisationen* und den negativen Emotionen. Dies spricht dafür, dass ein hoher *Aufwand für Reorganisationen* zu negativen Emotionen führt. Wenn aber nur wenig *Aufwand für Reorganisationen* betrieben werden muss, führt dies nicht zu positiven Emotionen; womöglich weil die Lesenden es für selbstverständlich halten, dass sie ihre Vorstellungen nicht oder nur kaum reorganisieren müssen.

Insgesamt zeigten aber alle sieben Meta-Analysen die erwarteten Effekte. Da auch bereits die meisten Einzeltests in diese Richtung wiesen, liegen damit sehr deutliche und einheitliche Validitätsbelege zur Skala *Aufwand für Reorganisationen* vor.

Klarheit der Vorstellung

Die *Klarheit der Vorstellung* gibt an, wie leicht es den Lesenden fällt, ein mentales Modell und die Makropropositionen zum Inhalt des Textes zu bilden. Die Skala *Klarheit der Vorstellung* wurde aus drei Items gebildet:

Item   Formulierung
KV1   Es fiel mir leicht, mir den Inhalt bildlich vorzustellen.
KV2   Beim Lesen hatte ich immer gleich ein Bild vom Gesagten vor Augen.
KV3   Ich fände es sehr leicht, eine Zusammenfassung zu geben.

Die interne Konsistenz der Skala lag in den Studien zwischen .75 und .86. In Studie 5 betrug die Retest-Reliabilität der Skala $r_{tt} = .71$ (Hypothese H_{KV11}). Die Reliabilität der Skala war also durchweg befriedigend bis gut.

Zur Skala *Klarheit der Vorstellung* wurden insgesamt 30 Tests zu den neun verschiedenen Validitätshypothesen durchgeführt. In 29 dieser Tests zeigten sich Effekte in der erwarteten Richtung, von denen 20 statistisch signifikant wurden. Insgesamt zeigten alle sieben Meta-Analysen die erwarteten Effekte so wie auch fast alle Einzeltests. Damit liegen sehr deutliche und einheitliche Validitätsbelege zur Skala *Klarheit der Vorstellung* vor.

Aufgrund der durchweg sehr hohen Zusammenhänge der Skala *Klarheit der Vorstellung* mit dem *Verständlichkeitsempfinden* lässt sich fragen, inwiefern die Skalen tatsächlich verschiedene Konstrukte messen. Die Berechnung der minderungskorrigierten Korrelationen zeigt, dass sich zwischen den Skalen auch dann keine perfekten Zusammenhänge zeigen könnten, wenn die Merkmale messfehlerfrei gemessen würden. Dies spricht dafür, dass die Skalen tatsächlich verschiedene Konstrukte messen. Eine hohe Korrelation zwischen den Skalen ist zudem theoriekonform: Die *Klarheit der Vorstellung* gibt die Leichtigkeit an, mit der die Lesenden ein mentales Modell und die Makropropositionen zum Inhalt des Textes aufbauen. In beiden Fällen handelt es sich um sehr anspruchsvolle Prozesse des Textverstehens, die jeweils am Ende des Verstehensprozesses stehen. Können sie erfolgreich abgeschlossen werden, hat Verstehen stattgefunden (s. Kapitel 3.1, 4.1 und 4.3). Die hohe Korrelation der Skalen steht daher im Einklang mit dem engen Zusammenhang der Konstrukte, die sie repräsentieren sollen. Tatsächlich weist die *Klarheit der Vorstellung* von allen Skalen des Fragebogens auch den größten Zusammenhang zum *Verständlichkeitsempfinden* auf. Die Daten zeigen aber, dass das *Verständlichkeitsempfinden* eben auch noch von anderen Merkmalen beeinflusst wird, insbesondere von der *Satzschwierigkeit*, der *Wortschwierigkeit*, dem *Aufwand für Reorganisationen* und der *Variation der Sprache*.

Variation der Sprache

Die *Variation der Sprache* gibt wieder, wie abwechslungsreich die Lesenden die Sprache des Textes empfinden. Die entsprechende Skala wurde aus drei Items gebildet, von denen eines vor den Analysen rekodiert wird; dieses Item ist mit einem „(r)" gekennzeichnet:

Item	Formulierung
VS1	Ich fand die Sprache lebhaft.
VS2	Der Text war monoton. (r)
VS3	Ich fand die Sprache abwechslungsreich.

Die interne Konsistenz der Skala lag in den Studien zwischen .65 und .89. In Studie 5 betrug die Retest-Reliabilität der Skala $r_{tt} = .63$ (Hypothese H_{VS11}). Die Reliabilität der Skala war also durchweg ausreichend bis gut.

Zur Skala *Variation der Sprache* wurden insgesamt 29 Tests der neun verschiedenen Validitätshypothesen durchgeführt. In 23 dieser Tests zeigten sich Effekte in der erwarteten Richtung und ebenfalls in 23 Tests zeigten die Signifikanztests die erwarteten Ergebnisse. Anders als erwartet fielen vor allem die Vergleiche von Personen mit viel und wenig Vorwissen hinsichtlich der Bewertung der *Variation der Sprache* aus. Die Unterschiede wiesen aber jeweils verschiedene Vorzeichen auf und in der Meta-Analyse zeigte sich ein Nulleffekt. Da das Merkmal *Variation der Sprache* nicht aus einer Theorie, sondern den Verständlichkeits-Konzepten von Langer et al. (2006) bzw. Groeben (1972) abgeleitet wurde, bedarf es weiterführender theoretischer und empirischer Studien, um diese Befunde angemessen einordnen zu können.

Insgesamt zeigten alle sieben Meta-Analysen die erwarteten Effekte. Da auch bereits die meisten Einzeltests in diese Richtung zeigten, liegen somit sehr deutliche und einheitliche Validitätsbelege zur Skala *Variation der Sprache* vor.

Verständlichkeitsempfinden

Das *Verständlichkeitsempfinden* gibt an, wie verständlich die Lesenden einen Text insgesamt empfinden. Die Skala *Verständlichkeitsempfinden* wurde aus drei Items gebildet, von denen eines vor den Analysen rekodiert wird; dieses Item ist mit einem „(r)" gekennzeichnet:

Item	**Formulierung**
Ve1	Ich fand den Text verständlich.
Ve2	Der Text könnte deutlich verständlicher sein. (r)
Ve3	Alles in allem war der Text leicht zu verstehen.

Die interne Konsistenz der Skala lag in den Studien zwischen .84 und .92. In Studie 5 betrug die Retest-Reliabilität der Skala r_{tt} = .84 (Hypothese H_{Ve11}). Die Reliabilität der Skala war also durchweg gut bis sehr gut.

Zur Skala *Verständlichkeitsempfinden* wurden insgesamt 38 Tests der neun verschiedenen Validitätshypothesen durchgeführt. In 29 dieser Tests zeigten sich Effekte in der erwarteten Richtung, von denen 21 statistisch signifikant wurden. Die Skala zeigte die erwarteten Zusammenhänge zum Verstehen und zu den Emotionen beim Lesen. In allen Erhebungen gaben Personen mit Vorwissen wie erwartet höhere Werte zum *Verständlichkeitsempfinden* an als Personen mit wenig Vorwissen.

Die strengsten Validitätsprüfungen stellten die Tests der Hypothesen H_{Ve03W} und H_{Ve03S} in Studie 3 dar: Die entsprechenden Kontrastanalyse zeigten jeweils starke Zusammenhänge von $r_{alerting}$ = .74 bzw. $r_{alerting}$ = .91 zwischen der Geläufigkeit der Wörter der Texte bzw. der syntaktischen Komplexität der Sätze der Texte und der Bewertung des *Verständlichkeitsempfindens* der Texte.

Insgesamt zeigten damit alle sieben Meta-Analysen die erwarteten Effekte. Da auch bereits die Mehrheit der Einzeltests in diese Richtung zeigten, liegen damit deutliche Validitätsbelege zur Skala *Verständlichkeitsempfinden* vor.

16.2 Einordnung der Befunde in den aktuellen Forschungsstand

Die Skalen des Fragebogens stehen in gutem Einklang mit dem integrierten Modell des Text- und Bildverstehens von Schnotz und Dutke (2004; s. Kapitel 4.1) und dem Konstruktions-Integrations-Modell von Kintsch (1988, 1998; s. Kapitel 4.3). Die Skalen *Wortschwierigkeit* und *Satzschwierigkeit* betreffen die Leichtigkeit, mit der die Lesenden eine propositionale Repräsentation des Textes aufbauen können und wie viele Assoziationen im zweiten Schritt der Konstruktions-Phase aktiviert werden, wie bedeutungsvoll die Wörter für die jeweilige Leserin bzw. den jeweiligen Leser also sind. Die *Argumentdichte* betrifft die Zahl der Argumente, die während der Verarbeitung des Textes aktiviert werden müssen. Der *Aufwand für Reorganisationen* betrifft einen wichtigen Aspekt des Fortgangs der Verarbeitung, der dadurch beeinflusst wird, in welcher Reihenfolge die Informationen im Text dargeboten werden und inwiefern die Lesenden vor allem aufgrund ihres Vorwissens darauf angewiesen sind, dass die Informationen in einer passenden Reihenfolge dargeboten werden. Die *Klarheit der Vorstellung* schließlich betrifft die Frage, wie leicht die Lesenden ein mentales Modell des Inhalts aufbauen können. Damit bildet der Fragenbogen mindestens jeweils einen wesentlichen kognitiven Prozess zu jeder Ebene des Textverstehens des integrierten Modells des Text- und Bildverstehens ab. Ein großer Vorzug des zugrundeliegenden Konzepts zur Textverständlichkeit und des darauf aufbauenden Fragebogens besteht also darin, dass sie mit den aktuellen Theorien des Textverstehens übereinstimmen und Textverständlichkeit als Merkmal der Text-Leser-Interaktion behandeln. Tatsächlich erfüllt derzeit kein anderes Instrument zu Textverständlichkeit diese beiden Kriterien (s. Kapitel 7 und 8).

Zudem stehen die empirischen Befunde der Validitäts-Studien im Einklang mit dem aktuellen Forschungsstand. In den Studien zum Konzept von Langer et al. (2006) hatten die Merkmale *Einfachheit* und *Gliederung-Ordnung* die größten Zusammenhänge zum tatsächlichen Verstehen (s. Kapitel 6.2). Dies entspricht auch den Befunden der vorliegenden Studien: Hier wiesen die Skalen *Wortschwierigkeit, Satzschwierigkeit, Klarheit der Vorstellung* und *Aufwand für Reorganisationen* die größten Zusammenhänge mit dem Verstehen auf (Kapitel 15). Die Merkmale *Wortschwierigkeit* und *Satzschwierigkeit* zeigen zusammengenommen wesentliche inhaltliche Übereinstimmungen mit dem Merkmal *Einfachheit* von Langer et al. (2006) auf (s. Kapitel 6.2, 9.1, 9.2 und 14.1). Die Merkmale *Aufwand für Reorganisationen* und *Klarheit der Vorstellungen* weisen wesentliche inhaltliche Überschneidungen mit dem Merkmal

Gliederung-Ordnung von Langer et al. (2006) auf (s. Kapitel 6.2, 9.7, 9.8, 9.9, 11.4 und 14.1). Das Merkmal *Klarheit der Vorstellung* weist außerdem auch einige inhaltliche Überschneidung mit dem Merkmal *Einfachheit* von Langer et al. (2006) auf (s. Kapitel 14.4). Es ist daher stimmig, dass diese Skalen des neu entwickelten Fragebogens die höchsten Zusammenhänge mit dem Verstehen haben. Langer et al. zufolge hat das Merkmal *Kürze-Prägnanz* alleine keinen Einfluss auf das Textverstehen. Dies passt zu dem Befund, dass die Skala *Argumentdichte* nicht mit dem Verstehen korrelierte. Auch Ballstaedt et al. (1981) zufolge wirkt sich die *Argumentdichte* nicht auf das Verstehen, sondern auf die Lesezeit aus. Da die Lesezeit in den vorliegenden Untersuchungen nicht erhoben wurde, müsste dieser Zusammenhang in weiteren Studien geprüft werden.

Die Skalen des neu entwickelten Fragebogens zur Textverständlichkeit wiesen Korrelationen von $|r|$ = .14 bis .71 mit dem *Verständlichkeitsempfinden* auf (s. Kapitel 15). Die Größe dieser Zusammenhänge kann vor dem Hintergrund der Zusammenhänge der anderen Instrumente zur Messung der Textverständlichkeit zu ähnlichen Variablen verglichen werden. In der Studie von Heydari (2012) hatte sich ein mittlerer, negativer Zusammenhang von r = -.30 zwischen verschiedenen Lesbarkeitsformeln wie der Reading-Ease-Formel und einem Verständlichkeitsurteil durch Lesende ergeben. In den Studien von Lockmann (1965, zitiert nach Kintsch & Vipond, 1979) hatten sich allerdings zwischen den Reading-Ease-Werten und dem Verständlichkeitsurteil durch Lesende wider Erwarten positive Zusammenhänge ergeben. Jucks (2001) selbst berichtet keine Zusammenhänge zwischen den Skalen ihres Fragebogens; Meta-Analysen mit den Daten aus den Studien 4 und 5 zu den Skalen von Jucks (s. Anhang E-12) zeigen aber durchschnittliche Zusammenhänge der Skalen des Fragebogens von Jucks mit der Skala *Verständlichkeitsempfinden* des neu entwickelten Fragebogens zwischen r = .35 und .79. Vor der Brück und Hartrumpf (2009) schließlich berichten Korrelationen von r = .51 zwischen den Ergebnissen der Software DeLite mit den Verständlichkeitsurteilen von Lesenden. Von diesen Instrumenten weisen also der Fragebogen von Jucks und der neu entwickelte Fragebogen zur Textverständlichkeit die höchsten Zusammenhänge zur empfundenen Verständlichkeit auf. Dieser Zusammenhang kommt sicherlich auch dadurch zustande, dass in diesen beiden Fällen Angaben zu einer Fragebogen-Skala mit den Angaben zu einer anderen Skala des Fragebogens in Beziehung gesetzt werden (s. Kapitel 16.3). Die Befunde sprechen aber auch noch mal dafür, Textverständlichkeit nicht als Merkmal der Texte, sondern als Merkmal der Text-Leser-Interaktion zu behandeln. Der neu entwickelte Fragebogen hat gegenüber dem Fragebogen von Jucks (2001) mehrere Vorteile: Zum einen ist der neu entwickelte Fragebogen theoretisch fundiert und zum anderen sind die einzelnen Skalen inhaltlich weniger breit, sodass er genauere Angaben macht.

16.3 Diskussion der angewandten Methoden

Neben der theoretischen Fundierung des Fragebogens wurde viel Wert darauf gelegt, dass die Validitätsprüfungen zum Fragebogen dem aktuellen Stand der Forschung entsprechen. In diesem Kapitel werden die Methoden der Studien diskutiert. Dazu werden zuerst die eingesetzten Instrumente, dann die gewählten Designs und schließlich die statistischen Verfahren diskutiert.

Diskussion der Instrumente

In den Validitätsprüfungen kamen der Manipulation der Texte und den Instrumenten zur Messung verschiedener personenbezogener Merkmale eine zentrale Rolle zu. Die Manipulation der Texte wurde bereits in den Diskussionen der Einzelstudien und der Zusammenfassung der Ergebnisse im Hinblick auf die einzelnen Skalen in Kapitel 11.8, 12.4, 13.4 und 14.4 thematisiert. Im Folgenden werden die Instrumente diskutiert, mit denen das Verstehen, die Emotionen beim Lesen und das Vorwissen gemessen wurden.

Die wichtigste abhängige Variable in Validitäts-Untersuchungen zu einem Instrument zur Messung der Textverständlichkeit stellt sicherlich das Verstehen dar. In den Studien 2, 3, 4 und 5 wurde das Verstehen mit Hilfe von Mehrfachwahl-Aufgaben erhoben. Die Tests wurden für die Untersuchungen neu konstruiert. Die Tests erwiesen sich jeweils als eindimensional und erzielten mit $\alpha = .67$ bis $.89$ durchweg ausreichende bis gute Werte für die interne Konsistenz. Die Aufgaben konnten nicht mit den Informationen aus dem Text alleine gelöst werden; es war immer erforderlich, aus den Informationen des Textes Schlüsse zu ziehen. Die Aufgaben erforderten also jeweils nicht nur Behalten, sondern Verstehen. Zudem erzielten Personen mit viel Vorwissen in allen Erhebungen deutlich höhere Werte in den Verstehenstests als Personen mit wenig Vorwissen (s. Kapitel 12.3, 13.3 und 14.3). Dies spricht für die Validität der mit Hilfe der eingesetzten Tests gezogenen Schlüsse.

Die Emotionen beim Lesen wurden mit einer adaptierten Version der SPANE gemessen. Da die Instruktion der SPANE für die Untersuchungen verändert wurde, bedarf es eigener Validitätsbelege für die Schlüsse, die mit Hilfe des Einsatzes des Instruments vollzogen werden (vgl. Kapitel 8). Folgende Punkte sprechen dafür, dass die Schlüsse valide sind, die aus den Daten zur adaptierten Version der SPANE gezogen wurden: Zum einen weist der Fragebogen auch in der adaptierten Version hohe Übereinstimmungen mit der Beschreibung der zu messenden Konstrukte auf. Bildet man aus den Items zu den positiven Emotionen und den Items zu den negativen Emotionen zwei Skalen, so zeigen sich zwischen diesen Skalen zudem durchweg die erwarteten, mittleren, negativen Zusammenhänge (s. Kapitel 12.3, 13.3 und 14.3). Dennoch sind natürlich weitere Validitätsprüfungen zur adaptierten Version der SPANE wünschenswert. In zukünftigen Studien könnten statt der SPANE auch andere Instrumente zur Erfassung der Emotionen beim Lesen verwendet werden, z.b. die PANAS (Krone et al., 1996).

Das Vorwissen schließlich wurde am Ende der Datenerhebung durch ein Item in einem Fragebogen erfasst. Es ist möglich, dass die Angaben zum Vorwissen dadurch beeinflusst werden, wie verständlich die Lesenden den Text vorher fanden. Aus den Ergebnissen von Studie 1 ergibt sich jedoch ein Hinweis auf die Validität der mit dem Item erhobenen Daten: In Studie 1 lasen die Befragten einen Text zu den Gütekriterien der klassischen Testtheorie. Am Ende der Studie sollten die Befragten angeben, wie viel Vorwissen sie zu dem Thema hatten und ggf. welchen Studiengang sie studierten. Dabei zeigte sich, dass Personen, die angaben, dass sie viel Vorwissen zum Thema des Textes hatten, fast durchweg Psychologie oder Erziehungswissenschaften studierten und dass fast alle Personen, die angaben, dass sie wenig Vorwissen zum Thema hatten, andere Fächer oder gar nicht studiert haben. Das spricht für die Validität der Daten, die mit dem Item erhoben wurden. Dennoch wäre es günstiger, das Vorwissen mit Hilfe eines Leistungstests vor dem Lesen des Textes zu erheben. Um das Vorwissen abzuschätzen, ist die Selbsteinschätzung mit Hilfe eines Items aber ökonomischer.

Sowohl die Texte als auch die Tests und Fragebögen wurden jeweils in einer Sitzung und in der jeweils gleichen Form dargeboten: In den Studien 1, 2 und 3 wurden sie schriftlich in einer online-Studie dargeboten. In den Studien 4 und 5 wurden sie schriftlich in einem Paper-Pencil-Format dargeboten. Bei der Prüfung der Hypothesen $H_{\bullet\bullet04}$ bis $H_{\bullet\bullet11}$ wurden die Prädiktoren und die Kriterien zudem jeweils durch die Befragung der gleichen Personen gewonnen. Es ist daher möglich, dass es zu einer Methodenverzerrung (common-method-bias) gekommen ist, in deren Folge die Größe der Zusammenhänge zwischen den Skalen der Fragebögen zur Textverständlichkeit, dem Vorwissen, den Emotionen beim Lesen und dem Verstehen überschätzt wurden (vgl. Podsakoff, MacKenzie, Lee, & Podsakoff, 2003). Podsakoff et al. (2003) erörtern eine ganze Reihe von Methodenverzerrungen: Es ist denkbar, dass z.B. der Zusammenhang zwischen den Skalen zur Textverständlichkeit und den Emotionen beim Lesen in den Studien überschätzt wurde. Dies kann geschehen sein aufgrund von impliziten Theorien der Befragten, ihrem Wunsch, konsistent zu erscheinen oder dem Wunsch, den Erwartungen der Versuchsleitung zu entsprechen. Die Autoren nennen verschiedene Möglichkeiten, um Methodenverzerrungen entgegenzuwirken: Die Prädiktoren und die Kriterien werden von verschiedenen Personen erhoben; die Prädiktoren und die Kriterien werden zu verschiedenen Zeitpunkten erhoben; die Prädiktoren und die Kriterien werden in verschiedenen Kontexten erhoben; die Quellen der Methodenverzerrungen werden valide erfasst und statistisch kontrolliert; die Größe der Methodenverzerrungen wird statistisch geschätzt und statistisch kontrolliert; es werden Instrumente verwendet, bei denen Methodenverzerrungen unwahrscheinlich sind. Bei den Prüfungen der Hypothesen $H_{\bullet\bullet 04}$ bis $H_{\bullet\bullet 11}$ ging es um Zusammenhänge zwischen der Leichtigkeit, mit der die Verstehensprozesse bei den Befragten ablaufen, der subjektiven Verständlichkeit der Texte, der Emotionen der Lesenden beim Lesen und dem Produkt des Verstehensprozesses, den Verstehensleistungen. Dem vorliegenden Konzept zur Textverständlichkeit zufolge sind bestimmte Texte jeweils für bestimmte Personen in bestimmten Situationen verständlich. Es schien daher wesentlich, diese Variablen zunächst bei den jeweils gleichen Personen zu erheben und die entsprechenden Zusammenhänge zu prüfen. Um den Einfluss von Methodenverzerrungen auszuschließen oder zumindest zu verringern, sollte das methodische Vorgehen in zukünftigen Studien variiert werden: Dazu sollten die Variablen wie die Emotionen beim Lesen oder das tatsächliche Textverstehen mit Hilfe von Instrumenten erhoben werden, die dem Fragebogen zur Textverständlichkeit weniger ähnlich sind; man könnte z.B. Bedienungsanleitungen als Versuchstexte verwenden und das Verstehen dann nicht mit Hilfe von Mehrfachwahlaufgaben prüfen, sondern stattdessen, indem man beobachtet, inwiefern die Versuchspersonen die in der Anleitung beschriebenen Handlungen richtig ausführen. Um Methodenverzerrungen zu vermeiden, empfehlen Podsakoff et al. (2003) vor allem, die Prädiktoren und die Kriterien an verschiedenen Personen zu erheben. Da Texte immer für bestimmte Personen in bestimmten Situationen verständlich sind, können die Verständlichkeit und die Kriterien nicht anhand verschiedener Personen erhoben werden. Autorinnen und Autoren schreiben ihre Texte aber in der Regel für eine größere Zielgruppe. Dementsprechend könnte man die Verständlichkeit für einen Teil dieser Zielgruppe erheben, um die Kriterien vorherzusagen, die man an einem anderen Teil der Zielgruppe erhebt. Dieses Vorgehen setzt vorraus, dass beide Gruppen als gleichartig angesehen werden können. Dies wird durch Randomisierung erreicht (Westermann, 2000). Dementsprechend liefern derzeit die Tests der Hypothesen $H_{\bullet\bullet 02}$ und $H_{\bullet\bullet 03}$, bei welchen die Prädiktoren experimentell manipuliert und die Kriterien an verschiedenen Personen erhoben wurden, die stärksten Validitätsbelege.

Diskussion der Designs

Da die Untersuchungsteilnehmenden die Texte per Zufall vorgelegt bekamen, handelte es sich bei den Studien jeweils um Experimente (Westermann, 2000). Dass das Instrument durch die Tests der Hypothesen $H_{\bullet\bullet02}$ und $H_{\bullet\bullet03}$ auch experimentell geprüft wurde, ist ein wesentlicher Vorzug gegenüber vielen anderen Studien zur Textverständlichkeit. Da die Studien 1, 2 und 3 als Online-Experimente durchgeführt wurden, wurden die Störfaktoren Auswahl, Mortalität und zwischenzeitliches Geschehen allerdings nicht kontrolliert. Die verschiedenen Versionen der Texte wurden jeweils gleich vielen Personen vorgelegt. Die Tabellen in Anhang E-02 zeigen aber, dass der Ausfall an Probanden je nach der Version der Texte unterschiedlich groß war. Es ist naheliegend anzunehmen, dass die Bearbeitung häufiger abgebrochen wurde, wenn die Texte als unverständlich empfunden wurden. Zwischen der Zahl der vollständigen Datensätze und dem durchschnittlichen *Verständlichkeitsempfinden* zeigte sich in Studie 1 tatsächlich ein positiver Zusammenhang von $r = .68$, in Studie 2 allerdings ein negativer Zusammenhang von $r = -.55$ und in Studie 3 ein Nullzusammenhang von $r = .03$. Es ist daher unklar, wodurch die Ausfälle bedingt wurden und ob bzw. welchen Einfluss sie auf die Ergebnisse hatten. Da es sich bei den Studien um Online-Experimente handelte, ist zudem nicht bekannt, was die Versuchspersonen genau während der Datenerhebung getan haben. Es besteht die Möglichkeit, dass sie während der Datenerhebung weitere Quellen zum Thema gelesen oder lange pausiert haben. Die Ergebnisse müssen daher vorsichtig interpretiert werden und es wäre wünschenswert, ähnliche Studien als Laborexperimente durchzuführen, da die Hürde zum Abbrechen dann zum einen höher ist als bei einem Online-Experiment und die Mortalität dadurch geringer sein dürfte und weil die Abbrechenden dann zudem nach ihren Gründen befragt und ggf. noch weitere Daten erhoben werden können. Der Aufwand für Labor-Experimente ist natürlich deutlich größer als für Online-Studien und schien für die ersten Erprobungen des Instruments daher noch nicht gerechtfertigt.

Die Hypothesen $H_{\bullet\bullet04}$ bis $H_{\bullet\bullet11}$ wurden nicht experimentell getestet; die Hypothese $H_{\bullet\bullet04}$ wurde durch den Vergleich vorgegebener Gruppen getestet (s. Campbell & Stanley, 1970); die Hypothesen $H_{\bullet\bullet10}$ und $H_{\bullet\bullet11}$ wurden in einer Längsschnittstudie geprüft (vgl. Rost, 2007); das Vorgehen zur Prüfung der Hypothesen $H_{\bullet\bullet05}$ bis $H_{\bullet\bullet09}$ entspricht einer Querschnittsstudie. Die Hypothesen $H_{\bullet\bullet05}$ bis $H_{\bullet\bullet09}$ betreffen den Zusammenhang der Skalen des Fragebogens zur Textverständlichkeit zu wesentlichen Folgen des Lesens. Die Skalen des Fragebogens sollen jeweils erfassen, wie leicht es Lesenden in einer bestimmten Situation fällt, einen bestimmten Text zu verstehen; sie sollen also jeweils Merkmale der Prozesse des Textverstehens erfassen, um verschiedene Produkte des Textverstehens vorherzusagen. Zur Prüfung der Hypothesen $H_{\bullet\bullet 05}$ bis $H_{\bullet\bullet 09}$ wurden die Skalen dementsprechend als Prädiktoren benutzt, um wesentliche Folgen des Textverstehens als Kriterien vorherzusagen, und zwar das *Verständlichkeitsempfinden* ($H_{\bullet\bullet 05}$), das tatsächliche Textverstehen ($H_{\bullet\bullet 06}$), die positiven Emotionen ($H_{\bullet\bullet 07}$) und die negativen Emotionen beim Lesen ($H_{\bullet\bullet 08}$). Da das Design, das zur Prüfung dieser Hypothesen benutzt wurde, einer Querschnittsstudie entspricht, lässt sich allerdings nicht feststellen, ob die Skalen des Fragebogens zur Textverständlichkeit tatsächlich die Prozesse des Textverstehens messen, die dann wiederum für die Folgen des Textverstehens verantwortlich sind, oder ob die Befragten vielleicht aufgrund der Folgen des Textverstehens Rückschlüsse auf ihre eigenen Prozesse des Textverstehens ziehen. In diesem Fall wären dann nicht die Skalen zur Textverständlichkeit die Prädiktoren für z.b. das tatsächliche Textverstehen, sondern das tatsächliche Textverstehen wäre vielmehr der Prädiktor für die Einschätzung der Textverständlichkeit. Es stellt sich daher die Frage, in welchem Zusammenhang die Prozesse des Textverstehens, die Metakognitionen über die Prozesse des Textverstehens und die Produkte des Textverstehens stehen und wie die Befragten beim Bearbeiten der Items tatsächlich vorgehen (vgl. Podsakoff et al., 2003). In zukünftigen Studien sollten deshalb weitere Instrumente zur Erfassung der Prozesse des Textverstehens eingesetzt werden, wie z.B. die Aufzeichnung von Blickbewegungen oder die Methode des lauten Denkens, um sie mit den Antworten auf die Skalen des Fragebogens in Beziehung zu setzen.

Diskussion der angewandten statistischen Verfahren

Die Hypothesen wurden mit Hilfe von Cohens *d*, Pearsons *r*, Kontratanalysen und *t*-Tests getestet. Es handelt sich dabei um einfache statistische Verfahren. Der Einsatz der Verfahren scheint gerechtfertigt. Die Voraussetzungen waren jeweils erfüllt; alle abhängigen Variablen konnten als intervallskaliert betrachtet werden und es konnte jeweils angenommen werden, dass die Merkmale normalverteilt sind (s. Box-Plots in Anhang E-03). Die Wahl einfacher Verfahren entspricht auch den Empfehlungen der task force on significance testing der APA von 1996.

Insgesamt wurden über 250 Signfikanztests durchgeführt. Das Alpha-Niveau der Signifikanztests lag jeweils bei 5% oder – wenn sich aus der inhaltlichen Hypothese eine statistische Nullhypothese ableiten ließ – bei 20%. Auf eine Adjustierung des α-Niveaus wurde verzichtet, da das β-Risiko für die meisten Tests bereits recht hoch war und sonst weiter gestiegen wäre bzw. weil durch eine Adjustierung des α-Niveaus noch größere Stichproben notwendig gewesen wären. Dieser Aufwand schien auch für die Versuchspersonen nicht gerechtfertigt. Stattdessen wurde der Rost (2007) zufolge günstigere Weg beschritten und die Ergebnisse wurden mehrere Male repliziert, sodass die Kummulierung des Alpha-Risikos kein Problem darstellen sollte.

16.4 Grenzen

Wie in Kapitel 8 dargelegt, muss die Validität für den Einsatz eines Instruments zu verschiedenen Zwecken und verschiedene Populationen nachgewiesen werden. Bezogen auf Instrumente zur Textverständlichkeit bedeutet dies, dass die Validität der Anwendung des Instruments für verschiedene Personen-Populationen, verschiedene Textpopulationen, verschiedene Zielvariablen wie Behalten, Verstehen, Emotionen beim Lesen usw. und verschiedene Anwendungszwecke wie z.B. die optimale Zuordnung von Texten zu Lesenden, die Rückmeldung an Autorinnen und Autoren, die Korrelation der Daten in wissenschaftlichen Studien usw. eigens nachgewiesen werden muss. Ohne weitere Studien ist die Generalisierbarkeit der vorliegenden Ergebnisse daher begrenzt: An den Studien nahmen jeweils nur Erwachsene und überwiegend Studierende vor allem Studierende der Human- und Geisteswissenschaften teil. Die Texte waren zwischen 516 und 799 Wörtern lang. Es handelte sich durchweg um expositorische Texte, wie sie in Lehrbüchern vorkommen. Die Lesenden wurden angewiesen den Text, wie für einen späteren Verstehenstest zu lesen. Die Daten wurden verwendet, um die Daten mit dem Verstehen, den Emotionen beim Lesen und dem Vorwissen zu korrelieren. Es ist anzunehmen, dass der Einsatz des Fragebogens in Studien mit ähnlicher Population, ähnlichen Texten, ähnlichen Lesezielen und ähnlichem Anwendungszweck ebenfalls zu validen Ergebnissen führt. Im Hinblick auf alle anderen Einsatzmöglichkeiten kann nur über die Validität der aus den Daten gezogenen Schlüsse spekuliert werden. Gerade im Hinblick auf den Einsatz des Fragebogens zur Zuordnung von Texten zu verschiedenen Zielgruppen und zur Rückmeldung für Autorinnen und Autoren kann aufgrund der vorliegenden Daten noch nichts gesagt werden. Dazu sind weitere Studien erforderlich. Das trifft allerdings auch auf die Mehrheit der anderen vorgestellten Instrumente zur Textverständlichkeit zu (vgl. Kapitel 7 und 8).

Hinsichtlich der Skalen *Wortschwierigkeit, Satzschwierigkeit, Aufwand für Reorganisationen, Klarheit der Vorstellung, Variation der Sprache* und *Verständlichkeitsempfinden* haben sich die stabilsten Ergebnisse gezeigt, sodass im Hinblick auf diese Skalen zu erwarten ist, dass die mit diesen Skalen gewonnenen Daten auch in anderen Kontexten valide Schlüsse erlauben. Hinsichtlich der Skalen *Argumentdichte* waren die Ergebnisse weniger einheitlich. Hier besteht also noch Forschungsbedarf, von welchen Variablen es abhängt, inwiefern die mit dieser Skala erhobenen Daten welche validen Schlüsse erlauben. Hinsichtlich der Skala *Propositionsdichte* fielen die meisten Validitätsprüfungen negativ aus. Daher ist zu erwarten, dass der Einsatz der Skala auch zu anderen Zwecken wenig valide Schlüsse erlaubt.

16.5 Ausblick

Weitere Validitätshypothesen

In den Kapiteln 10.1 bis 14 wurden verschiedene empirische Studien vorgestellt, in denen eine Reihe von Validitätshypothesen zu dem neu entwickelte Fragebogen zur Textverständlichkeit getestet wurden. Im Folgenden sollen einige Fragen angesprochen werden, die trotz der Studien noch offen sind, oder sich aus den Studien ergeben haben.

Zuerst einmal wäre es wünschenswert, weitere Validitätshypothesen zu den Skalen zu prüfen: In Studie 3 wurden die *Wortschwierigkeit* und die *Satzschwierigkeit* in je fünf Stufen manipuliert, um entsprechende Validitätshypothesen zu den Skalen *Wortschwierigkeit*, *Satzschwierigkeit* und *Verständlichkeitsempfinden* zu prüfen. Diese Hypothesen-Tests stellten die strengsten und aufschlussreichsten Hypothesen-Tests zu diesen Skalen dar. Es wäre wünschenswert, dementsprechend mit den anderen Skalen zu verfahren, also den Skalen zur *Argumentdichte*, dem *Aufwand für Reorganisationen*, der *Klarheit der Vorstellung* und der *Variation der Sprache*.

In den durchgeführten Studien wurde nicht geprüft, inwiefern die Skalen zur Textverständlichkeit nur von bestimmten Text- oder Personenmerkmalen beeinflusst werden (diskriminative Validität). Dies hat mehrere Gründe: Hypothesen zur diskriminativen Validität würden im Hinblick auf die Skalen des Fragebogens in der Regel darauf abzielen, dass die Manipulation eines bestimmten Textmerkmals keinen oder nur einen geringen Einfluss auf einen bestimmten Prozess des Textverstehens bzw. ein bestimmtes Merkmal der Textverständlichkeit hat. Hypothesen zur diskriminativen Validität erfordern daher in der Regel eine Prüfung der Nullhypothese. Um Nullhypothesen zu belegen, muss vor allem der β-Fehler gering gehalten werden. Dazu kann man entweder das α-Niveau erhöhen oder braucht eine sehr große Stichprobe. Um z.B. nachzuweisen, dass nicht einmal ein mittlerer Effekt von $|d| = 0.50$ vorliegt, braucht man bei einem $\alpha = .05$ und einem $\beta = .05$ pro Versuchsbedingung 88 Versuchspersonen und bei einem $\alpha = .20$ und einem $\beta = .05$ immer noch 50 Personen pro Versuchsbedingung. Dies entspräche einer Vervierfachung bzw.

einer Verdopplung des Stichprobenumfangs. Dieser Aufwand schien zu diesem Zeitpunkt der Erprobung des Fragebogens nicht gerechtfertigt (vgl. Westermann, 2000). Darüber hinaus ist aber auch anzunehmen, dass sich die Manipulation einzelner Textmerkmale nicht nur auf einen Prozess des Textverstehens, sondern in der Regel auf mehrere Prozesse des Textverstehens bzw. mehrere Merkmale der Textverständlichkeit auswirkt (Gagné & Bell, 1981; Graesser et al., 2011; McNamara et al., 2012; s. Kapitel 6.5, 6.6 und 9.11). Wenn man z.b. geläufige Wörter eines Textes durch weniger geläufige Synonyme ersetzt, dann sollte sich nicht nur die *Wortschwierigkeit* erhöhen, sondern z.b. auch der *Aufwand für Reorganisationen*, da die Lesenden den ungeläufigen Wörtern möglicherweise falsche Bedeutungen zuordnen, die sie später wieder korrigieren müssen (vgl. Gagné & Bell, 1981; Graesser et al., 2011). Gegenwärtig liegen keine detaillierten Studien dazu vor, wie sich verschiedene Textmerkmale auf die einzelne Prozesse des Textverstehens auswirken. Entsprechende Studien zur diskriminativen Validität der Skalen wären daher noch mit großen Unsicherheiten verbunden. Eine weitere Erforschung der Zusammenhänge zwischen den Textmerkmalen, den Prozessen des Textverstehens und dann der diskriminativen Validität der Skalen wäre allerdings wünschenswert.

Desweiteren wäre es wünschenswert, mit Hilfe der Methode des lauten Denkens zu prüfen, wie die Befragten bei der Bewertung der Texte und der Beantwortung der Items vorgehen und ob die Befragten dabei tatsächlich so vorgehen wie erwartet.

Die Validitätshypothesen wurden nur für begrenzte Populationen von Texten, Personen, abhängigen Variablen und Anwendungszwecken erbracht. Es ist daher fraglich, wie weit sich die Ergebnisse verallgemeinern lassen. Dazu braucht es weiterer Studien bzw. die Validitätsbelege müssen im Rahmen der Anwendungskontexte erbracht werden. Es wäre wünschenswert, in weiteren Studien auch zu prüfen, ob die Skalen zur Textverständlichkeit die erwarteten Zusammenhänge zu jenen Prädiktoren aufweisen, die bislang nicht oder nicht optimal erhoben wurden, wie z.b. dem Vorwissen, der Größe des Arbeitsgedächtnisses, der Lesekompetenz und dem Leseziel. Darüber hinaus wäre es auch wünschenswert, zu prüfen, ob die Skalen des Fragebogens auch mit anderen abhängigen Variablen die erwarteten Zusammenhänge aufweisen, wie z.b. dem Cognitive Load, dem situativen Interesse und der Anwendung von Handlungswissen, das in Texten vermittelt wird. Fraglich ist schließlich auch noch, in welchem Zusammenhang die Daten des Fragebogens zu anderen Instrumenten der Textverständlichkeit wie der Reading-Ease-Formel (Flesch, 1948), den Experten-Urteilen nach dem Verfahren von Langer et al. (1974/2006), der

Software DeLite (vor der Brück & Hartrumpf, 2009) und anderen Verfahren stehen.

Im Zusammenhang mit den Validitätshypothesen zum Fragebogen wäre es auch wünschenswert zu prüfen, ob es einen Unterschied zwischen der computergestützten Erhebung der Textverständlichkeit und der Erhebung mit Hilfe von paper-pencil-Tests gibt. Die Theorien des Textverstehens, auf denen das vorgestellte Konzept der Textverständlichkeit und damit auch der Fragebogen basieren, machen keinen Unterschied zwischen mündlichen Texten, gedruckten Texten oder digital dargebotenen Texten. Es gibt allerdings Hinweise darauf, dass das Lesen von gedruckten Texten und das Lesen von digital dargebotenen Texten verschiedene Kompetenzen beansprucht. Es ist daher fraglich, inwiefern die Prozesse des Textverstehens sich in beiden Fällen gleichen und inwiefern die Merkmale der Textverständlichkeit daher auch in beiden Fällen gleich sind. Es wurde zudem nicht untersucht, ob man die Skalen einzeln verwenden kann. Das könnte man zukünftig ebenfalls tun.

Weitere Merkmale der Textverständlichkeit

Studie 1 hatte gezeigt, dass mit Hilfe des neu entwickelten Fragebogens zur Textverständlichkeit das Merkmal *Verständlichkeitsempfinden* und sieben Merkmale der Textverständlichkeit reliabel erfasst werden können und zwar *Wortschwierigkeit, Satzschwierigkeit, Argumentdichte, Propositionsdichte, Aufwand für Reorganisationen, Klarheit der Vorstellung* und *Variation der Sprache*. In Studie 1 und in den folgenden Studien wurden zahlreiche Validitätshypothesen zu diesen Merkmalen getestet. Die Merkmale *Aufwand zur Inferenzbildung, Aufwand für Reinstatements, Anschaulichkeit* und *Hervorhebungen* hatten sich in der Hauptkomponentenanalyse nicht als eigene Komponenten gezeigt.

Die Items, die zu den Skalen *Aufwand zur Inferenzbildung* und *Aufwand für Reinstatements* konstruiert worden waren, luden alle auf die erste Hauptkomponente, die als *Klarheit der Vorstellung* interpretiert wurde; die Items zeigten aber ein sehr uneinheitliches Ladungsmuster. Dafür kann es verschiedene Gründe geben:

1. Es ist möglich, dass die Bewertung dieser Merkmale die Fähigkeiten der Lesenden überstieg. Das ist jedoch unwahrscheinlich: In der Studie von Schnotz (1987), in der er die Methode des lauten Denkens bei einer ebenfalls studentischen Stichprobe anwendete, machten die Befragten von sich aus Aussagen darüber, dass sie einen hohen *Aufwand zur Inferenzbildung* oder einen hohen *Aufwand für Reinstatements* aufbringen mussten, um einen bestimmten Text zu verstehen.

2. Es ist auch möglich, dass die Items dieser beiden Skalen ungünstig formuliert waren. Tatsächlich waren die Items dieser beiden Skalen semantisch am heterogensten formuliert, während die Formulierungen der anderen Items sehr homogen waren. Möglicherweise hätten sich zwei entsprechende Hauptkomponenten gezeigt, wenn die Items zu diesen Merkmalen
homogener formuliert gewesen wären.

3. Es ist aber auch denkbar, dass die Varianz der Merkmale in den Texten zu
gering war, als dass diese Merkmale sich hätten zeigen können. Womöglich können Reinstatements bei einem Text mit circa 560 bis 800 Wörtern
schnell vollzogen werden und verursachen wenig Aufwand, weil die
wichtigen Informationen als Makropropositionen noch im Arbeitsgedächtnis verfügbar sind oder weil nicht weit im Text zurückgesprungen
werden muss, um die Informationen zu suchen und weil die gesuchte
Stelle schnell gefunden und nicht aufwendig gesucht werden muss. Um
eine entsprechende Komponente nachzuweisen, hätte es womöglich län-
gerer Texte bedurft. Zur Manipulation des *Aufwands zur Inferenzbildung*
wiederum waren vor allem Substantive durch Reflexivpronomen ersetzt
worden. Diese Art der Manipulation steht im Einklang mit der Definition
des Merkmals (s. Kapitel 9.5). Womöglich wäre eine andere Art der Manipulation aber günstiger gewesen, vor allem eine Manipulation, die darauf abgezielt hätte, dass Propositionen aus dem Kontext ergänzt werden
müssen.

Der *Aufwand zur Inferenzbildung* und der *Aufwand für Reinstatements* sind
zwei wichtige Merkmale der Textverständlichkeit, weil sie angeben, inwiefern
die Lesenden Informationen selber ergänzen müssen oder ob der Text die Informationen für diese Lesenden in einer ungünstigen Reihenfolge präsentiert.
Es wäre daher wünschenswert, Instrumente zu entwickeln, die diese Merkmale
erfassen.

Die Items, die zu den Merkmalen *Anschaulichkeit* und *Hervorhebungen*
formuliert worden waren, luden fast durchweg auf die Komponente, die später
als *Klarheit der Vorstellung* interpretiert wurde. Das Merkmal *Klarheit der
Vorstellung* beschreibt, wie leicht es den Lesenden fällt, ein mentales Modell
des Textinhalts aufzubauen. Dies sollte ursprünglich durch das Merkmal *Anschaulichkeit* alleine erfasst werden. Das Merkmal *Hervorhebungen* zielte vor
allem auf Prozesse auf der Ebene der propositionalen Repräsentation ab und
zwar darauf, wie leicht es den Lesenden fällt, jeweils die Informationen auszuwählen, die für die weitere Verarbeitung im Arbeitsgedächtnis gehalten werden

sollen, und die Makropropositionen des Textinhalts zu bilden. Dieser Aspekt ging dadurch verloren, dass die Items zu den beiden Merkmalen auf eine gemeinsame Komponente luden und zu einer gemeinsamen Skala zusammengefasst wurden. Es wäre daher wünschenswert, wenn Instrumente entwickelt würden, in denen beide Merkmale unabhängig voneinander erfasst würden, um genauer benennen zu können, wo das Textverstehen ggf. Schwierigkeiten bereitet. Die Ergebnisse der durchgeführten Erhebungen können bei der Entwicklung entsprechender Instrumente helfen und der Versuchsplan und die eingesetzten Instrumente können dabei als Vorlage für entsprechende Untersuchungen dienen bzw. Hinweise auf Schwierigkeiten und Schwachstellen geben.

Schließlich ist es auch denkbar, dass das vorgestellte Konzept der Textverständlichkeit nicht alle wesentlichen Merkmale der Textverständlichkeit umfasst. Es kann sich z.B. zeigen, dass es sinnvoll oder nötig ist, zusätzlich zu erfassen, wie viele Informationen eines Textes für die Leserin bzw. den Leser redundant waren (vgl. Kapitel 4.4, 6.2, 6.3 und 14.4). Wenn die Forschung zu den Prozessen zur Bildung der Repräsentation des Textgenres und der Kommunikationssituation vorangeschritten ist, kann es zudem sinnvoll sein, entsprechende weitere Variablen hinzuzunehmen, die die Reibungslosigkeit der erfolgreichen Durchführung der Prozesse zur Bildung der Repräsentation des Textgenres und der Kommunikationssituation messen. Zudem ist denkbar, dass es noch mehr Merkmale der Textverständlichkeit gibt, die hier nicht beachtet wurden. Dennoch scheint das hier vorgestellte Konzept der Textverständlichkeit das theoretisch am besten fundierte Konzept der Textverständlichkeit (vgl. Kapitel 9).

Weitere abhängige Variablen der Textverständlichkeit
In den durchgeführten Studien wurden die textbezogenen Prädiktoren des Textverstehens gezielt manipuliert. Auf der Seite der Lesenden wurde vor allem das thematische Vorwissen als Prädiktor des Textverstehens erhoben (zur Diskussion der Art der Erhebung s. Kapitel 16.3). Die Prädiktoren Leseziel, Lesemotivation, Lesekompetenz und Arbeitsgedächtnisgröße wurden nicht erhoben. Diese Variablen sollten sich durch die randomisierte Zuweisung der Texte zu den Versuchspersonen ausgemittelt haben. Neben diesen Prädiktoren des Textverstehens wurden auch wichtige Wirkungen des Textlesens wie das situative Interesse, Handlungswissen und Cognitive Load nicht erhoben. Es wäre allerdings wünschenswert, in zukünftigen Studien zu prüfen, ob sie in den erwarteten Zusammenhängen zu den Skalen stehen. Dabei wäre es besonders wichtig, die Lesezeit zu erfassen, um die Reibungslosigkeit mit der die Lernenden die Texte verarbeiten konnten noch besser abschätzen zu können.

Offene Fragen zum Konzept der Textverständlichkeit

Der Fragebogen basiert auf dem in Kapitel 9 vorgestellten Konzept der Text-verständlichkeit. Dieses Konzept stellt eine Neuinterpretation des Verständlichkeitskonzepts von Kintsch und Vipond (1979) vor dem Hintergrund des Konstruktions-Integrations-Modells von Kintsch (1988, 1998) und der modifizierten Cognitive Load Theory von Schnotz und Kürschner (2007) und einer Erweiterung des Konzepts durch den Vergleich mit den anderen Konzepten der Textverständlichkeit dar, insbesondere durch den Vergleich mit den Konzepten von Langer et al. (2006), Groeben (1972) sowie Gagné und Bell (1981). Das Konzept ist dadurch theoretisch gut fundiert, wurde aber selbst noch nicht empirisch geprüft. Daher sollte auch die Gültigkeit des hier vertretenen Konzepts der Textverständlichkeit selbst untersucht werden. Der Fragebogen kann helfen, das Konzept zu testen.

Das vorgestellte Konzept der Textverständlichkeit und dadurch auch der darauf aufbauende Fragebogen beziehen sich jeweils nur auf Texte ohne Grafiken, logische Bilder oder andere analoge Repräsentationsformen. Wie Schnotz (2005), Schnotz und Bannert (2003), Schnotz und Dutke (2004) sowie Ullrich, Schnotz, Horz, McElvany, Schroeder & Baumert (2012) zeigen, ist die Integration von Texten und Bildern zu einer angemessenen kohärenten Repräsentation ein komplexer Vorgang, der natürlich auch unterschiedlich leicht oder schwer fallen kann. Das vorgestellte Konzept lässt all dies außer Acht und könnte zukünftig um entsprechende Merkmale zur Reibungslosigkeit der Integration von Texten und Bildern ergänzt werden.

Der Fragebogen kann zudem helfen, die Bedeutung der Textverständlichkeit für die Entwicklung von Interesse und Selbstwirksamkeitserwartungen von Lernenden zu bestimmten Themen zu untersuchen.

Praktische Relevanz

Der Fragebogen scheint für den Einsatz in Studien zur Textverständlichkeit gut geeignet. Für den Einsatz des Fragebogens zu anderen Zwecken fehlt es bislang an Validitätsprüfungen. Sofern entsprechende Tests positiv ausfallen, könnte der Fragebogen z.B. genutzt werden, um die Verständlichkeit von Texten für bestimmte Zielgruppen zu erheben. Aus den Ergebnissen könnte dann geschlossen werden, ob der Text bereits ausreichend verständlich ist oder in welcher Hinsicht der Text für diese Zielgruppe und das Kommunikationsziel verbessert werden kann.

Die Ergebnisse der Studien weisen auch noch einmal auf die Bedeutung der Textverständlichkeit bei der Übermittlung von Informationen bzw. der Vermittlung von Wissen hin: In den Studien zeigten sich wesentliche Zusammenhänge zwischen der Textverständlichkeit, dem tatsächlichen Textverstehen und den Emotionen beim Lesen. Wie in Kapitel 3.2 ausgeführt, sollten die Lesenden eher weniger negative und eher mehr positive Emotionen empfinden, wenn sie sich dauerhaft mit einem Thema beschäftigen sollen. Indem ein Text für eine bestimmte Zielgruppe möglichst verständlich gestaltet wird, erhöht sich demnach die Wahrscheinlichkeit, dass die Mitglieder der Zielgruppe sich erneut und intensiver mit dem Thema beschäftigen.

Kognitive Ökonomie und Textverständlichkeit
Will man einen für eine bestimmte Zielgruppe verständlichen Text schreiben bzw. herstellen, so muss man zahlreiche Annahmen machen unter anderem über das Wissen und die Ziele der Lesenden und wie der Verstehensprozess der Lesenden vermutlich ablaufen wird. Zudem müssen die Autorinnen und Autoren zahlreiche Entscheidungen über das Kommunikationsziel treffen und darüber, welche Informationen dazu zusammen verarbeitet werden sollen bzw. zusammen verarbeitet werden müssen. Es lässt sich daher fragen, ob sich der Aufwand, verständlich zu schreiben, eigentlich lohnt. Ein Zitat von Lichtenberg (zitiert nach Schneider, 2009, S. 253) gibt eine Antwort auf diese Frage: „Es läßt sich ohne sonderlich viel Witz so schreiben, daß andere sehr viel haben müssen, es zu verstehen". Gerade dann, wenn ein komplizierter Inhalt vermittelt werden soll, muss demnach also entweder die Autorin bzw. der Autor oder die Leserin bzw. der Leser viel Aufwand betreiben, damit das Kommunikationsziel, das Verstehen erreicht wird: Die Lesenden können Vorwissen, Lesekompetenz, Intelligenz, Motivation, Zeit, Aufmerksamkeit, Strategien zum selbstregulierten Lernen, die Hilfe von Freundinnen und Freunden usw. einbringen, um einen Text zu verstehen. Ein Autor bzw. eine Autorin auf der anderen Seite kann Zeit, Motivation, Aufmerksamkeit, die Fähigkeit zur sozialen Perspektivübernahme usw. einbringen und sich Feedback von seiner bzw. ihrer Zielgruppe einholen, um einen für die Zielgruppe möglichst verständlichen Text herzustellen. Gerade, wenn ein Text sich an viele Lesende richtet, lohnt es sich besonders, wenn die Autorin bzw. der Autor viele Ressourcen aufwendet, um einen Text zu schreiben, den die Lesenden dann mit möglichst wenig Aufwand verarbeiten können. Denn der Nutzen des Aufwands, den die Autorin bzw. der Autor aufgebracht hat, vervielfacht sich mit der Zahl der Leserinnen und Leser, die den Text durch den aufgewandten Mehraufwand besser bzw. mit weniger Aufwand verstehen. Dies gilt insbesondere für Schulbücher und Lehrbücher. Die größte Bedeutung hat die Textverständlichkeit vermutlich dann, wenn ein Fach oder ein Thema die Zielgruppe wenig oder gar nicht interessiert, das Umfeld dem Thema aber eine hohe Bedeutung beimisst. Wenn das Interesse der Zielgruppe sich für ein Thema gering ist, wird sie weniger Ressourcen aufbringen, um das Thema zu verstehen (vgl. Kapitel 4.4 und 5). In diesen

Fällen ist es also besonders wichtig, die Hürden nicht unnötig hoch zu legen und dafür zu sorgen, dass die Auseinandersetzung mit dem Thema als möglichst angenehm erlebt wird.

Mögliche weitere Anwendungen des Verständlichkeitskonzepts und des Fragebogens

Das Konzept der Textverständlichkeit und der darauf aufbauende Fragebogen zur Textverständlichkeit könnten auch genutzt werden, um die Verständlichkeit von Vorträgen und möglicherweise Vorlesungen für bestimmte Personen zu ermitteln.

Die Items des Fragebogens könnten zudem in ähnlicher Weise wie die Items des Fragebogens von Jucks verändert werden, um Lehrende nach der Verständlichkeit von Texten für Lernende zu befragen und so die diagnostische Kompetenz der Lehrenden zu bewerten.

Kintsch (1998) bezieht seine Theorie des Verstehens zudem explizit nicht nur auf Texte, sondern auch auf andere sprachlich gebundene Prozesse wie z.b. das Bearbeiten von Aufgaben und Problemen. Es ist daher denkbar, dass das Verständlichkeitskonzept und der Fragebogen auch auf Aufgaben angewendet werden können. Ggf. könnte man mit Hilfe des Konzepts und womöglich auch mit einer adaptierten Version des Fragebogens erfassen, wie gut jemand eine Aufgabe versteht, inwiefern er oder sie über die Informationen verfügt, um eine bestimmte Aufgabe zu bearbeiten, wie oft er oder sie beim Bearbeiten der Aufgabe Informationen wiederholt ins Arbeitsgedächtnis laden muss, wie oft die Vorstellung von der Lösung oder den Bearbeitungsschritten reorganisiert werden muss, wie gut die wichtigen von den weniger wichtigen Aufgabenmerkmalen und Arbeitsschritten unterschieden werden können und wie leicht die mentale Vorwegnahme der Aufgabenbearbeitung fällt. Es ist aber natürlich auch möglich, dass diese Anwendungsfälle den Geltungsbereich des Konzepts deutlich überschreiten und das Konzept auf Texte und Textverstehen begrenzt bleiben sollte. Insgesamt lässt sich für das hier vertretene Konzept und den Fragebogen zur Textverständlichkeit ein positives Fazit ziehen.

16.6 Fazit

Die vorliegende Arbeit hat einen sowohl theoretisch als auch methodisch kritischen und aktuellen Überblick über die Forschung zur Textverständlichkeit gegeben. Der Überblick hat gezeigt, dass Textverständlichkeit ein wesentlicher Prädiktor für das tatsächliche Textverstehen, die Emotionen beim Lesen und den Aufwand zur Verarbeitung der Texte ist. Der Überblick hat aber auch gezeigt, dass die bestehenden Konzepte der Textverständlichkeit vor dem Hintergrund der aktuellen Theorien des Textverstehens überarbeitet bzw. neu interpretiert werden müssen. Im Folgenden wurde daher das Konzept von Kintsch und Vipond (1979) vor dem Hintergrund des integrierten Modells des Text- und Bildverstehens von Schnotz und Dutke (2004), dem Konstruktions-Integrations-Modell von Kintsch (1988, 1998) und der von Schnotz und Kürschner (2007) modifizierten Cognitive Load Theory und einem Abgleich mit den bestehenden Konzepten der Textverständlichkeit neu interpretiert.

Das Konzept der Textverständlichkeit und der darauf aufbauende Fragebogen können als theoretisch gut fundiert angesehen werden: Beide berücksichtigen, dass Textverständlichkeit sowohl von Text- als auch von Leser- und Situationsmerkmalen abhängt. Das Konzept der Textverständlichkeit sollte aber noch in eigenen Studien empirisch geprüft werden. Der Fragebogen kann bei der Überprüfung des Konzepts helfen, z.B. um Manipulation-Checks durchzuführen. Im Vergleich mit den anderen Instrumenten zur Messung der Textverständlichkeit weist der Fragebogen eine mittlere Ökonomie auf: Er kann nicht vollautomatisiert eingesetzt werden, wie Lesbarkeitsformeln oder rechnergestützte Verfahren, er erfordert aber auch keinen so großen Aufwand wie das Rateverfahren von Groeben (1972), das Simulationsverfahren von Kintsch und Vipond (1979) oder die Checklisten von Gagné und Bell (1981).

Im Gegensatz zu den anderen verfügbaren Instrumenten zur Messung der Textverständlichkeit folgen die Validitätsprüfungen zu dem Fragebogen dem aktuellen Validitäts-Verständnis, d. h. Validität wurde nicht als Merkmal des Fragebogens behandelt, sondern als Merkmal der Schlüsse, die man aus den mit Hilfe des Fragebogens zu einem bestimmten Zweck erhobenen Daten zieht (s. Kapitel 8). Besonders hervorzuheben ist dabei, dass der Fragebogen experimentell und anhand des Verstehens geprüft wurde. Dabei zeigten vor allem die Validitätstests zu den Skalen *Wortschwierigkeit, Satzschwierigkeit, Aufwand für Reorganisationen, Klarheit der Vorstellung* und *Verständlichkeitsempfinden* deutlich positive Belege. Zur Skala *Variation der Sprache* ergaben die Validitätsprüfungen ebenfalls überwiegend die erwarteten Ergebnisse. Es bedarf aber noch weiterer theoretischer und empirischer Studien zu dieser Skala, damit die Ergebnisse angemessen eingeordnet und generalisiert werden können. Die Validitätsprüfungen zur Skala *Argumentdichte* fielen ebenfalls eher positiv aus, zeigten aber, dass andere Verfahren vermutlich angemessenere Daten liefern. Die Validitätstests zur Skala *Propositionsdichte* schließlich fielen überwiegend negativ aus und legen nahe, die Skala in zukünftigen Studien nicht weiter einzusetzen. Insgesamt stellt der Fragebogen eine gute und brauchbare Möglichkeit dar, um Textverständlichkeit zu messen. In den Validitätsprüfungen wurden wichtige abhängige Variablen allerdings noch nicht berücksichtigt, vor allem die Lesezeit, Handlungswissen und situationales und aktualisiertes Interesse. Die Untersuchungen können zudem nur für begrenzte Text-, Personen-, Aufgaben- und Zweckpopulationen Gültigkeit beanspruchen. Da die Studien überwiegend nicht als Labor-, sondern als Online-Experimente durchgeführt wurden, kann der Einfluss möglicher Störfaktoren nicht sicher ausgeschlossen werden. Aufgrund der Größe der Populationen und der Vielzahl relevanter Variablen war eine umfassende und abschließende Antwort allerdings auch nicht zu erwarten; dies gilt auch für die anderen verfügbaren Instrumente zur Messung der Textverständlichkeit. Die hier durchgeführten Studien können idealerweise als Vorlage für weitere Studien dienen.

Der Aufwand, der für die weitere Forschung zur Textverständlichkeit und das jeweilige Erstellen verständlicher Texte nötig ist, scheint allerdings lohnenswert: Lehre ist ohne gesprochene oder geschriebene Texte kaum vorstellbar und wie die Studien gezeigt haben, steht die Verständlichkeit der Texte dabei in einem wesentlichen Zusammenhang mit den Emotionen beim Lesen. Möchte man also Lernende für Themen begeistern, ist es daher vermutlich von zentraler Bedeutung, die entsprechenden Texte verständlich zu gestalten, damit sich die Lernenden gerne weiter mit dem Thema beschäftigen. Mit unverständlichen Texten ist dieses Ziel schwerer zu erreichen.

Literatur

American Educational Research Association, American Psychological Association, National Council on Measurement in Education (2014). *Standards for educational and psychological testing*. Washington, DC: American Educational Research Association.

Artelt, C., Schiefele, U. & Schneider, W. (2001). Predictors of reading literacy. *European Journal of Psychology of Education, 16*, 363-383.

Ballstaedt, S.-P. & Mandl, H. (1988). The assessment of comprehensibility. In U. Ammon, N. Dittmar & K.J. Mattheier (Hrsg.), *Sociolinguistics. An international handbook of the science of language and society* (S. 1039-1052). Berlin, New York: de Gruyter.

Ballstaedt, S.-P., Mandl, H., Schnotz, W. & Tergan, S.-O. (1981). *Texte verstehen, Texte gestalten*. München: Urban & Schwarzenberg.

Benjamin, R. (2012). Reconstructing readability: recent developments and recommendations in the analysis of text difficulty. *Educational Psychology Review, 24*, 63-88.

Bereiter, C. & Scardamalia, M. (1987). *The psychology of written composition*. Hillsdale, NJ: Lawrence Erlbaum Associates.

Biere, B. U. (1991). *Textverstehen und Textverständlichkeit*. Heidelberg: Julius Groos.

Bortz, J. (1999). *Statistik für Sozialwissenschaftler* (5. Aufl.). Berlin: Springer.

Bortz, J. & Döring, N. (2006). *Forschungsmethoden und Evaluation für Sozialwissenschaftler* (4. Aufl.). Berlin: Springer.

Bos, W., Bonsen, M., Kummer, N., Lintorf, K. & Frey, K. (Hrsg.). (2009). *TIMSS 2007: Dokumentation der Erhebungsinstrumente zur Trends in International Mathematics and Science Study (TIMSS)*. Münster: Waxmann.

Bransford, J.D. & Franks, J.J. (1971). The abstraction of linguistic ideas. *Cognitive Psychology, 2*, 331-350.

Bühner, M. (2004). *Einführung in die Test- und Fragebogenkonstruktion*. München: Pearson.

Campbell, D.T. & Stanley, J.C. (1970). Experimentelle und quasi-experimentelle Anordnungen in der Unterrichtsforschung. In K. Ingenkamp & E. Parey (Hrsg.), *Handbuch der Unterrichtsforschung, Teil I* (Sp. 445-632). Weinheim: Beltz.

Christmann, U. & Groeben, N. (1996). Textverstehen, Textverständlichkeit – Ein Forschungsüberblick unter Anwendungsperspektive. In H.P. Krings (Hrsg.), *Wissenschaftliche Grundlagen der Technischen Kommunikation* (S. 129-189). Tübingen: Gunter Narr.

Cromley, J.G. & Azevedo, R. (2007). Testing and refining the direct and inferential mediation model of reading comprehension. *Journal of Educational Psychology, 99*, 311-325.

Crossley, S.A., Greenfield, J. & McNamara, D.S. (2008). Assessing text readability using psycholinguistic indices. *TESOL Quarterly, 42*, 475-493.

Dickes, P. & Steiwer, L. (1977). Ausarbeitung von Lesbarkeitsformeln für die deutsche Sprache. *Zeitschrift für Entwicklungspsychologie und Pädagogische Psychologie, 9*, 20-28.

DuBay, W.H. (2004). *The principles of readability.* Letzter Abruf am 10. Juli 2015 unter: http://www.impactinformation.com/impactinfo/readability02.pdf

Eid, M., Gollwitzer, M. & Schmitt, M. (2010). *Statistik und Forschungsmethoden.* Weinheim: Beltz PVU.

Flesch, R. (1948). A new readability yardstick. *Journal of Applied Psychology, 32*, 221-233.

Frederking, V., Roick, T. & Steinhauer, L. (2011). ‚Literarästhetische Urteilskompetenz' – Forschungsansatz und Zwischenergebnisse. In H. Bayrhuber, U. Harms, B. Muszynski, B. Ralle, M. Rothgangel, L.-H. Schön et al. (Hrsg.), *Empirische Fundierung in den Fachdidaktiken* (S. 75-94). Münster: Waxmann.

Friedrich, M.C.G. (2008). *Emotionen beim Lernen mit Texten.* Unveröffentlichte Master-Arbeit, Universität Erfurt.

Gagné, E.D. & Bell, M.S. (1981). The use of cognitive psychology in the development and evaluation of textbooks. *Educational Psychologist, 16*, 83-100.

Götz, T., Frenzel, A.C. & Pekrun, R. (2007). Emotionen im Lern- und Leistungskontext. *Katechetische Blätter, 132*, 13-19.

Grabowski, J. (1995). Schreiben als Systemregulation. In E.-M. Jakobs, D. Knorr & S. Molitor-Lübbert (Hrsg.), *Wissenschaftliche Textproduktion. Mit und ohne Computer* (S. 11-34). Frankfurt am Main: Peter Lang.

Graesser, A.C., McNamara, D.S. & Kulikowich, J. (2011). Coh-Metrix: Providing multilevel analyses of text characteristics. *Educational Researcher, 40*, 223-234.

Grice, M.P. (1979). Sprecher-Bedeutung, Satz-Bedeutung, Wort-Bedeutung. In G. Meggle (Hrsg.), *Handlung, Kommunikation, Bedeutung* (S. 243-265). Frankfurt am Main: Suhrkamp.

Groeben, N. (1972). *Die Verständlichkeit von Unterrichtstexten.* Münster: Aschendorff.

Groeben, N. (1976). Verstehen, Behalten, Interesse. Übereinstimmende Antworten und kontroverse Fragen zur Beziehung von Textstruktur, Textverständnis und Lerneffekt. *Unterrichtswissenschaft, 4*, 128-142.

Groeben, N. (1981). Verständlichkeitsforschung unter Integrationsperspektive: Ein Plädoyer. In H. Mandl (Hrsg.), *Zur Psychologie der Textverarbeitung. Ansätze, Befunde, Probleme* (S. 367-385). München: Urban & Schwarzenberg.

Hänze, M. (2000). Schulisches Lernen und Emotionen. In H. Otto, A. Euler & H. Mandl (Hrsg.), *Emotionspsychologie – ein Handbuch* (S. 586-593). Weinheim: Beltz PVU.

Helmke, A. (2006). Unterrichtsqualität. In D.H. Rost (Hrsg.), *Handwörterbuch Pädagogische Psychologie* (3. Aufl.) (S. 812-820). Weinheim: Beltz.

Helmke, A. (2014). *Unterrichtsqualität und Lehrerprofessionalität – Diagnose, Evaluation und Verbesserung des Unterrichts* (5. Aufl.). Seelze: Kallmeyer.

Heydari, P. (2012). The validity of some popular readability formulas. *Mediterranean Journal of Social Sciences, 3*, 423-430.

Huber, O. (2009). *Das psychologische Experiment: Eine Einführung* (5. Aufl.). Bern: Hans Huber.

Jucks, R. (2001). *Was verstehen Laien? Die Verständlichkeit von Fachtexten aus der Sicht von Computer-Experten.* Münster: Waxmann.

Kintsch, W. (1974). *The representation of meaning in memory.* Hillsdale, New Jersey: Lawrence Earlbaum.

Kintsch, W. (1979). *On comprehension.* Paper presented at the annual meeting of the AERA, San Francisco. Letzter Abruf am 13. August 2014 unter: http://files.eric.ed.gov/fulltext/ED173749.pdf

Kintsch, W. (1988). The role of knowledge in discourse processing: a construction-integration model. *Psychological Review, 95*, 163-182.

Kintsch, W. (1998). *Comprehension: a paradigm for cognition.* Cambridge: University Press.

Kintsch, W. & van Dijk, T.A. (1978). Toward a new model of text comprehension and production. *Psychological Review, 85*, 363-394.

Kintsch, W. & Vipond, D. (1979). Reading comprehension and readability in educational practice and psychological theory. In L.G. Nilsson (Hrsg.), *Memory processes* (S. 329-365). Hillsdale, N.J.: Erlbaum.

Klare, G.R. (1984). Readability. In P.D. Pearson (Hrsg.), *Handbook of reading research* (S. 681-744). New York: Longman.

Krapp, A. (2006). Interesse. In D. H. Rost (Hrsg.), *Handwörterbuch pädagogische Psychologie* (S. 280-290). Weinheim: Beltz PVU.

Krone, H.W., Egloff, B., Kohlmann, C.-W. & Tausch, A. (1996). Untersuchungen mit einer deutschen Version der „Positive and Negative Affect Schedule (PANAS). *Diagnostica, 42*, 139-156. Göttingen: Hogrefe.

Langer, I. (1983). Verständlich informieren – Ein Beispiel empirischer Forschung. In B. Fittkau (Hrsg.), *Pädagogisch-psychologische Hilfen für Erziehung, Unterricht und Beratung (Band 2)* (S. 378-401). Braunschweig: Pedersen.

Langer, I., Schulz von Thun, F., Meffert, J. & Tausch, R. (1973). Merkmale der Verständlichkeit schriftlicher Informations- und Lehrtexte. *Zeitschrift für experimentelle und angewandte Psychologie, 20*, 269-286.

Langer, I., Schulz von Thun, F. & Tausch, R. (1974*). Sich verständlich ausdrücken.* München: E. Reinhardt.

Langer, I., Schulz von Thun, F. & Tausch, R. (2006). *Sich verständlich ausdrücken* (8. Aufl.). München: Ernst Reinhardt.

Langer, I. & Tausch, R. (1972). Faktoren der sprachlichen Gestaltung von Wissensinformationen und ihre Auswirkungen auf die Verständnisleistungen von Schülern. *Schule und Psychologie, 18*, 72-80.

Latz, W. (2011). *Diercke Geographie: Schülerband mit Schüler-CD.* Braunschweig: Westermann.

Lienert, G.A. & Raatz, U. (1998). *Testaufbau und Testanalyse* (6. Aufl.). Weinheim: Beltz PVU.

Mandl, H. (1981). Einige Aspekte zur Psychologie der Textverarbeitung. In H. Mandl (Hrsg.), *Zur Psychologie der Textverarbeitung – Ansätze, Befunde, Probleme* (S. 3-37). München: Urban und Schwarzenberg.

Mayer, R.E. (2005). Cognitive theory of multimedia learning. In R.E. Mayer (Hrsg.), *The Cambridge handbook of multimedia learning* (S. 31-48). Cambridge: Cambridge University Press.

McNamara, D.S., Graesser, A.C., McCarthy, P.M. & Cai, Z. (2012). *Automated evaluation of text and discourse with Coh-Metrix.* Cambridge: Cambridge University Press.

McNamara, D.S., Louwerse, M.M., McCarthy, P.M. & Graesser, A.C. (2010). Coh-Metrix: Capturing linguistic features of Cohesion. *Discourse Processes, 47*, 292-330.

Mietzel, G. (2007). *Pädagogische Psychologie des Lernens und Lehrens* (8. Aufl.). Göttingen: Hogrefe.

Paukkeri, M.-S., Ollikainen, M. & Honkela, T. (2013). Assessing user-specific difficulty of documents. *Information Processing and Management, 49*, 198-212.

Podsakoff, P.M., MacKenzie, S.B., Lee, J.Y. & Podsakoff, N.P. (2003). Common method biases in behavioral research: A critical review of the literature and recommended remedies. *Journal of Applied Psychology, 88*, (5), 879-903.

Rahm, T. & Heise, E. (2014). *Häufigkeit von Emotionen messen – Validierung der deutschen Scale of Positive and Negative Experience* (SPANE). Posterpräsentation auf dem 49. Kongress der Deutschen Gesellschaft für Psychologie (DGPs) in Bochum.

Renkl, A. (1996). Träges Wissen: Wenn Erlerntes nicht genutzt wird. *Psychologische Rundschau, 47*, 78-92.

Rey, G.D. (2009). *E-Learning – Theorien, Gestaltungsempfehlungen und Forschung.* Bern: Hans Huber.

Rickheit, G. & Strohner, H. (1999). Textverarbeitung: Von der Proposition zur Situation. In N. Birbaumer et al. (Hrsg.), *Enzyklopädie der Psychologie* (S. 271-306). Göttingen: Hogrefe.

Rost, D.H. (1985). *Dimensionen des Leseverständnisses.* Braunschweig: Pedersen.

Rost, D.H. (2007). *Bewertung und Interpretation pädagogisch-psychologischer Studien – Eine Einführung* (2. Aufl.). Weinheim: Beltz PVU.

317

Rost, D.H. & Schilling, S. (2006). Leseverständnis. In D.H. Rost (Hrsg.), *Handwörterbuch pädagogische Psychologie* (S. 450-460). Weinheim: Beltz PVU.

Rost, J. (2004). *Lehrbuch Testtheorie - Testkonstruktion* (2. Aufl.). Göttingen: Hans Huber.

Rummer, R. & Engelkamp, J. (2000). Sprache und Emotion. In H. Otto, A. Euler & H. Mandl (Hrsg.), *Emotionspsychologie - Ein Handbuch* (S. 325-332). Weinheim: Beltz PVU.

Rupp, A.A. & Pant, H.A. (2006). Validity theory. In N.J. Salking (Hrsg.), *Encyclopedia of measurement and statistics* (S. 1032-1035). Thousand Oaks, CA: SAGE Publications.

Schiefele, U. (1996). *Motivation und Lernen mit Texten.* Göttingen: Hogrefe.

Schiefele, U. & Köller, O. (2003). Intrinsische und extrinsische Motivation. In D.H. Rost (Hrsg.), *Handwörterbuch Pädagogische Psychologie* (S. 303-310). Weinheim: Beltz PVU.

Schneider, W. (2009). *Wörter machen Leute – Magie und Macht der Sprache* (15. Aufl.). München: Piper.

Schnotz, W. (1987). *Mentale Kohärenzbildung beim Textverstehen: Einflüsse der Textsequenzierung auf die Verstehensstrategien und die subjektiven Verstehenskriterien.* Tübingen: Deutsches Institut für Fernstudien, Forschungsbericht 42.

Schnotz, W. (1994). *Aufbau von Wissensstrukturen.* Weinheim: Beltz PVU.

Schnotz, W. (2003). Textverständnis. In D.H. Rost (Hrsg.), *Handwörterbuch Pädagogische Psychologie* (S. 769-778). Weinheim: Beltz PVU.

Schnotz, W. (2005). An integrated model of text and picture comprehension. In R.E. Mayer (Hrsg.), *The Cambridge handbook of multimedia learning* (S. 49-67). Cambridge: Cambridge University Press.

Schnotz, W., Ballstaedt, S.-P. & Mandl, H. (1981). Kognitive Prozesse beim Zusammenfassen von Lehrtexten. In H. Mandl (Hrsg.), *Zur Psychologie der Textverarbeitung. Ansätze, Befunde, Probleme* (S. 108-167). München: Urban & Schwarzenberg.

Schnotz, W. & Bannert, M. (2003). Construction and interference in learning from multiple representation. *Learning and Instruction, 13*, 141-156.

Schnotz, W. & Dutke, S. (2004). Kognitionspsychologische Grundlagen der Lesekompetenz. Mehrebenenverarbeitung anhand multipler Informationsquellen. In U. Schiefele, C. Artelt, W. Schneider & P. Stanat (Hrsg.), *Struktur, Entwicklung und Förderung von Lesekompetenz* (S. 61-99). Wiesbaden: VS Verlag für Sozialwissenschaften.

Schnotz, W. & Kürschner, C. (2007). A reconsideration of cognitive load theory. *Educational Psychology Review, 19*, 469-508.

Schulz von Thun, F. (1974). Verständlichkeit von Informationstexten: Messung, Verbesserung und Validierung. *Zeitschrift für Sozialpsychologie, 5*, 124-132.

Schulz von Thun, F., Berghes, M. von, Langer, I. & Tausch, R. (1974). Überprüfung einer Theorie der Verständlichkeit: Verbesserung der Verständlichkeit von Kurzzusammenfassungen wissenschaftlicher Veröffentlichungen. *Zeitschrift für Entwicklungspsychologie und Pädagogische Psychologie, 3,* 192-206.

Schulz von Thun, F., Göbel, G. & Tausch, R. (1973). Verbesserung der Verständlichkeit von Schulbuchtexten und Auswirkungen auf das Verständnis und Behalten verschiedener Schülergruppen. *Psychologie in Erziehung und Unterricht, 20,* 223-234.

Schulz von Thun, F., Weitzmann, B., Langer, I. & Tausch, R. (1974). Überprüfung einer Theorie der Verständlichkeit anhand von Informationstexten aus dem öffentlichen Leben. *Zeitschrift für experimentelle und angewandte Psychologie, 21,* 162-179.

Sedlmair, P. & Renkewitz, F. (2008). *Forschungsmethoden und Statistik in der Psychologie.* München: Pearson Studium.

Sokolowski, K. (2002). Emotion. In J. Prinz & W. Müsseler (Hrsg.), *Allgemeine Psychologie* (S. 337-384). Heidelberg: Spektrum Akademischer Verlag.

Standop, J. (2001). *Emotionen und kognitives schulisches Lernen aus interdisziplinärer Perspektive: Emotionspsychologische Zusammenhänge – ihre Berücksichtigung im schulischen Bildungsauftrag wie den Forschungen zum Unterrichtsklima und der Klassenführung* (Europäische Hoschulschriften Reihe XI, BD. 873). Frankfurt a.M.: Peter Lang.

Standop, J. (2002). Emotionen sind nicht nur „schmückende Zier". *Unterrichten/Erziehen, 6,* 285-286.

Starr, R.P. (1979). *McCall-Crabbs –standard test lessons in reading – teachers manual.* New York: Teachers College Press.

Steinbach, I., Langer, I. & Tausch, R. (1972). Merkmale von Wissens- und Informationstexten im Zusammenhang mit der Lerneffektivität. *Zeitschrift für Entwicklungspsychologie und Pädagogische Psychologie, 4,* 130-139.

Strawson, P. (1986). *Einzelding und logisches Subjekt (individuals).* Ditzingen: Reclam.

Sweller, J. (1994). Cognitive load theory, learning difficulty, and instructional design. *Learning and Instruction, 4,* 295-312.

Sweller, J., Merrienboer, J.J.G. & Paas, F.G.W.C. (1998). Cognitive architecture and instructional design. *Educational Psychology Review, 10,* 251-296.

Task force on statistical inference. (1996). *Initial report.* Washington, D.C.: American Psychological Association. Letzter Abruf am 10. Juli 2015 unter: http://www.apa.org/science/leadership/bsa/statistical/tfsi-initial-report.pdf

Tergan, S.-O. (1983). *Textverständlichkeit und Lernerfolg im angeleiteten Selbststudium.* Weinheim: Beltz.

Text (1992). In *Meyers großes Taschenlexikon in 24 Bänden (Band 22, S. 59).* Mannheim: B. I. Taschenbuchverlag.

Titz, W. (2004). *Emotionen von Studierenden in Lernsituationen – Explorative Analysen und Entwicklung von Selbstberichtsskalen.* Münster: Waxmann.

Turner, A. & Greene, E. (1977). *Construction and use of a propositional text base.* University of Colorado, Institute for the Study of Intellectual Behavior, Technical Report No. 63. Letzter Abruf am 10. Juli 2015 unter: http://www.colorado.edu/ics/sites/default/files/attached-files/77-63.pdf

Ullrich, M., Schnotz, W., Horz, H., McElvany, N., Schroeder, S. & Baumert, J. (2012). Kognitionspsychologische Aspekte eines Kompetenzmodells zur Bild-Text-Integration. *Psychologische Rundschau, 63,* 11-17.

Verständlich (2003). In *Deutsches Universalwörterbuch (5. Aufl.)* (S. 1723). Mannheim: Dudenverlag.

Verständlichkeit (2003). In *Deutsches Universalwörterbuch (5. Aufl.)* (S. 1723). Mannheim: Dudenverlag.

Vor der Brück, T. & Hartrumpf, S. (2009). A readability checker based on deep semantic indicators. In Z. Vetulani & H. Uszkoreit (Hrsg.), Human language technology. *Challenges of the information society - Band 5603. Lecture Notes in Computer Science (LNCS)* (S. 232-244). Berlin: Springer.

Westermann, R. (2000). *Wissenschaftstheorie und Experimentalmethodik – Ein Lehrbuch zur Psychologischen Methodenlehre.* Göttingen: Hogrefe.

Zwaan, R.A. (1994). Effect of genre expectations on text comprehension. *Journal of Experimental Psychology: Learning, Memory, Cognition, 20,* 920-933.

Tabellenverzeichnis

Tabelle 1:   Ergebnisse der Meta-Analyse zum Vergleich der Bewer-
              tungen von Texten durch Experten- und Laien-Stichproben
              in den Studien von Jucks (2001, S. 118, S. 136 und S. 141)............111

Tabelle 2:   Ergebnisse der Meta-Analyse zum Vergleich der Bewertung
              von Texten in ihrer Originalversion und in einer jeweils hin-
              sichtlich der Textverständlichkeit optimierten Version in
              den Studien von Jucks (2001, S. 141 und 172)..................111

Tabelle 3:   Vergleich der Bewertung von Texten durch Experten aus ihrer eige-
              nen Perspektive und aus der von ihnen antizipierten Pers-pektive von
              Laien in den Studien von Jucks (2001, S. 113)..................112

Tabelle 4:   Vergleich der Bewertung von Texten durch Laien und durch
              Experten aus der von den Experten antizipierten Perspektive
              von Laien in den Studien von Jucks (2001)..................113

Tabelle 5:   Übersicht über die Validitäts-Studien der behandelten
              Instrumente zur Textverständlichkeit..................122

Tabelle 6:   Überblick über die vorgestellten Instrumente, ihre
              theoretische Fundierung und entsprechende Belege zur
              Objektivität, Reliabilität, Ökonomie und Validität..................124

Tabelle 7:   Überblick über das hier vertretene Konzept der
              Textverständlichkeit..................137

Tabelle 8:   Verteilung des höchsten erworbenen Bildungsabschlusses
              in der Vorstudie..................141

Tabelle 9:   Mittelwertsvergleiche der Bewertungen des Originalbeiblatts
              für Lohnsteuerzahler ($n = 29$) und der Bewertungen des
              optimierten Beiblatts für Lohnsteuerzahler ($n = 23$)..................144

Tabelle 10:   Mittelwertsvergleiche der Bewertungen des
              wissenschaftlichen Abstracts in der Original-Version ($n = 28$)
              und in der optimierten Version ($n = 24$)..................145

Tabelle 11:   Angaben der Untersuchungsteilnehmerinnen und -teilnehmer
              zu ihrem höchsten erworbenen Bildungsabschluss in Studie 1........154

Tabelle 12:   Angaben zur Zahl der Sätze, Wörter, Silben und Zeichen der
              verschiedenen Versionen des Textes in Studie 1..................156

Tabelle 13:   Ladungen der (ggf. zuvor rekodierten) Items auf die
              Hauptkomponenten der Sieben-Hauptkomponentenlösung............160

Tabelle 14: Zahl der Items, die eine Skala bilden; Skalen-Mittelwerte,
            Skalen-Standardabweichungen und interne Konsistenzen der
            Skalen in Studie 1 164

Tabelle 15: Interkorrelationen der Skalen des Fragebogens zur
            Textverständlichkeit in Studie 1 165

Tabelle 16: Zahl der vollständigen Datensätze nach der Version des
            Textes, den die Versuchspersonen gelesen haben, Sensitivität
            der entsprechenden t-Tests und die Hypothesen, die mit Hilfe
            dieser Tests in Studie 1 geprüft werden..173

Tabelle 17: Angaben der Versuchspersonen zum Vorwissen zum Thema
            des Textes in Studie 1 174

Tabelle 18: Verteilung der Versuchspersonen mit viel und wenig
            Vorwissen auf die verschiedenen Versionen des Textes 174

Tabelle 19: Kontraste zur Prüfung der Hypothese H_{AD03} zum Vergleich
            der verschiedenen Texte hinsichtlich der Bewertung zur
            Argumentdichte in Studie 1 177

Tabelle 20: Kontraste zur Prüfung der Hypothese H_{PD03} zum Vergleich
            der verschiedenen Texte hinsichtlich der Bewertung zur
            Propositionsdichte in Studie 1 178

Tabelle 21: Mittelwertsvergleiche zwischen der Bewertung des
            Originaltextes und der manipulierten Texte hinsichtlich der
            Skala Verständlichkeitsempfinden in Studie 1 181

Tabelle 22: Überblick über die Skalen und Items der überarbeiteten
            Version des Fragebogens zur Textverständlichkeit.........................188

Tabelle 23: Verteilung des Alters innerhalb der Stichprobe von Studie 2..........196

Tabelle 24: Angaben der Untersuchungsteilnehmerinnen und -teilnehmer
            zu ihrem höchsten erworbenen Bildungsabschluss in Studie 2 197

Tabelle 25: Angaben zur Zahl der Sätze, Wörter, Silben und Zeichen der
            verschiedenen Versionen des Textes in Studie 2............................199

Tabelle 26: Zahl der Personen, für die vollständige Datensätze vorliegen
            nach der Version des Textes und die Größe der Effekte, die
            in Studie 2 bei einem $\alpha = .05$ mit einer Power von $1 - \beta = .80$
            nachgewiesen werden können. 200

Tabelle 27: Angaben der Versuchspersonen zum Vorwissen zum Thema
            des Textes in Studie 2..201

Tabelle 28: Verteilung der Versuchspersonen mit viel und wenig Vorwis-
            sen auf die verschiedenen Versionen des Textes in Studie 2...........201

Tabelle 29: Skalen-Mittelwerte, Skalen-Standardabweichungen und interne Konsistenzen der Skalen in Studie 2 202

Tabelle 30: Interkorrelationen der Skalen des Fragebogens zur Textverständlichkeit in Studie 2 203

Tabelle 31: Zusammenhänge zwischen der Skala Wortschwierigkeit und dem Verständlichkeitsempfinden, dem Verstehen, den positiven und den negativen Emotionen beim Lesen in Studie 2 ($N = 172$) 204

Tabelle 32: Zusammenhänge zwischen der Skala Satzschwierigkeit und dem Verständlichkeitsempfinden, dem Verstehen, den positiven und den negativen Emotionen beim Lesen in Studie 2 ($N = 172$) 205

Tabelle 33: Kontraste zur Prüfung der Hypothese H_{AD03} zum Vergleich der verschiedenen Texte hinsichtlich der Bewertung zur Argumentdichte in Studie 2 206

Tabelle 34: Zusammenhänge zwischen der Skala Argumentdichte und dem Verständlichkeitsempfinden, dem Verstehen, den positiven und den negativen Emotionen beim Lesen in Studie 2 ($N = 172$) 207

Tabelle 35: Kontraste zur Prüfung der Hypothese H_{PD03} zum Vergleich der verschiedenen Texte hinsichtlich der Bewertung zur Propositionsdichte in Studie 2 208

Tabelle 36: Zusammenhänge zwischen der Skala Propositionsdichte und dem Verständlichkeitsempfinden, dem Verstehen, den positiven und den negativen Emotionen beim Lesen in Studie 2 ($N = 172$) 209

Tabelle 37: Zusammenhänge zwischen der Skala zum Aufwand für Reorganisationen und dem Verständlichkeits-empfinden, dem Verstehen, den positiven und den negativen Emotionen beim Lesen in Studie 2 ($N = 172$) 210

Tabelle 38: Zusammenhänge zwischen der Skala Klarheit der Vorstellung und dem Verständlichkeitsempfinden, dem Verstehen, den positiven und den negativen Emotionen beim Lesen in Studie 2 ($N = 172$) 211

Tabelle 39: Zusammenhänge zwischen der Skala Variation der Sprache und dem Verständlichkeitsempfinden, dem Verstehen, den positiven und den negativen Emotionen beim Lesen in Studie 2 ($N = 172$) 212

Tabelle 40: Mittelwertsvergleiche zwischen der Bewertung des Originaltextes und der manipulierten Texte hinsichtlich der Skala
Verständlichkeitsempfinden in Studie 2 212

Tabelle 41: Zusammenhänge zwischen der Skala Verständlichkeitsempfinden und dem Verstehen, den positiven und den
negativen Emotionen beim Lesen in Studie 2 ($N = 172$)................213

Tabelle 42: Verteilung des Alters innerhalb der Stichprobe von Studie 3..........222

Tabelle 43: Unterschiede zwischen den verschiedenen Versionen des
Textes in Studie 3 224

Tabelle 44: Angaben zur Zahl der Sätze, Wörter, Silben und Zeichen der
verschiedenen Versionen des Textes der Studie 3 224

Tabelle 45: Beispiele für die Unterschiede zwischen den verschiedenen
Versionen des Textes der Studie 3 225

Tabelle 46: Verteilung der Versuchspersonen auf die verschiedenen
Versionen des Textes in Studie 3 226

Tabelle 47: Angaben der Versuchspersonen zum Vorwissen zum Thema
des Textes in Studie 3 227

Tabelle 48: Verteilung der Versuchspersonen mit viel und wenig Vorwissen auf die verschiedenen Versionen des Textes in Studie 3...........227

Tabelle 49: Skalen-Mittelwerte, Skalen-Standardabweichungen und
interne Konsistenzen der Skalen in Studie 3 228

Tabelle 50: Interkorrelation der Skalen des Fragebogens zur
Textverständlichkeit in Studie 3..229

Tabelle 51: Kontraste, Mittelwerte und Standardabweichungen zur Wortschwierigkeit zum Test der Hypothese H_{WS03} in Studie 3 230

Tabelle 52: Zusammenhänge zwischen der Skala Wortschwierigkeit und
dem Verständlichkeitsempfinden, dem Verstehen, den
positiven und den negativen Emotionen beim Lesen in
Studie 3 ($N = 219$)..230

Tabelle 53: Kontraste, Mittelwerte und Standardabweichungen zur
Satzschwierigkeit zum Test der Hypothese H_{SS03} in Studie 3..........231

Tabelle 54: Zusammenhänge zwischen der Skala Satzschwierigkeit und
dem Verständlichkeitsempfinden, dem Verstehen, den
positiven und den negativen Emotionen beim Lesen in
Studie 3 ($N = 219$)..232

Tabelle 55: Zusammenhänge zwischen der Skala Argumentdichte und dem Verständlichkeitsempfinden, dem Verstehen, den positiven und den negativen Emotionen beim Lesen in Studie 3 ($N = 219$)......................233

Tabelle 56: Zusammenhänge zwischen der Skala Propositionsdichte und dem Verständlichkeitsempfinden, dem Verstehen, den positiven und den negativen Emotionen beim Lesen in Studie 3 ($N = 219$)......................233

Tabelle 57: Zusammenhänge zwischen der Skala zum Aufwand für Reorganisationen und dem Verständlichkeits-empfinden, dem Verstehen, den positiven und den negativen Emotionen beim Lesen in Studie 3 ($N = 219$)......................234

Tabelle 58: Zusammenhänge zwischen der Skala Klarheit der Vorstellung und dem Verständlichkeitsempfinden, dem Verstehen, den positiven und den negativen Emotionen beim Lesen in Studie 3 ($N = 219$)......................235

Tabelle 59: Zusammenhänge zwischen der Skala Variation der Sprache und dem Verständlichkeitsempfinden, dem Verstehen, den positiven und den negativen Emotionen beim Lesen in Studie 3 ($N = 219$)......................236

Tabelle 60: Kontraste, Mittelwerte und Standardabweichungen zur Verständlichkeitsempfinden zum Test der Hypothese H_{Ve03W} in Studie 3 237

Tabelle 61: Kontraste, Mittelwerte und Standardabweichungen zur Skala Verständlichkeitsempfinden zum Test der Hypothese H_{Ve03S} in Studie 3 237

Tabelle 62: Zusammenhänge zwischen der Skala Verständlichkeits-empfinden, dem Verstehen, den positiven und den negativen Emotionen beim Lesen in Studie 3 ($N = 219$) 238

Tabelle 63: Verteilung des Alters innerhalb der Stichprobe von Studie 4..........251

Tabelle 64: Verteilung des Alters innerhalb der Stichprobe von Studie 5..........251

Tabelle 65: Mittelwerte, Standardabweichungen und interne Konsistenzen der Skalen in den Studien 4 und 5......................256

Tabelle 66: Interkorrelation der Skalen des neu entwickelten Fragebogens unterei-nander in Studie 4 und zu den beiden Messzeitpunkten von Studie 5......................257

Tabelle 67: Korrelation der Skalen des Fragebogens von Jucks (2001) untereinander in Studie 4 und zu den beiden Messzeitpunkten von Studie 5......................258

Tabelle 68: Korrelationen zwischen den Skalen des neu entwickelten
Fragebogens zur Textverständlichkeit und den Skalen des
Fragebogens von Jucks (2001) in Studie 4 und zu den beiden Mess-
zeitpunkten in Studie 5 259

Tabelle 69: Zusammenhänge zwischen der Skala Wortschwierigkeit und
den abhängigen Variablen in den Studien 4 und 5 260

Tabelle 70: Zusammenhänge zwischen der Skala Satzschwierigkeit und
den abhängigen Variablen in den Studien 4 und 5 262

Tabelle 71: Zusammenhänge zwischen der Skala Argumentdichte und
den abhängigen Variablen in den Studien 4 und 5 263

Tabelle 72: Zusammenhänge zwischen der Skala Propositionsdichte und
den abhängigen Variablen in den Studien 4 und 5 265

Tabelle 73: Zusammenhänge zwischen der Skala Aufwand für Reorganisa-tionen
und den abhängigen Variablen in den Studien 4 und 5 267

Tabelle 74: Zusammenhänge zwischen der Skala Klarheit der Vorstellung
und den abhängigen Variablen in den Studien 4 und 5 268

Tabelle 75: Zusammenhänge zwischen der Skala Variation der Sprache
und den abhängigen Variablen in den Studien 4 und 5 270

Tabelle 76: Zusammenhänge zwischen der Skala Verständlichkeitsempfinden und den abhängigen Variablen in den Studien 4 und 5.............272

Tabelle 77: Zusammenhänge zwischen dem Verstehenstest und den
Emotionen beim Lesen in den Studien 4 und 5 273

Tabelle 78: Zusammenhänge zwischen den positiven und negativen
Emotionen beim Lesen in den Studien 4 und 5 274

Tabelle 79: Überblick darüber, in welchen Studien welche Validitäts-hypothesen
zu den Skalen des Fragebogens geprüft wurden.............................280

Tabelle 80: Ergebnisse der Meta-Analysen zu den Interkorrelationen der
Skalen des Fragebogens zur Textverständlichkeit..........................285

Tabelle 81: Überblick über die Zusammenhänge der Skalen mit den
Variablen Vorwissen, Verständlichkeitsempfinden, Verstehen
und Emotionen beim Lesen 286

Abbildungsverzeichnis

Abbildung 1: Das für die Informationsvermittlung mit Texten adaptierte
Angebots-Nutzungs-Modell zur Wirkungsweise von Texten (modifiziert nach Helmke, 2006, 2014). 18

Abbildung 2: Das integrierte Modell des Text- und Bildverstehens von Schnotz
(2003, 2005) bzw. Schnotz und Bannert (2003)
sowie Schnotz und Dutke (2004)...29

Abbildung 3: Übersetzung des „Raketen-Textes" von Ballstaedt et al.
(1981, S. 26) bzw. Kintsch und Vipond (1979) in ein
propositionales Netzwerk 33

Abbildung 4: Beispiel für eine propositionale Repräsentation am Ende
des ersten Zyklus der Verarbeitung des Raketen-Textes
nach dem zyklischen Modell der Textverarbeitung von
Kintsch und van Dijk (1978) 41

Abbildung 5: Propositionale Repräsentation am Ende des zweiten Zyklus
der Verarbeitung des Raketen-Textes durch einen Beispiel-Leser
bzw. eine Beispiel-Leserin..43

Abbildung 6: Propositionales Repräsentation am Ende des dritten Zyklus
der Verarbeitung des Raketen-Textes durch einen Beispiel-Leser
bzw. eine Beispiel-Leserin..43

Abbildung 7: Propositionales Repräsentation am Ende des vierten Zyklus
der Verarbeitung des Raketen-Textes durch einen Beispiel-Leser
bzw. eine Beispiel-Leserin..44

Abbildung 8: Beispielhafte Veranschaulichung von Schritt 1 der Konstruktionsphase des Konstruktions-Integrations-Modells von
Kintsch (1988, 1998), in der auf Basis des Textes Proposi-tionen
extrahiert und ins Arbeitsgedächtnis geladen werden..................47

Abbildung 9: Beispielhafte Veranschaulichung von Schritt 2 der Konstruktionsphase des Konstruktions-Integrations-Modells von
Kintsch (1988, 1998), in der Inhalte des Langzeitgedächtnisses aktiviert werden, die mit den in der ersten Phase aus dem Text
extrahierten Propositionen assoziiert sind. 48

Abbildung 10: Beispielhafte Veranschaulichung von Schritt 3 der Kon-
struk-tionsphase des Konstruktions-Integrations-Modells
von Kintsch (1988, 1998), in der Kohärenzlücken und
Widersprüche in der propositionalen Repräsentation im
Arbeitsgedächtnis durch Inferenzen geschlossen bzw.
geklärt werden, wobei die Pfeile veranschaulichen, aus
welchen Propositionen die Proposition erschlossen wurde,
die die Kohärenz-lücke füllt. 49

Abbildung 11: Beispielhafte Veranschaulichung von Schritt 4 der Konstruktionsphase des Konstruktions-Integrations-Modells von
Kintsch (1988, 1998), in der den Zusammenhängen Gewichte zugeordnet werden, die die Richtung und die Stärke des
Zusammenhangs dieser Propositionen widerspiegeln. 50

Abbildung 12: Beispielhafte Veranschaulichung der Integrationsphase des
Konstruktions-Integrations-Modells von Kintsch (1988,
1998), in der die Gewichte der Zusammenhänge der
Propositionen solange umverteilt werden, bis die gefundene
Lösung stabil ist, sodass nicht passende Propositionen
gehemmt und passende Propositionen gestärkt werden..............52

Abbildung 13: Überblick über das Verständlichkeitskonzept der vorliegenden Studie, demzufolge Text- und Personenmerkmale
beeinflussen, wie leicht den Lesenden die Verarbeitung
eines bestimmten Textes in einer bestimmten Situation fällt, wobei
die Situation sich vermittelt über die Personen-
merkmale auf die Textverständlichkeit auswirkt. 129

Abbildung 14: Aufbau der Testhefte der Vorstudie..................................142

Abbildung 15: Scree-Plot der Hauptkomponentenanalyse mit den 50 Items,
die zu den einzelnen Merkmalen der Textverständlichkeit
gebildet wurden aus Studie 1 158

Anhang B-04: Fragebogen zur Textverständlichkeit der Studien 2 bis 5

Im Folgenden finden Sie 24 Aussagen dazu, wie verständlich Sie persönlich den Text fanden. Bitte geben Sie zu jeder Aussage an, wie sehr diese Ihres Erachtens zutrifft oder nicht zutrifft. Falls Ihnen die Entscheidung einmal schwer fallen sollte, geben Sie einfach die Antwort, die am ehesten passt. Achten Sie darauf, dass Sie keine Aussage auslassen, und überlegen Sie bitte bei den einzelnen Aussagen nicht zu lange.

#		stimmt nicht	stimmt eher nicht	stimmt teil- weise	stimmt eher	stimmt genau
01	Bei manchen Wörtern war ich mir nicht sicher, was sie bedeuten.	☐	☐	☐	☐	☐
02	Es fiel mir leicht, mir den Inhalt bildlich vorzustellen.	☐	☐	☐	☐	☐
03	Die Sätze waren kompliziert gebaut.	☐	☐	☐	☐	☐
04	Eine Liste aller Personen, Gegenstände oder Themen, die im Text vorkamen, wäre sehr lang.	☐	☐	☐	☐	☐
05	Der Text widersprach an mehreren Stellen dem, was ich erwartet hatte.	☐	☐	☐	☐	☐
06	Ich fand die Sprache lebhaft.	☐	☐	☐	☐	☐
07	Im Text wurden viele Zusammenhänge dargestellt.	☐	☐	☐	☐	☐
08	Ich fand den Text verständlich.	☐	☐	☐	☐	☐
09	Ich kannte viele Wörter nicht.	☐	☐	☐	☐	☐
10	Beim Lesen hatte ich immer gleich ein Bild vom Gesagten vor Augen.	☐	☐	☐	☐	☐

#		stimmt nicht	stimmt eher nicht	stimmt teil-weise	stimmt eher	stimmt genau
11	Ich fand den Satzbau oft zu kompliziert.	□	□	□	□	□
12	Der Text enthielt Aussagen über viele verschiedene Personen, Gegenstände oder Themen.	□	□	□	□	□
13	Der Text ging an mehreren Stellen anders weiter, als ich es erwartet hatte.	□	□	□	□	□
14	Der Text war monoton.	□	□	□	□	□
15	Im Text wurden nur wenige Zusammenhänge dargestellt.	□	□	□	□	□
16	Der Text könnte deutlich verständlicher sein.	□	□	□	□	□
17	Ich wusste bei allen Wörtern sofort, was sie bedeuten.	□	□	□	□	□
18	Ich fände es sehr leicht, eine Zusammenfassung zu geben.	□	□	□	□	□
19	Viele Sätze waren sehr lang.	□	□	□	□	□
20	Im Text kamen viele verschiedene Personen, Gegenstände oder Themen vor.	□	□	□	□	□
21	Ich war manchmal überrascht, wie der Text weiterging.	□	□	□	□	□
22	Ich fand die Sprache abwechslungsreich.	□	□	□	□	□
23	Der Text enthielt sehr viele Informationen.	□	□	□	□	□
24	Alles in allem war der Text leicht zu verstehen.	□	□	□	□	□

Hinweise zu weiteren Anhängen

Die Anhänge A, B, C, D-01 und E dieser Arbeit sind verfügbar unter www.waxmann.com/buch3675. Die Anhänge D-02 und D-03 mit den Untersuchungstexten aus den Studien 2 bis 4 können beim Autor angefordert werden.